“十四五”职业教育国家规划教材

汽车技术服务与营销系列教材

汽车性能与评价

主 编
吴东盛　吴海东　胡宗梅

副主编
王景智　付慧敏

编写人员（排名不分先后）
吴东盛　吴海东　胡宗梅
王景智　付慧敏　周　琼
薛　鹏　张　鑫　舒华英

SPM 南方传媒
全国优秀出版社
全国百佳图书出版单位
广东教育出版社
·广州·

图书在版编目（CIP）数据

汽车性能与评价 / 吴东盛，吴海东，胡宗梅主编. — 广州：广东教育出版社，2021. 5（2024.12重印）

ISBN 978-7-5548-4689-6

Ⅰ. ①汽… Ⅱ. ①吴… ②吴… ③胡… Ⅲ. ①汽车—性能—评价 Ⅳ. ①U472.32

中国版本图书馆CIP数据核字（2021）第259256号

出 版 人：朱文清
策划编辑：林彩云
责任编辑：林彩云
责任技编：吴华莲
装帧设计：邓君豪

汽车性能与评价
QICHE XINGNENG YU PINGJIA

广东教育出版社出版发行
（广州市环市东路472号12-15楼）
邮政编码：510075
网址：http://www.gjs.cn
佛山市浩文彩色印刷有限公司印刷
（佛山市南海区狮山科技工业园A区）
787毫米×1092毫米 16开本 20.5印张 420 000字
2021年5月第1版 2024年12月第3次印刷
ISBN 978-7-5548-4689-6
定价：48.00元（含任务工单）
质量监督电话：020-87613102 邮箱：gjs-quality@nfcb.com.cn
购书咨询电话：020-87610579

前言

党的二十大报告强调统筹职业教育、高等教育、继续教育协同创新，推进职普融通、产教融合、科教融汇，优化职业教育类型定位。这就要求我们要大力推进高职教育发展，扩大中高职贯通培养规模，以产业需求为导向、系统培养为主线、专业建设为纽带，大力推动区域内中高职院校有效贯通、深度衔接，探索建立中高职一体化校企双元育人机制，提升职业教育服务区域产业发展能力。

随着汽车技术向“电动化、智能化、网联化”方向发展，人们已经进入智能出行的时代。各个院校在汽车技术服务与营销专业、汽车检测与维修专业、汽车装配与制造专业、汽车电子技术专业的基础上新增了新能源汽车技术、智能网联汽车技术专业，并组成专业群。“汽车性能与评价”是专业群基础课程之一。

本教材依据《国家职业教育改革实施方案》和《职业院校教材管理办法》等文件精神，组织了职业教学专家、行业指导委员会专家、车辆工程专业教授及广州汽车集团股份有限公司汽车工程研究院、江铃汽车股份有限公司等一线企业高级工程师，结合学生的认知发展水平及行业、产业发展的新业态等，经过反复研讨，确定了“三对接、三融通”的教材编写理念，即“对接职业教育国家教学标准（规范性）”“对接产业新规范（先进性）”“对接真实的企业工作任务（校企双元）”以及“课证融通”“课赛融通”“课研融通”，克服了同类教材内容陈旧、时代性不足等弱点。本教材有以下特点：

第一是明确指导思想。以习近平总书记关于职业教育的重要指示为指导思想，落实全国职业教育大会精神，依据职业教育国家教学标准体系，根据相关岗位对学生职业能力的要求进行编写。教材坚持以立德树人为根本，将“坚持守正创新”“坚持系统观念”“维护安全稳定”“创新驱动发展”“坚持实事求是”“科技自立自强”“推动绿色发展”“坚持问题导向”等理念融入内容中，以期做到“课程细致系统化”和“润物细无声”的育人效果。

第二是实践教学改革。遵循“以学生为中心，以技能为本位”的教学理念，按照真实岗位需求设计学习情景，搭建“岗课赛证”融合育人模式，实施案例教学、情景教学等行动导向教学，引导教材使用者实践教学改革。

第三是健全综合评价体系。为深入贯彻落实《深化新时代教育改革总体评价方案》，教材在内容上依托线上平台，运用人工智能等现代信息技术开展教与学行为分析，通过“任务工单”的“任务描述与实施”的学习结果分析强化过程评价，通过“拓展训练”的结果分析探索增值评价。

第四是结构合理，系统性和灵活性相统一。一是教学内容涵盖对汽车性能的客观、主观评价，内容完整、层次分明。二是教学内容阐述按照“评价指标—计算分析—实验测试—分析评价”循序渐进，易学易教。三是结构开放，配套资源丰富，通过活页设计实施不同层次的教学。“任务工单”按照问题式学习教学模式设计，以问题引导学生自主学习，从而提升阅读和学习体验。

第五是创新教材编写体例。本教材适应新业态、新模式发展的需求，加入新能源汽车企业关注的热点内容——“新能源汽车性能测试与评价”“汽车自动驾驶性能测试与评价”，其中，新能源汽车性能测试与评价按照汽车性能评价实际工程场景分布在各章节中，以满足专业群共享课程的教学需求，并针对“高本衔接”及“职业本科”的教学要求，增加了本科阶段的教学内容，通过活页进行编排，教师可以根据区域经济发展优势、培养层次等灵活调整教学内容和教学策略，以适应新形态职业教学发展的需求。

本教材由吴东盛、吴海东、胡宗梅担任主编，由王景智、付慧敏担任副主编，其他编写人员还有薛鹏、周琼、张鑫、舒华英。

由于编者水平有限，受经验和资料的限制难以尽善，疏漏错误之处在所难免，敬请广大读者批评指正。

编　者

2021年5月

目　录

学习情境1　汽车性能与评价概述

任务引入

李先生是一名大学教师，近期需要购买一辆新能源汽车，他在网上查阅了一些车型资料，也查看了一些新能源汽车测试的资料，但对网上公布的车型资料和测试数据不理解，想找人咨询。如果你是他的咨询对象，你该如何帮助他呢？

问题

1. 消费者购车时会考虑车辆的哪些性能？“加速抖动”这种评价是主观评价还是客观评价？

2. 新车上市时，对于汽车性能的评价，是主观评价还是客观数据起决定作用？

微课

汽车性能与评价概述

学习目标

- 知识目标

◎能说出汽车性能评价的方法、主要内容。

◎了解“人–车–路控制系统”模型。

- 技能目标

◎能运用汽车性能主观评价表格对各种车型进行评价。

◎能运用美国、日本、德国汽车性能主观评价的基本方法。

- 素质目标

◎能根据客户的需求运用汽车性能主观、客观评价指标针对性地解答客户的疑问。

◎培养根据实验测试数据对汽车性能进行科学评价的专业精神。

学习情境概要

随着生活水平的提高，人们对汽车的要求也逐步提高。大多数消费者购车时经常靠感性判断，缺乏理性依据和完整而科学的分析方法，并且部分厂商也在感性层面引导消费者。对汽车性能进行有效分析和评价，能帮助整车企业了解市场需求及顾客满意度，从而根据需求调整自己的生产目标，并逆推得出改善新车评价的技术指标；也能为消费者购车提供指导，使其购车行为更加理性。因此，建立客观、有效的汽车性能评价体系对企业和消费者来说都有很重要的意义。

党的二十大报告中强调："必须坚持问题导向。"坚持问题导向，可以为科学认识、准确把握、正确解决所面临的重大问题提供了根本遵循。对于汽车企业而言，要合理、准确评价汽车的性能，通过试验测量的数据进行验证，切实关注消费者的诉求点，这就是问题导向。

本学习情境包括以下2个学习单元：

学习单元1.1　汽车性能的内涵及研究对象；

学习单元1.2　汽车性能评价方法及主要内容。

学习单元1.1　汽车性能的内涵及研究对象

1.1.1　汽车性能的内涵

汽车的性能，指的是汽车的力学性能，即施加在汽车上的力及其响应，即根据作用于汽车上外力的特性，分析汽车在加速、制动、转向和行驶过程中所表现出的主要使用性能。汽车的性能主要包括汽车的动力性、经济性、制动性、操纵稳定性、平顺性与通过性等。

根据汽车性能的内涵，研究汽车的性能必然涉及两个问题：

第一，怎样以及为什么会产生这些力？

第二，如何对这些力产生的性能进行有效的评价？

汽车性能的研究对象就是施加在汽车上的力及其响应。通过描述基于已知的物理定律所确定的力学变量，建立分析模型，并分析汽车及其部件的结构形式与结构参数对汽车各种性能的影响，从而对汽车做出评价。

1.1.2　人-车-路控制系统

在分析汽车性能的过程中，我们常常把汽车作为一个控制系统，将驾驶人的操作或汽车在道路上行驶时所受的外力（如横风、路面不平度）作为输入，求出汽车的曲线行驶的响应（输出），以此来表征汽车的性能。

1. 人-车开路控制系统

假设驾驶人的任务只是机械地急速转动转向盘至某一转角并维持此角度不变，而不允许根据汽车的转向运动做出任何的操纵修正动作，即不允许驾驶人起任何的反馈作用，此系统称为人-车开路控制系统，此时汽车的曲线行驶的响应为开路响应。开路响应完全取决于汽车的结构与参数，是汽车本身固有的特性。以人-车开路控制系统对汽车性能进行分析研究时，可以通过建立数学模型进行理论分析，也可以使用测试设备在试验中客观地进行测量，通过分析输出结果来评价汽车性能。

然而，以汽车的性能作为研究对象时，汽车的性能与驾驶人的操作是紧密联系的，因此，汽车性能的研究应该把驾驶人与汽车作为一个整体统一的系统，必须考虑反馈的作用。

2. 人-车闭路系统

图1-1简要地显示了人-车闭路系统中驾驶人与汽车的关系。在汽车行驶过程中，驾驶人根据需要操纵转向盘，使汽车进行一定的转向运动，路面的凹凸不平、侧向横风等也影响汽车的行驶。与此同时，驾驶人根据行驶过程中遇到的路面状况、交通情况等和通过眼睛、手及身体感知的汽车运动状况，通过头脑分析、判断，修正自己对转向盘的操作，如此不断循环，使汽车按驾驶人的意愿沿着一定的路径行驶。由此可见，在人-车闭路系统中，驾驶人把系统的输出参数反馈到输入控制中去，所以，形成了一个“封闭”的控制过程，也称闭环控制。

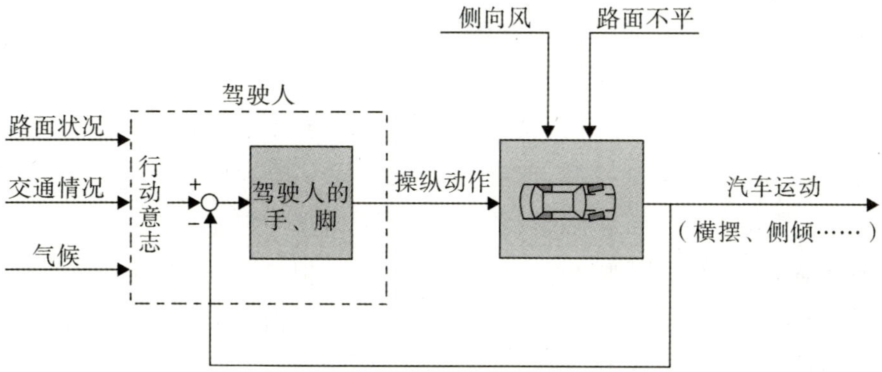

图1-1　人-车闭路系统简图

汽车性能均可通过试验来进行测定和评价。虽然由人-车闭路系统试验得到的数据真实地反映了汽车的性能，但由于驾驶人的操作起了反馈作用，因此，客观性及再现性就不如人-车开路控制系统响应好。要对汽车性能做出正确的评价，必须综合使用人-车开路控制系统与人-车闭路系统，通过一定的评价方法进行综合评定。

关键核心技术是要不来、买不来、讨不来的。只有把关键核心技术掌握在自己手中，才能从根本上保障国家经济安全、国防安全和其他安全。

学习单元1.2 汽车性能评价方法及主要内容

1.2.1 方法分类

试验中汽车性能的评价方法可分为主观评价法和客观评价法。

客观评价法，是指以试验仪器测出表征汽车性能的物理量，如最高车速、横摆角速度、侧向加速度等，通过测量数据对汽车的性能做出定性评价的方法。主观评价法则是感觉评价，是指让试验评价人员根据试验时自己的感觉进行评价，并按规定的项目和评分办法进行评分的方法。

如图1–2所示，研究人–车开路控制系统只采用客观评价法，研究人–车闭路系统常同时采用客观评价法和主观评价法。

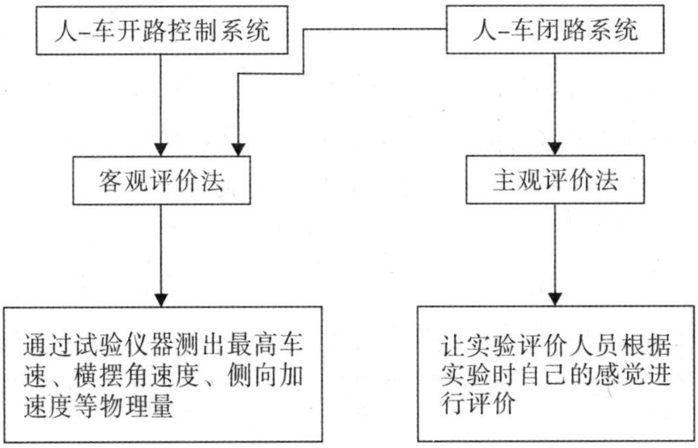

图1–2 主观评价法与客观评价法的关系

在主观评价过程中，驾驶人可以同时承担驾驶汽车和观察汽车的任务。采用这种方法能够全面、有效地评价汽车复杂的行驶过程，但是驾驶人的主观感受带来的误差较大。

客观评价法的最终目标是通过仪器测量目标物理量。它能够获得许多驾驶人察觉不到的系统信息，且信息更为精准，数据较为稳定。但仪器很难准确地模拟出驾驶过程中“人”的感受，无法明确地对这一部分进行表达，而“车”的存在就是为“人”服务的。因此，在试验过程中“人”的主观感受十分重要。熟练的试验驾驶人在进行主观评价试验时，还能发现仪器检测不出来的问题。较为常见的试验方法是先通过人的主观感受发现问题，然后用仪器进行检测。

客观评价法中采用的物理量是否可以表征汽车的某项性能，取决于用这些物理量评价汽车性能的结果与主观评价是否一致。虽然，人–车开路控制系统只适用客观评价法，但客观评价法的试验方法及评价指标实际上均是长期经验的积累。客观评价法可以指出改变汽车结构与结构参数以提高汽车性能的具体路径。但所有的汽车性能，最终都以主观评价为依据。然而，主观评价法存在两个严重缺陷：一是受到评价者个人主观因素的影响，不同评价者可能给出差别极大的评价结果；二是不能给出“汽车性能”与“汽车结构”之间关系的信息。

主、客观评价法的具体区别见表1–1，可以看出主观评价法具有方便、易操作的特点，但是容易受到评价的人和环境的影响，容易产生较大的误差，而且再现率较低；客观评价法具有相对较小的误差，且矫正容易，得到的结果较为直观、理性，但是在试验过程中试验仪器较多。客观评价法主要是围绕汽车能够被直观量化表达的性能进行评价，但是无法明确反映车辆的舒适性、品质特性等，而主观评价法通过语言表达结果的这一方面正好能够完成这部分的工作。因此，主客观评价之间相辅相成、互相补充。进行主观评价时，通常采用多人共同参评的方式，以避免主观感觉不理性的情况。

以汽车性能作为研究对象，人–车闭路系统是非常真实的，但其理论模型的建立和分析非常复杂，因此，只能通过实际测试进行。为了客观性的要求，采用人–车开路控制系统，利用客观评价法来分析汽车的性能。因此，客观评价法与主观评价法通常互相作为补充。同时，主观评价法也为客观评价法提供定量指标。

表1–1　主、客观评价法的比较

比较内容	主观评价法	客观评价法
测试主体	人	物理、化学仪器
测试方法	生理的、心理的	物理法、化学法
结果表达	语言	数值
误差	大	小
校正	困难	容易
灵敏度	良好	有限
重复性	低	高
疲劳和适应	大	小
训练效果	大	小
环境影响	大	小
实施性	简便、迅速	安装仪器（用时多）
综合判断	容易	困难

1.2.2 汽车性能评价的主要内容

汽车性能评价属性级别分为一级、二级、三级和四级。

一级属性一般由公司高层管理人员、市场用户代表及专业技术人员进行评价，旨在通过评价检验汽车是否符合公司产品定位和是否达到市场需求，以及生成产品匹配优化的改进方向和意见，同时评估整车产品吸引力目标是否达成。

二级属性一般由有一定的整车性能评价经验的公司专业管理人员、专业领域资深专家、专业技术人员等驾评，旨在进一步细化一级性能属性并平衡一级属性下的各项二级性能及优化性能“短板”，以期满足一级性能的目标要求。同时，根据评价结果明确车辆具体的性能表现；通过收集到的评论及专业需求来指导产品性能开发。

三级属性及四级属性一般由具有丰富的汽车专业知识及评价经验的产品及性能领域专业技术人员，以及供应商技术人员等进行驾评，旨在协调各系统和零部件的性能属性表现，以期满足整车二级属性性能目标要求，并通过评价检验专业评论，来指导产品专项领域性能的开发与优化。

> 汽车操纵稳定性好坏关乎汽车安全性能！为人民设计好车、造好车是我们汽车人的使命，这也是响应中央“不忘初心、牢记使命”“人民至上”的号召！

不同公司对一级属性的划分有不同的标准，根据就业岗位的实际需求，本书按10个一级属性对汽车性能评价的内容及方法进行详细介绍，如图1–3所示。

汽车整车性能评价

一级属性	二级属性	
动力性	客观评价指标	最高车速、加速时间和最大爬坡度
	主观评价指标	起步加速、行驶中加速、各挡加速性、转弯加速、弱附着路面加速性、爬坡性能等
经济性	客观评价指标	单位行驶里程消耗燃油升数、单位燃油升数的行驶里程和运送单位质量的货物至单位里程所消耗的燃油量
制动性	客观评价指标	制动效能、制动效能的恒定性和制动时的方向稳定性
	主观评价指标	直线制动方向稳定性、对开路面方向稳定性、弯道制动方向稳定性、制动距离等
操纵稳定性	客观评价指标	稳态横摆角速度增益、转向半径、转向灵敏度、转向力、转向功、横摆角速度等
	主观评价指标	转向性能（回正性能、路感等）、稳定性能（固有转向特性、直线行驶稳定性等）
安全性	客观评价指标	新车评价规程（NCAP）
平顺性	客观评价指标	固有频率和振动加速度均方根值
	主观评价指标	车身俯仰、侧倾晃动、上下起伏、喘振、颠簸、点头/后蹲、冲击感觉、吸振能力等
通过性	客观评价指标	汽车牵引支承通过性评价指标（附着质量、附着质量系数、接地比压等）和汽车几何通过性评价指标（最小离地间隙、接近角、离去角、纵向通过角等）
舒适性	客观评价指标	车内空间、隔震间隙、车厢内装备功能及内饰材料等
	主观评价指标	声振粗糙度、座椅的舒适性
品质特性	客观评价指标	外观品质、硬件和内饰品质
自动驾驶性能	客观评价指标	0级、1级、2级、3级、4级、5级
	主观评价指标	在环测试、开放道路测试

图1–3　整车性能评价总览

1.2.3 汽车性能的主观评价法

1. 主观评价法的影响因素

主观评价法具有较强的不可重复性。不同评价人员的主观评价结果具有差异，即使同一评价人员针对同一辆汽车进行多次评价，其评价结果往往也有差别，其中一个重要的原因是主观评价受到干扰因素的影响非常大。因此，在进行主观评价前，要对影响主观评价的三个因素——人、车、路进行设定，以保证主观评价的准确性。在自动驾驶汽车中，综合运用了人工智能、云计算、新一代通信技术等提升汽车的综合性能，但自动驾驶汽车同样需要经过主观评价测试才能量产，需要建立量化的测评规范，避免主观感受带来的随机偏差。主观评价的影响因素如图1–4所示。

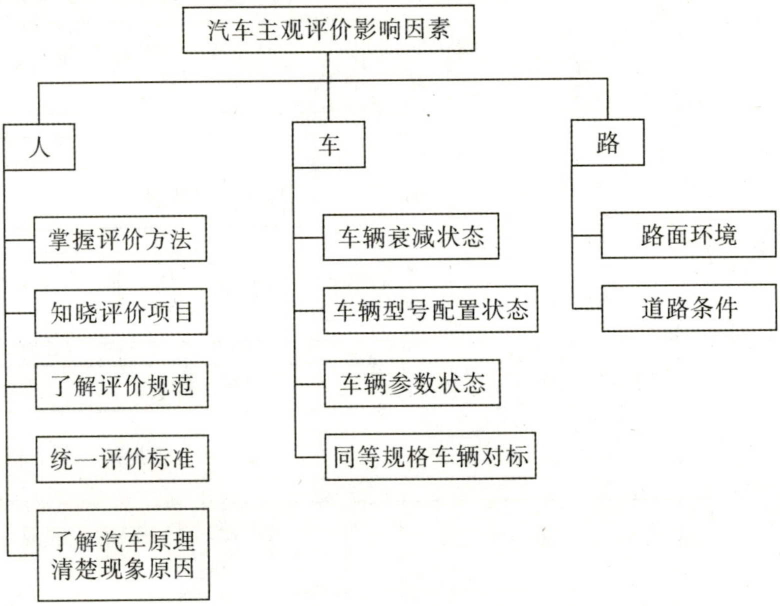

图1–4 汽车主观评价影响因素

（1）人。参与评价的人员必须是掌握主观评价的操作方法，拥有一定的驾驶技能，并且知晓评价项目，了解评价规范，懂得如何去感受车辆属性表现的人员。

（2）车。主观评价一定是一种对比评价方式，评价结论是一种相对结论，因此，对比评价的车辆必须处于相同的状态，包括车辆衰减状态（行驶里程状态）、车辆型号配置状态、车辆参数状态（胎压、四轮定位是否正常）、对标车辆的规格（是否处于同一级别）等。在评价前必须进行相应的检查并记录检查结果，以保证评价结果的准确性。严格来说，主观评价结果的可比性必须建立在各被评价车辆处于同一环境和同一时间段，并且由同一团队评价的基础上，即通常所说的“背靠背”原则。

（3）路。进行主观评价时，道路方面的影响包括路面环境（空气质量、温度、风速、日照、海拔高度等）以及道路条件（平滑或粗糙、坡度、直道或弯道等）。通常不同车辆间的对比评价，必须在相同的环境条件下进行，这样对比评价的结果才更具说服力，才更能说明对比车辆间的性能差异。

2. 主观评价法的主要内容

现代汽车企业研发过程中的各种测试和试验项目基本涵盖了整车所有的性能细分项，并且现代汽车企业越来越关注汽车产品在实际使用过程中的性能表现，以求产品在市场中保持较强的竞争力。

汽车主观评价法一般分为以下几种，如图1-5所示。

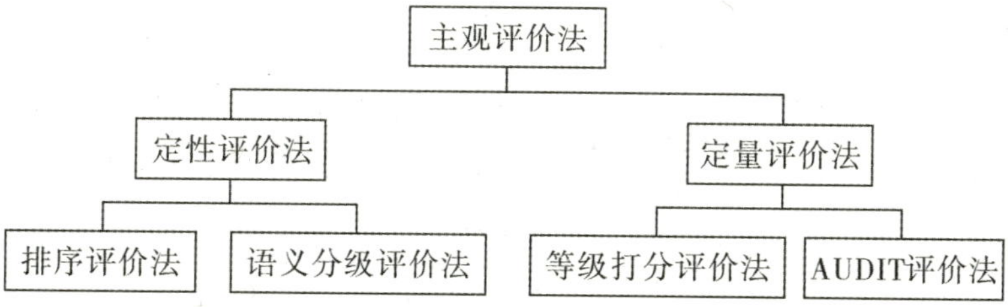

图1-5 主观评价法

主观评价法主要有实车评价法和虚拟评价法，常用的方法主要是实车评价法，而实车评价法又分为定性评价法和定量评价法。定性评价法又分为排序评价法和语义分级评价法。定量评价法又分为等级打分评价法和AUDIT评价法。

（1）排序评价法。

排序评价法就是通过排序的方式完成汽车主观评价，它要求评价人员针对某项性能对多个汽车样本进行感受和评价，并按照性能表现的优劣进行排序。排序评价法通常适用于样本数量较少的情况，它需要评价人员对比样本性能表现的优劣，以排序的方式输出评价结果，而不必进行更为细化的打分，同时也适用于技术基础薄弱或没有评价经验的评价人员。排序评价法的优点是方便、快速，适用人群较广，经验和专业技能要求不高，评价结果简洁明了、易于理解；缺点是专业性较差，评价结果的完善程度较低、细分程度不高，性能细分改进指导方向不明确。

当排序样本数为两个时，对其进行排序和比较，给出优劣顺序，并采用符号表示优劣顺序，“>”代表优于，“<”代表劣于，“=”代表相当。例如：“A优于B”可记录为“A>B”，“A劣于B”可记录为“A<B”，“A与B相当”可记录为“A=B”。当排序样本数多于两个时，可将样本配成多种不重复的对，进行多次成对比较，最后综合所有样本对的比较结果，梳理出整体的排序结果。

（2）语义分级评价法。

语义分级评价法是一种通过语义的分级描述进行主观评价的方法，要求评价人员运用一对意义相反的形容词对被评价汽车的性能表现进行分级描述。例如，常用的形容词有很差 / 很好，粗糙的 / 精致的，灵敏的/迟钝的，轻便的/沉重的，等等。

在语义分级评价中，一对反义形容词组位于等级的两端，中间使用度量性的副词进行分级。通常评价等级可分为5级、7级或者9级，见表1-2~表1-4。由于不同评价人员在评价结果的尺度上可能存在差别，因此，在进行语义分级评价前，可先将评价尺度进行统一，以缩小评价结果的离散度。

语义分级评价的优点是经验和专业技能要求略低，评价结果简洁，评价描述具有细分改进指导方向的意义；其缺点是专业性略差，评价结果的完善程度稍低、细分程度不足。

表1-2　5级语义分级评价结果示意

特别	有些	一般	有些	特别
1	2	3	4	5
粗糙 ←——→ 精致				

表1-3　7级语义分级评价结果示意

极度	非常	有些	都不是	有些	非常	极度
1	2	3	4	5	6	7
粗糙 ←——→ 精致						

表1-4　9级语义分级评价结果示意

极度	非常	有些	略微	都不是	略微	有些	非常	极度
1	2	3	4	5	6	7	8	9
迟钝 ←——→ 灵敏								

（3）等级打分评价法。

等级打分评价法是在规定的评分范围内对汽车样本进行打分的评价方法，评价等级和评价分数采用一定的对应关系进行定义。一般来说，日本汽车企业常用5分制评价打分，见表1-5；国内和欧美汽车企业常用10分制打分法评价打分，见表1-6。

表1-5　5分制打分法评级等级和评价分数对应关系

评价分数	1	2	3	4	5
评价等级	很差	差	一般	好	很好
客户满意度	不满意		基本满意	满意	非常满意
期望改进者	所有顾客、一般顾客		挑剔顾客	受训人员	难以察觉

表1-6　10分制打分法评级等级和评价分数对应关系

评价分数	1	2	3	4	5	6	7	8	9	10
评级等级	无法接受		很差		边缘	可接受	一般	好	非常好	好极了
客户满意度	非常不满意				稍不满意	基本满意		很满意	非常满意	
期望改进者	所有顾客				一般顾客	挑剔顾客		受训人员		难以察觉
客户抱怨百分比/%	50~100				10~50			1~10		无

在进行主观评价前需要对评价尺度进行统一和规定，以降低评价结果的离散度。在10分制打分评价体系中，评价人员根据待评价汽车和标杆的性能差距，并考虑汽车

特征、用途、价格等因素，为汽车样本进行打分评价。一般来说，不同级别、不同类型的汽车样本不宜采用同一标准进行评价。

为了使主观评价的分数能够体现汽车产品在性能上的细微差别，可将评价分数细化。细化方法有0.5和0.25的两种分法，本书采用0.25的分法，即在1分之内分为0、0.25、0.50、0.75四个等级分数挡，以便更精细地定义和区分性能表现。等级打分评价的优点是评价结果精细，评分定位明确，可以较准确地表达评价结果；其缺点是经验和专业技能要求较高，专业性较强，使用和推广的普及性略低。

（4）AUDIT评价法。

在国外其他国家及相关组织中，10 分制评分标准已经获得了广泛的认可。表1–7所示为AUDIT评价评分方法。需要注意的是，评分作为汽车性能评价的粗略近似值，特别是对于舒适性指标，可以采用每两年降低 0.5 分的方法进行评价。因此，一辆被评价过一次的汽车，在 3~4 年后再次被评价时，其分值就会大约降低 1 分。

表1–7 AUDIT评价评分方法

评分	评价	评价人员	存在问题
1	根本不合格	所有驾驶人	不可接受，零部件不起作用
2	非常差	所有驾驶人	不可接受，零部件的功能有限
3	差	所有驾驶人	不可接受，零部件不完善
4	不及格	苛刻驾驶人/一般驾驶人	令人不舒服，需改进
5	及格（分界线）	苛刻驾驶人/一般驾驶人	—
6	满意	苛刻驾驶人	小
7	还可以	苛刻驾驶人	非常小
8	良好	经过培训的驾驶人/苛刻驾驶人	极其微小
9	非常好	经过培训的驾驶人	几乎感觉不到
10	当前最好	经过培训的驾驶人	感觉不到

学习小结

1. 汽车性能，即汽车的力学性能，是指施加在汽车上的力及其响应，即根据作用于汽车上外力的特性，分析汽车在加速、制动、转向和行驶过程中所表现出的主要使用性能。

2. 在分析汽车性能的过程中，把汽车作为一个控制系统，将驾驶人的操作或汽车在道路上行驶时所受的外力（如横风、路面不平度）作为输入，求出汽车的曲线行驶的响应（输出），此系统称为人–车系统。

3. 假设驾驶人的任务只是机械地急速转动转向盘至某一转角并维持此角度不变，而不允许根据汽车的转向运动做出任何的操纵修正动作，即不允许驾驶人起任何的反馈作用，此系统称为人–车开路控制系统，此时汽车的曲线行驶的响应为开路响应；在人–车系统中，驾驶人把系统的输出参数反馈到输入控制中去，使汽车按驾驶人的意愿沿着一定的路径行驶，此时的系统称为人–车闭路系统。

4. 试验中汽车性能的评价方法可分为主观评价法和客观评价法。客观评价法，是指以客观试验仪器测出表征汽车性能的物理量，如最高车速、横摆角速度、侧向加速度等数据结果，从而对汽车的性能做出定性评价的方法。主观评价法就是感觉评价，是指让试验评价人员根据试验时自己的感觉进行评价，并按规定的项目和评分办法进行评分的方法。

5. 客观评价法的最终目标是通过仪器测量一些物理量。它能够获得许多驾驶人觉察不到的系统信息，且信息更为精准，数据较为稳定，但无法评价驾驶过程中“人”的感受。

6. 主观评价法存在两个严重缺陷：一是受到评价者个人主观因素的影响，不同评价者可能给出差别极大的评价结果；二是不能给出“汽车性能”与“汽车结构”之间关系的信息。

课后拓展

汽车试验标准

1. 汽车试验标准的特点

1.1 技术性和权威性

依据和规范描述的内容需详尽、完整和可靠，因此标准文献的技术成熟度很高；权威性是指试验方法一旦形成标准，在试验中就应严格遵照标准执行，不应随意改变。

1.2 自成体系

标准的一个显著标志，就是一个标准对应一个标准号。一个标准即使仅有寥寥数页也需要单独成册出版，一个标准一般只解决一个问题。

1.3 先进性

通常标准制定后，随着国民经济的发展和技术水平的提高，都要不断地进行修订或补充，或以新代旧。

1.4 交叉性

从企业标准到行业标准直至国家标准，并不意味着级别依次上升。许多国家的国家标准是由有代表性的行业标准或企业标准升格而来的，所以在内容上有许多重复交叉的现象。

1.5 通用性

标准的通用性是指以试验方法标准作为权威方法，标准在试验中有一定的指导作用，它应适用于不同车型的汽车试验。

2. 汽车试验标准的分类

2.1　按照试验标准适用范围来分类

试验标准按适用范围可分为国际标准、国际区域性标准、国家标准、行业标准和企业标准等几类。

（1）国际标准。

国际标准是由国际标准化组织（International Organization for Standardization，ISO）制定的。ISO是世界最大的、全球性的非政府组织，是联合国的高级咨询机构。

（2）国际区域性标准。

国际区域性标准是由若干成员国共同参与制定并共同遵守的标准。最典型的有联合国欧洲经济委员会（United Nations Economic Commission for Europe，ECE）和欧洲经济共同体（European Economic Community，EEC）。

（3）国家标准。

国家标准是各国依据自己的国情而制定的适用于本国的标准。我国国家标准简称GB。

（4）行业标准。

行业标准是为了规范本行业所辖各部门产品试验方法而制定的，如我国汽车行业标准简称为QC，交通行业标准简称为JT，等等。

（5）企业标准。

企业标准是指各企业根据本身特点，参考相应国际、国家标准而制定的标准，它只限于本企业内使用。通常，企业标准严于国家或国际标准，目的是提高本企业产品品质。

2.2　按照试验标准的性质来分类

试验标准按性质可分为强制性试验标准和推荐性试验标准。

（1）强制性试验标准。

强制性试验标准是指为了保障人身健康和安全、保护环境、节约能源而制定的强制执行的标准。这类标准一般称之为法规。《中华人民共和国标准化法》规定，强制性标准必须执行，不符合强制性标准的产品禁止生产、销售和进口。

（2）推荐性试验标准。

推荐性试验标准无强制性，企业自愿采用，但一经采用就应严格执行，不得随意改动。在我国，凡是标准代号带有“T”的，均为推荐性标准。

学习情境2 汽车的动力性测试与评价

任务引入

李某是一位自主品牌汽车工程师，公司最近要开发新能源汽车。这家公司的企业文化是“牢牢掌握汽车核心技术”，因为核心技术是买不来的。李某本次工作任务是测试最新研发并具有知识产权的新能源汽车的动力性。

问题

1. 汽车动力性的评价指标有哪些？
2. 新能源汽车的动力性评价与传统燃油车的动力性评价有何不同？

微课

汽车的动力性测试与评价

学习目标

- 知识目标

◎能说出汽车动力性评价指标的含义。

◎能说出影响汽车动力性的因素。

- 技能目标

◎能运用汽车动力性指标评价汽车的动力性。

◎能在受力图中画出汽车行驶中所受的各种阻力。

◎能对汽车行驶中的受力进行分析、计算。

◎能运用相关理论分析汽车的各种参数对汽车动力性的影响。

◎能运用主观评价法对汽车的动力性进行主观评价。

- 素质目标

◎形成利用多种信息化平台进行自主学习的能力。

◎形成运用多方资源解决实际问题的能力。

汽车芯片的地位越来越高，高档芯片具有特殊的诊断功能，还能起到防盗的重要作用。

学习情境概要

汽车的动力性是指汽车在良好路面上直线行驶时，由汽车受到的纵向外力决定的所能达到的平均行驶速度。为了研究方便，我们进行动力性的研究时，一般限定汽车直线行驶。

纵向外力，指的是按照“车辆坐标系”规定，方向与x轴平行的外力。一般借固结于运动着的汽车上的动坐标系——车辆坐标系来描述汽车的运动，如图2-1所示，固结于汽车上的$Oxyz$直角动坐标系就是车辆坐标系。Oxz处于汽车左右对称的平面内。z轴通过质心指向上方，y轴指向驾驶人的左侧，坐标原点通常与其质心重合，车辆的运动符合右手定则。坐标系的各个参数规定如下：

x——向前方，在纵向对称平面上；

y——指向车辆右侧；

z——指向车辆上方；

ω_p——绕x轴的侧倾角速度；

ω_q——绕y轴的俯仰角速度；

ω_r——绕z轴的横摆角速度。

车辆的运动通常在固结于运动着的汽车上的动坐标系下用速度为前向（x轴方向、纵向）、侧向（x轴方向、侧向）、垂向（z轴方向）、侧倾（绕x轴旋转）、俯仰（绕y轴旋转）和横摆（绕z轴旋转）来描述。

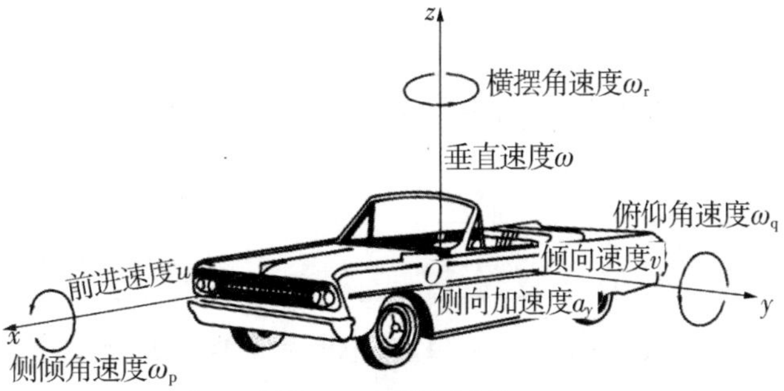

图2-1　车辆坐标系

平均行驶速度，是针对汽车的运输能力而言的，换言之，汽车的动力性是要说明汽车的运输能力。汽车动力性越大，汽车的运输能力越强，则单位时间内行驶的里程越长。

本学习情境内容：先建立汽车动力性的主客观评价指标，再分析汽车动力总成、行驶阻力对汽车动力性的影响，分析汽车附着性能对汽车动力性的制约，运用“平衡法”分析汽车动力性的客观评价指标计算方法，最后对汽车动力性进行主观评价。

本学习情境包括以下6个学习单元：

学习单元2.1　汽车动力性的客观评价指标；

学习单元2.2　动力总成的测试分析；

学习单元2.3　行驶阻力对汽车动力性的影响；

学习单元2.4　附着性能对汽车动力性的制约；

学习单元2.5　汽车动力性的计算与测试分析；

学习单元2.6　汽车动力性的主观评价。

学习单元2.1 汽车动力性的客观评价指标

汽车性能的指标或评价指标，是指用来评价汽车性能优劣的参数。评价指标必须是整车性能参数，而不是某个总成或零部件的设计参数。汽车动力性的客观评价指标有三个：最高车速、加速时间和最大爬坡度。

1. 最高车速$u_{\alpha\max}$

最高车速是指在路况良好的水平路面（沥青或混凝土）上，汽车以规定的装载质量行驶所能达到的最高车速，单位一般为km/h。不同国家或机构对不同车型制定了不同的标准。在我国，汽车进行动力性测试规定是满载，而国外一些机构规定是半载。如表2-1所示，重型货车的最高车速只有90 km/h，因为汽车的装备质量越大，最高车速越低。

表2-1 货车与客车的最高车速

车型	最高车速/（$km \cdot h^{-1}$）
重型货车（总质量>14t）	90
中型货车（总质量为6～14t）	100
微型和轻型货车（总质量<6t）	80~130
城市铰接客车	60~90
客车	125

汽车的最高车速还跟发动机与变速器的技术有关。一般而言，发动机的排量越大，汽车的最高车速越大。而发动机排量相同的汽车，最高车速还取决于变速箱的选用。

测评提示

值得注意的是，从理论上说，发动机的排量越大，最高车速应该越高，但由于实际量产的各种车型在发动机技术、传动系统匹配、汽车的外观设计和产品定位方面不可避免地存在差异，因此该规律并不是绝对适用，应更多地结合客观情况进行分析。例如，表2-2列出了不同发动机排量SUV的最高车速，从表中可以看出，发动机排量为4.4 L的宝马X5的最高车速只有230 km/h，而对于一般的三厢轿车而言，如奥迪A6，发动机排量为2.8 L，但最高车速可以达到235 km/h，但我们不能因此得出奥迪A6的动力性比宝马X5的动力性好的结论。原因是SUV与普通的三厢轿车不属于同一类型，对SUV的动力性的评价更多地依赖于其他动力性的评价指标。SUV的设计强调越野性能，外形上比较注重方方正正的设计，因此，离地间隙高，风阻系数及滚动阻力系数均比较大，故最高车速受到一定的限制。

表2-2　SUV的最高车速

SUV车型	最高车速/（$km \cdot h^{-1}$）
宝马 X5（4.4 L）	230
路虎揽胜（4.0 L）	210
宝马 X5（3.0 L）	202
大众途锐（3.0 L）	197
悍马 H2（6.0 L）	180
三菱帕杰罗速跑（3.0 L）	175

2. 加速时间t

汽车的加速时间有两个含义，分别是原地起步加速时间和超车加速时间，单位均为秒（s）。

（1）原地起步加速时间。原地起步加速时间是指汽车由Ⅰ挡或Ⅱ挡起步，并以最大的加速强度逐步换至最高挡后到某一预定的车速或距离所需的时间。

其中，最大的加速强度是指节气门踩到底（节气门全开）工况；换挡操作包括选择适当的换挡时机以及最佳挡位；最佳挡位是指加速能力最强的挡位，不一定是Ⅰ挡，如越野车是Ⅱ挡加速能力较强。

① 0～100 km/h的加速时间。厂家每推出一款新车型，都会对外公布其部分参数，其中往往就包括最高车速和加速时间。厂家公布的加速时间通常是指0～100 km/h的加速时间，是评价汽车动力性常见的指标之一。

表2-3为不同品牌、不同车型的加速时间，可以看出，加速时间的长短也跟汽车的排量有关。

表2-3　各种车型加速时间

车型	加速时间/s
本田飞度 1.5 L	12.0
红旗 CA7460	10.5
悍马 H2	10.0
宝马 523Li	9.6
奥迪 A8	7.0
宝马 750	6.6
奔驰 S600	6.5

② 静止到400 m或静止到1 km的冲刺时间。如表2-4所示，以1.8 T的奥迪A6为例，从静止到400 m的冲刺时间为7.9 s，从静止到1 km的冲刺时间为33.4 s。在一般的技术参数中，往往不给出此项数据；而在一些车型的对比测试中，此参数能比较直观地反映汽车的动力性。

表2-4　1.8 T奥迪A6的冲刺时间

距离	加速时间/s
0 ~ 400 m	7.9
0 ~ 1 km	33.4

（2）超车加速时间。超车加速时间是指用最高挡或次高挡由某一较低车速全力加速至某一较高车速所需的时间。当加速时间不易定量计算时，有时可以用加速度来代替。那么，在给定起始和终止速度的条件下，加速度越大，加速时间就越短。

如表2–5所示，宝马 520i 在使用4挡的情况下，60 ~ 100 km/h和80 ~ 120 km/h所用的加速时间分别为10.8 s和10.6 s；而在5挡情况下，相对应的加速时间则分别为13.7 s和14.1 s，较4挡明显有所延长。可见，低挡的超车加速能力更强。

表2-5　宝马520i的超车加速时间

宝马 520i 提速阶段	加速时间/s
60 ~ 100 km/h（4挡/5挡）	10.8/13.7
80 ~ 120 km/h（4挡/5挡）	10.6/14.1

3. 最大爬坡度i_{max}

汽车的最大爬坡度是指满载（或某一载质量）时，汽车在良好路面上前进所能爬上的最大坡度。坡度不是我们平常所说的坡道角度，而是该角度的正切值。如图2–2所示，其关系式为

微课

汽车的最大爬坡度介绍

$$i=\tan\alpha=\frac{h}{s} \tag{2-1}$$

式中，h——坡高（m）；

s——坡底的长度（m）；

α——坡度角（°）。

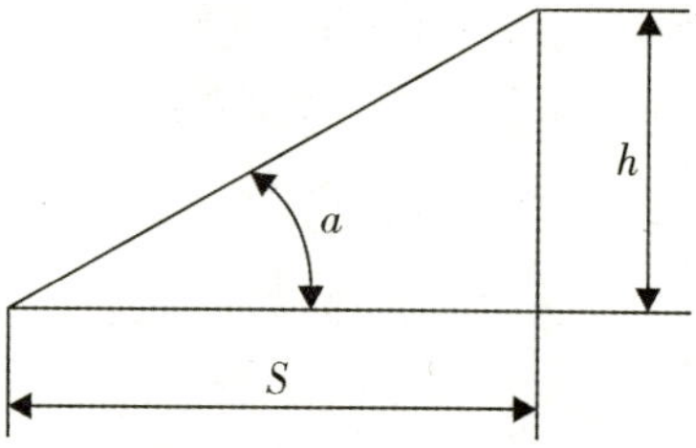

图2–2　坡度的示意图

在汽车性能评价及工程实践中，习惯用百分数来表示汽车的最大爬坡度。例如，很多货车的最大爬坡度i_{max}为30%，并不是指最大爬坡度为30°，而是指$\tan\alpha=30\%$，即$\alpha\approx16.7°$。因此，货车能够爬上的最大爬坡度角应为16.7°左右。一些国家对坡度的要求是动态的，例如，美国对轿车爬坡能力的规定随着车速和载荷的变化而变化，其中规定“能以104 km/h（65 mile/h）通过6%的坡道；满载时不低于80 km/h；在6%的坡道上，0 ~ 96 km/h（60 mile/h）的加速时间不应大于20 s”。因此，要获得最大的爬坡能力，通常要降低车速，换入低挡爬坡。并且，汽车的爬坡能力还跟汽车的驱动形式有关，后驱车的爬坡能力要比前驱车强。

测评提示

越野汽车有时需要在恶劣的道路或非道路条件下行驶，需要克服松软坡道路面的较大阻力以及凹凸不平路面的局部大阻力。因此，对越野汽车而言，爬坡能力是一个很重要的指标，它的最大爬坡度可达60%（31°）。越野汽车爬坡试验方法如下：

① 试验车变速器使用最低挡，分动器亦置于最低挡，全轮驱动，停于接近道路的平直路段上面。

② 起步后，将加速踏板全开进行爬坡；当试验车处于坡道上时，停住车辆，变速器放入空挡发动机熄火2 min，再起步爬坡。

③ 测量并记录通过测速路段的时间及发动机转速。

④ 爬坡过程中监视各仪表的工作状况，爬至坡顶后，检查各部位有无异常现象，并做详细记录。

军用汽车的动力性测评一般不包含最高车速，但通常用在规定的坡道（如坡度为6%）上必须达到的车速来表示汽车的爬坡能力。也有以一定的坡道上汽车的加速时间来表明汽车的加速性。

学习单元2.2　动力总成的测试分析

动力总成指的是汽车上产生动力，并将动力传递到路面的一系列零部件组件。广义上，动力总成包括发动机、变速器、驱动轴、差速器、离合器等，但通常情况下，动力总成仅指发动机、变速器，以及集成到变速器上面的其余零件，如离合器、前差速器等。汽车的动力是由发动机产生，最终通过车轮产生驱动力F_t从而使汽车产生动力性能。

发动机产生的转矩经传动系统传到驱动轮，产生驱动力矩T_t，驱动轮在T_t的作用下给地面作用一圆周力F_0，地面对驱动轮的反作用力F_t即为驱动力，图2–3所示为汽车驱动轮的受力简图。

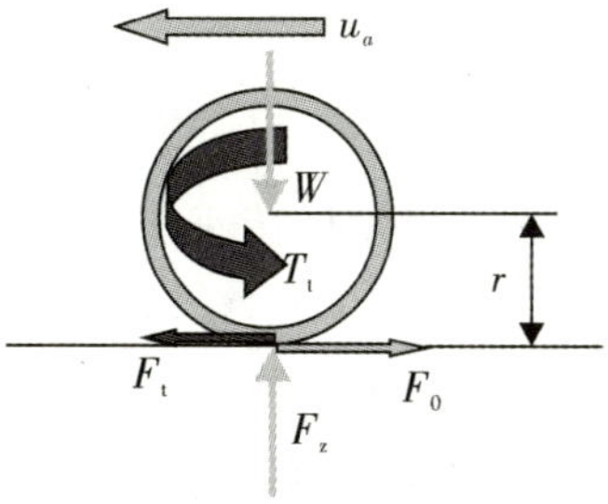

图2–3　汽车驱动轮的受力简图

图2–3中仅画出圆周力F_0及驱动力F_t，作用在驱动轮上的其他的力与力矩，均未标出。其中驱动力F_t与驱动力矩T_t的关系为

$$F_t=\frac{T_t}{r} \tag{2-2}$$

式中，r——车轮半径，单位为m。

作用在驱动轮上的转矩T_t是由汽车发动机所发出的转矩经过传动系统而传递到驱动轮的。若以T_{tq}表示发动机的转矩（N·m），i_g、i_0分别表示变速器、主减速器的传动比，η_T表示传动系统的效率，则作用在驱动轮上的力矩为

$$T_t=T_{tq}i_gi_0\eta_T \tag{2-3}$$

驱动轮产生的驱动力为

$$F_t=\frac{T_{tq}i_gi_0\eta_T}{r} \tag{2-4}$$

式（2-4）说明了汽车的驱动力是由发动机产生，并通过传动系统传到驱动轮的。因此，驱动力的大小，取决于发动机的性能及传动系统的传递能力。

1. 如何判断发动机的动力性

发动机的动力性对整车的动力性有着重要的影响，要判断发动机的动力性，首先要明确发动机的动力性指标。发动机的动力性指标属于结构设计参数，不能直接用于评价汽车的动力性，但可以通过式（2-4）建立联系，在一定条件下（如相同底盘匹配不同排量发动机）可以通过发动机的动力性来对比整车的动力性。

（1）发动机的动力性指标。

发动机的动力性指标是表征发动机做功能力大小的指标，一般用发动机的有效转矩T_{tq}、有效功率P_e、转速n等作为评价发动机动力性的指标。

①有效转矩T_{tq}。

发动机对外输出的转矩称为有效转矩，记作T_{tq}，单位为N·m 。有效转矩与曲轴角位移的乘积即为发动机对外输出的有效功。

②有效功率P_e。

发动机在单位时间内对外输出的功率称为有效功率，记作P_e，单位为 kW。发动机的有效功率可以用台架试验方法测定，也可用测功器测定有效转矩和曲轴角速度，然后用公式计算出发动机的有效功率P_e。

③发动机转速n。

发动机曲轴每分钟的回转数称为发动机转速，用n表示，单位为r/min。发动机转速的高低，关系到发动机单位时间内做功次数或有效功率的大小，即发动机的有效功率随转速改变。表2-6为某车型匹配发动机，展示了A款与B款发动机性能参数对比。

汽车机械部件工作的高效性、可靠性、稳定性，彰显了机械“小零件、大作用”的魅力。

表2-6　某车型匹配发动机的资料

规格项目	A发动机	B发动机
排量	1497 mL	1587 mL
功率（转速）	85 kW（6000 r/min）	78 kW（5750 r/min）
转矩（转速）	145 N·m（4200 r/min）	142 N·m（4000 r/min）

测评提示

在说明发动机有效功率的大小时，必须同时指明其相应的转速。在发动机产品标牌上规定的有效功率及其相应的转速分别称作标定功率和标定转速。发动机在标定功率和标定转速下的工作状况称为标定工况。从表2-6可知，A款发动机的标定功率比B款发动机的标定功率大，但标定功率不是发动机的最大功率，它是根据发动机用途而制定的有效功率最大使用限度。同一种型号的发动机，当其用途不同时，其标定功率并不相同。有效转矩也随发动机工况而变化。从标定功率上看，并不能说明A款发动机的优势，但A款发动机输出的最大转矩比B款发动机的最大转矩要大，从最大转矩值可以判定A款发动机的动力性较好。因此，将汽车发动机所能输出的最大转矩及其相应的转速作为评价发动机动力性的一个指标。

常常需要在一定的转速范围内进行汽车发动机动力性的对比，才能确定其动力性能的优劣，这通常需要用到发动机的外特性。

（2）发动机的外特性。

发动机的转矩T_{tq}、功率P_e和转速n称为发动机的转速性，按节气门开度的不同又可分为发动机外特性和部分负荷特性。

发动机外特性是指节气门全开时，发动机转矩T_{tq}、功率P_e与转速n的关系，可表示为

$$P_e=\frac{T_{tq}n}{9550} \qquad (2\text{-}5)$$

图2-4为汽油发动机外特性曲线图，其中功率随转速变化的范围较大，在接近最高转速时达到功率最大值，即约5800 r/min时，$P_{e\max}$=55kW；呈半弧状的为转矩曲线，在中等转速时达到转矩最大值，即约3800 r/min时，$T_{tq\max}$=115 N·m。

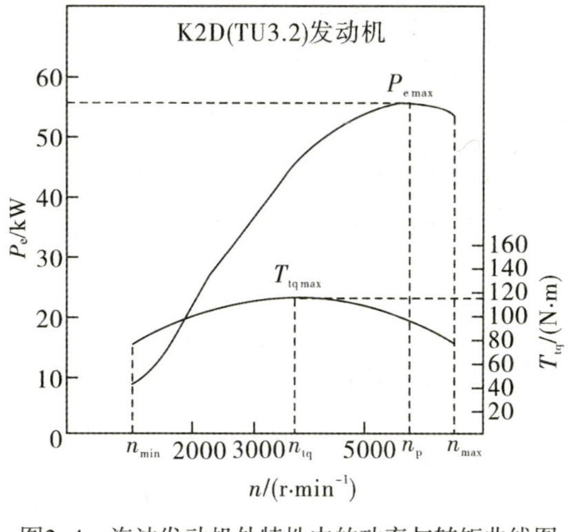

图2-4　汽油发动机外特性中的功率与转矩曲线图

发动机部分负荷特性是指节气门在部分开启状态下，发动机转矩T_{tq}、功率P_e与

转速n的关系。如图2-5所示，位于图像上方的是功率曲线，变化范围大；变化范围小、平缓、位于图像下方的是转矩曲线。对比同一发动机的外特性曲线与各部分负荷特性曲线可知，随着节气门开度的减小，发动机所能发出的最大功率和最大转矩也逐渐减小，出现最大值时对应的转速也逐渐降低。

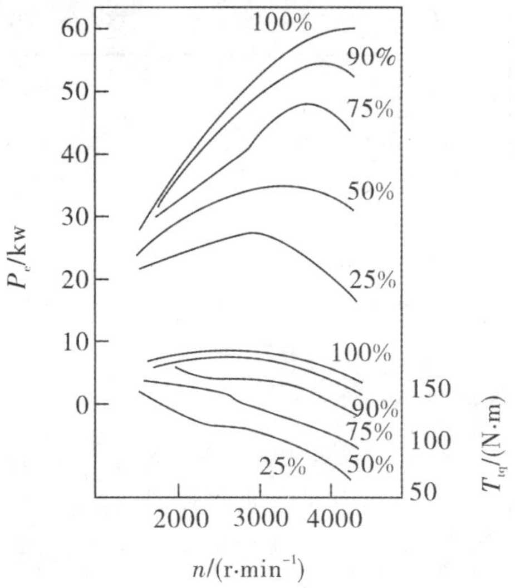

图2-5　汽油发动机外特性及部分负荷特性曲线图

发动机制造厂提供的发动机外特性曲线，一般是在试验台架上不带空气滤清器、水泵、风扇、消声器、发电机等附属设备条件下测试得到的。除了节气门外，汽车上的附属设备工作时，也会对发动机的外特性产生明显的影响，比如空调、收音机、灯具等。因此，当发动机带上全部附属设备工作时，其外特性称为使用外特性。如图2-6所示，使用外特性的动力性明显降低。

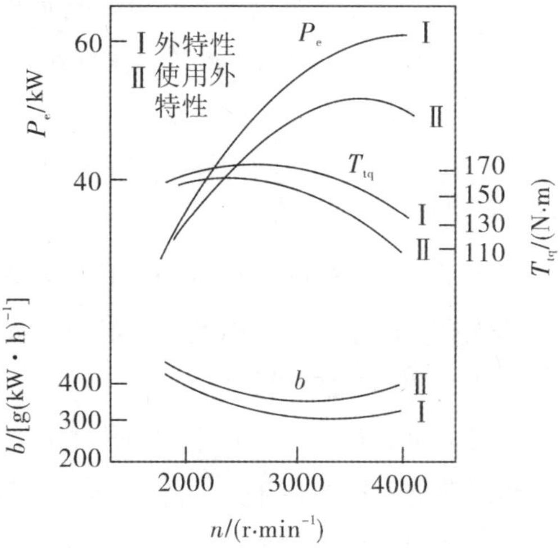

图2-6　BJ212汽车发动机外特性和使用外特性曲线图

一般可以得出以下结论：使用外特性与外特性相比，汽油机的最大功率约小15%；货车柴油机的最大功率约小5%；轿车与轻型货车柴油机的最大功率约小10%。并且汽车的耗油量增加，如图2-6的曲线b所示，表示内燃机每千瓦时的耗油量，单位为g（kW·h）$^{-1}$。

2. 动力总成对汽车动力性的影响

（1）发动机对汽车动力性的影响。

发动机功率越大，汽车的动力性越好。设计中发动机最大功率的选择必须保证汽车预期的最高车速。最高车速越高，要求的发动机功率越大，其后备功率也越大，加速和爬坡能力必然较好。但发动机功率不宜过大，否则在常用条件下，发动机负荷率过低，会使油耗增加。

单位汽车重力所具有的发动机功率F_e/G称为比功率或功率利用系数。比功率和汽车的类型有关。总重力49kN（5t）的货车其比功率在较小范围内变化，一般在75 kW/kN以上。轿车和总重力小于39.2 kN的货车比功率较大，动力性很好。重型自卸汽车速度低，比功率较小。发动机的最大转矩大，在i_0、i_g一定时，汽车的加速和上坡能力也强。

（2）变速器的传动比i_g对汽车动力性的影响。

变速器传动比i_g是指变速器在相应挡位时，输入轴转速与输出轴转速的比值。同一车型相比，一般挡位越低，该比值越大；依据$F_t=\frac{T_{tq}i_g i_0\eta_T}{r}$，其驱动力也越大，动力性越好。但对于不同的车型而言，传动比并非越大越好，而是要与汽车的外形、用途，发动机的结构设计参数，变速器的类型等相匹配。比如越野汽车的传动比一般比轿车的要大，因为越野汽车的体形较大、外形方正（风阻系数较大），又常用于爬坡、越野，因此在动力性方面偏向于获得较大的驱动力。

（3）主减速器的传动比对汽车动力性的影响。

传动系统总传动比是传动系统各部件传动比的乘积。普通汽车上没有分动器和副变速器，如果变速器的最高挡是直接挡，主减速器传动比i_0对汽车动力性的影响，可利用汽车在直接挡行驶时的功率平衡图来分析。

（4）传动系统的机械效率η_T对汽车动力性的影响。

传动系统的机械效率η_T是指输入传动系统的有用功率与总功率的比值。其中输入传动系统的总功率为P_{in}，传动系统损失的功率为P_T，其表达式为

$$\eta_T=\frac{P_{in}-P_T}{P_{in}} \tag{2-6}$$

等速行驶时$P_{in}=P_e$（有效功率），则等速行驶时可表示为

$$\eta_T=\frac{P_e-P_T}{P_e}=1-\frac{P_T}{P_e} \tag{2-7}$$

如表2-7所示，影响传动系统机械效率η_T的主要因素包括变速器传动效率、主减速器传动效率和传动轴万向节的传动效率。其中，变速器传动效率主要由变速器的类型决定。比如手动变速器（Manual Transmission，MT）的传动效率最高，通常可以达到95%；双离合变速器（Dual Clutch Transmission，DCT）次之，通常可以达到92%；无级自动变速器（Continuously Variable Transmission，CVT）的传动效率一般为90%；液力自动变速器（Automatic Transmission，AT）的传动效率则通常只有85%。

表2-7　不同传动系统的机械效率

部件名称	机械效率η_T/%
4～6挡变速器	95
辅助变速器（副变速器或分动器）	95
8挡以上变速器	90
单级减速主减速器	96
双级减速主减速器	92
传动轴的万向节	98

由表2-7中4～6挡变速器与8挡以上变速器的传动比可知，对于同种变速器而言，一般挡位越多，其传动效率越低。影响传动系统损失功率P_T大小的因素主要是机械损失和液力损失，如表2-8所示。

表2-8　影响传动系统损失功率的因素

因素	影响
机械损失	转矩：T_{tq}大，损失大，损失的比重小，η_T高
	齿轮对数：齿轮对数少，损失小，η_T高，直接挡η_T最高
液力损失	润滑油品质
	油温
	油面高度：过高，搅油损失大；过低，热容量小
	转速

（5）车轮半径对汽车动力性的影响。

轮胎的尺寸及结构直接影响汽车的动力性。比如，在汽车销售过程中，客户会问："怎么才用15寸的轮胎？"从理论上而言，同一型号的汽车配备轮胎的尺寸越大，其动力性越好，但轮胎的尺寸增大会导致汽车的滚动阻力、空气阻力等的变化，所以，需要全面考虑才能准确地配备合适尺寸的轮胎。

车轮按规定气压充好气后，处于无载时的半径，称为自由半径。在汽车重力作用下，轮胎发生径向变形，车轮中心与轮胎接地面的距离称为静力半径r_s。静力半径小于自由半径，它取决于载荷、轮胎的径向刚度，以及支承面的刚度。作用于车轮上的除径向载荷外，还有转矩。车轮中心至轮胎与道路接触面切向反作用力之间的距离为动力半径。此时，轮胎不仅产生径向变形，同时还产生切向变形。其切向变形取决于轮胎的切向刚度、轮胎承受的转矩及转动时的离心惯性力等。

以车轮转动圈数n与车轮实际滚动距离S之间关系换算得出的车轮半径，称为车轮的运动半径（滚动半径）r_r，即

$$r_r=\frac{S}{2\pi n} \tag{2-8}$$

但在一般的分析中常不计静力半径与运动半径的差别，统称为车轮半径r，即认为

$$r_s=r_r=r \tag{2-9}$$

学习单元2.3　行驶阻力对汽车动力性的影响

汽车行驶方程式为

$$F_t=F_f+F_W+F_i+F_j \tag{2-10}$$

此方程表明了汽车行驶时，驱动力和各行驶阻力之间的平衡关系。当发动机转速特性、变速器传动比、主减速比、机械效率、车轮半径、空气阻力系数、汽车迎风面积及汽车总质量等参数初步确定后，便可利用式子2-10分析汽车在良好路面（沥青、混凝土路面）上的行驶能力，即确定节气门全开时，汽车能达到的最高车速、加速能力和爬坡能力。影响动力性客观评价指标的因素包括行驶阻力和附着性能。

行驶阻力是指汽车运动时遇到的需要克服的阻力，这些阻力或来自汽车行驶的支持面，或来自汽车周围的介质（空气）。通常，前者称为滚动阻力，用符号F_f表示；后者称为空气阻力，用符号F_W表示；而汽车上坡行驶时克服汽车重力在平行于路面方向的分力称为坡度阻力，用符号F_i表示；汽车加速行驶时所克服的惯性力称为加速阻力，用符号F_j表示。所以，汽车运动的阻力$\sum F$为

$$\sum F=F_f+F_W+F_i+F_j \tag{2-11}$$

式（2-11）表明了汽车行驶时所受外界阻力的影响，要想维持汽车的运动，则需要驱动力大于或等于汽车运动所遇到的外界阻力之和，即

$$F_t \geqslant \sum F \tag{2-12}$$

当驱动力大于外界阻力时，汽车加速行驶；当驱动力等于外界阻力时，汽车尚能等速行驶；当驱动力小于外界阻力时，汽车将不能行驶或减速行驶（制动）。

需要注意的是，这四种阻力并不一定同时存在。比如，汽车在水平路面上匀速行驶时，就没有坡度阻力和加速阻力，即上式中的F_i和F_j都等于0。

微课

滚动阻力产生的机理

2.3.1 滚动阻力

1. 滚动阻力产生的机理

汽车行驶时，车轮与地面在接触区域的径向、切向和侧向均产生相互作用力，轮胎与地面亦存在相应的变形。无论是轮胎还是地面，其变形过程必然伴随着一定的能量损失。这些能量损失是使车轮转动时产生滚动阻力的根本原因。

弹性车轮在径向加载后卸载过程中形成的弹性迟滞损失：当汽车车轮在水平路面上，且不受侧向力作用时，车轮与地面间将产生径向和切向的相互作用力。图2-7为轮胎在硬支承路面上受径向载荷时的变形过程及对应的曲线。从图2-7（a）中可见，当弹性车轮在硬支承路面上，对其进行加载和卸载的过程中，径向载荷W与由其引起的轮胎径向变形量A之间的对应关系。加载变形曲线OCA与卸载变形曲线ADE并不重合，则可知加载与卸载不是可逆过程，存在着能量损失。面积$OCABO$为加载过程中对轮胎所做的功；面积$ADEBA$为卸载过程中，轮胎恢复变形时释放的功。两面积之差$OCADEO$即为加载与卸载过程的能量损失。这一部分能量消耗在轮胎各组成部分相互间的摩擦，以及橡胶、帘线等物质分子间的摩擦，最后转化为热能而消失在大气中。轮胎在加载变形时所消耗的能量在卸载恢复时不能完全收回，一部分能量消耗在轮胎内部摩擦损失上，产生热量，这种损失称为轮胎的迟滞损失。

从图2-7（b）中可见，在同样变形量δ的情况下，处于加载过程的载荷较大，即图中$FC>FD$。这说明当车轮在径向载荷作用下滚动时，由于弹性迟滞现象，地面对车轮的法向支持力为不对称分布，其法向反力合力作用线相对于车轮中心线前移了一段距离，因而形成了阻碍车轮滚动的力矩。

制动能量回收还可为车内耗电设备供电，降低对发动机的依赖、发动机油耗及二氧化碳排放。

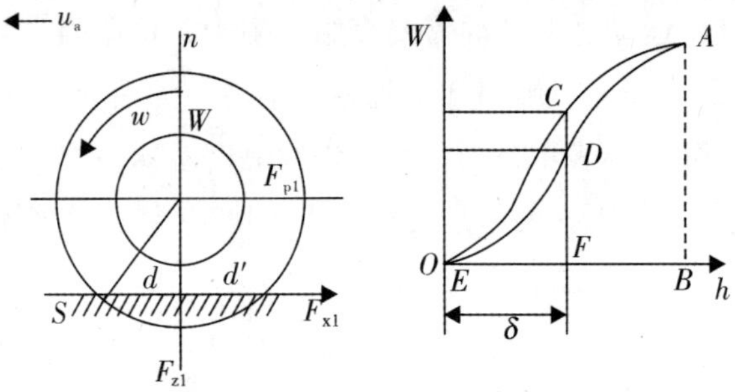

（a）轮胎受力　　（b）变形曲线

图2-7　轮胎径向变形曲线

2. 等速滚动从动轮受力分析及滚动阻力系数

在水平路面等速直线滚动的汽车从动轮，如图2-8（a）所示，其法向反力的合力F_{z1}相对车轮垂直中心线前移了一段距离a。a值随弹性损失的增大而增大。车轮所承受的径向载荷W，与法向反力F_{z1}，大小相等，方向相反，即$F_{z1}=-W$。

若法向反力F_{z1}通过车轮中心，则是从动轮在硬路面上等速直线滚动的受力情况，如图2-8（b）所示。图中力矩为作用于车轮上阻碍车轮滚动的滚动力矩，且$T_{f1}=F_{z1}a$。要使从动轮等速直线滚动，F_{z1}必须通过车轮中心，通过车轴施加推力F_{p1}，使F_{p1}与地面切向反力F_{x1}构成一力矩来克服滚动力矩T_{f1}，由车轮中心力矩平衡条件，得：

$$F_{p1}r=T_{f1}$$

故所应施加推力为

$$F_{p1}=\frac{T_{f1}}{r}=F_{z1}\frac{a}{r}=W_1 f \text{或} f=\frac{F_{p1}}{W_1} \tag{2-13}$$

式中，f——滚动阻力系数。

滚动阻力系数是单位汽车重力所需的推力。换言之，滚动阻力等于滚动阻力系数与车轮负荷的乘积。故车轮滚动阻力F_{f1}为

$$F_{f1}=\frac{T_f}{r}=fW \tag{2-14}$$

这样，在分析汽车的行驶阻力时，可不必具体计算阻碍车轮滚动的力矩，而只计算滚动阻力（实际作用在车轮上的是滚动阻力矩）。

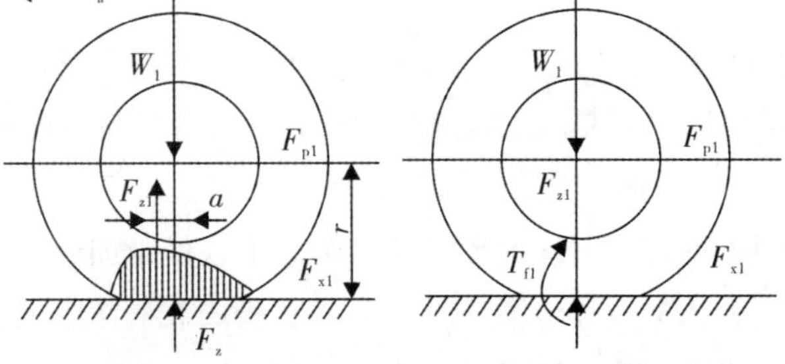

（a）受力分析　　（b）滚动阻力

图2-8　从动轮在硬路面上滚动时的受力情况

3. 等速滚动的驱动轮受力分析

图2–9为驱动轮在硬路面上等速直线滚动时的受力情况。

图中，F_{z2}为道路对驱动轮的切向反力，F_{p2}为车架通过悬挂给轮轴的反推力，法向反作用力F_{z2}也由于轮胎弹性迟滞损失，使其作用线前移一段距离a，即在驱动轮上同样作用有滚动力矩T_{f2}。由对车轮中心的力矩平衡条件得：

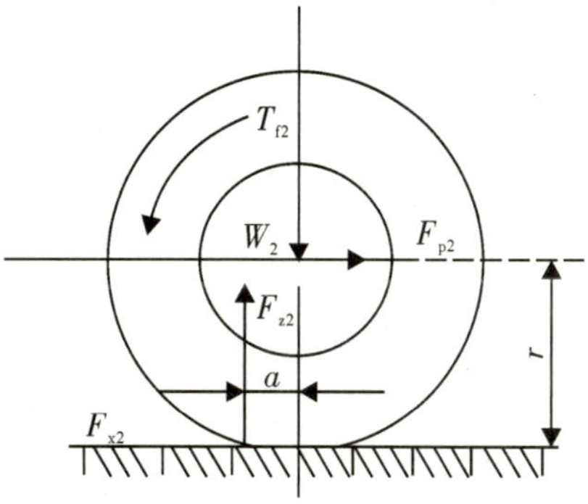

图2–9　驱动轮在硬路面上滚动时的受力情况

$$F_{x2}r=T_t-T_{f2}$$

所以

$$F_{x2}=\frac{T_t}{r}-\frac{T_{f2}}{r}=F_t-F_{f2} \tag{2-15}$$

由式（2–15）可见，真正作用在驱动轮上驱动汽车行驶的力为地面对车轮的切向反作用力F_{x2}，其数值等于驱动力F_t减去驱动轮滚动阻力F_{f2}。

对于汽车性能分析而言，滚动阻力可近似表达为：

$$F_f=fG \tag{2-16}$$

式中，G——整车重力，单位为N；

f——滚动阻力系数。

其中，滚动阻力系数f是一个很重要的参数，它的大小与轮胎结构、轮胎气压、法向载荷、行驶车速和道路条件等因素有关。在一般性分析、计算中，常认为在确定车辆和路面的条件下，滚动阻力系数是常数。

比如，普通轮胎在正常充气压力下，在常见的沥青或混凝土路面上，滚动阻力系数在0.012~0.018范围内。

4. 影响滚动阻力系数的因素

滚动阻力系数越大，滚动阻力就越大，汽车的动力性能会下降。滚动阻力系数与路面种类及其状态、车速、轮胎等因素有关，其数值通过实验确定。

（1）路面种类及其状态对滚动阻力系数的影响。表2–9列出了车速为50 km/h时，汽车在各种路面上行驶时的车轮滚动阻力系数。滚动阻力系数主要受路面的影响，路面的种类及其状态都影响滚动阻力系数，如泥泞土路，由于轮胎与土壤之间的黏着性，滚动阻力系数只有0.100 ~ 0.250。

表2–9　滚动阻力系数值

路面类型	滚动阻力系数
良好的沥青或混凝土路面	0.010 ~ 0.018
一般的沥青或混凝土路面	0.018 ~ 0.020

续表

路面类型	滚动阻力系数
碎石路面	0.020～0.025
良好的卵石路面	0.025～0.030
坑洼的卵石路面	0.035～0.050
压紧土路（干燥的）	0.025～0.035
压紧土路（雨后的）	0.050～0.150
泥泞土路（雨季或解冻期）	0.100～0.250
干砂	0.100～0.300
湿砂	0.060～0.150
结冰路面	0.015～0.030
压紧的雪道	0.030～0.050

（2）轮胎的结构和材质对滚动阻力系数的影响。如图2-10所示，子午线轮胎与普通斜交轮胎相比，具有较低的滚动阻力系数，子午线轮胎比斜交轮胎的滚动阻力小20%～30%。

滚动阻力与轮胎的帘线（棉、人造丝、尼龙、钢丝）和橡胶品质有关。减小帘线层可使胎体减薄，从而可相应降低滚动阻力系数。

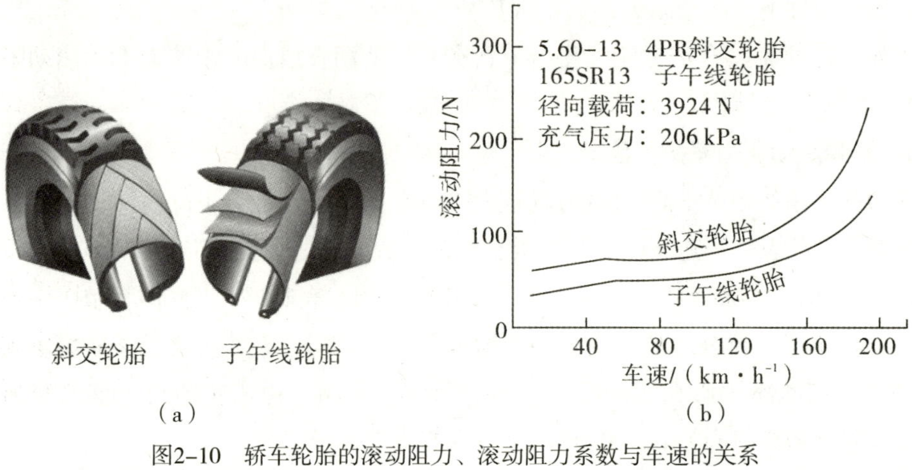

（a）　　　　　　　　　　（b）

图2-10　轿车轮胎的滚动阻力、滚动阻力系数与车速的关系

（3）轮胎气压对滚动阻力系数的影响。图2-11所示为几种不同轿车的滚动阻力系数随着车速与充气压力而变化的曲线。可以看出，充气压力对f的影响很大。气压越高，轮胎变形及由其产生的迟滞损失就越小，滚动阻力也越小。在硬路面上行驶的汽车，轮胎气压低时，变形较大，滚动时的迟滞损失增大，滚动阻力系数相应增大。汽车在软路面上行驶，气压低，轮胎变形大，使轮胎与地面接触面积增大，单位面积压

力下降，地面变形小，滚动阻力系数相应减小。

（4）汽车行驶速度对滚动阻力系数的影响。当车速在100 km/h以下时，滚动阻力系数变化不大；当车速在100 km/h以上时，滚动阻力系数随车速提高而快速增大。当车速高到一定数值后，轮胎发生驻波现象，轮胎周缘不是圆形，出现明显的波浪状，如图2-12所示。此时滚动阻力系数迅速增大，轮胎的温度也迅速升高，使轮胎帘线层脱落，几分钟内就会出现爆破。

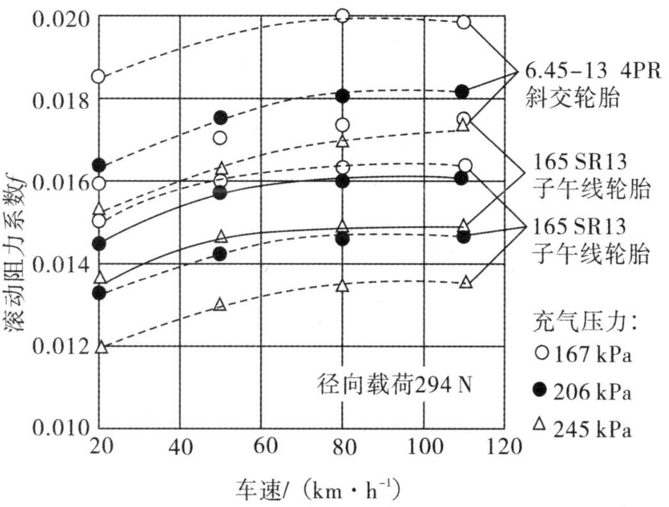

图2-11 轿车轮胎的滚动阻力系数与车速的关系

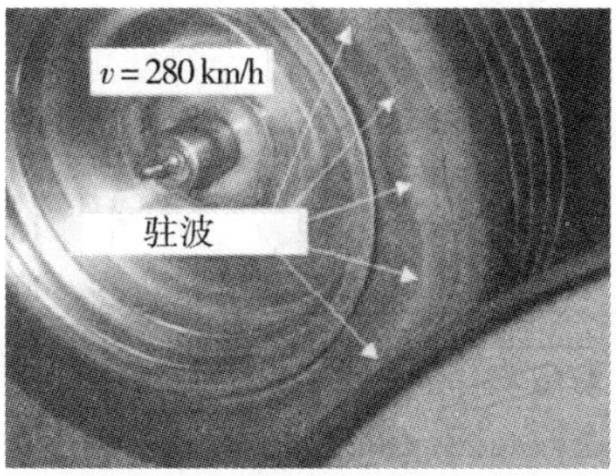

图2-12 轮胎的驻波现象

（5）整车重力G对滚动阻力系数的影响。整车重力越大，汽车行驶的滚动阻力越大，汽车的动力性越差。但整车重力G随着汽车运行条件的变化而变化。汽车在驱动（牵引）/制动工况、转向工况由于打滑、轴荷转移等因素的影响，汽车对地面的载荷会发生变化，从而滚动阻力也发生变化。

①驱动（牵引）/制动状态。轮胎在制动或驱动（牵引）状态下，滚动阻力均比自由滚动时大，图2-13给出不同制动和牵引状态下滚动阻力的变化曲线，图中横坐标负向为制动系数（制动力在水平方向上的分力与轮胎垂直负荷的比值），横坐标正向为牵引系数（也称为驱动力系数，是驱动力在水平方向上的分力与轮胎垂直负荷的比值），纵坐标为滚动阻力系数，横坐标为0时则为自由滚动状态。

从图2-13中可以看出，牵引力或制动力增大时，滚动阻力均增大，自由滚动状态是滚动阻力的最低点，相同的驱动力系数（牵引系数）与制动系数下，牵引状态的滚动阻力大于制动状态下的滚动阻力。也就是说，驱动（牵引）状态下汽车的滚动阻力大于制动状态下汽车的滚动阻力。

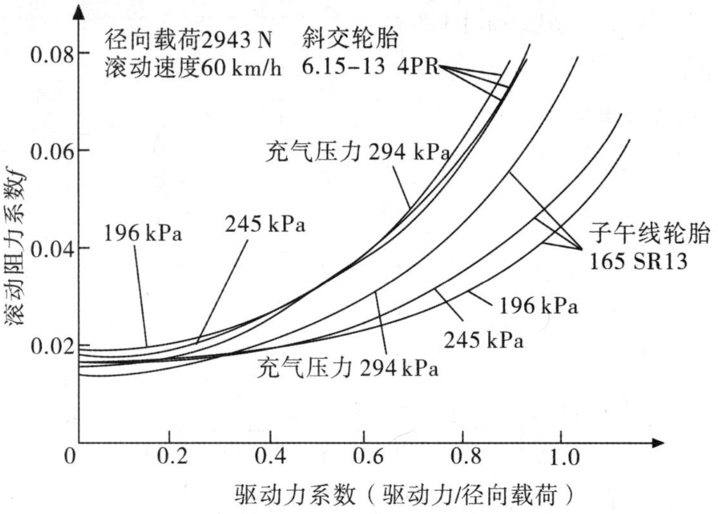

图2-13　滚动阻力系数与驱动力系数的关系

图2-13是由试验得到的滚动阻力系数（包含胎面滑动损失）与驱动力系数的关系曲线。从图中可以看出，轮胎对滚动阻力系数的影响：子午线轮胎的滚动阻力系数较小，驱动力系数的变化对它的影响也比较小，这也是子午线轮胎节油的机理之一。

值得注意的一个问题是，从图2-13中看，为什么驱动力系数很大时，轮胎的气压越低，滚动阻力系数f越小？

这是由于驱动力系数增大后（如用低挡大节气门起步），轮胎的滑移增加，滚动阻力增大。如果是气压较低的轮胎，则轮胎与地面的接地面积增大，相对于气压较高的轮胎，相当于降低了轮胎的滑移程度，从而减少了轮胎滑移引起的滚动阻力增加值，因此滚动阻力系数较小。

因此，有驾驶经验的司机常常说，在泥泞的道路中起步时，轮胎的气压较低，起步比较容易。

换言之，轮胎气压较高时，滚动阻力系数较大。这是因为在较大驱动力系数工况下，由于胎压较高，胎面与路面之间的附着系数有所下降。

② 转向状态。车在转向行驶时，在离心力的作用下，前、后轮产生侧偏力，侧偏力沿行驶方向产生分力，因此，滚动阻力增加。图2-14为轮胎行驶时侧偏角对于滚动阻力的影响曲线。图2-14（a）为不同侧偏角对滚动阻力的影响曲线，图中横坐标为侧偏角α，一般在0°~10°范围内变化，纵坐标为滚动阻力值，两条曲线分别为在运动方向和在轮胎平面内的滚动阻力影响曲线。当轮胎的侧偏角增大时，转向力在运动方向上分量的作用和转向力本身轻微增大，会使轮胎行驶方向上的滚动阻力显著增加，而对于轮胎平面内的滚动阻力影响则较小，这是因为侧倾力与轮胎平面相互垂直，此微小的变化是由侧偏力本身的变化引起的。

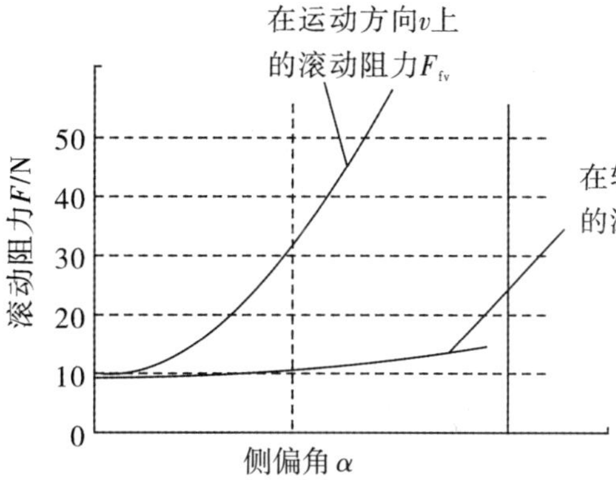

（a）影响曲线

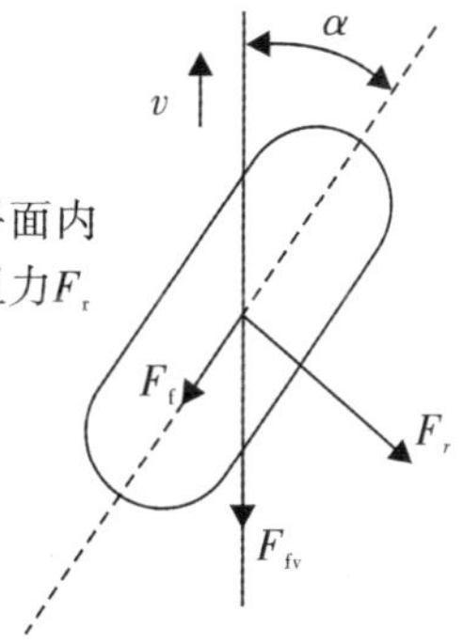

（b）轮胎侧转向侧偏时的受力示意图

图2-14 侧偏角对轮胎滚动阻力的影响

图2-15画出了总质量为34.5 t的半挂车直线行驶和绕半径为33 m的圆周行驶时，滚动阻力的增长情况。试验表明，转向行驶增加的滚动阻力已经接近直线行驶时的50%～100%。因此，在转向过程中，由于动力性的下降，驾驶人一般会采用降挡的方式来弥补因为转向而下降的动力性。

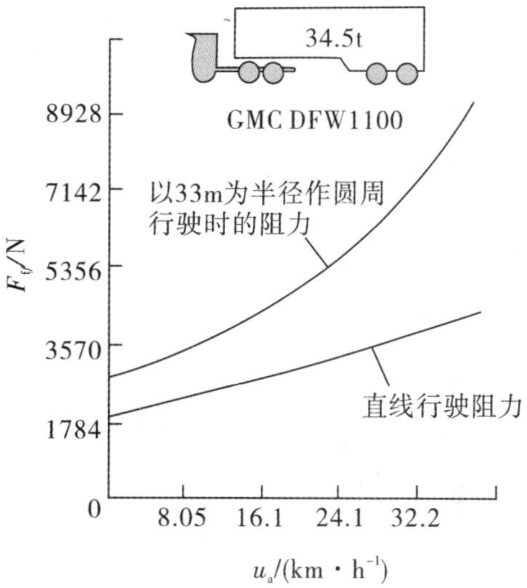

图2-15 转向时滚动阻力与车身的关系

2.3.2 坡度阻力

如图2-16所示，当汽车上坡行驶时，其重力沿坡道斜面的分力表现为对汽车行驶的一种阻力，称坡度阻力。坡度阻力F_i按式（2-17）计算：

$$F_i=G\sin\alpha \tag{2-17}$$

式中，α——道路坡度角（°）。

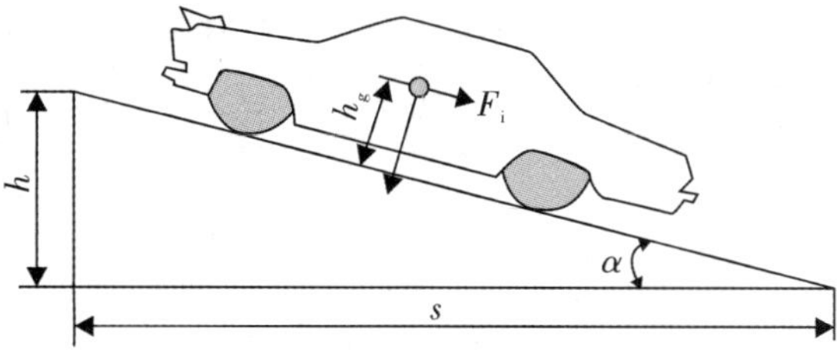

图2-16 汽车的坡度阻力

坡道的表示方法是用坡度i（即坡高h与底长s之比）表示：

$$i=\frac{h}{s}\times 100\%=\tan\alpha \tag{2-18}$$

表2-10列出了我国的公路路线常见的坡度，从表中可知，一般道路的坡度角均较小，当坡度角$\alpha<15°$时，$\sin\alpha\approx\tan\alpha=i$，则

$$F_i=G\sin\alpha\approx G\tan\alpha=Gi \tag{2-19}$$

表2-10　我国常见路面的坡度

路面	i_{max}
高速公路平原微丘区	3%
高速公路山岭重丘区	5%
一级汽车专用公路平原微丘区	5%
一级汽车专用公路平原重丘区	6%
四级公路平原微丘区	6%
四级公路平原重丘区	9%

图2-17显示了坡度与坡度角的关系。

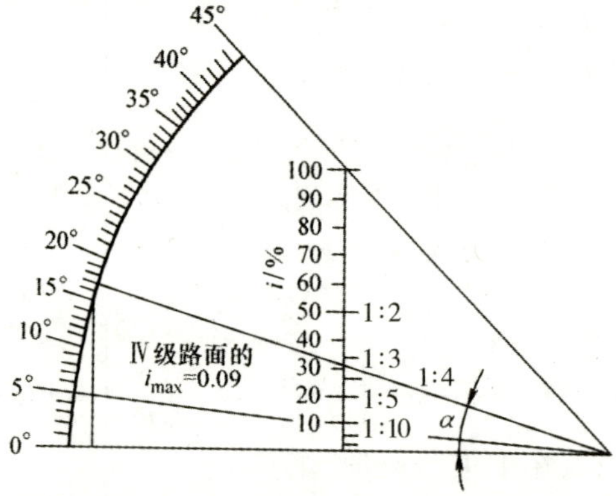

图2-17　坡度i与坡度角α的换算

在坡度比较大的时候，坡度阻力较大，汽车的动力性会下降。上坡时，驾驶人一般需要降挡甚至是用最低挡上坡。

测评提示

一般而言，同一品牌同等动力参数前提下，采用前轮驱动布置方式的汽车上坡能力要差于后轮驱动布置方式的汽车，四轮驱动汽车的上坡能力最强。

2.3.3　加速阻力

汽车加速行驶时，需克服其质量加速运动时的惯性力，这就是加速阻力F_j。汽车质量分为平移质量和旋转质量（飞轮、车轮等）两部分。加速时平移质量会产生惯性力，旋转质量会产生惯性力矩，为了便于计算，一般把旋转质量的惯性力矩转化为平移质量的惯性力矩，并以系数作为换算系数，则汽车加速时的加速阻力F_j为

$$F_j=\delta m\frac{du}{dt} \tag{2-20}$$

式中，δ——汽车旋转质量换算系数（$\delta>1$）；

m——汽车质量，单位为kg；

$\frac{\mathrm{d}u}{\mathrm{d}t}$——汽车行驶加速度，单位为m/s²。

加速阻力是制约汽车动力性的重要因素，主要与旋转质量换算系数、汽车总质量、汽车加速度有关。

旋转质量换算系数δ大于1，这是考虑到汽车加速时，不仅整车质量在平移加速，飞轮和车轮等旋转质量也在加速，所以加速阻力比仅有平移质量m时要大些。同一汽车，传动比越大，δ越大。当车辆加速时，发动机（曲轴）输出功率不会完全转化为传动系统输入功率，飞轮会扣除一部分用于自身加速，即作用在驱动轮上的实际驱动力比名义驱动力$\left(F_{\mathrm{t}}=\frac{T_{\mathrm{tq}}i_{\mathrm{g}}i_0\eta_{\mathrm{T}}}{r}\right)$小。而为了使车轮加速旋转，驱动轮和从动轮都不能再保持力矩平衡，而需要一个向前旋转的合力矩，为此，地面需要给车轮一个"额外"的切向反力，方向向后，即加速时，车轮获得的推力减小，而阻力增大。所以，加速度前面要乘以一个大于1的旋转质量换算系数。

δ主要与飞轮、车轮的转动惯量，以及传动系统的传动比有关。用式（2–21）表示为

$$\delta=1+\frac{g}{G}\frac{\sum I_{\mathrm{w}}}{r^2}+\frac{g}{G}\frac{I_{\mathrm{f}}i_{\mathrm{g}}^2i_0^2\eta_{\mathrm{T}}}{r^2} \tag{2-21}$$

式中，I_{w}——车轮的转动惯量，单位为kg · m²；

I_{f}——飞轮的转动惯量，单位为kg · m²；

i_0——主传动比；

i_{g}——变速器的传动比。

如图2–18所示，旋转质量换算系数与传动系统总传动比i_0i_{g}有关。轿车的挡位越小，旋转质量换算系数越大，汽车的加速阻力越大。道路测试汽车的动力性能的时候，要测试一下加速的时候汽车的"推背感"。人们直观地认为，推背感越强，车辆的动力性越好。驾驶人往往用较低的挡位加速前进，就是利用低挡位i_0i_{g}的值较大、旋转换算系数较大、加速阻力比较大的原理。

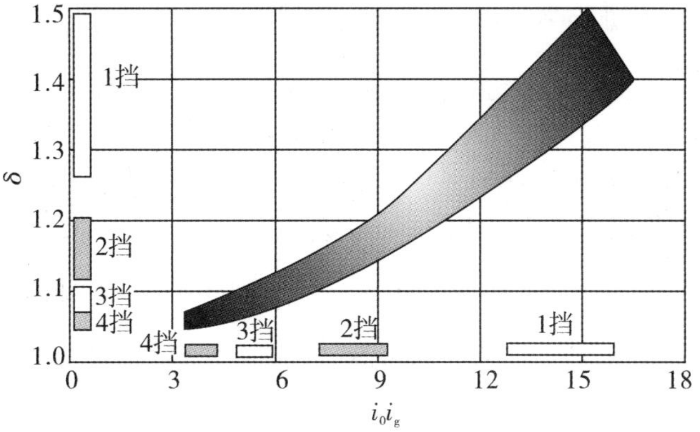

图2–18　轿车旋转质量换算系数与传动系统总传动比i_0i_{g}的关系

图2–19给出了货车旋转质量换算系数与传动系统总传动比的关系，总质量越小的货车，旋转质量换算系数越大，这也说明了总质量较大的货车，其运输成本较低。

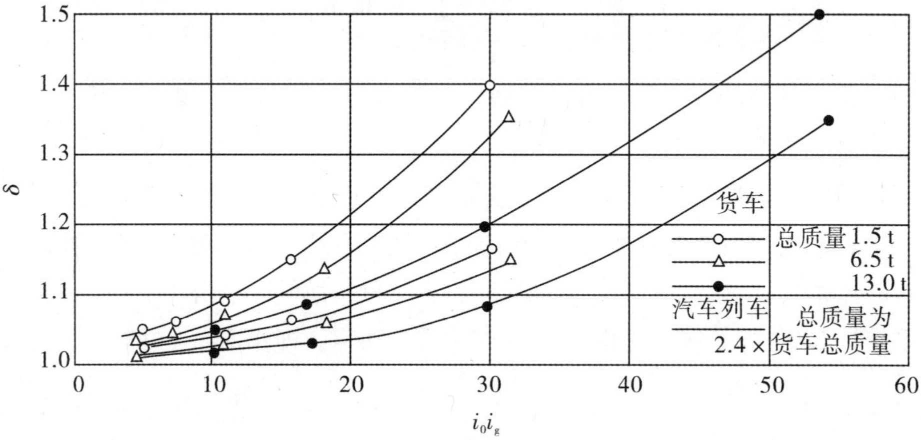

图2–19　货车旋转质量换算系数与传动系统总传动比i_0i_g的关系

一般而言，挡位越低，驱动力越大。但对于越野汽车而言，由于越野性能的要求，往往Ⅱ挡的驱动力最大，Ⅰ挡的驱动力要比Ⅱ挡驱动力小，原因是Ⅰ挡传动比虽然比较大，导致式（2–21）中$\frac{I_f i_g^2 i_0^2 \eta_T}{r^2}$项的数值较大，因而旋转质量换算系数比较大，但驱动力要克服较大的加速阻力，导致Ⅰ挡的驱动力较小。所以，开越野汽车的时候，用Ⅱ挡加速往往要比用Ⅰ挡加速快。

2.3.4　空气阻力

空气阻力是指汽车行驶时受到空气作用力在行驶方向上的分力，用F_W表示。空气阻力F_W与汽车的迎风面积A、空气阻力系数C_D、空气相对汽车速度u_r有关，空气阻力的计算公式为

$$F_W=\frac{C_D A u_r^2}{21.15} \tag{2–22}$$

从公式中可以看出：汽车的迎风面积越大，行驶阻力越大；空气阻力与空气相对于汽车速度的平方相关，也就是说，随着车速不断升高，空气阻力会急剧上升；汽车的外形会影响汽车的空气阻力系数。现代汽车企业在设计开发时都会尽量保持车身的流线造型，或者增加附加装置以减小空气阻力系数。

学习单元2.4　附着性能对汽车动力性的制约

汽车直线行驶除了应满足式（2–12）以外，还受到路面附着条件的制约。式（2–12）只是汽车行驶的必要条件，还不是充分条件。因为汽车作用在驱动轮上的切向反作用力受到车轮与路面之间的附着力F_φ的限制，即切向反作用力小于等于车轮与路面的附着力

$$F_t \leqslant F_\varphi \tag{2–23}$$

若此条件被破坏，车轮将发生滑移或滑转。式（2–23）是汽车运动的另一必要条件，也称为汽车运动的附着条件。

2.4.1　汽车行驶的附着条件

增加发动机转矩及增大传动比，可以增大驱动力。但驱动力达到路面可能给出的最大切向力，即附着力F_φ时，驱动轮会出现滑转现象，汽车不能前进。附着力是路面对驱动轮切向反力的极限值，以FR（Front Engine，Rear Drive，发动机前置后轮驱动）汽车为例，在硬路面上，其附着力与驱动轮法向反作用力F_{z2}成正比，即

$$F_{x2\max}=F_\varphi=F_{z2}\varphi \tag{2–24}$$

驱动轮地面法向反作用力与汽车的总体布置、行驶状况及道路的坡度有关。式中φ为附着系数，它与路面的种类和状况、车轮运动状况、胎压及花纹有关，行驶车速对附着系数也有影响。

在一般动力性分析中只取附着系数的平均值，见表2–11。

表2–11　轮胎与路面间的附着系数

路面	普通轮胎	高压轮胎
干燥的沥青或混凝土路面	0.70～0.80	0.50～0.70
潮湿的混凝土路面	0.50	0.40
潮湿的沥青路面	0.45～0.60	0.35
碎石路面（干）	0.60～0.70	0.50～0.60
碎石路面（潮湿）	0.40～0.50	0.30～0.40
土路（干）	0.50～0.60	0.40～0.50
土路（湿）	0.30～0.40	0.20～0.40
土路（泥）	0.15～0.25	0.15～0.25
雪路（松软）	0.20～0.35	0.20～0.35
雪路（压实）	0.20～0.35	0.12～0.20
冰路面	0.10～0.20	0.08～0.15

硬路面的接触强度大，地面坚硬及微小的凸起物和轮胎表面的机械啮合作用等，使轮胎与地面之间产生较大的附着力，故附着系数较大。潮湿的路面和微小凸凹及被污秽、灰尘所填的路面，附着系数会下降。

测评提示

轮胎气压对附着系数有较大的影响，在干燥的硬路面上，降低轮胎的气压，轮胎与路面微观不平处的啮合面积增大，使附着系数加大。在潮湿的硬路面上，适当提高轮胎气压，可以提高对路面的单位压力，有利于挤出接触处的水分，提高附着系数。

此外，在硬路面上行驶的汽车，胎面花纹做成浅而细的形状，可以增强胎面与路面上微小突起物间的啮合作用，有利于提高附着系数。在软路面上行驶的汽车，胎面花纹做成粗而深的花纹，可增大嵌入轮胎花纹内的土壤的剪切断面，达到提高附着系数的目的。轮胎花纹做成具有良好的排水功能的形状，可提高汽车在潮湿路面上的附着系数。

行驶车速对附着系数也有影响。在硬路面上，车速增加时，轮胎来不及与路面微小凸起部分很好地啮合，附着系数下降。雨天在硬路面上行驶，车速提高时，轮胎与路面间的水不易被挤出，使附着系数显著下降。在松软路面上行驶的汽车，由于汽车车速的提高，车轮的作用力很容易破坏土壤的结构，造成附着系数下降。

应当明确，附着力并不是汽车受到的一个力，它只是路面给车轮切向力的极限值。当地面切向力达到此值时，驱动轮将产生滑转，汽车不能行驶，因此，汽车行驶应满足的第二个条件——附着条件为（对于后轮驱动的汽车）：地面作用在驱动轮上的切向反力小于驱动轮的附着力

$$F_{x2}=F_t-F_{f2}\leqslant F_\varphi=F_{z2}\varphi$$

$$F_t\leqslant F_{z2}(f+\varphi) \tag{2-25}$$

而$f<\varphi$，所以上式可近似为

$$F_t\leqslant F_{z2}\text{或}F_t\leqslant F_{z2}\varphi \tag{2-26}$$

式中，$F_{z\varphi}$——作用于所有驱动轮上的地面法向反作用力。联立式（2-24）和式（2-25）得汽车行驶的驱动与附着条件为

$$F_f+F_W+F_i\leqslant F_t\leqslant F_{z2}\varphi \tag{2-27}$$

这就是汽车行驶的必要与充分条件。

式（2-24）可以写成

$$\frac{F_{x2}}{F_{z2}}\leqslant\varphi \tag{2-28}$$

式中，$\frac{F_{x2}}{F_{z2}}$——后轮驱动汽车驱动轮的附着率。即

$$C_{\varphi 2}\leqslant\varphi \tag{2-29}$$

对于前轮驱动汽车，其前驱动轮的附着率亦不能大于地面附着系数。

测评提示

驱动轮的附着率是表明汽车附着性能的一个重要指标，简单来说，就是驱动轮能“附着”在路面上而不发生打滑，它是驱动轮完成规定工况对路面提出的最低要求，其大小取决于“规定工况”，与实际路面条件无关。所谓规定工况，指的是汽车以一定的车速、挡位行驶。由此可知，附着率可以由发动机、传动系统的参数及汽车的行驶工况来确定。

汽车在直线行驶过程中如果丧失附着性能，不仅仅动力性能下降，安全性能也会受到影响。由附着条件可知，附着系数和切向反力是关键。

切向反力主要受到发动机转矩、行驶阻力及制动力的影响，用控制切向反力来控制汽车的附着性能，有经验的驾驶人也可以做到。如在冰雪路面上起步的时候，只要用最低挡起步就容易打滑，原因是低挡的切向反力非常大，导致附着率超过路面附着系数，即

$$\frac{F_{x1}}{F_{z1}}=\frac{F_{t1}-F_{f}}{F_{z1}}=C_{\varphi1}>\varphi \qquad (2-30)$$

起步过程中，驱动轮严重滑转会加剧轮胎的磨损。所以，有经验的驾驶人往往用较高的挡位起步，如用Ⅱ挡甚至Ⅲ挡起步，由于Ⅱ挡或Ⅲ挡的传动比小于Ⅰ挡，则

$$\frac{F_{x2}}{F_{z1}}=\frac{F_{t2}-F_{f2}}{F_{z1}}=C_{\varphi1}<\varphi \qquad (2-31)$$

现代汽车电子控制发展比较迅速，装用TCS（Traction Control System，牵引力控制系统），通过对驱动轮作用制动力矩控制起步过程，从而顺利起步。

2.4.2　汽车加速上坡的受力分析

汽车的附着力取决于附着系数以及地面作用于驱动轮的法向反作用力。

（1）驱动轮地面法向反作用力。驱动轮地面法向反作用力与汽车的总体布置、车身形状、行驶状况及道路的坡度有关。

图2-20画出了汽车加速上坡时的受力图。

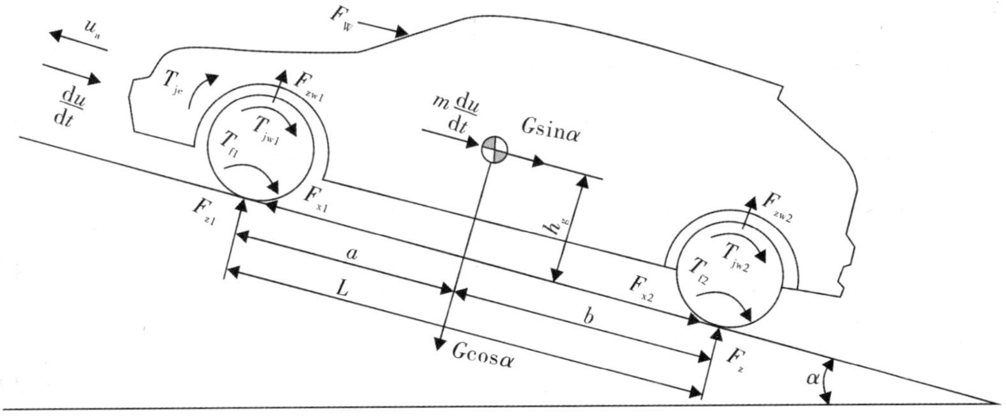

图2-20　汽车加速上坡受力情况

图中，G——汽车重力；

α——道路坡度角；

h_g——汽车质心高；

F_W——空气阻力；

T_{f1}、T_{f2}——作用在前、后轮上的滚动阻力矩；

T_{jw1}、T_{jw2}——作用在前、后车轮上的惯性阻力矩；

F_{zw1}、F_{zw2}——作用于车身并位于前、后轮接地点上方的空气升力；

F_{z1}、F_{z2}——作用在前、后轮上的地面反作用力；

F_{x1}、F_{x2}——作用在前、后轮上的地面切向反作用力；

L——汽车轴距；

a、b——汽车质心至前、后轴之距离。

若将作用在汽车上的各个力对前、后轮及道路接触面中心取矩，则得：

$$\begin{cases} F_{z1}=G\left(\dfrac{a}{L}\cos\alpha-\dfrac{h_g}{L}\sin\alpha\right)-\left(\dfrac{G}{g}\dfrac{h_g}{L}+\dfrac{\sum I_w}{Lr}\pm\dfrac{i_f i_g i_0}{Lr}\right)\dfrac{du}{dt}-F_{zw1}-G\dfrac{rf}{L}\cos\alpha \\ F_{z2}=G\left(\dfrac{b}{L}\cos\alpha+\dfrac{h_g}{L}\sin\alpha\right)+\left(\dfrac{G}{g}\dfrac{h_g}{L}+\dfrac{\sum I_w}{Lr}\pm\dfrac{i_f i_g i_0}{Lr}\right)\dfrac{du}{dt}-F_{zw2}-G\dfrac{rf}{L}\cos\alpha \end{cases} \quad (2-32)$$

由于F_W与F_{zw1}、F_{zw2}均是在风洞试验中实际测得的，因此，在式（2-32）中不能再计入F_W对前后轮与接触面中心的矩。

从式（2-32）可以看出，前、后轮的地面反作用力由四个部分构成：静态轴荷的法向反作用力、动态分量、空气升力及滚动阻力矩产生的部分。滚动阻力矩产生的部分比较小，往往可以忽略不计。

①静态轴荷的法向反作用力，即汽车重力分配到前、后轴的分量产生的地面法向反作用力，分别为：

$$\begin{cases} F_{zs1}=G\left(\dfrac{b}{L}\cos\alpha-\dfrac{h_g}{L}\sin\alpha\right) \\ F_{zs2}=G\left(\dfrac{b}{L}\cos\alpha+\dfrac{h_g}{L}\sin\alpha\right) \end{cases} \quad (2-33)$$

可见，静态轴荷主要由车辆的设计参数及坡度角决定。

②动态分量，即加速过程中产生的惯性力、惯性力矩造成的地面法向反作用力部分，分别为

$$\begin{cases} F_{zd1}=-\left(\dfrac{G}{g}\dfrac{h_g}{L}+\dfrac{\sum I_w}{Lr}\pm\dfrac{i_f i_g i_0}{Lr}\right)\dfrac{du}{dt} \\ F_{zd2}=\left(\dfrac{G}{g}\dfrac{h_g}{L}+\dfrac{\sum I_w}{Lr}\pm\dfrac{i_f i_g i_0}{Lr}\dfrac{du}{dt}\right)\dfrac{du}{dt} \end{cases} \quad (2-34)$$

式中，$\dfrac{g}{G}\dfrac{du}{dt}$——平移质量的惯性力；

$\dfrac{\sum I_w}{Lr}\dfrac{du}{dt}$——车轮的惯性力矩；

$\dfrac{i_f i_g i_0}{Lr}\dfrac{du}{dt}$——横置发动机飞轮的惯性力矩（曲轴旋转方向与车轮旋转方向一致时取“+”号）。

可见，汽车上坡加速过程中，后轴轴荷增加，前轴轴荷减小，称为轴荷转移，转移量主要取决于平移惯性力和旋转质量惯性力矩。

（2）作用在驱动轮上的地面切向反作用力。

切向反作用力最大值出现在汽车加速爬坡的工况，以下将在此工况下进行分析。

如图2–21所示，将整车分解为车身、驱动轮（前轮）、从动轮（后轮）三部分，分别分析其受力。给定车辆参数、坡度、车速和加速度，可以算出从动轮受到的阻力、车身受到的阻力，这些阻力都需要由驱动轮上的地面切向反力克服，剩余部分用于车辆加速。

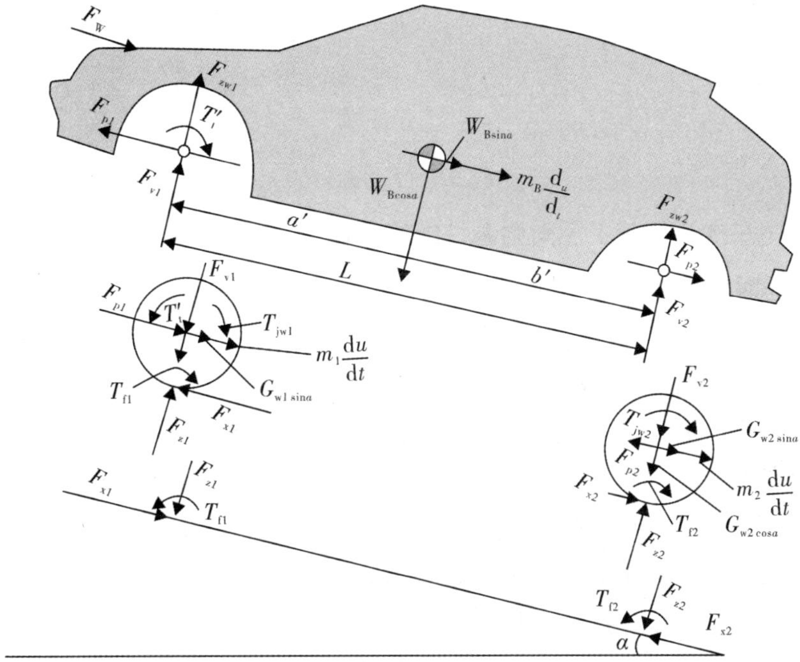

图2–21　前轮驱动汽车在坡道上加速行驶时从动轮、驱动轮与汽车车身的受力图

由从动轮的受力图有

$$F_{p2}=m_2\frac{du}{dt}+G_{w2}\sin\alpha+F_{x2}$$

$$F_{x2}r=T_{f2}+T_{jw2}$$

$$F_{x2}=\frac{T_{f2}}{r}+\frac{T_{jw2}}{r}$$

T_{jw2}很小，忽略不计，则有

$$F_{x2}=T_{f2}$$

所以

$$F_{p2}=T_{f2}+G_{w2}\sin\alpha+m_2\frac{du}{dt} \tag{2-35}$$

由车身的受力图有

$$F_{p1}=F_{p2}+F_W+W_B\sin\alpha+m_B\frac{du}{dt}$$

将$F_{p2}=T_{f2}+G_{w2}\sin\alpha+m_2\dfrac{du}{dt}$代入上式，得

$$F_{p1}=F_{f2}+F_W+(W_B+G_{w2})\sin\alpha+(m_B+m_2)\frac{du}{dt}$$

由驱动力受力图有

$$F_{x1}=F_{p1}+G_{w1}\sin\alpha+m_1\frac{du}{dt}$$

将$F_{p1}=F_{f2}+F_W+(W_B+G_{w2})\sin\alpha+(m_B+m_2)\frac{du}{dt}$代入上式，得

$$\begin{aligned}F_{x1}&=F_{f2}+F_W+G\sin\alpha+m\frac{du}{dt}\\&=F_{f2}+F_W+F_i+F_j'\end{aligned}$$

当汽车由前轮驱动时，有

$$F_{x1}=F_{f2}+F_W+F_i+F_j' \tag{2-36}$$

同理，当汽车由后轮驱动时有

$$F_{x2}=F_{f1}+F_W+F_i+F_j' \tag{2-37}$$

2.4.3 汽车加速行驶工况对附着性能的影响

由于加速时发生轴荷的转移，汽车的附着性能发生变化，汽车的动力性能也发生变化。在现实中常常需要讨论前驱车、后驱车、四驱车的加速能力，就需要了解在加速过程中汽车附着性能的变化。

汽车的附着性能可以通过附着率来衡量。附着率是指汽车直线行驶状况下，充分发挥驱动力作用时要求的最低附着系数。不同的直线行驶工况，要求的最低附着系数是不一样的。在较低行驶车速下，用低挡加速或上坡行驶，驱动轮发出的驱动力大，要求的附着系数大，如果此时路面的附着系数达不到附着率的要求，汽车会出现打滑。此外，在水平路段以极高车速行驶时，由于受到空气升力的影响，要求的附着系数也大。附着率可以由法向反力和切向反力计算得到。

（1）加速、上坡行驶时的附着率。

对于后轮驱动汽车，其后驱动轮的附着率为

$$C_{\varphi2}=\frac{F_{x2}}{F_{z2}}=\frac{F_{f1}+F_W+F_i+F_j'}{F_{zs2}-F_{zw2}+\frac{G}{g}\frac{h_g}{L}\frac{du}{dt}} \tag{2-38}$$

上坡时可以忽略空气阻力和滚动阻力，将$F_{zs2}=G\left(\frac{a}{L}\cos\alpha-\frac{h_g}{L}\sin\alpha\right)$代入上式，得

$$C_{\varphi2}=\frac{F_i+F_j'}{F_{zs2}+\frac{G}{g}\frac{h_g}{L}\frac{du}{dt}}=\frac{i+\frac{1}{\cos\alpha}\frac{1}{g}\frac{du}{dt}}{\frac{a}{L}+\frac{h_g}{L}\left(i+\frac{1}{\cos\alpha}\frac{1}{g}\frac{du}{dt}\right)}$$

上式中，令$q=i+\frac{1}{\cos\alpha}\frac{1}{g}\frac{du}{dt}$，此式可以理解为包含加速阻力在内的等效坡度，则

$$C_{\varphi2}=\frac{q}{\frac{a}{L}+\frac{h_g}{L}q} \tag{2-39}$$

式中，$C_{\varphi2}$——加速上坡行驶时要求的地面附着系数。换言之，当给定路面的附着

系数时，汽车能通过的最大等效坡度为

$$q=\frac{\frac{a}{L}}{\frac{1}{\varphi}-\frac{h_g}{L}} \tag{2-40}$$

同理可得，当汽车由前轮驱动时，前轮的附着率为

$$C_{\varphi 2}=\frac{q}{\frac{a}{L}-\frac{h_g}{L}q} \tag{2-41}$$

一定附着系数的路面，能通过的等效坡度为

$$q=\frac{\frac{b}{L}}{\frac{1}{\varphi}+\frac{h_g}{L}} \tag{2-42}$$

如果$a=b$，显然，后驱车的等效坡度更大，后驱车加速上坡的能力比前驱车要强。

对于四驱车而言，前后驱动轮的动力分配是根据中央差速器的结构所决定的。若令后轴的转矩分配系数为

$$\psi=\frac{T_{t1}}{T_{t1}+T_{t2}} \tag{2-43}$$

式中，T_{t1}——前驱动轴的驱动转矩；

T_{t2}——后驱动轴的驱动转矩。

如果是前驱动轮汽车，则$\psi=0$；如果是后轮驱动汽车，则$\psi=1$。四驱车BMW325i的ψ为0.63。

根据ψ值，在忽略滚动阻力、空气阻力与旋转质量影响后，可以确定前、后轮的切向反作用力为$F_{x2}=\psi G\left(\sin\alpha+\frac{1}{g}\frac{\mathrm{d}u}{\mathrm{d}t}\right)$

$$\begin{cases}F_{x1}=(1-\psi)G\left(\sin\alpha+\frac{1}{g}\frac{\mathrm{d}u}{\mathrm{d}t}\right)\\ F_{x2}=\psi G\left(\sin\alpha+\frac{1}{g}\frac{\mathrm{d}u}{\mathrm{d}t}\right)\end{cases} \tag{2-44}$$

故前、后驱动轮的附着率分别为

$$\begin{cases}C_{\varphi 1}=\frac{(1-\psi)q}{\frac{b}{L}-\frac{h_g}{L}q}\\ C_{\varphi 1}=\frac{\psi q}{\frac{a}{L}+\frac{h_g}{L}q}\end{cases} \tag{2-45}$$

等效坡度一定时，如果前轮附着率较大，前驱动轮的驱动力将先达到地面附着力而滑转，后驱动轮驱动力也保持在前轮刚开始滑转时的数值不再增加，反之亦然。通常前、后驱动轮的附着率不相等，汽车的等效坡度受附着率较大驱动轮的限制。

如果前、后轮驱动力可以根据运动状况自动调节，同时达到附着力极限，有

$$\varphi G\sin\alpha = G\sin\alpha + \frac{G}{g}\frac{du}{dt} \tag{2-46}$$

即$q=\varphi$，此时等效坡度等于地面附着系数。

图2-22给出了前轮驱动、后轮驱动和四轮驱动汽车的等效坡度与地面附着系数的关系曲线。从图中可以看出，四轮驱动汽车的等效坡度（即加速与上坡能力）大大超过单轴驱动汽车。注意，"锁定的四轮驱动"就是"前、后轮驱动力可以根据运动状况自动调节"。

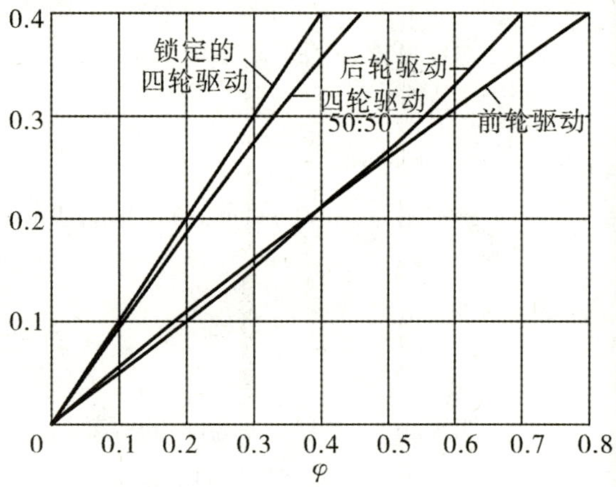

图2-22　不同驱动形式的汽车等效坡度与附着系数的关系

（2）高速行驶时的附着率。

汽车在良好道路上高速行驶时，道路的坡度和汽车加速度均很小。令$i=0$，$\frac{du}{dt}=0$，则由式（2-37）可以求得高速行驶时后轮驱动汽车的后驱动轮附着率为

$$C_{\varphi 2}=\frac{F_{f1}+F_{W}}{F_{zs2}-F_{zw2}} \tag{2-47}$$

图2-23给出了一紧凑型后轮驱动轿车后驱动轮地面切向反力、法向反作用力、附着率与车速的关系曲线。图中的法向反作用力与附着力是按三种空气升力系数求得的，即后升力系数为0.28、0.15与0。

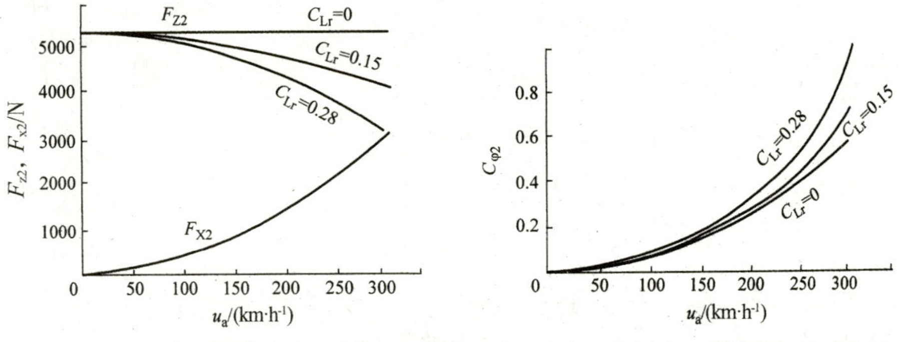

图2-23　高速行驶时后驱动轮地面切向反力、法向反作用力、附着率与车速的关系

测评提示

由图可以看出，随着车速的增加，后轮的法向反作用力下降，而切向反作用力则按车速的平方关系增大。因此，附着率$C_{\varphi 2}$随车速的提高而急剧增大，附着条件不易满足。在一般车速下$C_{\varphi 2}$值甚小，汽车完全可以正常行驶。当车速达到250 km/h、C_{Lr}=0.28时，$C_{\varphi 2}$=0.57，附着率接近于沥青路面的附着系数。当车速为300 km/h时，若

C_{Lr}=0.28，$C_{\varphi 2}$=0.99；若C_{Lr}=0.15，$C_{\varphi 2}$=0.74。这说明在极高车速下，即使是良好的路面也不能满足附着性能的要求。

学习单元2.5 汽车动力性的计算与测试分析

汽车动力性分析常用到三大平衡，即驱动力平衡、动力平衡和功率平衡。通常采用图解分析法，应用汽车的驱动力–行驶阻力平衡图、动力特性图和功率平衡图三种方法求解汽车的动力性的评价指标，为评价汽车的动力性提供科学的依据。

1. 利用“汽车的驱动力–行驶阻力平衡图”来确定客观评价指标

为了清晰而形象地表明汽车行驶时的受力情况及其平衡关系，一般是采用汽车行驶方程式用图解法来进行分析的。汽车的驱动力–行驶阻力平衡图就是最基本的一种，将汽车行驶中经常遇到的滚动阻力和空气阻力叠加后画在驱动力图上，并表明该叠加量随车速的变化关系。图2–24即为一部具有五挡变速器汽车的驱动力–行驶阻力平衡图。

在各个排挡上，汽车驱动力F_t与车速u_a之间的函数关系曲线，称为汽车驱动力图。它直观地显示变速器处于各挡位时，驱动力随车速变化的规律。

当已知发动机外特性曲线、传动系统的传动比及机械效率、车轮半径等参数时，即可作出汽车驱动力图。具体方法如下：

① 从发动机外特性曲线上取若干（n_e、T_{tq}）。

② 根据选定的不同挡位传动比，按式$F_t=\dfrac{T_{tq}i_g i_0 \eta_T}{r}$算出驱动力值。

> 装备制造业是国之重器，是实体经济的重要组成部分。党的十八大以来，党中央、国务院高度重视装备制造业发展，我国装备制造业取得了历史性成就，获得了产业规模与结构的双向提升。

③ 根据转速n_e、变速器传动比i_g及主减速比i_0，由下式计算与所求F_t对应的速度：

$$u_a=0.377\frac{rn_e}{i_g i_0} \tag{2–48}$$

④ 建立F_t–u_a坐标，选好比例尺，对每个挡位，将计算出的值（F_t，u_a）分别描点并连成曲线，即得驱动力图。

只要车辆运动，就会有驱动力F_t、滚动阻力F_f和空气阻力F_W。驱动力–行驶阻力平衡图表达的就是这个关系。若以最高车速行驶时，没有F_i和F_j，F_t与（F_f+F_W）平衡；全力加速时，没有F_i，F_t与（F_f+F_W）之差反映加速度；全力爬坡时，没有F_j，F_t与（F_f+F_W）之差反映爬坡度。

（1）最高车速的确定。汽车的最高车速是指汽车在无风的条件下，在水平、良好的路面上，节气门全开，变速器置于最高挡所能达到的车速。

根据汽车行驶方程，$F_t=F_f+F_W+F_i+F_j$，此时F_i=0，F_j=0，$F_t=F_f+F_W$，即驱动力–行驶

阻力平衡图上F_t曲线（此时为最高挡驱动力曲线F_{t5}）与F_f+F_W曲线的交点对应的车速，就是最高车速（图2–24中为175 km/h）。从图2–24中还可以看出，当车速低于最高车速时，驱动力大于行驶阻力，这样，汽车就可以利用剩下来的驱动力加速或爬坡，或牵引挂车。当需要在低于最高车速的某一车速（如160 km/h）等速行驶时，驾驶人可以关小节气门开度（图中虚线），此时发动机只用部分负荷特性工作，相应地得到虚线所示驱动力曲线，以使汽车达到新的平衡。

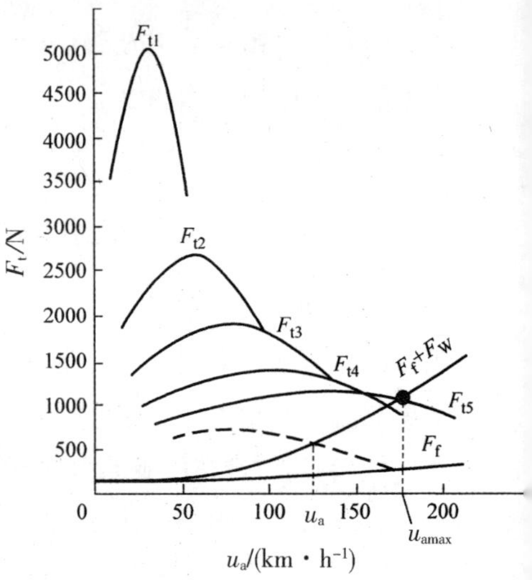

图2–24　汽车驱动力–行驶阻力平衡图

（2）汽车加速时间的确定。汽车的加速能力可用它在水平良好路面上行驶时能产生的加速度来评价。由于加速度的数值不易测量，一般用加速时间来表明汽车的加速能力。例如用直接挡行驶时，由最低稳定速度加速到一定距离或80%$u_{a\ max}$所需时间（新车一般用0 ~ 100 km/h所需的时间）。

由汽车行驶方程得：

$$\frac{du}{dt}=\frac{g}{\delta G}\left[F_t-\left(F_f+F_W\right)\right] \qquad (2\text{–}49)$$

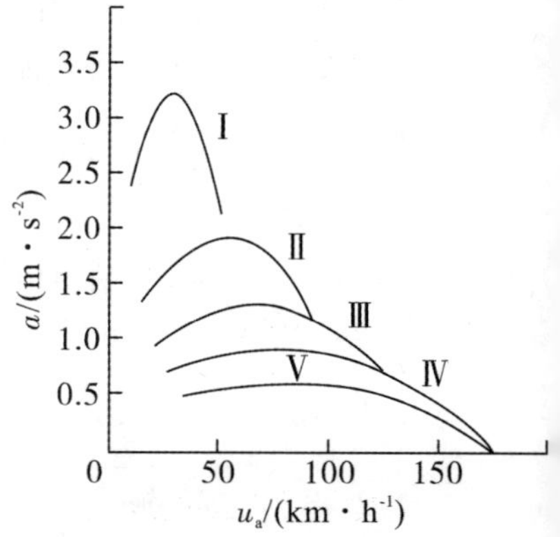

图2–25　汽车行驶加速度曲线

显然利用图2–25，可计算得各挡的加速度。有的汽车，如越野车，Ⅰ挡的δ值甚大，Ⅱ挡的加速度可能比Ⅰ挡的还要大。

根据图2–26，可以进一步求得由u_1加速至另一较高车速u_2所需的时间。

由于

$$a=\frac{du}{dt}$$

故加速时间为

$$t=\int_0^t dt=\int_{u_1}^{u_2}\frac{1}{a}du=A \qquad (2\text{–}50)$$

如果画出加速度倒数$\frac{1}{a}$随速度变化的曲线，可用图解积分法求出曲线下的面积，即为加速过程中的加速时间，如图2–26所示。

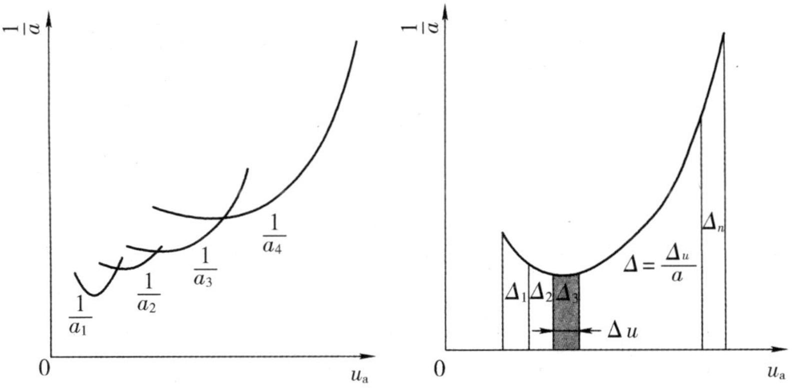

（a）加速度倒数-速度曲线　（b）利用加速度倒数-速度曲线求加速时间

图2-26　汽车加速度的倒数曲线

（3）汽车最大爬坡度的确定。汽车的爬坡能力是用最大爬坡度来评定的。最大爬坡度i_{max}（%）是指汽车满载时，在良好路面上以最低挡所能爬行的最大坡度。此时，汽车在良好路面上克服F_f+F_W后的力，全部用来克服坡度阻力，故$\frac{du}{dt}=0$，即$F_j=0$。

因此

$$F_i=F_t-(F_f+F_W) \tag{2-51}$$

式中，F_f应为$Gf\cos\alpha$，但F_f的数值本来就较小，且$\cos\alpha\approx1$，故可认为

$$G\sin\alpha=F_t-(F_f+F_W)$$

$$\alpha=\arcsin\frac{F_t-(F_f+F_W)}{G} \tag{2-52}$$

运用以上公式求出汽车能爬上的坡道角，并相应地求出坡度值，如图2-27所示。其中最大爬坡度i_{max}为Ⅰ挡时的最大爬坡度，直接挡最大爬坡度i_{0max}亦应引起注意，因为汽车经常是以直接挡行驶的，如果$i_{0\,max}$过小，迫使汽车在遇到较小的坡度时经常换挡，这样就影响了行驶的平均速度，其数值按下式求出：

$$i_{0\,max}=\frac{F_{t0\,max}-(F_t+F_W)}{G} \tag{2-53}$$

式中，$F_{t0\,max}$——直接挡时的最大驱动力。

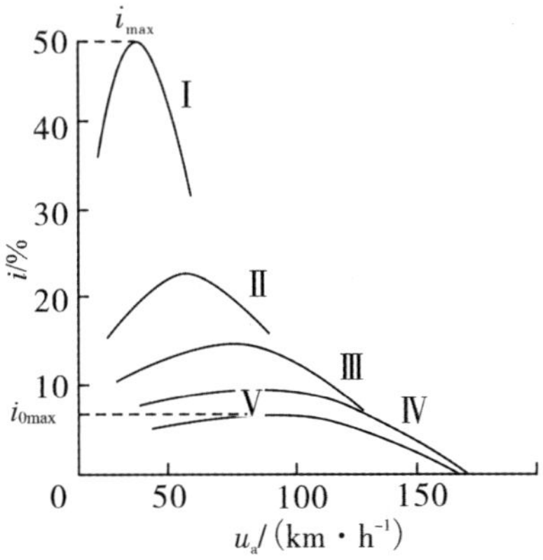

图2-27　汽车爬坡度

2. 利用“动力特性”来确定客观评价指标

利用“汽车驱动力-行驶阻力平衡图”可以确定汽车的动力性，但此图不能用来直接评价不同种类汽车的动力性。因为种类不同的汽车，其质量或外形有所不同，因此各行驶阻力也不同，也就是说，即使驱动力相近的汽车，其动力性也不相近。可以想象表征动力性的指标，应该是一种既考虑驱动力，又包含汽车自重和空气阻力在内的综合性参数。将汽车行驶方程式进行一定的变换，便可找出评定汽车动力性的参数。

$$F_t=F_f+F_W+F_i+F_j$$

$$F_t-F_W=F_f+F_i+F_j=G\,(f+i)+\delta\frac{G}{g}\frac{du}{dt}=G\psi+\delta\frac{G}{g}\frac{du}{dt}$$

$$\frac{F_t-F_W}{G}=\psi+\frac{\delta}{g}\frac{du}{dt} \tag{2-54}$$

式（2-54）的右边是汽车行驶时的道路阻力系数及加速度与$\frac{\delta}{g}$的乘积，左边是汽车本身所具有的参数。若令$\frac{F_t-F_W}{G}$为汽车的动力因数，并以符号D表示，则

$$D=\frac{F_t-F_W}{G}=\psi+\frac{\delta}{g}\frac{du}{dt} \tag{2-55}$$

式（2-55）称为汽车的动力平衡方程，其中ψ称为道路系数。由式（2-55）可知，不论汽车自重等参数有何不同，只要有相等的动力因数D，便能克服同样的坡度和产生同样的加速度（设两汽车的δ值相同）。因此，目前常把动力因数作为表征汽车动力特性的指标。

利用F_t-u_a和$F_W=f\,(u_a)$的函数关系，根据式（2-55）计算出D并作出$D-u_a$关系曲线，因此，目前常把动力因数作为表征汽车动力特性的指标，称为动力特性图，如图2-28所示。再将汽车滚动阻力系数f随车速u_a变化关系曲线，以同样的比例尺画在动力特性图上，就可以方便地分析汽车动力特性。

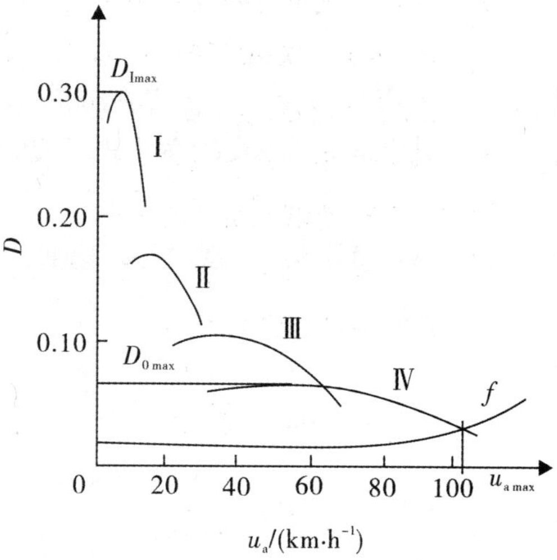

图2-28　汽车动力特性图

（1）最高车速的确定。在汽车达到最高车速时，$\frac{du}{dt}=0$，$i=0$，故汽车的动力平衡方程式变为$D=f$，即图2-28中高速挡动力因数曲线与滚动阻力系数曲线交点处对应的车速为最高车速。

（2）各挡爬坡度的确定。在各挡爬最大坡度时，加速度$\frac{du}{dt}=0$，动力平衡方程式为

$$D=\psi=f+i \tag{2-56}$$

因此，D曲线与f曲线之间的距离，就是汽车各挡的爬坡能力。粗略估算时，$D_{\rm I\,max}-f$就是汽车的最大爬坡度。实际上，Ⅰ挡所能上的坡度一般较大，因此，$\cos\alpha<1$，$\sin\alpha\neq i$，故$i_{max}=D_{\rm I\,max}-f$的误差较大，此时$D_{\rm I\,max}=f\cos\alpha_{max}+\sin\alpha_{max}$，解

此三角函数方程，求得 $\alpha_{max}=\arcsin\frac{D_{\mathrm{I}\,max}-f\sqrt{1-D_{\mathrm{I}\,max}^2+f^2}}{1+f^2}$，然后根据 $\tan\alpha_{max}=i_{max}$ 换算成坡度。

（3）加速时间的确定。评定汽车的加速能力时，设i=0，则动力平衡方程为

$$D=f+\frac{\delta}{g}\frac{du}{dt}$$

$$\frac{du}{dt}=\frac{g}{\delta}(D-f) \tag{2-57}$$

因此，在汽车动力特性图上，D曲线与f曲线之间距离的$\frac{g}{\delta}$倍，就是汽车各挡的加速度。当求直接挡加速度时，若粗略判断，可取 $\delta\approx1$，$g\approx10\ \mathrm{m/s^2}$，则加速度就是$D$曲线与$f$曲线之间距离的10倍。

由上述内容，可见，用动力特性图求解汽车的动力性指标十分合适和方便，在汽车的技术文件中常用动力特性来表征汽车的动力性。

动力特性图上几个重要参数如下：

①汽车在水平良好路面上的最高车速$u_{a\,max}$。

② Ⅰ挡最大动力因数$D_{\mathrm{I}\,a\,max}$。它可粗略地代表最大爬坡能力。

③直接挡的最大动力因数$D_{0\,max}$。它说明了汽车以直接挡行驶时的爬坡与加速能力，该值对汽车行驶的平均速度有很大影响。

3. 利用“功率平衡图”来确定客观评价指标

汽车行驶时，不仅存在驱动力与行驶阻力的平衡关系，而且也存在发动机功率和汽车行驶的阻力功率间的平衡关系，即发动机发出的有效功率，始终等于机械传动损失与全部运动阻力所消耗的功率。

汽车运动阻力所消耗的功率，有滚动阻力功率P_f、空气阻力功率P_W、坡度阻力功率P_i及加速阻力功率P_j，它们的表达式为

$$P_f=\frac{F_f u_a}{3.6\times1000}=\frac{Gf\cos\alpha u_a}{3600} \qquad P_i=\frac{F_i u_a}{3600}=\frac{Gf\sin\alpha u_a}{3600}$$

$$P_W=\frac{F_W u_a}{3600}=\frac{C_D A u_a^3}{76140} \qquad P_j=\frac{F_j u_a}{3600}=\frac{\delta G u_a}{3600g}\frac{du}{dt}$$

功率平衡方程为

$$P_e=\frac{1}{\eta_T}\sum p=\frac{1}{\eta_T}(P_f+P_W+P_i+P_j)$$

即

$$P_e=\frac{u_a}{3600\eta_T}\left(Gf\cos\alpha+G\sin\alpha+\frac{C_D A u_a^2}{21.15}+\delta\frac{G}{g}\frac{du}{dt}\right)$$

当α较小时，$\sin\alpha\approx i$，$\cos\alpha\approx1$，上式可写成

$$P_e=\frac{u_a}{3600\eta_T}\left(Gf+Gi+\frac{C_D A u_a^2}{21.15}+\delta\frac{G}{g}\frac{du}{dt}\right) \tag{2-58}$$

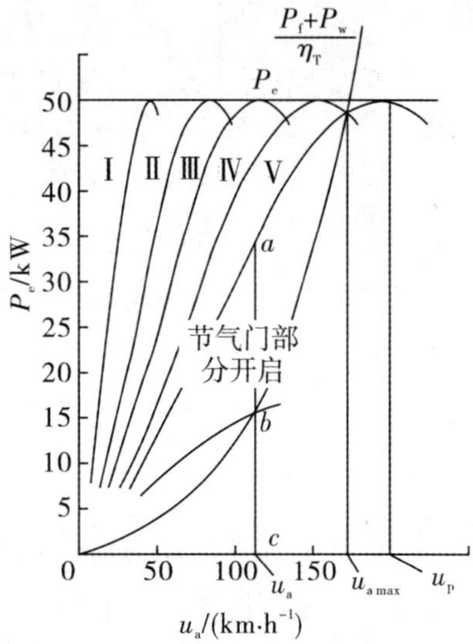

图2–29　汽车的功率平衡图

汽车的功率平衡关系也可以用图解法表示。用纵坐标表示功率，横坐标表示车速，将发动机功率P_e、汽车经常遇到的阻力功率$\frac{1}{\eta_T}(P_f+P_W)$，对应于车速的关系曲线绘在坐标图上，即得到如图2–29所示的功率平衡图。

可见由于发动机功率随车速的变化，实际上是随转速的变化，发动机转速在各挡位对应的行驶车速不同，因此得出图示的各挡功率与行驶车速的关系曲线。

P_f在低速范围内为一直线，在高速时由于f是u_a的一次函数，P_f是u_a的二次函数；而P_W则是u_a的三次函数。两者叠加后，阻力功率曲线是一条斜率越来越大的曲线。它与挡位无关，只与车速有关，所以高速行驶时，汽车主要克服空气阻力而消耗功率。

（1）最高车速的确定。汽车达最高车速时，$\frac{du}{dt}=0$，$i=0$，则

$$P_e=\frac{1}{\eta_T}(P_f+P_W) \tag{2–59}$$

即功率平衡图中，发动机功率曲线（直接挡）与阻力功率曲线的交点对应的车速$u_{a\max}$，稍大于最高挡时发动机最大功率对应的车速u_p。

（2）加速能力的确定。评价加速能力时，$i=0$，则

$$P_j=\eta_T\left[P_e-\frac{1}{\eta_T}(P_f+P_W)\right] \tag{2–60}$$

所以，不同车速时的加速度为

$$\frac{du}{dt}=\frac{360g\eta_T}{\delta G u_a}\left[P_e-\frac{1}{\eta_T}(P_f+P_W)\right] \tag{2–61}$$

（3）上坡能力的确定。评价汽车上坡能力时，$\frac{du}{dt}=0$，粗略计算求出汽车的爬坡度为

$$i=\frac{360\eta_T}{G u_a}\left[P_e-\frac{1}{\eta_T}(P_f+P_W)\right] \tag{2–62}$$

功率平衡图上，各挡功率曲线表示汽车在该挡上不同车速时可能的功率。总阻力功率曲线表示在平直、良好的路上，以不同车速等速行驶时所需要的功率。两者间的功率差值为后备功率，它可以用来使汽车加速、爬坡等。

利用功率平衡的方法求解动力性问题显得麻烦，但汽车的速度越大，遇到的阻力越大，克服阻力所消耗的功率就越大，因此，功率平衡是从能量转换角度研究汽车动力性的。利用功率平衡，还可以研究行驶时发动机的负荷率，即一定工况下，克服阻力所需发动机发出功率和该工况下发动机能够发出的最大功率的比值，以便研究经济性问题。

学习单元2.6　汽车动力性的主观评价

2.6.1　主观评价的指标

动力性的主观评价项目，首先是加速性和爬坡等基本性能，还包括与运动动力学有关的驾驶性能，以及加速等过程中影响舒适性的指标，包括起步加速、行驶中加速、各挡加速性、转弯加速、弱附着路面加速性、爬坡性能、踩加速踏板感觉、快踩/快松加速踏板（tip-in/tip-out）、加速跑偏、加速俯仰、加速抖动、加速转向失中等。

（1）起步加速。此项评价汽车在水平、良好路面上起步最大加速性，一般从静止加速到最高挡最高车速的 80%。

主观评价：对从静止至节气门全开下汽车的加速性及加速时的平顺性、加速平滑性和渐进性的主观感觉进行评价。

试验方法：

①行驶工况：平整、干燥的沥青（或水泥）路面。

②驾驶要求：节气门全开，直线加速，以最快的方式起步并将加速踏板踩到底，使节气门全开进行试验。对于MT（手动变速器）车是在发动机无负荷且在最大转矩附近的状态下，使离合器紧急结合的同时，节气门全部打开快速起动，中途的换挡均是在发动机接近最大允许转矩时进行。对于AT（自动变速器）车则是用力踩下制动踏板从节气门全部打开的状态下（此状态叫作失速状态），紧急解除制动。

（2）行驶中加速。此项评价是汽车行驶过程中的加速性能，反映了汽车的超车性能。一般是在最高挡位的 30 km/h 踩加速踏板加速到最大车速的 80%。行驶中加速能力采用超车加速时间来衡量。超车加速时间是指汽车在良好的平直路面上，从最高挡或次高挡由30 km/h或40 km/h全力加速至某一高速所需的时间。

主观评价：对汽车加速时节气门全开的加速性以及加速时的速度平顺性，自动挡在快速踩加速踏板时换低挡时的主观感觉进行评价。

试验方法：

① 行驶工况：清洁、干燥、平坦的，用沥青或混凝土铺装的直线道路。

② 驾驶要求：以最高挡的稳定车速 30km/h 进行等速行驶，当车速稳定后（偏差 ± 1km/h），驶入试验路段，迅速将加速踏板踩到底。

（3）各挡加速性。评价各个挡位加速性能，一般从静止起至节气门全开加速到高速区，覆盖所有挡位，一般为最高车速的 90%。中间连续换挡感觉各个挡位的加速性、换挡的平滑性以及挡位速比是否合理，最后在高速区域评价发动机的平稳性。对于AT 自动模式和手动模式都要评价。

主观评价：汽车在此速度区间中各个挡位的加速性和加速平顺性以及换挡的平滑性，挡位速比是否合理，高速区域发动机运转的稳定性如何。

试验方法：

① 行驶工况：清洁、干燥、平坦的，用沥青或混凝土铺装的直线道路。

② 驾驶要求：从静止起至节气门全开加速到最高速的 90%。

（4）转弯加速。评价汽车转弯时的牵引力和加速性能，转弯加速时存在纵向和侧向的耦合，应保证侧向稳定性的前提下汽车的加速性应尽量好。

主观评价：在保证侧向稳定性的前提下汽车的加速性如何。

试验方法：

① 行驶工况：定圆良好的路面。

② 驾驶要求：弯道上以低速、中速、高速行驶，尽量加速，评价在侧向稳定前提下的加速性能。

（5）弱附着路面加速性。在驱动力大于地面附着力时，车轮可能打滑，影响汽车的加速性以及侧向稳定性。评价汽车在低附着、对开路面等弱附着路面上的牵引力和加速性能，同时要保证汽车的侧向稳定性。

主观评价：加速性能应尽量好，同时要保证汽车的侧向稳定性。

试验方法：

① 行驶工况：潮湿沥青（或水泥）路面/冰雪（玻璃砖）等附着系数低的路面，沥青（或水泥）/结冰（玻璃砖）棋盘路面，沥青（或水泥）/结冰（或塑料膜/玻璃砖）对接与对开路面。

② 驾驶要求：从静止或低速状态尽快加速至中速以上，修正方向保持直线行驶。

（6）爬坡性能。评价机动车的爬坡性能，动力性中的爬坡性能也是基本的性能之一。

主观评价：牵引能力应当高，爬坡速度应该尽量快。

由于在爬坡时轴荷转移，造成前轴载荷减小，后轴载荷增加，因此后轮驱动汽车具有更强的爬坡能力。对于四轮驱动汽车而言，其性能依靠传动系统的设计。高效率的传动系统采用防滑差速器和轴间防滑差速器，使得力矩以一定的比例分配到各个车轮，爬坡能力一般最强。

试验方法：

① 行驶工况：不同坡度的、良好的干燥沥青路面。

② 驾驶要求：对于具有一定长度和一定坡度的路面，从静止或低速状态至节气门全开状态行驶，考察爬坡时加速性如何。或者在坡度大而短的路面上感觉汽车的最大爬坡度。

（7）踩加速踏板感觉。评价行驶过程中踩加速踏板的感觉，包括踏板力、踏板行程及节气门的响应等。

主观评价：整个行驶过程中（尤其加速时）踏板力与踏板行程如何，还包括节气门的响应如何。

试验方法：

① 行驶工况：平整、干燥的沥青（或水泥）路面。

② 驾驶要求：行驶过程中踩加速踏板并感觉。

（8）快踩 / 快松加速踏板评价。快踩 / 快松加速踏板下汽车的响应，即在一定的速度和负荷工况下突然踏下 / 松开加速踏板，发动机输出转矩的突然变化激起传动系统转动的固有频率，导致汽车加速度波动。

主观评价：主要依赖于驾驶人的感知对动力性和舒适性的评价。一般认为汽车加速度响应应当迅速，并且汽车加速度变化率（加加速度）应为中等响应。

试验方法：

① 行驶工况：平整、干燥的沥青（或水泥）路面。

② 驾驶要求：快踩指在中挡稳定车速 30 km/h 和 60 km/h 时，猛踩加速踏板到底；快松指在中挡稳定车速 30 km/h 和 60 km/h 时，猛松开加速踏板。

（9）加速跑偏。在一定的驱动力下，汽车有可能不能保持直线行驶而跑偏。由于驱动轴长度的不同，两个前轮的主销后倾和主销内倾不同或者轮胎的圆锥度缺陷等导致驱动装置不对称，在驱动作用力的影响下，也有可能出现转向或者偏转角，导致汽车跑偏。

在附着条件不同的路面上行驶，使用锁止差速器时会产生大小不同的驱动力，也可能导致跑偏。

主观评价：直线加速行驶过程中对转向盘的操作可以分为修正转向盘、保持转向盘位不变、松开转向盘三种模式。在评价中也可根据实际情况只做一种操作。

试验方法：

① 行驶工况：平整、干燥的沥青（或水泥）直线路面；附着系数不同的碎石直线路面。

② 驾驶要求：从静止或慢速行驶状态尽快加速，修正转向盘转角保持直线行驶或松开转向盘感觉汽车跑偏程度。

（10）加速俯仰。评价汽车在加速过程中出现的俯仰角及其随时间的变化，俯仰角和俯仰角加速度应尽可能小。

主观评价：包括起车俯仰和行驶中加速引起的俯仰。

试验方法：

① 行驶工况：平整、干燥的沥青（或水泥）路面。

② 驾驶要求：从静止或者慢速行驶状态以不同的加速度加速。

（11）加速抖动。发动机工作在不稳定的特定区域或传动系统振动等造成发动机和驱动轮之间动力传递的不均匀性，有可能会出现振动，这些振动通过转向盘或者车身传递过来，使人能够感到轰鸣，或者是抖动。在加速过程中不应该抖动。

主观评价：以转向盘的振动以及车身底板、座椅的抖动为主观评价依据。

试验方法：

① 行驶工况：平整、干燥的沥青（或水泥）路面。

② 驾驶要求：从静止或低速状态尽快加速到中高车速。

（12）加速转向失中。加速时转向盘是否无法自动对中，使驾驶人失去对转向盘中间位置的感觉。转向系统在牵引力的影响下，应仍然能轻便且无异常摩擦力地工作。

主观评价：以加速过程中驾驶人对转向盘中间位置的感觉来评价。

试验方法：

① 行驶工况：平整、干燥的沥青（或水泥）路面。

② 驾驶要求：从静止或者低速行驶状态尽快加速，同时在转向盘中间位置附近可有小的转向动作。

2.6.2 主观评价指标的分析

汽车动力性主观评价的多层次多指标中，按照主观评价工程师心中的权重来得到具体单项指标在总体性能中的权重，以便主观评价从定性转化为定量的评价，用于实车调校以及从主观中提取特征值等，并对汽车的性能进行预测。

层次分析法是将决策问题的有关元素分解成目标、准则、方案等层次，在此基础上进行定性分析和定量分析的一种决策方法。这一方法的特点，是在对复杂决策问题的本质、影响因素以及内在关系进行深入分析之后，构建一个层次结构模型，然后利用较少的定量信息，把决策的思维过程数学化，从而为求解多目标、多准则或无结构特性的复杂决策问题，提供一种简便的决策方法。

（1）基本原理。层次分析法适用于将结构错综复杂、模糊不清的相互关系转化为定量分析。层次分析法把所要研究的问题分解为不同的组成因素，然后根据总目标的要求，按照各个因素之间的相互关联影响以及隶属关系将其按不同层次聚集组合，形成一个多层有序递阶的层次结构图。然后两两比较每一层次中各因素相对于上一层目标的相对重要程度，构造出两两比较的判断矩阵。其中引入了1～9比率标度法，如表2-12所示。然后综合这些判断，确定各因素相对于总目标的重要程度的总排序。

表2-12 判断矩阵标度及其意义

标度	含义
1	表示两个因素相比，具有同样的重要性
3	表示两个因素相比，一个比另一个稍微重要
5	表示两个因素相比，一个比另一个明显重要
7	表示两个因素相比，一个比另一个强烈重要
9	表示两个因素相比，一个比另一个极端重要
2，4，6，8	上述相邻判断的中值
倒数	因素 i 与因素 j 比较得到的判断 b_{ij}，则因素 j 与 i 比较得到判断 $b_{ji}=1/b_{ij}$

在判断矩阵的估计中，不一致性常常是不可避免的。为此，一致性指标通过判断矩阵的最大特征值λ_{max}与判断矩阵的阶n的差别，来衡量不一致程度。如表2-13所示R.I与矩阵阶数n的关系。

表2-13　平均随机性一致性R.I表

阶数	1	2	3	4	5	6	7	8
R.I	0	0	0.52	0.89	1.12	1.26	1.36	1.41
阶数	9	10	11	12	13	14	15	
R.I	1.46	1.49	1.52	1.54	1.56	1.58	1.59	

当$n<3$时，判断矩阵永远具有一致性。判断矩阵的一致性指标CI与同阶平均随机性指标R.I之比称为随机一致性比率，记作CR，即

$$CR=CI/R.I \tag{2-63}$$

一般规定，当CR<0.1时，便认为判断矩阵具有令人满意的一致性。否则，就需要调整判断矩阵，使其满足CR<0.1，从而使它具有令人满意的一致性。

模型建立的基本步骤：

① 分析系统中各因素之间的关系，建立层次结构模型；这些层次大体上可以分为三类，如图2-30所示。

最高层：这一层次中只有一个元素，一般它是分析问题的预定目标或理想结果，因此也称目标层。

中间层：这一层次包括为实现目标所涉及的中间环节，它可以由若干个层次组成，包括所需考虑的准则、子准则，因此也称为准则层、子准则层。

最低层：表示为实现目标可供选择的各种措施、决策方案等，因此也称为措施层或方案层。

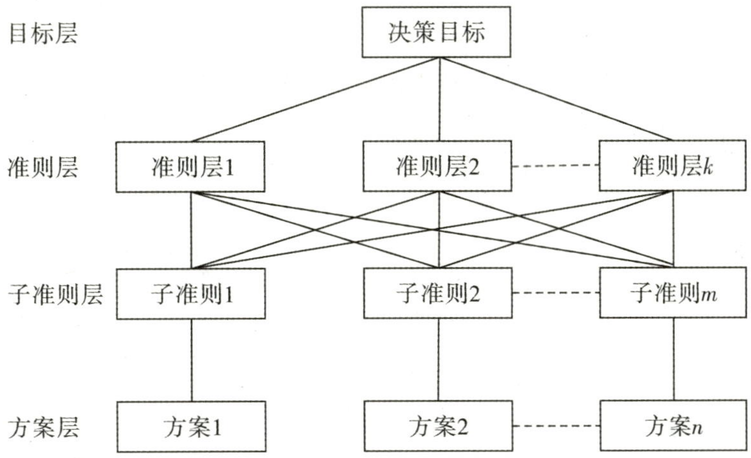

图2-30　层次结构模型

②通过专家咨询按照表2-13构造出各因素两两相互比较的判断矩阵。

③计算单一因素下各指标的相对权重（采用和法计算），并进行一致性检验。

④计算组合权向量并做一致性检验。

（2）动力性主观评价指标权重确定。建立如图2-31所示的层次分析法结构模型。

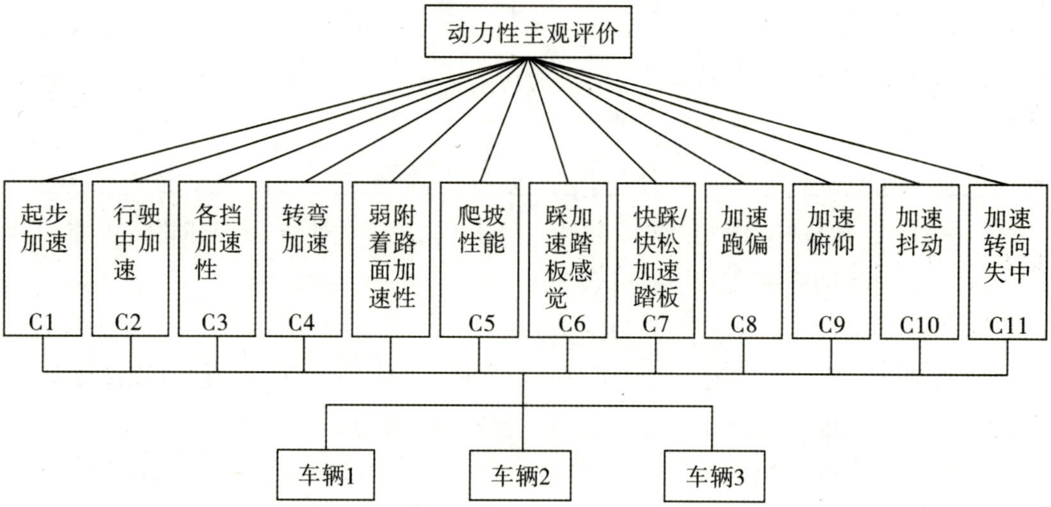

图2-31 层次分析法结构模型

（3）评价测试。本测试由三名经验丰富的主观评价工程师按照动力性主观评价指标和具体试验方法对某商用车进行主观评价测试，评价结果如表2-14所示。

表2-14 某商用车动力性测试主管评价结果

评价项目	工程师1	工程师2	工程师3	均值
C1	8	8.2	7	7.7
C2	7	7	7	7
C3	7.5	8	7	7.5
C4	7.5	7.5	7	7.3
C5	8	8	8	8
C6	7.5	7.5	7	7.3
C7	7	7.5	7	7.2
C8	6	6	6	6
C9	7	7.5	7	7.2
C10	没有测试	没有测试	没有测试	—
C11	7.4	7.7	7.3	7.5

从表2-14可知，不同工程师对该商用车动力性的主观性评价的各项评分比较一致：爬坡性能与起步加速性能表现较好，但驱动力影响下的加速跑偏分值较低，可以根据此测评进一步找出具体原因，也可以根据评价结果画出“雷达图”直观地查看各种性能的表现。

学习小结

1. 汽车动力性的评价指标：最高车速$u_{a\max}$、加速时间t（原地起步加速时间和超车加速时间）、最大爬坡度i。

2. 汽车的驱动力：$F_t=\frac{T_{tq}i_g i_0 \eta_T}{r}$。

3. 汽车驱动力的影响因素：发动机的转速特性、传动系统的机械效率、车轮的半径。

4. 汽车的行驶阻力：$\sum F=F_f+F_W+F_i+F_j$，其中滚动阻力$F_f=Wf$、空气阻力$F_W=\frac{C_D A u_a^2}{21.15}$、坡度阻力$F_j=G\sin\alpha$、加速阻力$F_j=\delta m\frac{du}{dt}$。

5. 汽车行驶方程式：$F_t=F_f+F_W+F_i+F_j$。

6. 汽车的驱动-附着条件：$F_f+F_W+F_i\leqslant F_t\leqslant F_{z2}\varphi$，这是汽车行驶的必要与充分条件。

7. 利用汽车驱动力-行驶阻力平衡图、动力特性图和汽车功率平衡图分析汽车动力性评价指标。

8. 影响汽车动力性的因素：发动机参数（发动机最大功率、发动机最大转矩、发动机外特性曲线的形状）、主减速器传动比i_0、传动系统挡数、汽车外形、汽车质量、轮胎尺寸与形式、汽车运行条件。

9. 汽车动力性试验：道路试验（主要测定最高车速、加速能力、最大爬坡度等评价指标）、室内试验（测量汽车的驱动力和各种阻力）。

课后拓展

电动汽车整车动力性试验方法

纯电动汽车在行驶中，由蓄电池输出电能给电动机，电动机输出功率，用于克服电动汽车本身的机械装置的内阻力，以及由行驶条件决定的外阻力消耗的功率。与燃油汽车一样，纯电动汽车的动力性也可以用最高车速、加速性能和最大爬坡度来进行描述，但是与燃油汽车不同的是，电动机存在不同的工作制，如1 min工作制、30 min工作制等，即存在连续功率、小时功率和瞬时功率，因此在描述或评价电动汽车的动力性时要做说明。电动汽车动力性能的试验标准按《电动汽车动力性能试验方法（GB/T 18385—2005）》进行。测试的内容包括：最高车速、加速性能、最大爬坡度等评价指标。

学习情境3 汽车的经济性测试与评价

任务引入

李某是一位自主品牌汽车工程师，公司最近要开发新能源汽车，他的工作是测试新能源汽车的经济性。

问题

1. 汽车经济性应该由哪些指标进行评价？
2. 新能源汽车的经济性评价与传统燃油车的经济性评价有何不同？

学习目标

微课

汽车的经济性测试与评价

- 知识目标

◎掌握汽车经济性的评价指标及主要内容。

◎掌握影响汽车经济性的因素（理论分析）。

◎掌握纯电动汽车的经济性评价指标及主要内容。

- 技能目标

◎能运用汽车经济性相关理论对汽车的经济性能进行分析。

◎能描述汽车的各因素对汽车经济性的影响。

◎能运用相关指标对纯电动汽车的经济性进行评价。

- 素质目标

◎严格落实7S整理要求以及形成安全操作的职业素养。

◎形成民族自豪感和爱国情怀。

学习情境概要

燃油消耗费用占汽车使用成本的三分之一，降低汽车燃油消耗既可提高汽车行驶经济性，又可节约能源，同时降低了发动机产生的CO_2（温室效应气体）的排放量，起到缓解地球变暖的作用。

汽车燃油经济性作为评价汽车使用性能的重要指标之一，是指汽车在保证汽车动力性前提下，以最小的燃料消耗完成单位运输工作的能力。它是整车对燃料消耗量的综合反映，常用汽车行驶100 km所消耗的燃料量或每加仑燃油能行驶的路程来评价。目前，在绿色发展理念推动下，我国汽车产业的最新业态是大力发展新能源汽车，打造“绿色出行时代”。对于新能源汽车来说，经济性评价指标是单位里程的能耗。影响汽车燃油经济性的因素不仅包括发动机的技术状况，还与汽车的结构、造型、日常使用习惯及日常养护等有关，本学习情境对汽车燃油经济性的评价指标及影响因素进行详细介绍。

本学习情境包括以下3个学习单元：

学习单元3.1　汽车燃油经济性的客观评价；

学习单元3.2　汽车经济性的计算与测试分析；

学习单元3.3　电动汽车经济性的测试与评价。

学习单元3.1　汽车燃油经济性的客观评价

3.1.1　汽车燃油经济性的客观评价指标

汽车燃油经济性的评价指标有三类：单位行驶里程消耗燃油量、单位燃油量的行驶里程、运送单位质量的货物至单位里程所消耗的燃油量（运输企业用）。对于乘用车，主要以前两类指标来评价汽车的燃油经济性。

汽车产业是国民经济的重要支柱产业，在国民经济和社会发展中发挥着重要作用。同时，作为能源依赖性强、工业支撑作用明显的汽车产业，碳排放量大，减碳任务艰巨。

我国及欧洲采用的评价指标为单位行驶里程消耗燃油量，指标的单位为L/100 km，即行驶100 km所消耗的燃油量。其数值越大，汽车燃油经济性越差。在美国，燃油经济性评价指标为单位燃油量的行驶里程，指标的单位为mile/USgal，指的是每加仑燃油能行驶的里程。这个数字越大，汽车燃油经济性越好。

等速百公里油耗是最常用的评价指标，它是指在一定载荷（我国标准规定轿车为半载，货车为满载）下，在水平、良好的路面上等速行驶100 km的燃油消耗量，它是中国及欧洲国家常用的评价指标。图3–1为汽车等速百公里燃油消耗曲线图，该曲线是通过试验测出每隔20

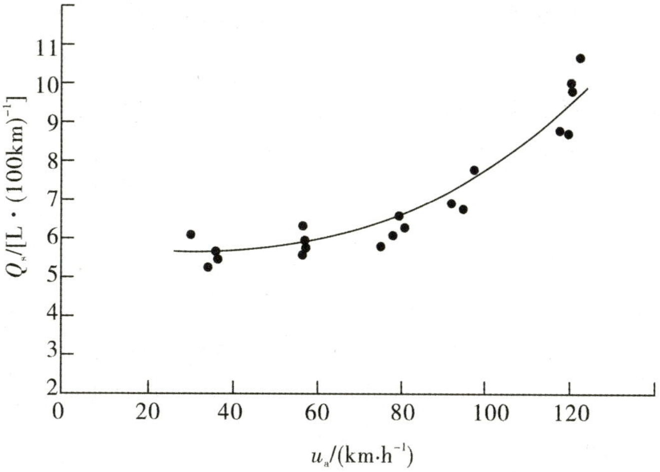

图3–1　汽车等速百公里燃油消耗曲线

km/h或30 km/h速度间隔的等速百公里燃油消耗量，然后以行驶速度为横坐标，100 km燃油消耗量为纵坐标，在图上绘点后连接而成，通常用它来评价汽车的燃油经济性。

由于等速行驶不能全面反映汽车的实际运行情况，例如在市区行驶中频繁出现的加速、减速、怠速停车等行驶工况。因此，各汽车厂家在对实际行驶车辆进行跟踪测试统计的基础上，设计了一些典型的循环行驶试验工况来模拟实际汽车运行状况，以此评定汽车燃油经济性，并以百公里油耗来评定相应行驶工况的燃油经济性。

循环工况确定了何时换挡、何时制动以及行车的速度、加速度等车速–时间行驶规范。由于道路试验干扰因素较多，除一些简单的循环工况可在道路上试验外，规定此试验大部分在实验室底盘测功机（转鼓试验台）上测试。

联合国欧洲经济委员会、美国及中国法定的商用车与城市客车测定燃油经济性的循环行驶工况分别如图3–2～图3–4所示。

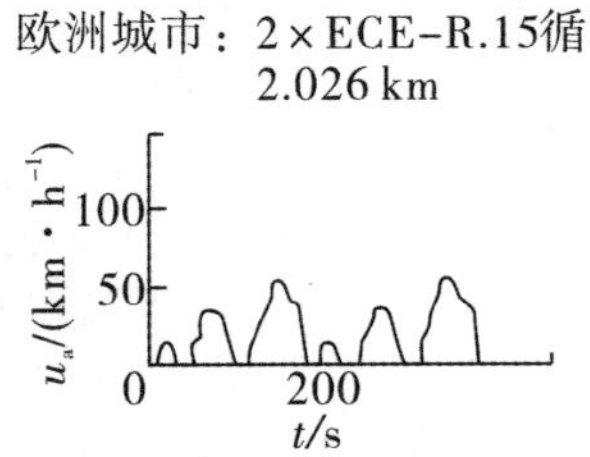

（a）热起动，在汽车测功器上实验

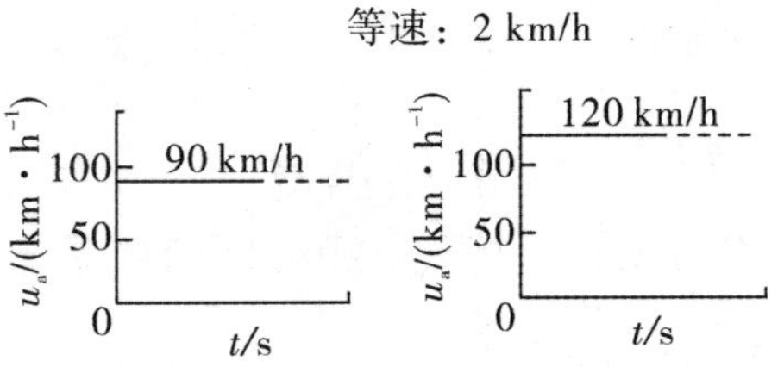

（b）在汽车测功器或在路上实验

图3–2　欧洲测量汽车燃油经济性的行驶工况

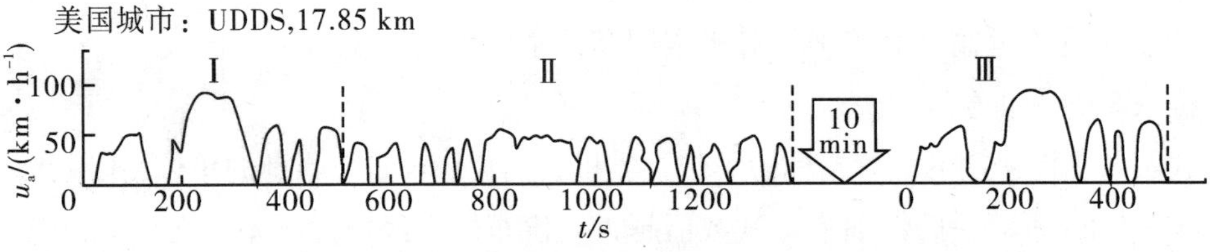

图3–3　美国测量汽车燃油经济性的行驶工况

Ⅰ为冷起动，Ⅲ为热起动，在汽车测功器上实验。

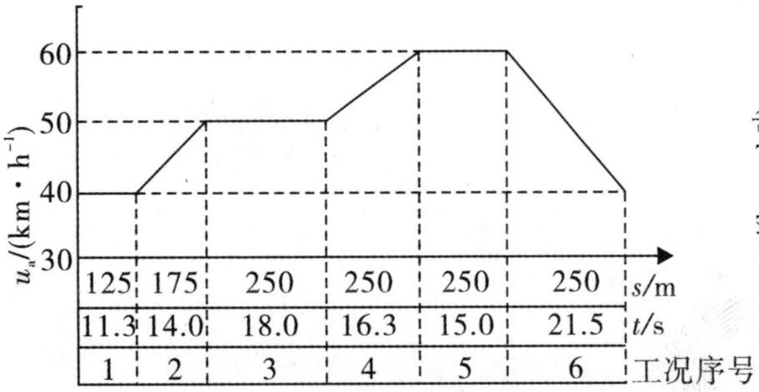

（a）商用车六工况图

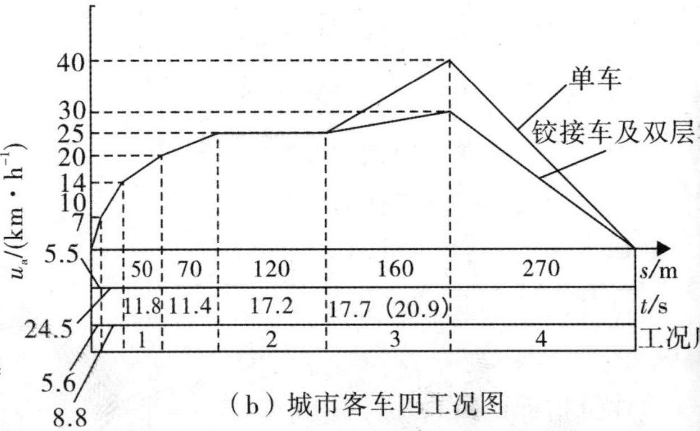

（b）城市客车四工况图

图3–4　中国测量汽车燃油经济性的行驶工况

联合国欧洲经济委员会（ECE）规定，要测量车速为90 km/h和120 km/h的等速

100 km燃油消耗量，按ECE-R.15 市区循环工况的百公里油耗，各取1/3相加作为混合百公里油耗量来评定汽车的燃油经济性，如式（3-1）所示。

$$混合油耗=\frac{1}{3}\text{ECE}百公里油耗+\frac{1}{3}\times 90\ \text{km/h}百公里油耗+\frac{1}{3}\times 120\ \text{km/h}百公里油耗 \quad (3-1)$$

美国环境保护局（Enviromental Protection Agency，EPA）规定，评价汽车综合燃油经济性，需测量城市循环工况和公路循环工况的经济性，计算方法如式（3-2）所示。

$$综合燃油经济性=\frac{1}{\dfrac{0.55}{城市循环市循环工况燃油经济性}+\dfrac{0.45}{公路循环路循环工况燃油经济性}} \quad (3-2)$$

中国则规定以等速100 km燃油消耗量和最高挡节气门全开加速行驶500 m的加速油耗作为单项评价指标，以循环工况燃油消耗作为综合性评价指标。

3.1.2　汽车燃油经济性的客观评价指标分析

在汽车的研发设计中，需根据发动机台架试验得到的万有特性图与汽车功率平衡图对汽车燃油经济性进行估算。下文介绍等速、等加速、等减速和怠速停车工况下燃油消耗量的计算方法。

1. 等速行驶工况燃油消耗量

发动机的万有特性曲线是根据发动机台架试验得到的，在该图上有等燃油消耗率曲线，如图3-5所示。

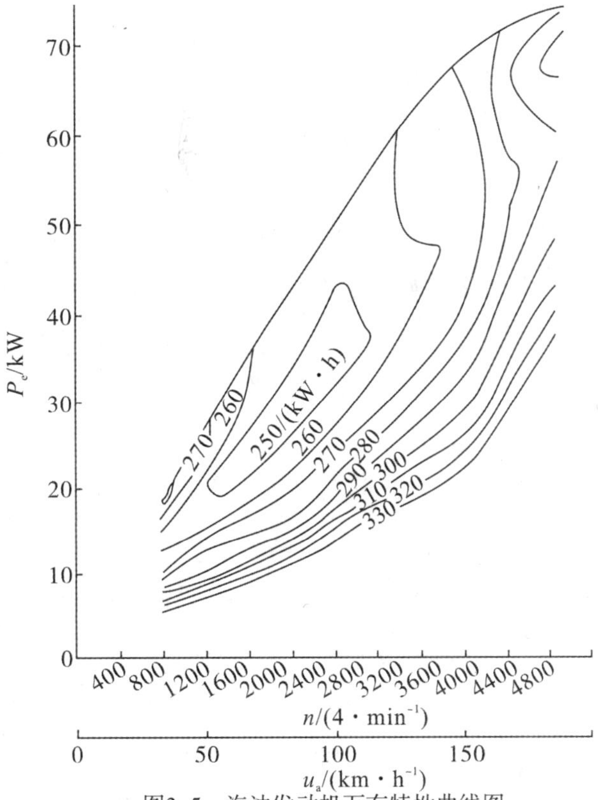

图3-5　汽油发动机万有特性曲线图

根据汽油发动机万有特性曲线可确定发动机在一定转速n、一定功率P_e时的燃油消耗率b。根据等速行驶车速u_a及阻力功率，在万有特性图上确定相应的燃油消耗率b，从而计算出以该车速等速行驶时单位时间内的燃油消耗量Q_t（mL/s）为

$$Q_t=\frac{P_e b}{367.1\rho g} \quad (3-3)$$

式中，b——燃油消耗率，单位为g/（kW·h）；

ρ——燃油密度，单位为kg/L；

g——重力加速度，单位为m/s^2。

汽油的ρg可取为6.96~7.15 N/L，柴油可取为7.94~8.13 N/L。

整个等速行经s（m）行程的燃油消耗量Q（mL）为

$$Q=Q_t\frac{t3.6s}{u_a}=\frac{P_e bs}{102u_a\rho g}$$

折算成等速百公里燃油消耗量Q_s（L/100 km）为

$$Q_s=\frac{p_e b\times 100}{102u_a\rho g}=\frac{p_e b}{1.02u_a\rho g} \tag{3-4}$$

2. 等加速行驶工况燃油消耗量

在汽车加速行驶时，发动机还要提供为克服加速阻力所消耗的功率。若加速度为$\frac{du}{dt}$，计算汽车由u_{a1}以等加速加速至u_{a2}的燃油消耗量，可通过图3–6来计算。

将加速过程按每增加1 km/h分成若干个区间，每个区间的燃油消耗量可根据其平均的单位时间燃油消耗量与行驶时间之积来求得。各区间起始或终了车速对应时刻的单位时间燃油消耗量Q_t（mL/s），可根据相应的发动机发出的功率与燃油消耗率求得：

$$Q_t=\frac{P_e b}{367.1\rho g} \tag{3-5}$$

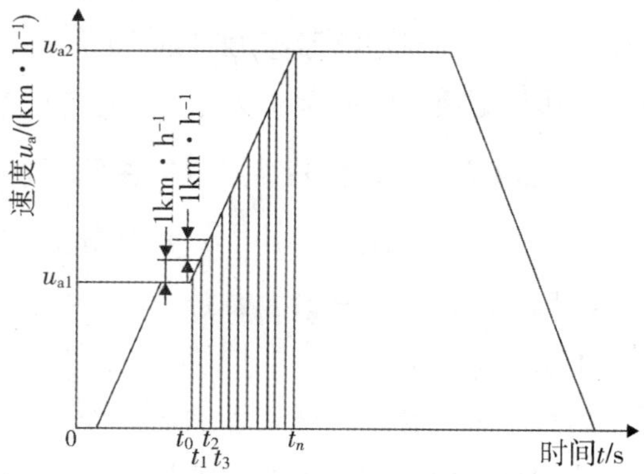

图3–6　等加速过程的燃油消耗量计算

汽车行驶速度从u_{a1}加速至u_{a1}+1 km/h所需时间Δt（s）为

$$\Delta t=\frac{1}{3.6\frac{du}{dt}} \tag{3-6}$$

而汽车从初速度u_{a1}加速至u_{a1}+1 km/h所需燃油量Q_1（mL）为

$$Q_1=\frac{1}{2}(Q_{t0}+Q_{t1})\Delta t \tag{3-7}$$

式中，Q_{t0}——当行驶初速度为u_{a1}时，即t_0时刻的单位时间燃油消耗量，单位为mL/s；

Q_{t1}——当车速为u_{a1}+1 km/h时，即t_1时刻的单位时间燃油消耗量，单位为mL/s。

当车速为u_{a1}+1 km/h再增加1 km/h所需的燃油量Q_2（mL）为

$$Q_2=\frac{1}{2}(Q_{t1}+Q_{t2})\Delta t$$

式中，Q_{t2}——当车速为u_{a1}+2 km/h时，即t_2时刻的单位时间燃油消耗量，单位为mL/s。

依此类推，整个加速过程的燃油消耗量Q（mL）为

$$Q=\sum_{i=1}^{n}Q_i=Q_1+Q_2+\cdots+Q_n$$

$$Q=\frac{1}{2}(Q_{t0}+Q_{tn})\Delta t+\sum_{i=1}^{n-1}Q_{ti}\Delta t \tag{3-8}$$

加速时，由于发动机处于瞬态工况，在急踩加速踏板使发动机急加速时，为使发

动机顺畅工作，且在排放标准内发挥最大功率，需多喷一些油，此时汽车的燃油经济性比等速行驶时差。

3. 等减速行驶工况燃油消耗量

汽车减速行驶时，节气门关至最小位置，并进行适量制动，发动机处于强制怠速状况，此时油耗为正常怠速油耗。因此，减速工况燃油消耗量等于减速行驶时间与怠速油耗的乘积。设汽车的起始速度为u_{a2}（km/h）、终了速度为u_{a3}（km/h），减速度时间为

$$t=\frac{u_{a2}-u_{a3}}{3.6\frac{du}{dt}} \tag{3-9}$$

怠速时汽车的燃油消耗率为Q_i（mL/s），减速过程燃油消耗量Q_d（mL）为

$$Q_d=\frac{u_{a2}-u_{a3}}{3.6\frac{du}{dt}}Q_i \tag{3-10}$$

4. 怠速停车时的燃油消耗量

若汽车停车怠速时间为t_s（s），怠速时汽车的燃油消耗率为Q_i（mL/s），则怠速时燃油消耗量Q_{id}为

$$Q_{id}=Q_i t_s \tag{3-11}$$

5. 整个循环工况的百公里燃油消耗量

汽车行驶过程由等速、等加速、等减速、怠速等行驶工况组成，其燃油消耗为所有过程的燃油消耗量的总和。$\sum Q$为所有过程燃油消耗量的总和，单位为mL；s为整个循环工况的行驶距离，单位为m；整个循环工况的百公里燃油消耗量Q_s的计算公式为

$$Q_s=\frac{\sum Q}{s}\times 100 \tag{3-12}$$

学习单元3.2　汽车经济性的计算与测试分析

在汽车设计与开发工作中，常根据发动机台架试验对汽车等速、等加速、等减速和怠速停车等行驶工况进行经济性循环试验。具体的计算公式如下：

$$Q_s=\frac{Pb}{1.02u_a\rho g}=\frac{CFb}{\eta_T} \tag{3-13}$$

式中，C——常数；

F——行驶阻力，$F=F_t+F_W$，单位为N。

从上式可知，等速百公里燃油消耗量与等速行驶时的行驶阻力、发动机的燃油消耗率成正比，与传动效率成反比。而发动机的燃油消耗率与发动机的种类、设计制造水平，以及发动机行驶时的负荷相关。综上所述，影响汽车燃油经济性的因素可归纳为两方面：结构因素和使用因素。

图3–7是某美国中型轿车在EPA城市、公路循环行驶工况的能量平衡图，由此图可以看出各种因素在汽车燃油消耗中所占的比重。

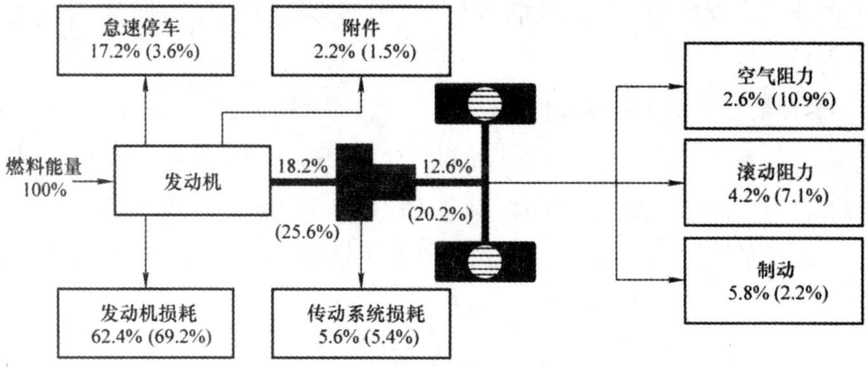

图3-7 某美国中型轿车在EPA城市、公路循环行驶工况的能量平衡图

3.2.1 汽车结构因素

影响汽车燃油经济性的汽车结构因素包括发动机、传动系统、汽车外形与轮胎、汽车总质量。

1. 发动机

发动机的热效率是影响发动机有效燃料消耗率的关键因素，也是影响汽车燃料消耗量的主要因素之一。发动机的热效率取决于发动机的类型、设计、制造水平等。因此，评价发动机的有效燃料消耗率，可从发动机技术配置及制造水平方面进行。例如，是否配置可提高发动机热效率和机械效率的新技术，如缸内直喷技术、增压中冷技术、可变气门升程技术等；是否广泛采用电子计算机控制技术，如是否配置了可变进气控制系统、可变配气相位控制系统。

2. 传动系统

汽车传动系统的挡位数、传动比以及传动效率对汽车燃油经济性都有很大影响。

汽车传动系统挡位的增加，可给驾驶人提供更加合适的挡位，增加发动机处于经济工作状况的机会，有利于提高汽车的燃油经济性。当变速器的挡位数无限制时，即采用无级变速器时，在任何条件下都能提供使发动机在最经济工况下工作的可能性。若无级变速器能维持较高的机械效率，则汽车的燃油经济性将显著提高。但是现在的无级变速器，虽能一定程度上提高汽车的燃油经济性，但是在动力性方面较为欠缺。现代轿车手动变速器基本已采用5挡、6挡，自动变速器基本已采用5挡、6挡，不少高配置车也采用7挡，日系车不少车型采用无级变速器。大型货车也有采用更多挡位的趋势，如装载质量为4 t的五十铃货车装用了7挡变速器，某些重型汽车和牵引车的传动系统挡数可多达10~12个。

在一定的行驶条件下，传动比越小，汽车的燃油经济性越好，现代汽车常采用超速挡，因为这样可以减小传动系统的总传动比。在良好的道路条件下采用超速挡，可更好地利用发动机功率，提高汽车的燃油经济性。

汽车传动效率越高，传递动力能量损失越小，汽车的燃油消耗量就越低。机械齿轮变速器比液力自动变速器的传动效率高，虽然装载自动变速器的汽车驾驶操作简便，但燃油消耗量比较高。

3. 汽车外形与轮胎

空气阻力在汽车行驶阻力中占的比例很大。当汽车低速行驶时，空气阻力对汽车的燃料消耗影响不大，当车速超过50 km/h时，空气阻力对汽车燃油经济性的影响逐步加大。流线型设计的汽车车身可减少空气阻力，提高燃油经济性。

汽车轮胎是影响滚动阻力的关键因素，须既能兼顾汽车的动力性，又能提高汽车的燃油经济性。因此，除强度、耐磨性、耐久性满足要求外，还需对汽车轮胎的形状提出要求。采用耗能少的车轮侧面设计、改善橡胶材料，可减少滚动阻力，提高汽车的燃油经济性。

4. 汽车总质量

汽车的滚动阻力、上坡阻力和加速阻力与汽车总质量成正比，随着汽车载质量或拖挂总质量增加，汽车单位行驶里程的燃油消耗量也增加。但载质量增加，使发动机的负荷率提高，有效燃油消耗率降低，汽车单位运输工作量的燃油消耗量也减少。汽车的载质量与空车质量之比称为汽车的质量利用系数，该系数越大，汽车的燃油经济性越好。因此，减轻汽车的自身质量和增大汽车的载质量，都可以改善汽车的燃油经济性。为了降低汽车燃料消耗量，轿车向轻量化、小型化发展。采用前轮驱动，使用高强度钢、铝合金、树脂、塑料等轻质材料制造汽车零部件以减轻自身质量，是提高燃油经济性的重要措施。

3.2.2　使用因素

对于某个特定车型，除汽车的技术状况会影响汽车燃油经济性外，驾驶人的操作技术水平与日常养护都起着重要的影响作用。

1. 驾驶与操作技术水平

驾驶人正确地使用和操作汽车可大大降低汽车的燃料消耗量，汽车以接近于低速的中等车速行驶时燃油消耗量最低，高速时随车速增加，燃油消耗量迅速增加。这是因为低速时，虽然汽车的行驶阻力小，但汽车的负荷率低，有效燃油消耗率上升，所以百公里油耗也会增加；高速时，虽然发动机的负荷率较高，但汽车的行驶阻力增大，故百公里油耗也将增加。因此汽车中速行驶时，燃油经济性最好。

在一定道路条件下，汽车使用不同挡位行驶，燃油消耗量也不同。在相同的行驶条件下，发动机发出的功率相同，挡位越低，汽车的后备功率越大，发动机的负荷率越低，有效燃油消耗率越高，汽车的百公里油耗就越大。而使用高挡时，情况相反。

因此，在一定道路条件下，尽可能使用高速挡，做到高挡位小节气门开度，提高发动机的负荷率，或者合理利用加速–滑行的行驶方法。在相同的平均速度下，加速–滑行比等速行驶省油，加速时提高了汽车的动能，在空挡滑行时，这部分动能可释放出来用以克服行驶阻力。同时，尽量避免急加速、急减速，在保证安全驾驶的前提下，适当提高平均车速和尽量采用预见性制动，做到“脚轻手快、换挡敏捷、缓慢加速、合理制动”（十六字操作要领）。

2. 汽车保养与调整

汽车的日常养护以及定时保养都会影响发动机的性能以及汽车的行驶阻力，汽车养护不当，会使汽车百公里油耗增加。因此，正确的维护保养与调整，可提高汽车的燃油经济性。

发动机和底盘要保持良好的技术状况，需定期进行保养与调整。例如对于发动机，需定期对润滑系统、燃油系统、冷却系统、点火系统等进行系统清洗或者更换相关易损零部件；对于底盘，也同样需要对各总成进行定期保养与调整，以便减少燃油消耗量。当汽车的前轮定位正确、制动器摩擦片与制动鼓的间隙正常，其他相对运动的零部件表面光洁、间隙恰当、润滑油充分以及轮胎气压正常时，底盘的行驶阻力减小，燃油消耗量也减小。

学习单元3.3　电动汽车经济性的测试与评价

电动汽车以电池为动力源，全部或部分由电机驱动，集中了机、电、化学等各学科领域的高新科技，是汽车、电力拖动、功率电子、自动化控制、化学能源、计算机、新能源、新材料等工程技术中最新成果的集成产物。从环境保护角度来看，电动汽车可使空气污染大幅度减少；从能源角度来看，电动汽车将使能源利用多元化和高效化，达到能源可靠、均衡和无污染利用的目的。近十年来，在各国政府的大力倡导下，各大车企加速了电动汽车的研发，图3-8为电动汽车的发展趋势。

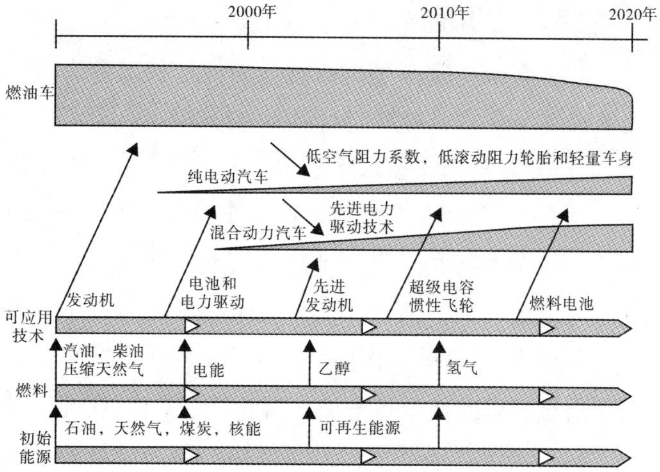

图3-8　纯电动汽车与混合动力汽车的发展趋势

电动汽车分为纯电动汽车、燃料电池电动汽车、混合动力汽车。纯电动汽车是完全由二次电池（如铅酸蓄电池、镍镉蓄电池、镍氢蓄电池或锂离子电池等）提供动力的汽车，在使用中可实现零排放，被公认为目前最理想的交通工具，但关键部件——动力电池在能量密度、使用寿命、价格方面还有很大的突破空间。燃料电池电动汽车采用的燃料电池是一种将燃料的化学能用电化学方法直接转换成电能的电化学发电器，它的效率是汽油机的2~3倍，无污染、无噪音，排出的废弃物为水，存在的问题是价格贵、体积大以及可靠性、环境适应性均不高，且许多关键技术还处于研发试验阶段。混合动力汽车将电力驱动与传统的内燃机驱动相结合，充分发挥了两者的优势，可以从根本上解决现在纯电动汽车动力性能差和续驶里程短的问题，但是混合动力汽车并未从根本上摆脱交通运输对石油的依赖。

目前混合动力汽车与纯电动汽车相比，具有以下主要优势：第一，电池容量大为减少，可降低整车质量，提高汽车动力性；第二，由于采用辅助动力驱动，打破了纯电动汽车续驶里程的限制，其长途行驶能力可与传统汽车媲美；第三，混合动力汽车采用高度实时和动态的优化控制策略，优化控制的结果尽量使动力系统各部件工作在最佳状态和最高效率区域，大大限制了内燃机在恶劣工况下的高燃油消耗和大量的尾气排放，在特定情况下，还可以关闭辅助动力，以纯电动方式工作，大大提高混合动力汽车的燃油经济性；第四，空调系统等附件由内燃机直接驱动，既有充分的能源供应，又能保证汽车的舒适性；第五，在控制策略的作用下，辅助动力可以向电池组提供能量，从而保证混合动力汽车无须专用充电设施进行停车充电；第六，混合动力汽车的电池组在使用过程中是浅充浅放，可延长电池的使用寿命。

1. 纯电动汽车的结构原理

燃油汽车主要由发动机、底盘、车身和电气系统四大部分组成，纯电动汽车的结构与燃油汽车相比，主要是用电力驱动控制系统取代了发动机，电力驱动控制系统的组成与工作原理如图3-9所示。当汽车行驶时，由动力电池输出电能（电流），通过控制器驱动电机运转，电机输出的转矩经传动系统带动车轮前进或后退。电动汽车续驶里程与动力电池容量有关，动力电池容量受诸多因素限制。要提高一次充电续驶里程，必须尽可能地节省动力电池的能量。

电力驱动控制系统由电力驱动主模块、车载电源模块、辅助模块组成。

电力驱动主模块主要包括中央控制单元、驱动控制器、电机、机械传动装置和车轮等。它的功用是将存储在动力电池中的电能高效地转化为车轮的动能，并能够在汽车减速制动时，将车轮的动能转化为电能充入动力电池。

车载电源模块主要包括动力电池电源、能量管理系统和充电控制器等。它的功用是向电动机提供驱动电能、监测电源使用情况以及控制充电机向动力电池充电。

辅助模块主要包括辅助动力源、动力转向单元、驾驶室显示操纵台和各种辅助装置等。辅助系统除辅助动力源外，其他因车型不同而有差异。

微课

纯电动汽车
结构认知

我国锂离子电池产业“跟跑—并跑—领跑”发展历程，我国锂离子电池产业的典型企业，宁德时代公司后来居上，实现动力电池产销量世界第一，以及典型技术如比亚迪“刀片型”新结构动力电池引领世界，技术革新有利于提高民族自信、文化自信，增强民族自豪感。

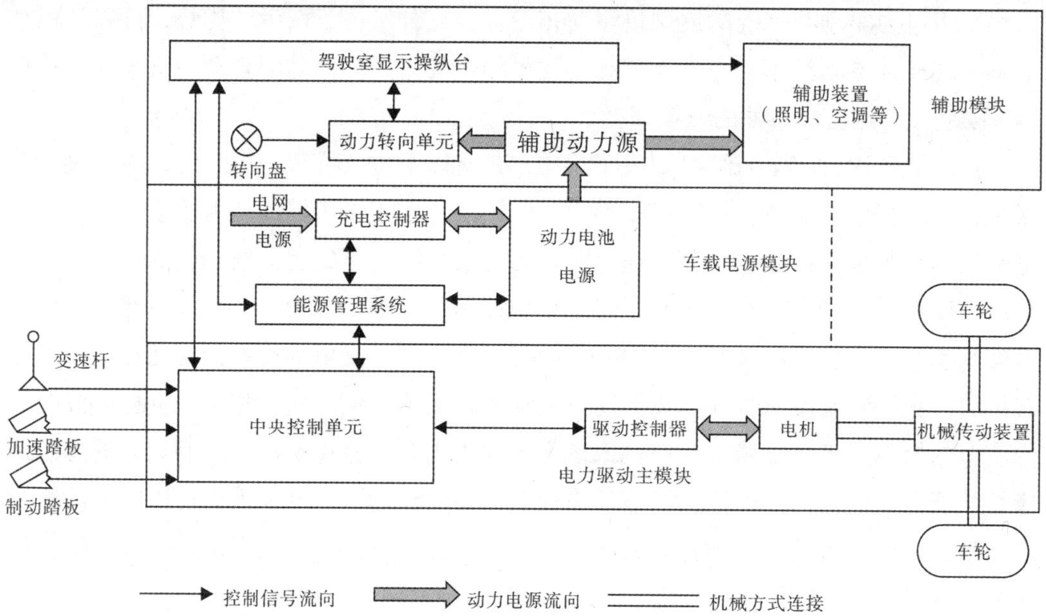

图3-9　电力驱动控制系统的组成与工作原理

2. 纯电动汽车经济性的评价指标

汽车的能耗经济性的评价指标均是以一定车速或循环行驶工况为基础，以汽车行驶一定里程能量消耗或一定能量使汽车可行驶的里程进行衡量。目前评价纯电动汽车能耗经济性的指标因纯电动汽车的类型不同而不同。但为使纯电动汽车能耗经济性评价指标具有普遍性，其评价指标应满足以下条件：第一，可以与不同类型的电动汽车经济性进行比较；第二，指标参数需与整车储存能量总量无关；第三，可以直接通过参数指标进行能耗经济性判断。目前纯电动汽车的能耗经济性多采用单位里程的能耗。

在相关文献中，用于评价纯电动汽车能耗经济性的指标包括续驶里程、单位里程容量消耗、单位里程能量消耗、单位容量消耗行驶里程和单位能量消耗行驶里程等。其中，单位里程能量消耗最为直接、准确，最为学者所认同。

单位里程的能耗是指单位里程消耗的电动汽车动力电池组电能，研发阶段可采用等速法或工况法进行计算，单位里程的能耗如式（3–14）所示：

$$\eta_E=\frac{\int_0^T\left(Gfu+\frac{C_DAu^3}{21.15}+\delta\frac{Gu}{g}\frac{du}{dt}\right)dt}{3.6\,\eta_T\int_0^T u\,dt} \tag{3-14}$$

式中，U——汽车的车速，单位为km/h；

G——车辆质量，单位为N；

f——滚动阻力系统；

C_D——空气阻力系数；

A——迎风面积；

δ——旋转质量换算系数；

η_T——传动系统效率；

T——驱动循环时间。

制造业是立国之本、强国之基，是实体经济的重要组成部分。

此指标综合考虑了电动汽车的整车质量、驱动系统效率、造型以及轮胎等结构因素对能耗的影响。

在评定纯电动车的经济性能时，一个关键性能参数就是单次充电所能实现的最大行驶里程或者其实际的能量消耗，我国的相关标准对此也作了相应的规定。在国标中的规定是：对于单次充电的续驶里程而言，主要是指基于标准的要求，在实现充电至满后，基于一定的运动工况需求进行行驶，其所能实现的最大的行驶里程。对于以上所提及的运动工况主要有 NEDC 循环工况和 60 km/h 工况，图3-10列出了 NEDC 工况的车速和时间历程。

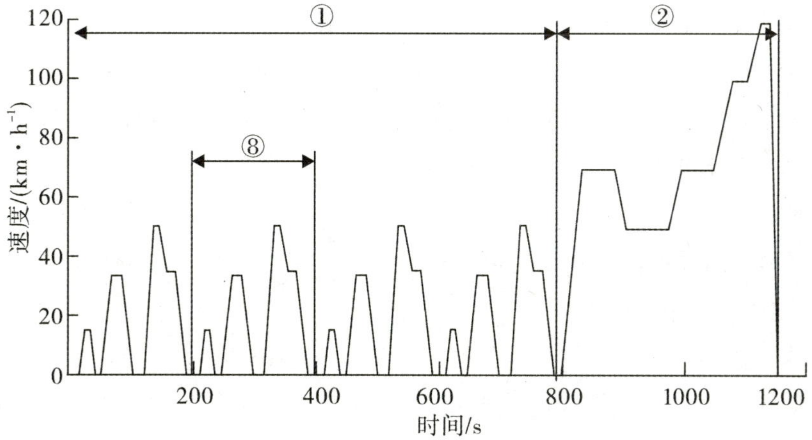

图3-10　NEDC工况示意图

在 NEDC 循环工况中主要涉及一个市郊循环和四个市区循环，将其时间设定为 1180 s，将其理论距离设定为 11.022 km，如果所试验的车辆的实际车速无法达到所设定的值，则表示试验结束。在完成了标准中所规定的试验循环后，对电池进行重新充电，保证恢复试验前车辆的电量，用所得到的电网的电能除以行驶里程，则得到能量消耗率，其单位为W·h/km，表示为

$$C=E/D \tag{3-15}$$

式中，E——电池在充电期间来自电网的电能，单位为W·h；

D——在试验期间电动车所能行驶的总距离，也就是通常所说的续驶里程，单位为km。

经济性测量结果的准确程度受到测试环境的影响，在国标中对室外的环境温度的规定是 5~32℃，而对室内环境的温度规定是 20~30℃。

3. 电动汽车能量消耗率

（1）用户期望的续驶里程。

从用户出发，我们可以将用户的需求和期望做一些分类，对于续驶里程的问题可以分为两种情况：

第一，满足用户将纯电动汽车作为家庭唯一一辆汽车使用的目的。

满足用户对家庭唯一车辆的期望是比较困难的，这要满足上班、家庭旅行、应急使用等，根据抽样调研的结果，可以得到以下的基本数据：

80 km：可以满足每日基本需求的数值，这个数值是大多数用户每日的行驶距离，但只有很少用户认为这个数值可以满足他们的需求。主要的原因是这个续航距离对于车辆的使用方法进行了严格的约束。

320 km：这个数据可以满足用户的使用要求，已经接近用户对于燃油车的使用要求。在这个数值上，续驶里程对于用户的使用约束变得宽松一些。

第二，电动汽车是家庭第二台车辆，主要是满足主要成员单人上班使用。

在这种情况下，用户是将上班需求作为主要的考虑内容。在用户每日通勤距离调研中，普遍具有分布性、地域性和时间性，只能作为设计的参考。这是由于上班通勤有一定的不确定性，比如紧急事件、临时使用等。

所以综合来看，想要满足普通用户的使用习惯，续驶里程是越高越好的。

（2）关于能耗的概念。

①续驶里程。

续驶里程是指电动汽车在动力电池完全充电状态下，以一定的行驶工况，能连续行驶的最大距离，单位为km。

② 电池容量。

电池容量是衡量电池性能的重要指标之一，它表示在一定条件下（放电率、温度、终止电压等）电池放出的电量。

③能耗。

能耗是指电动汽车经过规定的试验循环后对动力电池重新充电至试验前的电量，从电网上得到的电能除以行驶里程所得的值，单位为W · h/km。

续驶里程现实性的需求，使得车厂配置与这个需求对应的容量的电池系统。与加大油箱不一样的地方在于，加大电池会有以下的困难。

车辆成本提高：在纯电动汽车的成本里面，电芯或者说电池模组的成本占了比较高的比例；加大电池容量面临的直接问题就是成本的提升。

车重的提升：由于电池的质量与电池容量成正比关系，加大容量也意味着增加车辆的质量。这不仅对电池的布置提出了较高的要求，对电池底盖和整车操纵性（除直线加速以外的性能）的影响也很大。

车辆车型和布置：为了满足ECER-100和相关碰撞要求，小型车存在一个最大布置容量，而且布置较大容量电池包的选择也只存在于底盘上。

能耗的提高：由于电池容量的提升，所面临的直接问题就是每百公里能耗是偏高的。

4. 测试方法

（1）组织方式。

学员分组进行操作，每组以5~6人为宜。各组应选定组长，负责各组员分工与试验组织，同时负责安全监控。

（2）实施准备。

① 安全要求及注意事项。

为保证安全并达到实训目的，试验车应设定限速，使学生掌握试验方法即可。车辆在充电时，必须按照车辆的使用说明书进行操作，并有专人进行监控和记录，发现异常应及时断电，并报专业维修人员处理，不得擅自进行拆装与检修；试验车辆驾驶人必须持有合法驾驶证件，并具有一定的驾驶经验，能够处理紧急情况；试验期间场地必须封闭，路口与通道必须指定专人负责看守，避免无关车辆、人员或动物等闯入造成危险；试验人员必须服从组长指挥，未经许可不得擅自起动或移动试验车辆；检测设备安装后必须固定牢固，避免车辆行驶途中移动或掉落造成人员伤害或设备损伤。

② 工具设备。

测试设备如图3–11所示。测速仪用于测量并记录汽车实际行驶的距离、速度、时间等信息。相关工具如图3–12所示。

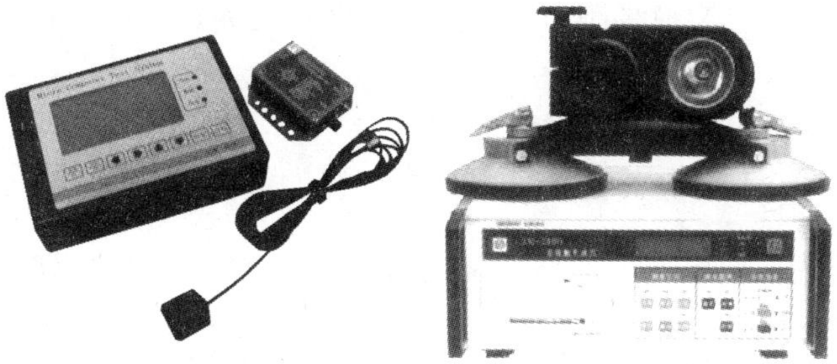

（a）GPS测速仪　　（b）非接触测速仪

图3–11　测试设备

（a）风速仪　　（b）　温度湿度计　　（c）大气压力表

图3–12　相关工具

风速仪、温度湿度计、大气压力表等用于测量试验期间的环境情况。《电动汽车　能量消耗率和续驶里程试验方法》（GB/T 18386—2017）对试验仪器所测量的参数、单位及准确度提出的要求见表3–1。

表3-1 《电动汽车 能量消耗率和续驶里程试验方法》（GB/T 18386—2017）要求测量的参数、单位与准确度

测量参数	单位	准确度	分辨率
时间	s	±0.1	0.1
距离	m	±0.1%	1
温度	℃	±1	1
速度	km/h	±1%	0.2
质量	kg	±0.5%	1
能量	W·h	±1%	1

常用工具有车辆维修工具、举升机、万用表、轮胎气压表等。

③ 试验条件。

环境条件：试验期间大气温度为5～32℃；大气压力为91～104 kPa；高于路面0.7 m处的平均风速小于3 m/s，阵风风速小于5 m/s；相对湿度小于95%；试验不能在雨天和雾天进行。

道路条件：试验应该在干燥的直线跑道或环形跑道上进行。路面应坚硬、平整、干净且要有良好的附着系数。测量区的纵向坡度不超过0.5%，横向坡度不超过3%。为减少试验误差，试验应在试验跑道的两个方向上进行，尽量使用相同的路径。

耗材：常用耗材包括绝缘胶布、扎带、电线、尼龙绳（用于捆扎固定设备）、紧固件等。

（3）实施步骤。

① 试验车辆准备。

试验车辆装载：按照《电动汽车动力性能试验方法》（GB/T 18385—2005）要求，电动汽车进行最高车速试验时，试验车辆应半载，即如果车辆额定载客为5人，应按照2.5人（含驾驶人）进行装载，可以用坐人或装沙袋配重的方式。注意：装载的载荷应合理分布，不要偏重。装载后应称重并记录。

检查试验车辆状态：检查车辆的轮胎气压是否符合车辆制造厂的规定，检查机械运动部件用的润滑油的量是否符合厂家规定。

动力电池充电：按照车辆制造厂规定的充电规程，使动力电池达到完全充电状态。

② 试验前准备。

测试设备安装：按照测试设备厂家提供的试验说明书安装测试设备，各设备连接完成后应开机进行通电测试，确保设备处于正常试验状态。

车辆预热：试验车辆应以合理车速（标准规定以制造厂估计的30 min最高车速的80%速度，为保证试验安全，实训时可以适当降低车速）行驶5 km进行预热。

③试验测试。续驶里程试验（适用于M1、N1、最大设计总质量不超过3500 kg的M2类车的等速法）。

进行（60±2）km/h的等速试验时，实验过程允许停车两次，每次停车时间不允许超过2 min，当车辆的行驶速度达到规定的要求时停止试验。

记录试验期间试验车辆的停车次数和停车时间。试验循环工况结束时，记录试验车辆驶过的距离D，单位为km，该距离即为等速法测量的续驶里程。同时记录所用时间。

结束试验循环的标准：进行等速试验时，当车辆的行驶速度达不到36 km/h（适用于M1、N1、最大设计总质量不超过3500 kg的M2类以外的纯电动汽车）时停止试验。

达到试验结束条件时，挡位保持在D挡，使车辆滑行至最低稳定车速或5 km/h，再踩下制动踏板进行停车。

学习小结

1. 汽车燃油经济性是整车对燃油消耗量的综合反映，其评价指标有三类：单位行驶里程消耗燃油量，单位燃油量的行驶里程，运送单位质量的货物至单位里程所消耗的燃油量（运输企业用）。

2. 中国规定以等速100 km燃油消耗量和最高挡节气门全开加速行驶500 m的加速油耗作为单项评价指标，以循环工况燃油消耗作为综合性评价指标。

3. 可通过等速、等加速、等减速和怠速停车工况的燃油消耗量来客观评价汽车燃油经济性。

4. 等速百公里燃油消耗量与等速行驶时的行驶阻力、发动机的燃油消耗率成正比，与传动效率成反比。

5. $\sum Q$为所有过程燃油消耗量的总和，单位为mL；s为整个循环工况的行驶距离。整个循环工况的百公里燃油消耗量Q_s的计算公式为：$Q_s=\frac{\sum Q}{s}\times 100$。

6. 影响汽车燃油经济性的因素可归纳为两方面：结构因素与使用因素。

7. 在相关文献中，用于评价纯电动车能耗经济性的指标包括续驶里程、单位里程容量消耗、单位里程能量消耗、单位容量消耗行驶里程和单位能量消耗行驶里程等。其中单位里程能量消耗最为直接、准确，最为学者所认同。

课后拓展

汽车仪表盘上的续驶里程是根据车辆测试数据、电池状态（容量和SOC）综合得来的。车载电池的可用能量包含电池容量和充电状态两部分，这个任务其实很困难，会出现很大的误差，这是为什么呢？

这主要是因为在计算容量的时候，是用间接的参量温度、电压、电流和时间，通过建立等效电路模型推测电池内部状态。本身建立的电池与模型之间存在差异，一般还需要结合模型和实际参数建立的数据进行综合推断。参数测量，特别是电流测量，由于量程范围变化速度快，参数测量会产生一定的误差。

一般而言，误差因素包括电池容量误差、充电状态计算差异和温度差异。

学习情境4　汽车的制动性测试与评价

任务引入

客户李先生驾驶他的轿车来到某汽车销售服务有限公司，向维修主管反映该车近期出现制动距离变长，并伴随有制动跑偏的现象，请求检修。

问题

1. 汽车制动性的评价指标包括哪些？如何进行汽车制动性测试？

2. 假设你是该汽车销售服务有限公司的维修技师，维修主管打算让你承接此项工作。请你根据车主的要求，制订汽车制动性测试试验方案，完成该车制动性测试分析，得出该车制动性评价结果并提出检修作业项目。你准备如何完成此次任务？

3. 新能源汽车的制动性与传统汽车有何不同？如何进行新能源汽车制动性测试？

学习目标

- 知识目标

◎掌握汽车制动性的客观和主观评价指标。

◎掌握汽车制动性的计算与分析方法。

◎掌握汽车制动性的测试与评价方法。

- 技能目标

◎能完成汽车制动性分析计算并找出其主要影响因素。

◎能完成汽车制动性测试并进行客观、主观评价。

- 素质目标

◎形成运用系统知识进行科学评价的专业精神。

◎形成严谨求实的工匠精神。

微课

汽车的制动性测试与评价

学习情境概要

汽车制动性能的好坏与道路交通安全息息相关，道路交通安全事关人民群众的切身利益，路畅人安是全社会的共同期盼。交通安全承载着服务经济社会发展和保障改善民生的责任使命，牢牢守住安全发展底线、切实维护人民群众生命财产安全，是广大汽车技术工作者的重要使命任务。

只有在保证汽车行车安全的前提下，才能充分发挥汽车的其他使用性能，诸如提高汽车行车速度、汽车的机动性能等。汽车的制动性不仅取决于制动系统的性能，还与汽车的操纵性能、轮胎的机械特性、道路的附着条件以及驾驶人的操作有关系。因此，掌握汽车制动性的客观评价指标、制动性的影响因素、制动性的计算与测试方法对开展汽车安全性能评价有重要的意义。同时，随着新能源汽车保有量的不断增加，也迫切需要了解新能源汽车与传统汽车制动性的异同，合理组织开展新能源汽车制动性的评价。

本学习情境包括以下4个学习单元：

学习单元4.1　汽车制动性的客观评价；

学习单元4.2　汽车制动性的主观评价；

学习单元4.3　汽车制动性的计算与测试分析；

学习单元4.4　新能源汽车的制动性测试与评价。

学习单元4.1　汽车制动性的客观评价

汽车行驶时，能在短距离内迅速停车且维持行驶方向的稳定性和在下长坡时能维持一定车速，以及在坡道上能长时间保持停住的能力称为汽车的制动性。汽车制动性的客观评价指标主要包括制动效能的内容、制动效能的恒定性和制动时的方向稳定性三个方面。

4.1.1　制动效能的内容

制动效能是汽车制动性最基本的评价指标，是指汽车迅速降低行驶速度直至停车的能力，可用制动力、制动距离、制动减速度和制动时间等进行评价。

1. 制动力

汽车制动时受到与行驶方向相反的外力，才能从一定的速度制动到较小的速度或直至停车。这个外力只能由与其接触的地面和空气来提供。但由于空气阻力相对较小，因此实际上这个外力主要是由地面提供的，称之为地面制动力。地面制动力越大，制动减速度越大，制动距离也越短，所以地面制动力对汽车制动性具有决定性影响。

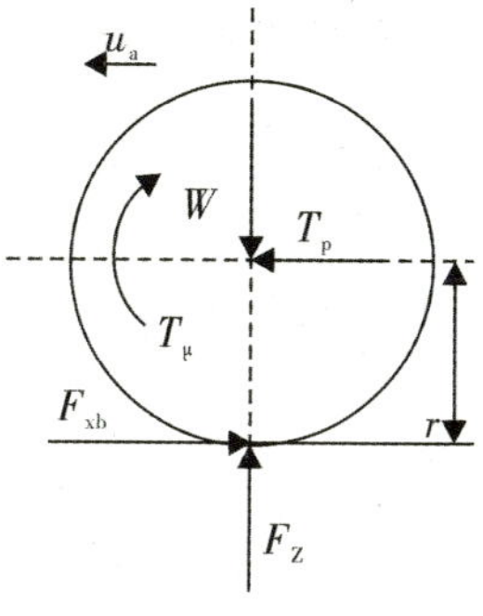

图4-1　车轮在制动时的受力

图4-1为在良好的硬路面上制动时，车轮的受力情况（滚动阻力矩和减速时的惯性力矩相对较小，可忽略不

计）。T_{μ}为制动器的摩擦力矩，F_{xb}为地面制动力，W为车轮垂直载荷，T_{p}为车轴对车轮的推力，F_{Z}为地面对车轮的法向反作用力，r为车轮半径。

制动器摩擦力矩在车轮周缘所形成的力称为制动器制动力F_{μ}，可得：

$$F_{\mu}=\frac{T_{\mu}}{r} \tag{4-1}$$

制动器制动力F_{μ}相当于把汽车架离地面，并踩住制动踏板，在轮胎周缘沿切线方向推动车轮直至它能转动所需的力。制动器制动力F_{μ}取决于制动器的形式和尺寸、摩擦系数、车轮半径。对于结构、尺寸一定的制动器而言，制动器制动力F_{μ}主要取决于制动踏板力和摩擦副的表面状况。也可以说，在制动系统一定的情况下，制动踏板力F_{P}越大，获得的制动器制动力越大。图4-2为某四座轿车的制动器制动力试验测试图，随着制动踏板力F_{P}的增大，制动器制动力F_{μ}也在不断增大。

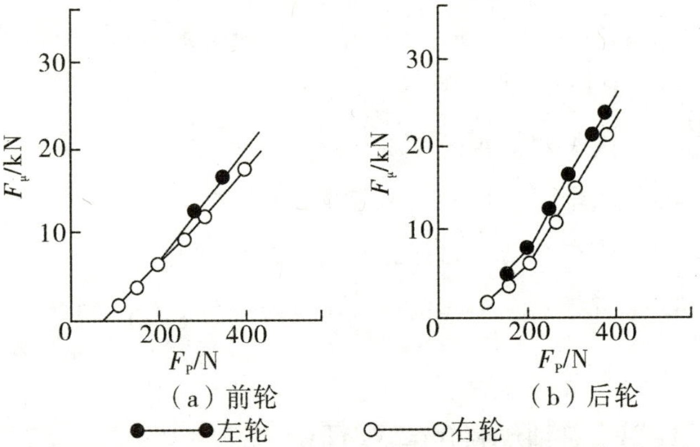

图4-2　某四座轿车的制动器制动力与踏板力的关系曲线

地面制动力F_{xb}是汽车制动时地面作用于车轮的外力，其大小取决于两个摩擦副的摩擦力：一个是制动器摩擦副间的摩擦力，即制动器制动力F_{μ}；另一个是轮胎与地面间的附着力F_{φ}。

$$F_{\varphi}=F_{Z}\times\phi \tag{4-2}$$

式中，ϕ——地面附着系数，与路面材料、路面状况、轮胎结构及汽车的行驶速度有关。

地面制动力（F_{xb}）、制动器制动力（F_{μ}）及附着力（F_{φ}）三者的关系如图4-3所示。踏板制动力F_{μ}或制动液压力P上升时，地面制动力（F_{xb}）等于制动器制动力（F_{μ}），也在不断增大，当地面制动力（F_{xb}）达到附着力（F_{φ}）值后，就不再增加了，车轮即抱死不转而出现拖滑现象。制动液压力$P>P_{a}$时，制动器制动力F_{μ}可以继续按线性增长（取决于制动系统的情况）。此时若想提高地面制动力，以使汽车具有更大的制动效能，只有提高附着力（F_{φ}），也就是要提高地面附着系数ϕ。

由此可见，汽车的地面制动力，首先取决于制动器制动力，但同时又受到地面附着条件的限制。所以，只有当汽车具有足够的制动器制动力，同时，地面又能提供较高的附着力时，才能获得足够的地面制动力。

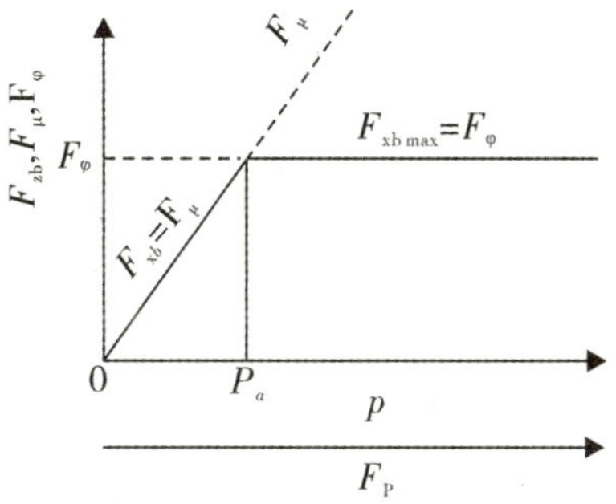

图4-3　地面制动力、制动器制动力与附着力之间的关系

2. 制动距离

制动距离是指在指定的道路条件下，驾驶人以规定的初速度急踩制动踏板时，从脚接触制动踏板时起至机动车停住时止机动车驶过的距离。制动距离与踏板力、附着条件、载荷、初速度等因素有关。测试制动距离时必须对制动踏板力或制动系统的压力以及轮胎与地面的附着条件作出相应的规定。《机动车运行安全技术条件》（GB 7258—2017）规定，9座以下的乘用车在摩擦系数$\phi \geqslant 0.7$的水平良好路上，以50 km/h的初速度制动，制动距离应小于20 m。不同的测试标准、不同的车型、不同载重对制动距离的要求不同，表4-1所示为不同的测试标准对小于9座的乘用车行车制动器制动性能的要求。

表4-1　乘用车（座位数≤9）制动规范对行车制动器制动性的部分要求

项目	中国《乘用车制动系统技术要求及试验方法》（GB 21670—2008）（发动机接合）	欧洲共同体（EEC）71/320	中国《机动车运行安全技术条件》（GB 7258—2017）	美国联邦135
试验路面	干水泥路面	附着良好	$\phi \geqslant 0.7$	Skid no81
载重	满载	一个驾驶人或满载	任何载荷	轻、满载
制动初速度	80 km/h	80 km/h	50 km/h	96.5 km/h（60 mile/h）
制动时的稳定性	不许偏出3.5 m通道	不抱死跑偏	不许偏出2.5 m通道	不抱死偏出3.66 m通道（12 ft）
制动距离或制动减速度	≤50.7 m	≤50.7 m，≥5.8 m/s²	≤20 m，≥5.9 m/s²	≤65.8 m（216 ft）
踏板力	65~500 N	≤490 N	≤500 N	66.7~667 N（15~150 lbf）

制动距离有时也用在良好路面条件下，汽车以100 km/h的初速度制动到停车的最短距离来表示。表4-2所示为几种车型由100 km/h的初速度制动至停车的制动距离。

表4-2　几种车型从100 km/h减速到0的制动距离

车型	卡罗拉	雅阁	蒙迪欧	迈腾	雷凌	比亚迪唐	宝马 745i
制动距离/m	40.2	42.0	40.2	40.7	38.9	36	37.1

3. 制动减速度

制动减速度与地面制动力是等效的。制动减速度j与地面制动力F_{xb}及车辆总重力G

有关。

$$j=\frac{g}{\delta G}F_{xb} \tag{4-3}$$

式中，g——重力加速度；

δ——汽车回转质量换算系数。

当车辆制动到全部车轮抱死滑移时，回转质量换算系数δ等于1，而此时地面制动力$F_{xb}=F_{\varphi}=G_{\varphi}$，由此可得最大减速度。车辆测试时用平均减速度或最大减速度作为制动效能的评价指标，在我国的安全法规中采用充分发出的平均减速度（MFDD），单位为m/s^2，即

$$MFDD=\frac{V_b^2-V_e^2}{25.92(S_e-S_b)} \tag{4-4}$$

式中，V_b——$0.8V_0$（km/h）；

V_e——$0.1V_0$（km/h）；

V_0——制动初速度（km/h）；

S_b——速度V_0和V_b之间车辆驶过的距离（m）；

S_e——速度V_0和V_e之间车辆驶过的距离（m）。

4. 制动时间

制动过程所经历的时间即制动时间，其很少作为单纯的评价指标，但又是分析制动过程和评价制动效能不可缺少的参数。如对于同一型号的两辆汽车产生同样的制动力所经历的时间不同，两辆汽车的制动距离就可能相差很大，对行驶安全将产生不同效果。因此，通常把制动时间作为一项辅助的评价指标。制动过程的时间分布大致可分为四个阶段：第一阶段，时间τ_1为驾驶人反应时间——指驾驶人从接收制动信号到脚踩到制动踏板为止，一般需要0.3 ~ 1.0 s，该时间内车辆按原车速继续行驶；第二阶段，时间τ_2为制动器起作用时间（又称为制动协调时间）——指驾驶人踩下制动踏板到达到最大减速度的时间，这个时间主要取决于驾驶人踩制动踏板的速度和制动系统的形式与结构，一般为0.2 ~ 0.7 s；第三个阶段，时间τ_3为持续制动时间——该期间制动减速度基本不变；第四阶段，时间τ_4——指制动踏板松开到制动完成释放的时间（称放松制动器时间），一般为0.2 ~ 1.0 s。

4.1.2 制动效能的恒定性

制动效能的恒定性是指汽车制动过程中制动效能的保持程度，其评价指标主要包括抗热衰退性和抗水衰退性两个方面。因为汽车制动过程实际上是把汽车行驶的动能通过制动器吸收转换为热能，汽车高速行驶或下长坡连续制动时，制动器温度上升，摩擦系数下降，将导致制动效能下降。此外，制动器涉水行驶后，同样制动器摩擦系数下降，也会导致制动效能下降。

1. 抗热衰退性

制动时，制动片在制动液压力的作用下，压紧在制动盘（或制动鼓）上形成制动

器制动力矩。制动器制动力矩大小与制动片（摩擦衬片）的摩擦系数相关。制动片摩擦材料属于高分子三元复合材料，由高分子化合物粘结剂、无机或有机纤维增强组分和摩擦性能调节剂高温压制而成。

制动器的摩擦力矩是由其摩擦副产生的摩擦力形成的，摩擦衬片对摩擦性能起着决定性作用。一般石棉材料的摩擦衬片由石棉、黏合剂、填料等在高温下压制而成。汽车在高速下制动或短时间内连续制动，尤其是在下长坡连续制动时，由于制动器温度过高、摩擦系数下降而导致制动效能降低，这种现象称为制动效能的热衰退。这是因为制动时，当摩擦衬片温度超过压制时的温度后，衬片中的有机物会分解出一些气体和液体，它们覆盖在摩擦表面起润滑作用，导致摩擦系数下降。用来评价制动器热衰退程度的指标是热衰退率。热衰退率是在产生相同制动效能的条件下，制动器冷状态下所需的操纵力（制动系统压力）与热状态下所需的操纵力之比。

热衰退对制动效能的影响程度与制动器的结构类型有关。鼓式制动器和盘式制动器结构如图4–4所示，不同结构类型的制动器在不同摩擦系数 μ 下，其制动效能因数的变化如图4–5所示。由此可看出，自增力作用大的鼓式制动器对热衰退的影响严重；而盘式制动器制动效能变化相对较小，即热稳定性较好。

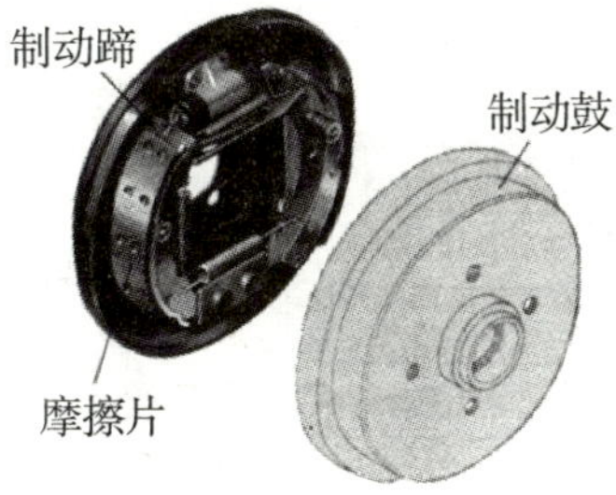

（a）鼓式制动器

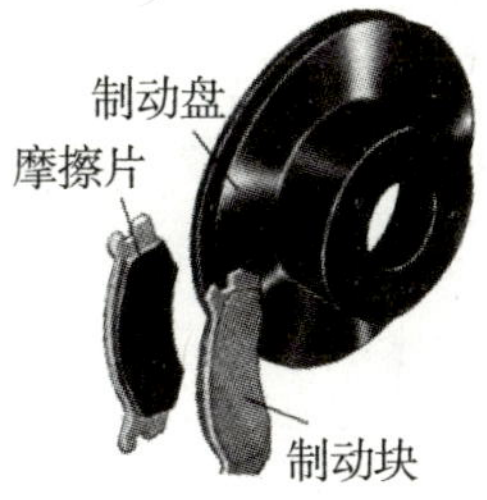

（b）盘式制动器

图4–4　鼓式制动器和盘式制动器结构

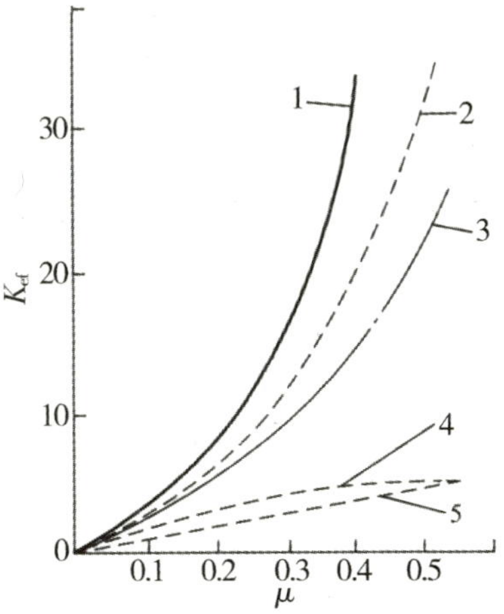

图4–5　制动效能因数曲线

1—双向自动增力蹄制动器；2—双增力蹄制动器；3—增、减力蹄制动器；4—双减力制动器；5—盘式制动器。

绿色低碳发展是经济社会发展全面转型的复杂工程和长期任务，能源结构、产业结构调整不可能一蹴而就，更不能脱离实际。

发生热衰退的制动器，在汽车经过一定时间的行驶散热后，其温度下降，摩擦材料摩擦系数恢复，制动器的制动力可以重新提高。试验表明，由于盘式制动器散热性优于鼓式制动器，热恢复也较快，如图4-6所示。

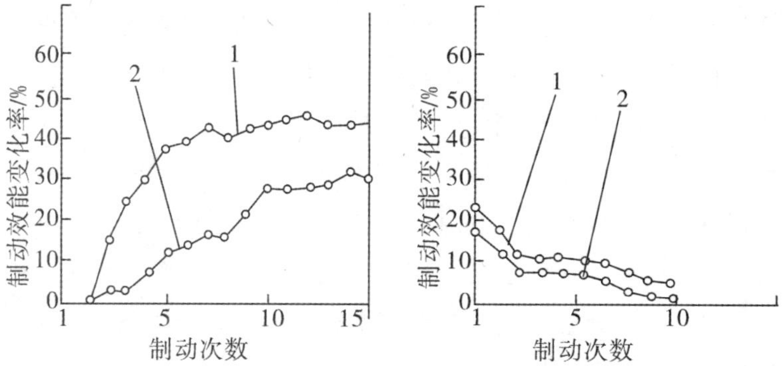

图4-6 制动器的热衰退和热恢复性能

1—鼓式制动器；2—盘式制动器。

摩擦副的材料是影响热衰退的另一个重要原因，为提高制动器的热稳定性，除对摩擦材料的组成成分和压制工艺进行改进外，对于高性能轿车或行驶条件恶劣的载货汽车而言，采用热稳定性好的金属摩擦材料。

2. 水衰退

制动片摩擦材料涉水后将导致摩擦系数下降，使制动效能降低，称为水衰退。单边车轮制动器涉水会导致左右车轮制动力矩不一致，汽车易发生制动跑偏，影响制动方向稳定性。

涉水后的制动片可通过制动摩擦和发热自行干燥，一般制动5~15次后可恢复。水衰退可用涉水前后制动效能的比值来评价。

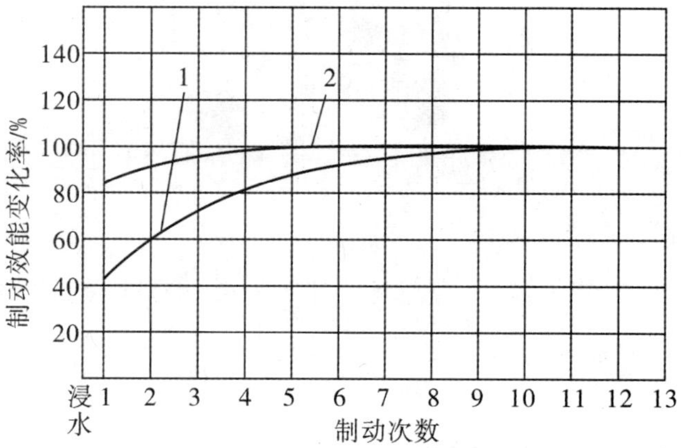

图4-7 制动器的水衰退及恢复曲线

1—鼓式制动器；2—盘式制动器。

图4-7为鼓式制动器和盘式制动涉水后制动效能变化率曲线。由图可见，盘式制动器涉水后制动效能仍保持在85%以上，抗水衰退性优于鼓式制动器。涉水后盘式制动器经过约5次制动，制动效能即可恢复，而鼓式制动器则需要10次以上制动效能才能恢复。这主要是因为盘式制动器开放结构易于将水甩出，而鼓式制动器相对封闭结构不利于制动片及制动鼓水分排出。

3. 制动初速度的影响

试验显示，汽车的制动效能也受制动初速度的影响。相同的制动踏板力下，制动初速度越高，制动减速度越低。这主要是因为制动初速度越高，制动时发热量越大，这是由制动片热衰退造成的。图4–8为鼓式制动器和盘式制动器在不同制动初速度下，制动减速度随制动踏板力变化的关系。由图可见，鼓式制动器制动液压压力为6000 Pa时，制动初速度30 km/h时，制动减速度为0.8 m/s^2，制动初速度100 km/h时，制动减速度为0.3m/s^2，制动初速度对制动效能影响明显。采用盘式制动器时，汽车减速度受到制动初速度的影响较小，制动效能恒定性好。

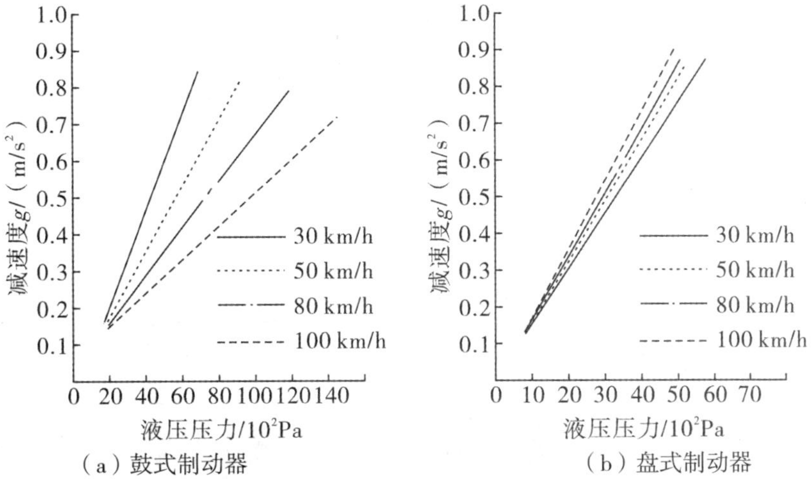

图4–8　制动初速度对减速度的影响

除上述对制动效能恒定性的影响因素外，在液压制动系统中，制动液在高温下会汽化并在制动管路中形成气泡，影响液压能的传递，使汽车的制动效能降低，甚至造成制动失效，这种现象称为气阻。气阻现象在汽车下长坡多次连续制动时容易发生。

4.1.3　制动时的方向稳定性

制动时的方向稳定性是指制动时汽车按照驾驶人给定方向行驶的能力，即是否会发生制动跑偏、侧滑和失去转向能力等。制动时汽车的方向稳定性，常用制动时汽车按给定路径行驶的能力来评价。若制动器发生跑偏、侧滑或失去转向能力，则汽车将偏离原来的路径。

制动时原期望汽车按直线方向减速停车，但有时汽车却自动向左或向右偏驶，这种现象称为制动跑偏；侧滑是指汽车制动时，某一轴的车轮或两轴的车轮发生横向滑动的现象。最危险的情况是在高速制动时，后轴发生侧滑，这时汽车常发生不规则的急剧回转运动，使之部分或完全失去操纵。制动时的跑偏与侧滑如图4–9所示。

跑偏现象大多是由技术状况不正常造成的，经过维修调整是可以消除的。产生制动跑偏的主要原因是在制动过程中，左、右轮地面制动力增大的快慢不一致，左、右轮地面制动力不等。特别是前轴左、右轮制动力不等，是产生制动跑偏的主要原因，如图4–10所示。

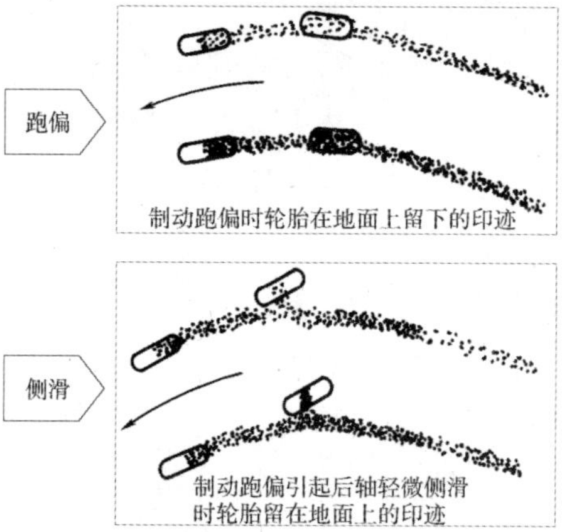

图4–9　跑偏与侧滑

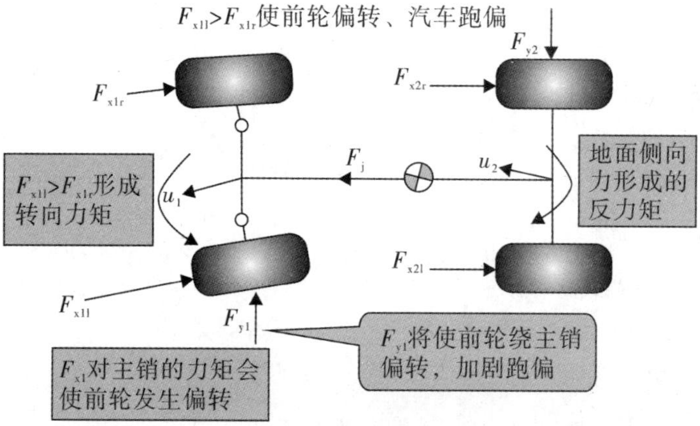

图4–10　制动跑偏时受力图

侧滑产生的原因是在制动过程中，地面制动力达到附着极限后，继续增加制动力，车轮将处于抱死拖滑状态，此时，侧向附着系数为零，即该轮抵抗侧向干扰的能力为零，这时，即使车轮受到任何一点侧向力，都会引起沿侧向力方向的滑动。

紧急制动过程中，常出现一根轴的侧滑。实践证明，后轴侧滑具有很大的危险性，可以使汽车掉头；前轴侧滑对汽车行驶方向改变不大，但是已不能用转向盘来控制汽车的行驶方向。图4–11（a）是前轮抱死拖滑而后轮滚动，并设转向盘固定不动时汽车的运动状况。前轴如受侧向力作用将发生侧滑，因此前轴中点A的前进速度u_A，与汽车纵轴线的夹角为α，后轴的前进速度u_B，因后轴未发生侧滑而仍沿汽车纵轴线方向。此时汽车将发生类似转弯的运动，其瞬时回转中心为速度u_A、u_B两垂线的交点O，汽车做圆周运动时，产生了作用于重心C的惯性力F_j。显然，F_j的方向与前轴侧滑的方向相反，就是F_j能起减少或阻止前轴侧滑的作用，因此汽车处于一种稳定状态。

图4–11（b）是前轴滚动、后轴制动到抱死拖滑的汽车运动状况，如有侧向力作用，后轴将发生侧滑，u_B与汽车纵轴线夹角为α，u_A的方向仍按汽车纵轴线方向。此

时汽车也发生回转运动，作用于重心C的圆周运动惯性力F_j，此时却与后轴侧滑方向一致。惯性力加剧后轴侧滑，后轴侧滑又加剧惯性力F_j，汽车将急剧转动。因此，后轴侧滑是一种不稳定状态。

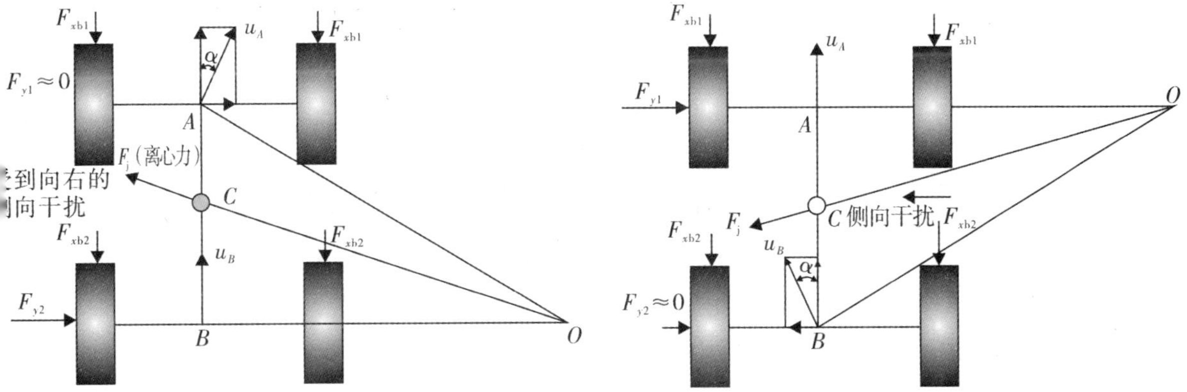

（a）前轮先侧滑（抱死）　　（b）后轮先侧滑（抱死）

图4-11　汽车侧滑时的运动状况

制动丧失转向能力指制动时，汽车直线转弯仍走直线或弯道行驶沿弯道切线方向驶出的现象。前轮抱死，后轴侧滑，汽车则丧失转向能力；前轮不抱死，后轴测滑，通常仍具有转向能力。前轮抱死或前轮先抱死时，因侧向力系数为零，不能产生任何地面侧向反作用力，汽车才完全丧失转向能力。

因此，从保证汽车方向稳定性的角度出发，首先不能出现只有后轴车轮抱死或后轴车轮比前轴车轮先抱死的情况，以防止危险的后轴侧滑发生；其次，尽量少出现只有前轴车轮抱死或前、后车轮都抱死的情况，以维持汽车的转向能力。最理想的情况就是防止任何车轮抱死，前、后车轮都处于滚动状态，这样就可以确保制动时的方向稳定性。

如何更有效地利用汽车前后轴制动器制动力，即提高汽车制动系统的制动效率，以及如何保证汽车制动时有较好的方向稳定性，这是涉及总制动器制动力在前后轴间分配的问题。

综合考虑制动效能和制动时汽车的方向稳定性，将制动工况划分成如下四种（不考虑跑偏）：

① 最好是具有防抱死制动系统（Anti-lock Braking System，ABS），能确保最高的制动效能和最好的方向稳定性，不发生侧滑、不失去转向。

② 前、后轮同时抱死，能实现很高的制动效能和较好的方向稳定性，不发生侧滑（后轮先抱死），但失去转向。

③ 在无法确保前、后轮同时抱死时，力争前轮先抱死，这样制动效能较差（后轮抱死慢，地面附着力发挥晚），会失去转向，但不会发生侧滑。

④ 最不利的就是后轮先抱死，制动效能较差，虽然不会失去转向，但会发生非常危险的侧滑（最危险）。

学习单元4.2　汽车制动性的主观评价

4.2.1　主观评价指标

制动性能是汽车基本性能之一，在制动过程中也要考虑驾驶人对制动操纵性和制动舒适性的体验感，这属于汽车制动性能的主观评价。为了科学反映驾驶人的主观感受，可用一些主观评价指标来评价汽车制动性能，如表4-3所示。

表4-3　制动性能的主观评价指标

序号	主观评价指标	序号	主观评价指标
1	直线制动方向稳定性	8	制动俯仰
2	对开路面方向稳定性	9	制动振颤
3	弯道制动方向稳定性	10	制动噪声
4	制动踏板力需求	11	制动减速度
5	制动踏板感觉	12	制动热稳定性
6	ABS的踏板反馈	13	制动操纵性
7	踏板运动		

1. 直线制动方向稳定性

直线制动方向稳定性是指直线制动过程中，汽车保持直线行驶的能力。该评价指标可用不施加转向修正的条件下，汽车行驶路线的偏移量，或者为保持行驶路线不变所需要施加的转向盘转角修正量来恒量。

直线制动方向稳定性试验选择在附着系数均一或者有所变化的平坦路面（干燥的沥青路面、潮湿的沥青路面和结冰/积雪路面、预制的沥青-冰层或沥青-塑料膜对开路面、从沥青路面到冰面的对接路面）上进行，测量汽车以不同的减速度进行直线制动时，车辆偏移量或转向修正量，要求制动过程中车轮不得出现抱死，车辆不能出现甩尾现象。

2. 对开路面方向稳定性

对开路面方向稳定性与直线行驶方向稳定性评价类似，不同的是，直线行驶方向稳定性评价是在附着系数均一的路面上，而对开路面方向稳定性评价是左右车轮附着系数不相同的路面上。 对开路面方向稳定性评价指标可用于不施加转向修正的条件下，汽车以不同的初速度、不同减速度进行直线制动时汽车行驶路线的偏移量（或横摆角速度），或为保持行驶路线不变所需要施加的转向盘转角修正量来恒量，检查汽车行驶偏移或转向盘转角修正是否合适，横摆响应是否突然。

3. 弯道制动方向稳定性

弯道制动方向稳定是是评价汽车弯道行驶状态下进行制动时的方向稳定性。该评价指标可用不同弯道行驶阶段（入弯、出弯、移线）时汽车的横摆响应（横摆角、横摆角速度、横摆角加速度），以及校正路线偏差所需的转向盘转角来恒量。

该试验需在操纵稳定性试验道路、滑移测试道路、高速公路的长弯处和出口等路面进行，要求操纵稳定性试验道路应当平坦，具有均一的附着系数，且带有不同弧度的弯道。在转弯制动过程中，驾驶人需判断由制动引起的路线偏移在一定程度上对驾驶者的驾驶操纵是否有所帮助；在中等制动强度下，汽车是否表现出一定的过度转向趋势；在较大制动强度下，是否出现不足转向趋势。

4. 制动踏板力需求

制动踏板力需求反映制动减速度与制动踏板力的关系。在相同的制动减速度下，制动踏板力越小，驾驶人的驾驶感受越好。该评价指标需在平坦且附着条件良好的路面上进行测试，汽车以不同减速度下直线制动，测量制动踏板力的大小，以此判断制动踏板力是否合适。

5. 制动踏板感觉

该评价指标用于评价不同制动减速度以及不同的制动方式（快踩或慢踩）下制动踏板力和踏板行程的关系。

在不同的初始速度条件下，车辆分别在平坦且附着条件良好的路面、潮湿路面以及结冰/积雪路面上以不同的减速度进行直线制动，驾驶人的制动踏板感觉是否明显且精确。

6. ABS的踏板反馈

该评价指标用于评价装有 ABS 的汽车在制动时踏板力的变化情况以及随之出现的振动和噪声。汽车在不同初始速度下，分别在附着系数均一或者有所变化的平坦路面（干燥的沥青路面、潮湿的沥青路面和结冰/积雪路面、预制的沥青-冰层或沥青-塑料膜对开路面、从沥青路面到冰面的对接路面）上，以不同减速度直线制动，驾驶人感受制动防滑系统起作用时，是否会产生不舒适的感觉。

7. 踏板运动

该评价指标仅适用于配有 ABS或车身电子稳定系统（Electronic Stability Program，ESP）的汽车，用于评价配备有 ABS/ESP 的汽车在附着系数有所变化的路面上制动时，制动踏板可能产生的低频振动。汽车在附着系数变化的平坦路面（预制的沥青-冰层或沥青-塑料膜对开路面，以及从沥青路面到冰面的对接路面）上以不同初始速度行驶，并以不同减速度进行直线制动时，当 ABS/ESP 起作用时，低频、较大振幅的踏板反作用是否让驾驶人产生不舒适的感觉。

8. 制动俯仰

该评价指标用于评价汽车在制动过程中产生的俯仰角及其随时间的变化情况。这一指标影响制动过程中驾驶人的舒适性。在不同的初始速度条件下，在平坦且附着条件良好的路面上车辆以不同的减速度进行直线制动时，制动过程中的舒适感觉是否良好。

9. 制动振颤

该评价指标用于评价汽车在制动过程中，因制动力的不均匀性产生的转向盘、座椅和地板组件的振动。汽车在平坦且附着条件良好的路面上以不同制动压力或加速度下的高速直线制动时，驾驶人感受转向盘的扭转振动、垂直振动以及座椅和地板组件的振动是否明显。进行本项指标试验时可进行多次重复试验，充分感觉汽车是否会出现振动现象。另外，由于振动特性会受到制动部件温度的影响，因此试验应在不同的制动温度下多次进行。

10. 制动噪声

该评价指标用于评价制动过程中，汽车在一定车速范围内发出的不同频率的制动噪声。在所有车速范围内，制动器或车轮悬挂的振动均有可能引起制动尖叫和轰鸣声。而摩擦声和咯吱声通常在低速状态下或汽车即将停止时出现。上述各种噪声均在很大程度上受到环境条件和制动部件状态的影响。在平坦且附着条件良好的路面上进行高速直线或转弯行驶时，以尽可能大的减速度进行制动，感受制动过程中噪音的大小是否能够被接受。试验时，要求后轴载荷应尽可能小。

11. 制动减速度

该评价指标用于评价汽车制动时能达到的最大制动减速度。进行这一评价需要客观测量工作的配合。

试验时在附着系数均一或者有所变化的平坦路面（如干燥的沥青路面、潮湿的沥青路面和结冰/积雪路面、预制的沥青-冰层或沥青-塑料膜对开路面及从沥青路面到冰面的对接路面等）上进行。如果采用没有配备防抱死制动系统的车辆，在不抱死轮的前提下以不同初始车速全力制动；如果采用配备防抱死制动系统的车辆，在汽车的可控范围内以最大踏板力全力制动。试验时主要通过对制动初始车速、制动距离、制动减速度的参数进行感受，判断在不同制动条件下，制动减速度是否合适。

微课

ABS工作原理

12. 制动热稳定性

该评价指标用于评价汽车在连续制动过程中，制动能力和制动踏板感觉的变化情况。在平坦且附着条件良好的路面或下坡路段上，在车轮不抱死或有ABS作用的情况下，以不同初始车速全力制动，直至停止。试验过程中需要连续并反复地对车辆施加制动。

试验可以在平坦的路面以预先设定的初始速度进行，也可以在赛车跑道或下坡山路上进行。对于在平坦路段上进行的评价工作，可以使用不同的流程，但每个流程都应保证汽车在从制动到静止状态之后，能立即全力加速并达到下次试验所设定的初始速度。测试在驾驶人进行连续制动过程中，车辆的制动能力、踏板行程和踏板感觉的保持程度。此外，试验需要在不同载荷状态下进行。为了更好地描述试验结果，往往需要测量汽车的制动减速度和制动盘的温度。

13. 制动操纵性

该评价指标用于评价汽车制动过程中对驾驶人转向操作的运动响应。对于配备有ABS 的车辆，汽车能否响应驾驶人的转向操作，以及在低附着路面上全力制动时是否能够控制住汽车。

汽车在附着系数均一或者有所变化的平坦路面（干燥的沥青路面、潮湿的沥青路面和结冰/积雪路面、预制的沥青–冰层或沥青–塑料膜对开路面及从沥青路面到冰面的对接路面）上以不同的初始速度进行制动，制动过程中驾驶人对车辆进行转向操纵（如避障或简单的变线行驶），试验过程中不允许车轮抱死。驾驶人主要判断在制动过程中对于转向操作的响应与非制动工况下的响应接近程度。

4.2.2　主观评价指标分析

与动力性主观评价指标权重的方法确定相似，通过前面所确定的评价项目及指标，确定包含目标层、准则层和方案层在内的层次分析法结构模型，如图4–12所示，并且对各层建立恰当的判断矩阵，并得到相应的权重，最终得到关于制动性的指标权重，如表4–4所示。

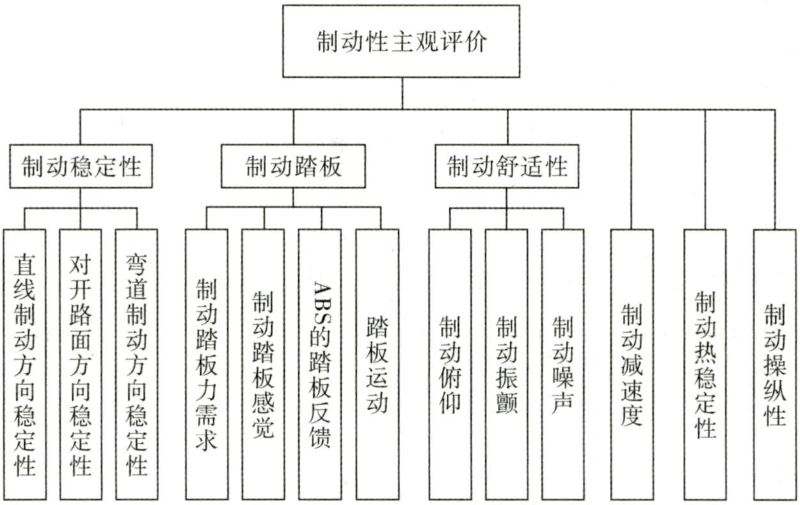

图4–12　制动性主观评价层次分析法结构模型

表4–4　制动性主观评价权重

目标层	准则层	对目标层权重	方案层	对目标层权重
制动性主观评价	制动稳定性	0.1877	直线制动方向稳定性	0.0775
			对开路面方向稳定性	0.0615
			弯道制动方向稳定性	0.0488
	制动踏板	0.0718	制动踏板力需求	0.0248
			制动踏板感觉	0.0147
			ABS的踏板反馈	0.0175
			踏板运动	0.0147

续表

目标层	准则层	对目标层权重	方案层	对目标层权重
制动性主观评价	制动舒适性	0.0845	制动俯仰	0.0121
			制动振颤	0.0362
			制动噪声	0.0362
	制动减速度	0.4491	制动初始车速	0.0898
			制动距离	0.1796
			制动减速度	0.1796
	制动热稳定性	0.1015	制动热稳定性	0.1015
	制动操纵性	0.1054	制动操纵性	0.1054

4.2.3 制动性主观评价实例分析

试验人员在进行制动性试验时，由于个别项目无法实现，故仅做了部分试验。制动性试验得分表如表4–5所示，制动性得分蜘蛛图如图 4–13 所示。

表4–5 制动性试验得分表

试验指标	行驶路面/行驶工况	权重	车辆A评分	得分	车辆B评分	得分
直线制动方向稳定性	潮湿的沥青路面	0.0775	7	0.5425	6.75	0.5231
对开路面方向稳定性	—	0.0615	—	0	—	0
弯道制动方向稳定性	平坦具有均一附着系数且带有不同弧度的弯道	0.0488	7	0.3416	5.75	0.2806
制动踏板力需求	不同减速度下直线制动	0.0248	7	0.1736	6.75	0.1674
制动踏板感觉	湿玄武岩路面	0.0147	7	0.1029	6	0.0882
ABS的踏板反馈	湿玄武岩路面	0.0175	7	0.1225	6.75	0.1181
踏板运动	直线制动	0.0147	7	0.1029	6.75	0.0992
制动俯仰	高速时制动	0.0121	6.75	0.0817	5.75	0.0696
制动振颤	高速直线制动	0.0362	7.25	0.2625	5	0.1810
制动噪声	高速直线行驶时最大减速度制动	0.0362	7.25	0.2625	5	0.1810
制动初始车速	—	0.0898	—	0	—	0
制动距离	沥青–玄武岩对开	0.1796	6.75	1.2123	6.5	1.1674
制动减速度	沥青–玄武岩对开	0.1796	6.75	1.2123	6.5	1.1674
制动热稳定性	平坦且附着条件良好的路面	0.1015	6.75	0.6851	6.25	0.6344
制动操纵性	湿玄武岩路面	0.1054	6.75	0.7115	5.75	0.6061
试验对项目评分			A车	6.5	B车	6
层次分析法得分			A车	5.8139	B车	5.2835

注：“—”标记为未做试验。

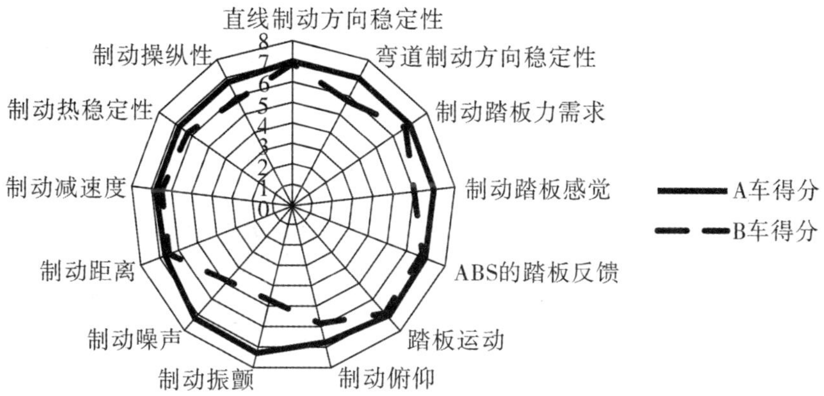

图4-13　制动性得分蜘蛛图

通过制动性权重可知，评价员更为看中制动热稳定性，其次为制动振颤、制动噪声和制动减速度。这说明对于车辆制动性的评价而言，主观评价更加侧重于从车辆制动安全方面进行评价。

从蜘蛛图上可以看到，A、B两车的制动性能接近，踏板感受程度皆偏低，但两车的制动减速度指标都很好。

A车制动性总体表现一般，在干燥道路上制动性能良好，稳定性良好，操作性略有迟缓，低速时制动俯仰较小，无不适感，但高速时有较强不适感，制动踏板感受较强，ABS略有噪声；在潮湿的玄武岩及对接、对开路面上制动稳定性降低，方向稳定性一般，制动踏板感觉略降低。

B车制动性总体表现一般偏下，在干燥道路上制动性能一般偏弱，稳定性一般偏弱，响应较为迟缓，低速时制动俯仰较小，中高速时较强，具有不适感，ABS制动振颤很强烈，地板抖动，噪声大，制动力踏板表现一般偏弱，精确程度不足；在潮湿的玄武岩及对接、对开路面上制动稳定性急剧减弱，制动距离远大于A车，在弯道制动过程中，不稳定性极强。

在试验过程中能够明显感受到A车制动时的舒适感要强于B车，且稳定性也更好，在长距离多次制动后，A车的制动热衰退性也强于B车。

学习单元4.3　汽车制动性的计算与测试分析

4.3.1　汽车制动性的计算

为了分析汽车制动距离，需要对汽车的制动过程有一个全面的了解。如前所述，汽车一次制动过程可分成4个阶段，包括驾驶人反应时间、制动器起作用时间、持续制动时间和放松制动器时间，如图4-14所示。下面通过对制动过程的制动距离和制动减速度进行计算，分析影响汽车制动性能的主要因素。

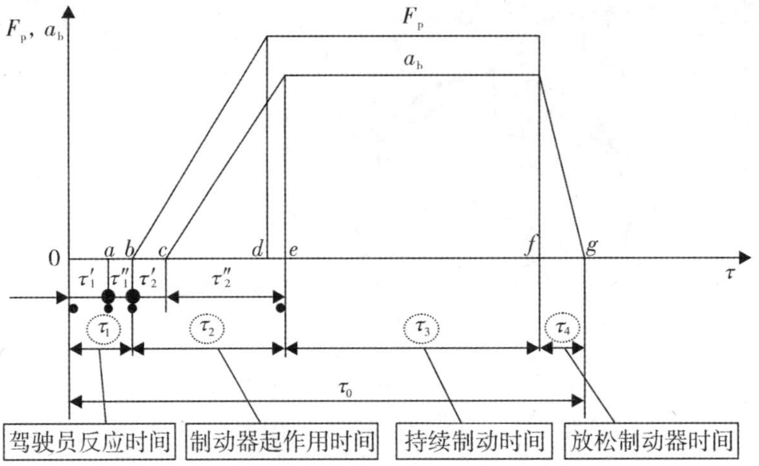

图4-14　制动过程示意图

1．驾驶人反应时间τ_1

驾驶人反应时间τ_1指从驾驶人识别到障碍，到把脚力F_p加到制动踏板上所经历的时间，$\tau_1=\tau'_1+\tau''_1$。其中τ'_1为驾驶人发现、识别障碍并作出决定的时间（0到a点）；τ''_1为驾驶人把脚从加速踏板换到制动踏板上，消除制动踏板的间隙等所需要的时间（a点到b点）。驾驶人反应时间一般为0.3~1.0 s。

2．制动器起作用时间τ_2

制动器起作用时间τ_2：在b点以后，随着驾驶人踩制动踏板的动作，制动踏板力迅速增加到d点时达到最大值。不过由于制动系统中有一定残余压力，且制动摩擦副之间存在着间隙，因此要经过协调时间τ'_2后才起作用，汽车才开始产生减速度。由c点到e点是制动力的增加过程所需要的时间τ''_2，称为制动器的作用时间或滞后时间，$\tau_2=\tau'_2+\tau''_2$。τ_2一般为0.2~0.7 s，其一方面取决于驾驶人踩踏板的速度，更重要的是受制动器结构形式与维修质量的影响。

3．持续制动时间τ_3

持续制动时间τ_3：e点到f点为持续制动时间，这一阶段车辆的减速度稳定，基本不变。

4．放松制动器时间τ_4

放松制动器时间τ_4：到f点，驾驶人松开制动踏板，但制动力的消除仍需要一定时间，这段时间称为制动释放时间。

一般制动距离是指驾驶人踩制动踏板开始到车辆完全停住的距离，包括制动器起作用时间τ_2和持续制动时间τ_3两个阶段，设这两个阶段汽车行驶距离分别为S_2、S_3，起始制动速度为u_0（km/h）。

在τ'_2的时间内，汽车制动初速度u_0是不变的，其间汽车行驶距离S'_2为

$$S'_2=u_0\tau'_2 \tag{4-4}$$

在 τ_2''时间内驶过的距离为S_2''，其间汽车做的是变减速度运动，减速度线性增长，任一时刻减速度j为：

$$j=-\frac{a_{\mathrm{b\,max}}}{\tau_2''}\tau$$

τ_2''时间内汽车的速度u为：

$$u=u_0+\int-\frac{a_{\mathrm{b\,max}}}{\tau_2''}\tau\,\mathrm{d}\tau=u_0-\frac{a_{\mathrm{b\,max}}}{2\tau_2''}\tau^2 \qquad (4\text{–}5)$$

故当 $\tau=\tau_2''$时，汽车的行驶距离S_2''为：

$$\begin{aligned}S_2''&=\int_0^{\tau_2''}u\,\mathrm{d}\tau\\&=\int_0^{\tau_2''}\left(u_0-\frac{a_{\mathrm{b\,max}}}{2\tau_2''}\tau^2\right)\mathrm{d}\tau\\&=u_0\,\tau_2''-\frac{1}{6}\,a_{\mathrm{b\,max}}\tau_2''^2\end{aligned} \qquad (4\text{–}6)$$

因此，在τ_2时间内的制动距离$S_2=S_2'+S_2''=u_0\,\tau_2'+u_0\,\tau_2''-\frac{1}{6}\,a_{\mathrm{b\,max}}\tau_2''^2$

τ_3时间内驶过的距离为S_3，这段时间里汽车做的是匀减速运动，u_e是这段时间的初速度，也就是前一段时间的末端速度，由式（4–5）得

$$u_e=u_0-\frac{a_{\mathrm{b\,max}}}{2}\tau_2''$$

故

$$\begin{aligned}S_3&=\frac{u_e^2}{2a_{\mathrm{b\,max}}}\\&=\frac{u_0^2}{2a_{\mathrm{b\,max}}}-\frac{u_0\tau_2''}{2}+\frac{a_{\mathrm{b\,max}}\tau_2''^2}{8}\end{aligned} \qquad (4\text{–}7)$$

由式（4–6）、式（4–7），得制动距离为

$$S=S_2+S_3=u_0\tau_2'+\frac{u_0\tau_2''}{2}+\frac{u_0^2}{2a_{\mathrm{b\,max}}}-\frac{a_{\mathrm{b\,max}}\tau_2''^2}{24} \qquad (4\text{–}8)$$

一般情况下，τ_2''较小，故可略去其平方项$\frac{a_{\mathrm{b\,max}}\tau_2''^2}{24}$，车速单位为km/h，时间单位为s，则制动距离$S$（m）为

$$S=\frac{1}{3.6}\left(\tau_2'+\frac{\tau_2''}{2}\right)u_0+\frac{u_0^2}{25.92a_{\mathrm{b\,max}}} \qquad (4\text{–}9)$$

式（4–9）较为完整地描述了影响汽车制动距离的因素，包括汽车制动初速度u_0、汽车的最大减速度$a_{\mathrm{b\,max}}$、制动系统协调时间τ_2'，以及制动力增长时间 τ_2''。附着力越大，起始车速越低，则制动距离越短。

为了简化计算，列出各种车型制动距离的经验公式，如表4–6所示。

表4-6 各种车型制动距离的经验公式

机动车类型	制动距离/m		相当减速度/(m/s^2)
	气压制动系统：气压为6×98 kPa；液压制动系统的踏板力：有增压、加压器的为35×9.8 N，无增压、加力器的为60×9.8 N；车辆空载	气压制动系统：气压为7×98 kPa；液压制动系统的踏板力：有增压、加压器的为40×9.8 N，无增压、加力器的为70×9.8 N；车辆满载	
小型汽车	$S=0.05u_0+\frac{u_0^2}{190}$	$S=0.055u_0+\frac{u_0^2}{190}$	7.4
中型汽车	$S=0.055u_0+\frac{u_0^2}{160}$	$S=0.06u_0+\frac{u_0^2}{160}$	6.2
大型汽车	$S=0.6u_0+\frac{u_0^2}{142}$	$S=0.07u_0+\frac{u_0^2}{142}$	5.5
转向盘式拖拉机	$S=0.08u_0+\frac{u_0^2}{105}$	$S=0.11u_0+\frac{u_0^2}{105}$	4.0

4.3.2 汽车制动性的测试

对汽车制动性进行计算分析可以确定影响汽车制动性的主要因素，而最终要落实汽车制动性的客观评价，我们通常还需要进行汽车制动性的测试实验。《机动车运行安全技术条件》（GB 7258—2017）中对汽车制动性能测试分为台架测试和道路测试两种，详细规定了台架测试和道路测试的测试项目、方法和相应的技术要求。

1.台架测试

（1）测试项目。

台架测试项目主要包括制动力、制动力平衡、车轮阻滞力和制动协调时间等。

（2）制动性能测试台的类型。

① 按测试原理不同，可分为反力式和惯性式两类。

② 按检验台支撑车轮形式不同，可分为滚筒式和平板式两类。

③ 按测试参数不同，可分为测制动力式、测制动距离式、测制动减速度式和综合式四类。

④ 按检验台的测量、指示装置、传递信号方式不同，可分为机械式、液力式和电气式三类。

目前，国内汽车综合性能测试站所用制动检验设备多为反力式滚筒制动检验台和平板式制动检验台。

（3）测试方法。

1）反力式滚筒制动检验台。

① 测试前仪器及车辆准备。检验台滚筒表面清洁，无异物及油污，仪表清零。车辆轮胎气压、花纹深度符合标准规定，胎面清洁。将踏板力计装到制动踏板上。

② 测试过程。车辆对正居中地驶入试验台，将被测轮停放在制动台前、后滚筒间，变速器置于空挡。降下举升机，启动电机，保持一定采样时间（约5 s），测得阻滞力。根据提示，踩下制动踏板，测量最大制动力数值。电机停转，举升机升起，被测轮驶离。按以上程序依此测试其他车轮。若测试驻车制动，则拉紧驻车制动操纵装置，测量驻车制动力数值。卸下踏板力计，车辆驶离。

③ 注意事项。车辆进入检验台时，轮胎不得夹有泥、沙等杂物，除驾驶人外，不得有其他乘员。测制动时不得转动转向盘。在进行制动检验时，车轮如在滚筒上抱死，制动力未达到要求时，可换用道路测试或其他方法测试。空载测试时，气压制动系：气压表的指示气压≤600 kPa；液压制动系：乘用车的踏板力≤400 N；其他机动车的踏板力≤450 N。

2）平板式制动检验台。

① 测试前仪器及车辆准备。检验台滚筒表面清洁，无异物及油污，仪表清零。车辆轮胎气压、花纹深度符合标准规定，胎面清洁。将踏板力计装到制动踏板上。

② 测试过程。驾驶人以5～10 km/h的速度将车辆对正并驶上平板，置变速器于空挡并紧急制动。系统将给出行车制动测试结果及悬挂效率。车辆继续前进，等后轮驶上平板时（实际操作以设备说明书规定的方法为准），置变速器于空挡并驻车制动。系统将给出驻车制动测试结果。

（4）技术要求。

① 制动力要求：前轴制动力与前轴荷之比≥60%；制动力总和与整车质量之比，空载≥60%，满载≥50%；乘用车和总质量不大于3500 kg的货车后轴制动力与后轴荷之比≥20%。

② 制动平衡要求：在制动力增长的全过程中同时测得的左右轮制动力差的最大值，与全过程中测得的该轴左右轮最大制动力之比，前轴不应大于20%；对后轴（及其他轴），当轴制动力不小于该轴轴荷的60%时，不应大于24%；当后轴（及其他轴）轴制动力小于该轴轴荷的60%时，在制动力增长全过程中同时测得的左右轮制动力差的最大值不应大于该轴轴荷的8%。

③ 阻滞力要求：进行制动力测试时车辆各轮的阻滞力均不得大于该轴轴荷的5%。

④ 驻车制动力要求：驻车制动力总和应不小于该车在测试状态下整车质量的20%；对总质量为整备质量1.2倍以下的车辆，此值为15%。

⑤ 制动完全释放时间要求：汽车制动完全释放时间（从松开制动踏板到制动消除所需要的时间）不大于0.80 s。

2. 道路测试

（1）测试项目。

道路测试的主要检验项目有制动距离、充分发出的平均减速度、制动稳定性、制动协调时间、驻车制动坡度等。

（2）测试方法。

①道路测试检验制动性能应在平坦（坡度不应大于1%）、干燥和清洁的硬路面（轮胎与路面之间的附着系数不应小于0.7）上进行。

②在试验路面上画出《机动车运行安全技术条件》（GB 7258—2017）规定宽度的试验通道的边线，被测机动车沿着试验车道的中线行驶至高于规定的初速度后，置变速器于空挡（自动变速的机动车可置变速器于D挡），当滑行到规定的初速度时，急踩制动踏板，使机动车停止。

③用制动距离检验行车制动性能时，采用速度计、第五轮仪或用其他测试方法测量机动车的制动距离，对除气压制动外的机动车还应同时测试踏板力（或手操纵力）。

④用充分发出的平均减速度检验行车制动性能时，采用能够测试充分发出的平均减速度和制动协调时间的仪器测量机动车充分发出的平均减速度和制动协调时间，对除气压制动外的机动车还应同时测试踏板力（或手操纵力）。

学习单元4.4　新能源汽车的制动性测试与评价

4.4.1　新能源汽车制动系统与传统汽车的区别

新能源汽车的制动系统目前包括行车制动系统、驻车制动系统和辅助制动系统（电机馈能制动）。在行车制动系统上，目前主流的新能源汽车采用的行车制动系统与传统汽车一致，但是以纯电动汽车为代表的新能源汽车由于没有发动机真空助力，需采用电子真空助力泵。传感器监测到助力器真空度不足时，电子真空泵开始工作，维持真空环境。通过这样的方式，确保真空助力器能够像原先一样为驾驶人提供辅助，如图4-15所示。电子真空泵助力形式存在电子真空助力泵的噪音较大，工作稳定性以及使用可靠性差等不足。在电子真空泵助力系统的不足方面，新能源汽车行车制动系统与传统汽车基本一致。

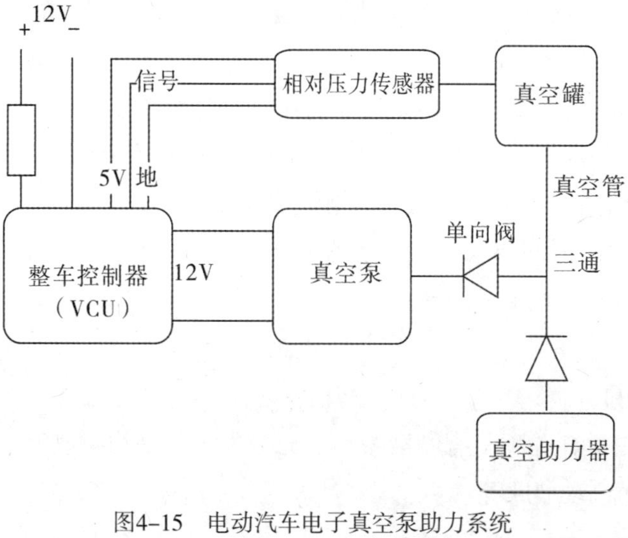

图4-15　电动汽车电子真空泵助力系统

针对新能源汽车电子真空泵助力系统的不足，博世公司推出了一套名为iBooster的智能化制动系统，如图4-16所示。从结构上来说，iBooster 相较于传统汽车真空助力的设计，有各类型的传感器以及控制器控制下的电动助力，使得整个机体体积更小、更轻，为车辆安装节省了不少空间以及减轻了不少质量。虽然对技术原理进行了革新，但驾驶人在踩下制动踏板时对这样的变化不会有所察觉。驾驶人在踩下踏板时推力仍旧作用于后方推杆上，不过，在踏板向后方移动的过程中，位置传感器会监测并向控制器传递踏板行程信息，以此为依据结合实际工况计算出所需制动力，制动助力控制器控制电机给出制动助力所需的力矩到制动主缸。制动主缸驱动液压系统传递制动力到防抱死制动系统（ABS）/车身电子稳定系统（ESP）。ABS/ESP再根据车辆状况把制动力分配到四个车轮。

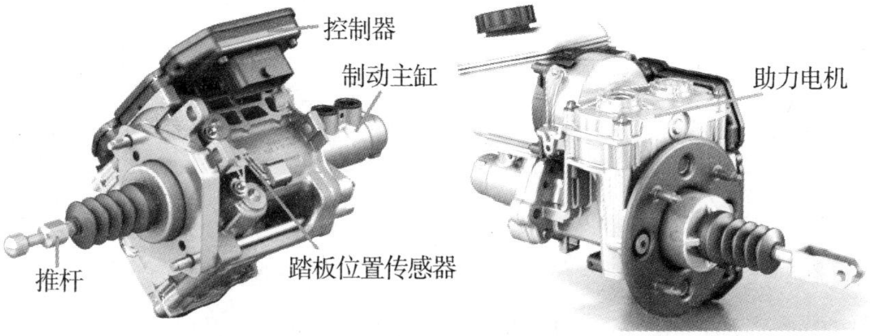

图4-16　博世iBooster智能化制动系统

新能源汽车制动系统与传统汽车最大的区别在于新能源汽车有辅助制动系统，即驱动电机能量回收制动。当电动汽车减速和制动时，即切除电源时，电动汽车电机惯性转动，此时通过电路切换，给转子提供相对而言功率较小的励磁电源，产生磁场，该磁场通过转子的物理旋转，切割定子的绕组，于是定子感应出电动势，也称逆电动势，此时电动机反转，功能与发电机相同，是一个将机械能转化为电能的装置，所产生的电流通过功率变化器接入动力电池，即为能量回馈，至此制动能量回收过程完成。与此同时，转子受力减速，形成制动力，这个总过程合称能量回收制动或再生制动，如图4-17所示。

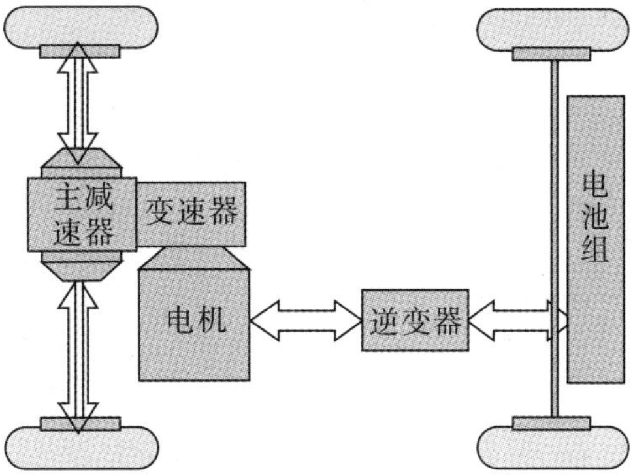

图4-17　新能源汽车再生制动

电动汽车的制动是传统制动与能量回收制动的结合体，而且应尽可能多地利用能量回收制动取代传统制动，这样既可减小传统制动系统的损耗，又能提高整车能量使用效率，达到节约能源和增加电动汽车续驶里程的目的。研究表明，在行驶工况变化比较频繁的路段，采用能量回收制动可增加续驶里程约20%。

无论是与传统汽车类似的电子真空泵助力制动系统，还是类似博世的电动助力制动系统，新能源汽车在行车制动上与传统汽车基本一致，故其制动性能的评价指标与传统汽车一样。下面主要对新能源汽车再生制动系统的制动性能进行评价与测试。

4.4.2 电动汽车再生制动性能评价指标

能量回收制动系统评价指标主要包括节能性、制动感觉（主观评价）和制动安全性（客观评价）三个方面。制动感觉与制动安全性评价指标与传统汽车类似，制动感觉评价指标由踏板感觉和减速感觉组成。踏板感觉是制动系统给驾驶人脚部的反作用力和行程感，用踏板力和踏板位移来表征；减速感觉是车辆减速给驾驶人带来的身体惯性及视觉和听觉。踏板感觉和减速感觉具有相对确定的关系，可用踏板力、踏板位移和制动强度的函数关系表示，如图4–18所示。

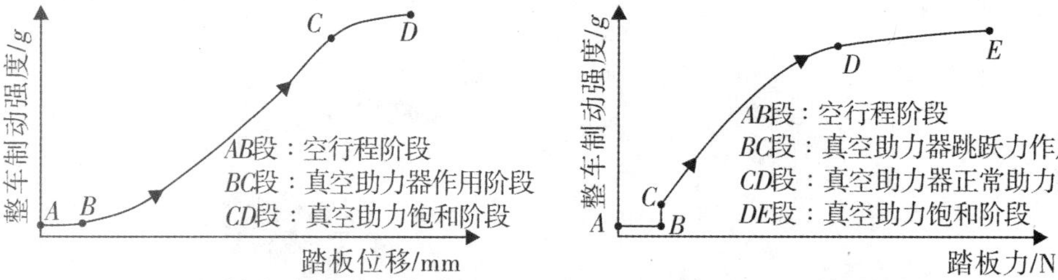

（a）制动强度–踏板位移　　（b）制动强度–踏板力

图4–18　踏板力、踏板位移和制动强度的关系

节能性评价指标可用制动能量回收率和节能贡献度来表示，影响节能效果的主要因素是液压制动控制，尽可能少地介入液压制动，可以提高节能效果。制动能量回收率是驱动电机回收能量与理论可回收能量的比值，如式4–10所示。节能贡献度则可采用能量计算法（式4–11）和续驶里程计算法（式4–12）。

$$\eta_{reg}=\frac{\sum_{i=1}^{n}\int_{t_{i1}}^{t_{i2}}U_{i\_bat}I_{i\_chg}dt}{\sum_{i=1}^{n}\left(\frac{1}{2}mv_{i\_0}-mgf\int vdt-\frac{1}{2}CA\rho\int v^{3}dt\right)} \qquad (4\text{–}10)$$

式中，t_{i1}——第i次制动开始时间，t_{i2}——第i次制动结束时间，U_{bat}——动力电池回收电压，I_{chg}——能量回收充电电流，m——汽车总质量，v_{i_0}——第i次制动初速度，g——重力加速度，f——滚动阻力系数，C——空气阻力系数，A——迎风面积，ρ——空气密度。

$$S_{reg}=\frac{\sum_{i=1}^{n}\int_{t_{i1}}^{t_{i2}}U_{i\_bat}I_{i\_chg}dt}{\int_{t_s}^{t_e}U_{i\_bat}I_{i\_dischg}dt} \qquad (4\text{–}11)$$

U_{bat}——动力电池电压，I_{chg}——动力电池充电电流（回收），I_{dischg}——动力电池放电电流，t_s——测试开始时间，t_e——测试结束时间。

$$S_{reg}=\frac{L_{reg}-L_{woreg}}{L_{woreg}} \qquad (4\text{–}12)$$

式中，L_{reg}——有回收续驶里程，L_{woreg}——无回收续驶里程。

节能贡献度常用能量计算法进行测试，测试时需对有电机能量回收和无电机能量回收状态下直流母线的总电压和总电流进行测试。需要使用到的仪器设备包括数据采集设备、电流钳和电压传感器。

再生制动性能测试的总体流程分三个阶段，即试验准备、试验过程和试验处理，如图4-19所示。再生制动性能测试通过转鼓台架或路面试验测试和控制器数据测试相结合的方式进行。

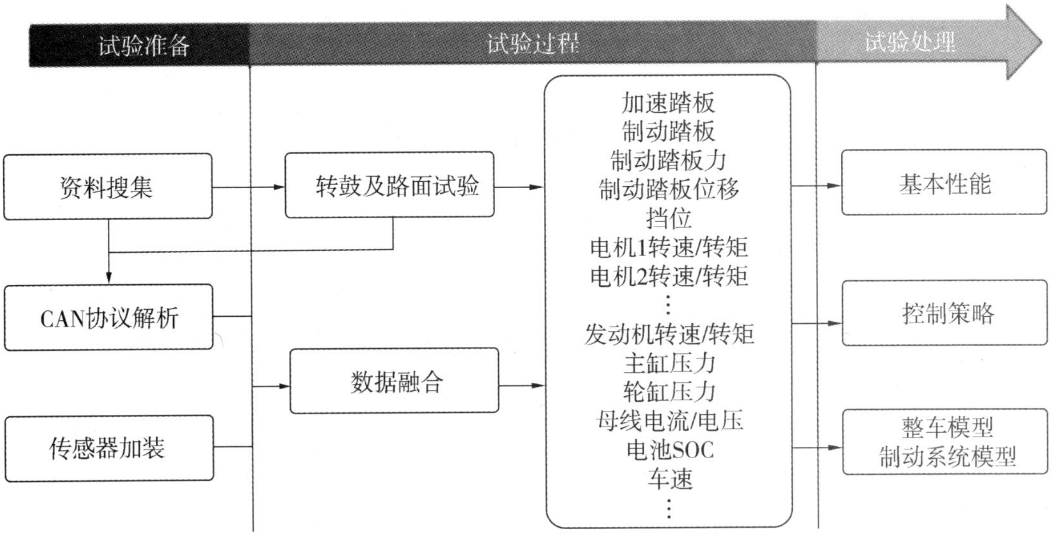

图4-19　再生制动性能测试总体流程

4.4.3　电动汽车再生制动性能测试

1. 实施准备

（1）安全要求及注意事项。

为保证安全并达到实训目的，试验车应设定限速，使学生掌握试验方法即可。车辆充电时，必须按照车辆的使用说明书进行操作，并有专人进行监控和记录，发现异常应及时断电，并报专业维修人员处理，不得擅自进行拆装与检修；试验车辆驾驶人必须持有合法驾驶证件，并具有一定的驾驶经验，能够处理紧急情况；试验期间场地必须封闭，路口与通道必须指定专人负责看守，避免无关车辆、人员或动物等闯入造成危险；试验人员必须服从组长指挥，未经许可不得擅自起动或移动试验车辆；测试设备安装后必须固定牢固，避免车辆行驶途中移动或掉落造成人员伤害或设备损伤。

（2）工具设备。

① 测试设备。

测速仪用于测量并记录汽车实际行驶的距离、速度、时间等信息。风速仪、温度湿度计、大气压力表等用于测量试验期间的环境情况。

《电动汽车动力性能试验方法》（GB/T 18385—2005）对试验仪器所测量的参数、单位及准确度提出的要求见表4-7。

表4-7 《电动汽车动力性能试验方法》（GB/T 18385—2005）要求测量的参数、单位与准确度

测量参数	单位	准确度	分辨率
时间	s	±0.1	0.1
长度	m	±0.1%	1
温度	℃	±1	1
大气压力	kPa	±1	1
速度	km/h	±1%或±0.1，取大者	0.2
质量	kg	±0.5%	1

② 常用工具。

车辆维修常用工具、举升机、万用表、轮胎气压表等。

（3）试验条件。

① 环境条件。

试验期间大气温度为5～32℃；大气压力为91～104 kPa；高于路面0.7 m处的平均风速小于3 m/s，阵风风速小于5 m/s；相对湿度小于95%；试验不能在雨天和雾天进行。

② 道路条件。

试验应该在干燥的直线跑道或环形跑道上进行。路面应坚硬、平整、干净且要有良好的附着系数。测量区的纵向坡度不超过0.5%，横向坡度不超过3%。为减少试验误差，试验应在试验跑道的两个方向上进行，尽量使用相同的路径。

③ 耗材。

常用耗材包括绝缘胶布、扎带、电线、尼龙绳（用于捆扎固定设备）、紧固件等。

2. 实施步骤

（1）试验车辆准备。

① 试验车辆装载。

按照《电动汽车动力性能试验方法》（GB/T 18385—2005）要求，电动汽车进行最高车速试验时，试验车辆应半载，即如果车辆额定载客为5人，应按照2.5人（含驾驶人）进行装载，可以用坐人或装沙袋配重的方式。注意：装载的载荷应合理分布，不要偏重。装载后应称重并记录。

② 检查试验车辆状态。

检查车辆的轮胎气压是否符合车辆制造厂的规定，检查机械运动部件用的润滑油的量是否符合厂家规定。

③ 动力电池充电。

按照车辆制造厂规定的充电规程，使动力电池达到完全充电状态。

（2）试验前准备。

① 测试设备安装。

按照测试设备厂家提供的试验说明书安装测试设备，各设备连接完成后应开机进

行通电测试，确保设备处于正常试验状态。

② 车辆预热。

试验车辆应以合理车速（标准规定以制造厂估计的30 min最高车速的80%速度，为保证试验安全，实训时可以适当降低车速）行驶5 km进行预热。

（3）试验测试。

（4）试验结果记录。

3. 试验数据处理

学习小结

1. 汽车制动性的客观评价指标主要包括制动效能、制动效能的恒定性和制动时的方向稳定性三个方面。制动效能是汽车制动性最基本的评价指标，是指汽车迅速降低行驶速度直至停车的能力，可用制动力、制动距离、制动减速度和制动时间等进行评价。

2. 制动器制动力F_{μ}、地面制动力F_{xb}及附着力F_{φ}之间的关系：制动器制动力F_{μ}可以随制动系统油压的增大而增大，而地面制动力F_{xb}在达到附着力F_{φ}的值后，就不再增加了，即汽车的地面制动力F_{xb}，首先取决于制动器制动力F_{μ}，但同时又受到地面附着条件的限制。

3. 制动效能的恒定性：抵抗热衰退的能力，常用一系列连续制动后，制动效能与冷制动时相比较下降的程度来表示。制动器的热衰退与制动器摩擦副材料以及制动器结构有关。汽车涉水后，由于制动器被水浸湿，制动效能也会降低，这种现象称为制动效能的水衰退现象。

4. 制动时的方向稳定性指制动时汽车按照驾驶人给定方向行驶的能力，即是否会发生制动跑偏、侧滑和失去转向能力等。制动时汽车的方向稳定性，常用制动时汽车按给定路径行驶的能力来评价。

5. 汽车一次制动过程可分成4个阶段：驾驶人反应时间、制动器起作用时间、持续制动时间和放松制动器时间。制动距离的计算公式$S=\frac{1}{3.6}\left(\tau_2'+\frac{\tau_2''}{2}\right)u_0+\frac{u_0^2}{25.92a_{b\max}}$。

6. 制动跑偏：制动时原期望汽车按直线方向减速停车，但有时汽车却自动向左或向右偏驶的现象。产生制动跑偏的主要原因是在制动过程中，左、右轮地面制动力增大的快慢不一致，左、右轮地面制动力不等。特别是前轴左、右轮制动力不等，是产生制动跑偏的主要原因。

7. 汽车制动性测试分为道路测试和台架测试。道路测试的主要检验项目有制动距离、充分发出的平均减速度、制动稳定性、制动协调时间、驻车制动坡度等。台架测试项目主要包括制动力、制动力平衡、车轮阻滞力和制动协调时间等。

8. 汽车制动性试验：汽车的制动性主要通过道路测试来评定。一般要测定冷制动及高温下汽车的制动距离、制动减速度、制动时间等参数。另外，还要测定在转弯与变更车道时汽车制动的方向稳定性。

9. 能量回收制动的基本原理是先将汽车制动或减速时的一部分机械能（动能）经再生系统转换为其他形式的能量（旋转动能、液压能、化学能等），并储存在储能器中，同时产生一定的负荷阻力使汽车减速制动。

课后拓展

布雷博（Brembo）公司是意大利一家从事高性能制动器系统和部件的工程设计、开发和制造的厂商，它所推出的产品在全球市场上的占有率高达60%。布雷博公司独有的先进技术，以生产高性能的制动系统而享誉全球，并且其生产的制动系统为世上知名高级汽车生产商所采用。1975年，法拉利生产商开始在F1赛车上配置布雷博的制动系统，之后阿斯顿·马丁、雪佛兰、玛莎拉蒂和保时捷等汽车厂商都开始配置布雷博制动系统。自20世纪80年代起，布雷博的创新铝合金制动卡盘（Calipers，俗称“鲍鱼”）已为保时捷、奥迪、奔驰、宝马、日产、大众等欧系和日系名车采用。

布雷博出品的制动系统有一个很大的特点，就是制动反应较为渐进，不会像其他品牌，对悬架要求过分强硬，即使一些稍微改装过套装避震系统的车型也不会在制动时出现太大的状况。

学习情境5 汽车的操纵稳定性测试与评价

任务引入

李先生驾驶他的轿车在高速公路直线行驶时，发现有车辆跑偏现象，他担心影响驾驶安全，于是来到某汽车销售服务有限公司要求检查。

问题

1. 汽车操纵稳定性的评价指标有哪些？

2. 影响汽车操纵稳定性的主要因素有哪些？

3. 假设你是该汽车销售服务有限公司的维修技师，售后经理打算让你承接此项工作，请你根据车主的要求，制订汽车操纵稳定性检测实践的计划方案，完成该车操纵稳定性测试分析，得出该车操纵稳定性评价结果并提出检修作业项目。你准备如何完成此次任务？

学习目标

- 知识目标

◎掌握汽车操纵稳定性的基本内容及评价所用的物理量。

◎掌握汽车操纵稳定性理论分析方法。

◎掌握汽车操纵稳定性的测试项目与评价方法。

- 技能目标

◎能描述汽车操纵稳定性的相关物理量。

◎能完成汽车操纵稳定性分析，找出影响操纵稳定性的主要因素。

◎能完成汽车操纵稳定性测试与评价。

- 素质目标

◎形成运用系统知识进行科学评价的专业精神。

◎形成以国家标准为依据，严谨求实的工匠精神。

学习情境概要

驾驶人在驾驶汽车的过程中，会碰到各种复杂的情况，有时沿直线行驶，有时沿曲线行驶。在出现意外情况时，驾驶人还要作出紧急的转向操作，以避免事故。此外，汽车还要经受来自不平地面、坡道、大风等外部因素的干扰。一辆操纵性能良好的汽车必须具备以下能力：

根据道路、地形和交通情况的限制，汽车能够正确地遵循驾驶人通过操纵系统所给定的方向行驶的能力——汽车的操纵性。

汽车在行驶过程中具有抵抗力图改变其行驶方向的各种干扰，并保持稳定行驶的能力——汽车的稳定性。

操纵性和稳定性有紧密的关系：操纵性差，导致汽车侧滑、倾覆，汽车的稳定性就被破坏了；若稳定性差，则会失去操纵性。因此，通常将两者统称为汽车的操纵稳定性。

汽车的操纵稳定性是汽车的主要使用性能之一。随着汽车平均速度的提高，操纵稳定性显得越来越重要。它不仅与运输生产率和驾驶人的疲劳强度有关，而且影响着汽车的行驶安全。

本学习情境包括以下3个学习单元：

学习单元5.1　汽车操纵稳定性的客观评价；

学习单元5.2　汽车操纵稳定性的主观评价；

学习单元5.3　汽车操纵稳定性的计算与测试分析。

学习单元5.1　汽车操纵稳定性的客观评价

汽车操纵稳定性包括操纵性和稳定性，汽车操纵稳定性的客观评价通常采用汽车在转向盘输入或外界干扰输入下的侧向运动响应随时间变化的特性来加以评价。汽车运动响应随时间变化的特性称为时域（以时间为自变量）响应特性。转向盘输入有角位移输入和力矩输入。外界干扰输入主要是指侧向风和路面不平产生的侧向力。为了客观评汽车操纵稳定性，需建立多自由度、动力学（牛顿定律）、非线性系统的汽车运动系统。

5.1.1　车辆坐标系与转向盘角阶跃输入下的时域响应

1. 车辆坐标系

汽车的运动是借助固结于运动着的汽车上的动坐标系——车辆坐标系来描述的。汽车上的$Oxyz$直角动坐标系就是车辆坐标系。xOz处于汽车左右对称的平面内。

当车辆在水平路面上处于静止状态时，x轴平行于地面指向前方，z轴通过质心指向上方，y辆指向驾驶人的左侧，坐标系的原点O常可与质心重合。与操纵稳定性有关的主要运动参量为：车厢角速度在z轴上的分量——横摆角速度ω_r，汽车质心速度在y轴上的分量——侧向速度v，汽车质心加速度在x轴上的分量——侧向加速度a_y。

2. 稳态响应特性

稳态响应是指当恒定（或周期）给汽车进行输入操纵，汽车进入一个长时间不变化的运动状态称为稳态响应。如给直线行驶的汽车急速转动转向盘至某一转角并维持时，汽车经过短暂时间等速圆周行驶状态，该状态称为转向盘角阶跃输入汽车稳态响应，如图5-1所示。

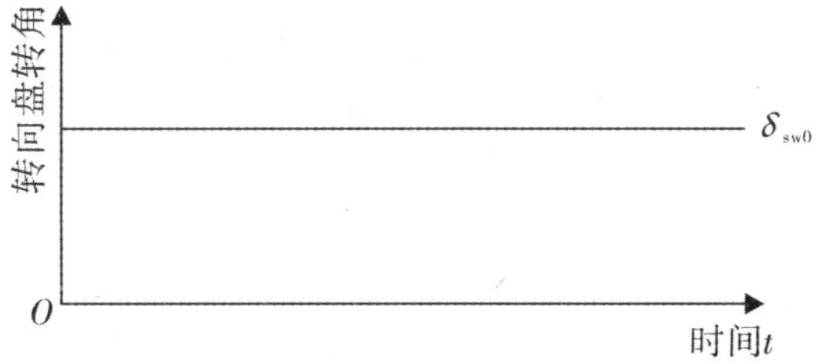

图5-1　稳态响应

汽车在转向盘角阶跃输入下进行稳定等速圆周运动的状态是表征汽车操纵稳定的一个重要时域响应，称为汽车稳态转向特性。

汽车的稳态转向特性分为三种类型：不足转向、中性转向和过多转向。如图5-2所示，这三种不同转向特性的汽车具有如下行驶特点：在转向盘保持一固定转角情况下，缓慢加速或以不同车速等速行驶时，随着车速的增加，不足转向汽车的转向半径R增大；中性转向汽车的转向半径维持不变；而过多转向汽车的转向半径则越来越小。操纵稳定性良好的汽车应具有适度的不足转向特性。一般汽车不应具有过多转向特性，也不应具有中性转向特性，因为中性转向特性在使用条件变动时，有可能转变为过多转向特性。

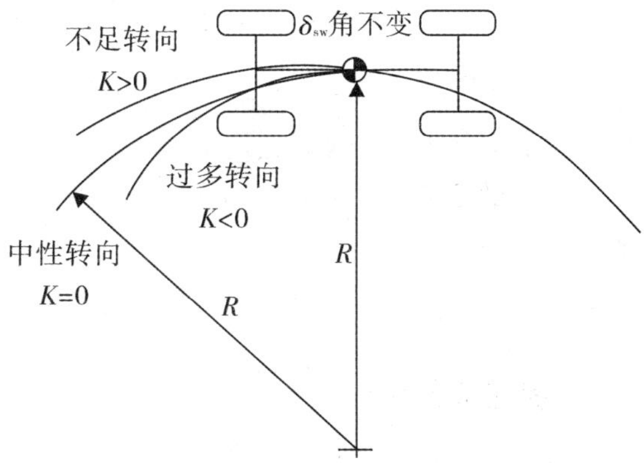

图5-2　汽车的稳态响应特性

3. 瞬态响应特性

瞬态响应特性是汽车两个稳态运动状态之间的一种过渡过程，反映操纵输入过程中汽车运动状态随时间发生变化的关系，该过渡过程时间很短，称为瞬态响应。例如给稳态直线行驶的汽车操纵转向盘角阶跃输入，汽车进入稳态等速圆周运动，转向盘角阶跃输入过程中汽车的运动状态称转向盘角阶跃输入下的瞬态响应。

瞬态响应特性通常用汽车横摆角速度随时间变化关系来评价，如图5-3所示。转向盘角阶跃输入后，汽车横摆角速度会随时间发生波动并最终趋于稳定，首次达到稳定横摆角速度的时间（加符号涛）称为响应时间，该时间过小，驾驶员会感到汽车转向过于灵敏，该时间过大，驾驶会感到汽车转向过于迟钝。转向盘角阶跃输入后，汽车最大横摆角速度通常大于稳定横摆角速度，最大横摆角速度与稳定横摆角速度的比值称为超调量。超调量过大，反映汽车执行转向指令过度、误差过大。瞬态响应过程中，汽车横摆角速度以一定的频率在稳态横摆角速度值上上下波动，该频率主要取决于汽车的结构参数。波动频率是表征汽车操纵稳定性的一个重要参数，波动频率过大，汽车反映过于灵敏，严重时甚至会导致汽车失控。汽车横摆角速度波动小于稳定横摆角速度ω_r 5%时所经过的时间称为稳定时间，意味着瞬态响应结束，汽车进行稳态。稳定时间过长，驾驶员感受汽车操纵稳定性较差。

个别汽车也可能出现汽车横摆角速度ω_r不能收敛的情况，即ω_r越来越大，转向半径越来越小，从而导致汽车产生侧向滑动或翻车的危险。由此可知，瞬态响应包括两方面的问题：一是行驶方向稳定性，即输入转向盘角阶跃后，汽车能否达到新的稳定状况；二是响应品质问题，即达到新的稳态之前，汽车瞬态响应的特性如何。

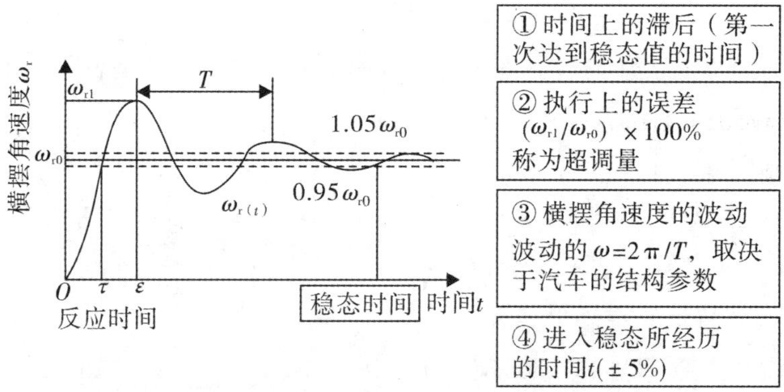

图5-3　转向盘阶跃状态下的瞬态响应特性

5.1.2　横摆角速度增益

前轮角阶跃输入下汽车的稳态是等速圆周运动，常用稳态的横摆角速度与前轮转角之比来评价汽车稳态响应，该比值称为“稳态横摆角速度增益”，也称为转向灵敏度，用$\left.\frac{\omega_r}{\delta}\right)_S$表示。

图5-4是一个由前后两个具有侧向弹性的弹簧（轮胎）支承于地面、具有侧向及横摆的二自由度汽车模型。该模型把汽车运动看作平行于路面的平面运动。即汽车没有垂直运动，沿z轴的位移为零，绕y轴的俯仰角、绕x轴的侧倾角均为零。另外，假设汽车前进速度不变，即沿x轴的汽车（绝对）速度u不变。因此，汽车只有沿y轴的侧向运动与绕z轴的横摆运动这样两个自由度。

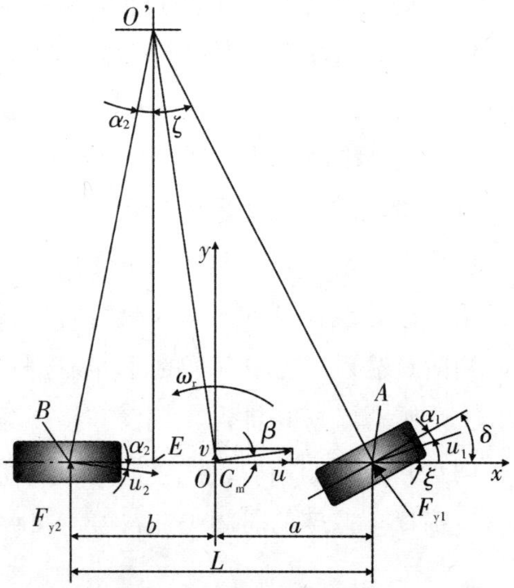

图5-4　二自由度汽车模型

从运动关系可以求得：

$$\tan(\delta-\alpha_1)=\frac{AE}{O'E}=\frac{AE}{R}$$

$$\tan\alpha_2=\frac{BE}{O'E}=\frac{BE}{R}$$

则

$$\tan(\delta-\alpha_1)+\tan\alpha_2=\frac{AE+BE}{R}=\frac{L}{R} \tag{5-1}$$

汽车高速行驶时，转向角 δ 一般不大，侧偏角一般不超过8°，故可以认为

$$\delta-\alpha_1+\alpha_2=\frac{L}{R} \text{ 或 } \delta=\frac{L}{R}=\alpha_1-\alpha_2$$

令稳态时单位前轮转角所引起的横摆角速度为“稳态横摆角速度增益”，用 $\left.\frac{\omega_r}{\delta}\right)_S$ 表示，则

$$\left.\frac{\omega_r}{\delta}\right)_S=\frac{\frac{U}{R}}{\frac{L}{R}+(\alpha_1-\alpha_2)}=\frac{\frac{u}{L}}{1+(\alpha_1-\alpha_2)\frac{L}{R}} \tag{5-2}$$

假定汽车在水平道路上做等速圆周运动，则作用在汽车上的侧向力仅为离心力 F_c 之侧向分力F_{cy}，其值为

$$F_{cy}=\frac{G}{g}\frac{u^2}{R}$$

当转角不大时，前轮侧偏力F_{y1}沿y轴的分力$F_{y1}\cos\delta\approx F_{y1}$，故前后轮的侧偏力$F_{y1}$、$F_{y2}$可用下式计算：

$$\begin{cases} F_{y1}=M\frac{u^2}{R}\cdot\frac{b}{L} \\ F_{y2}=M\frac{u^2}{R}\cdot\frac{a}{L} \end{cases} \tag{5-3}$$

由侧偏特性知$F_y=ka$，$\alpha_1=\frac{F_{y1}}{k_1}$，$\alpha_2=\frac{F_{y2}}{k_2}$，连同式（5-3）代入式（5-2），得

$$\left.\frac{\omega_r}{\delta}\right)_S=\frac{\frac{U}{R}}{1+\frac{M}{L^2}\left(\frac{b}{k_1}-\frac{a}{k_2}\right)u^2}=\frac{\frac{u}{L}}{1+Ku^2} \tag{5-4}$$

$$K=\frac{M}{L^2}\left(\frac{b}{k_1}-\frac{a}{k_2}\right)=\left(\frac{G_1}{k_1}-\frac{G_2}{k_2}\right)\frac{1}{gL} \tag{5-5}$$

式中，G_1，G_2——前后轴的垂直载荷，单位为N/m^2；

K_1，K_2——前后轮的侧偏刚度，单位N/rad；

K——稳定性因数，单位为s^2/m^2，是表征汽车稳态响应的一个重要参数。

从式（5-5）可以看出，不同的汽车重心位置和不同前后轮侧偏刚度匹配时，稳定性因数可以等于零、大于零或小于零。

当K=0时，$\left.\frac{\omega_r}{\delta}\right)_s=\frac{u}{L}$，即稳态横摆角速度增益与车速$u$呈线性关系，如图5-5所示。具有这种特性的汽车，称为中性转向汽车。这个关系就是汽车轮胎无侧偏角时的转向关系。

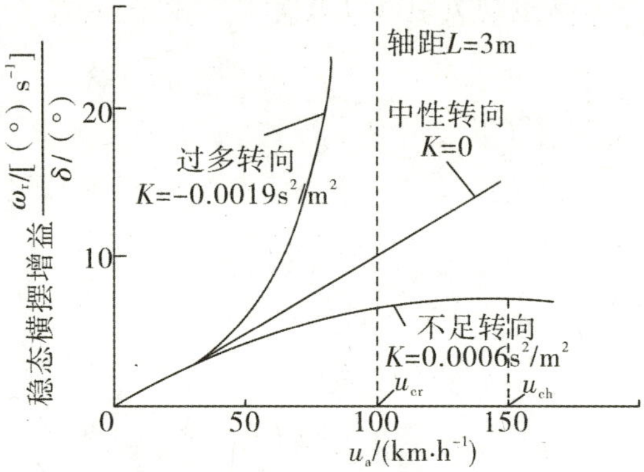

图5-5　汽车的稳态横摆增益曲线

当K>0时，式（5-5）中分母大于1，横摆角速度增益比中性转向时小，即前轮转过相同的角度，汽车横摆角速度ω要小些，$\left.\frac{\omega_r}{\delta}\right)_s-u_a$是一条低于中性转向汽车稳态响应线，后来又向下弯曲的曲线。具有这样特性的汽车，称为不足转向汽车。K值越大，不足转向量越大。

当K<0时，式（5-5）分母小于1，横摆角速度增益比中性转向时大，即前轮转过相同的角度，汽车横摆角速度ω要大。具有这样特性的汽车，称为过多转向汽车。随车速增加，$\left.\frac{\omega_r}{\delta}\right)_s-u_a$曲线向上弯曲。$K$值越小，过多转向量越大。

5.1.3　转向半径

设汽车前轮转角δ一定的条件下，若侧向加速度为0时，车轮无侧偏角，汽车转向半径为R_0，若有一定侧向加速度时，汽车的转向半径为R，则可用R/R_0来表征汽车的稳态转向特性。汽车的稳态转向特性分成三种类型——不足转向、中性转向和过多转向。只有具有适度不足转向的汽车，才有良好的操纵稳定性，如图5-6所示。

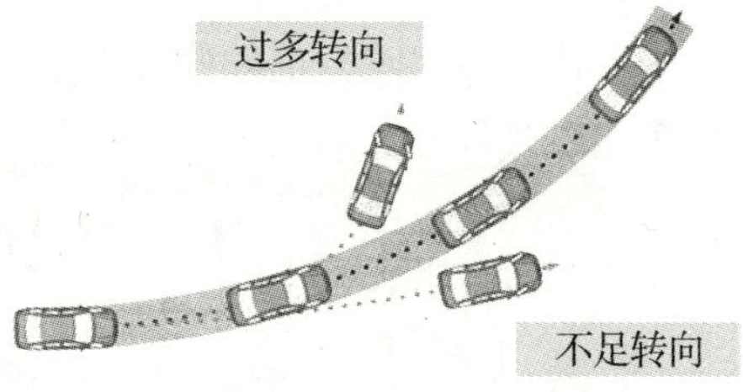

图5-6　汽车转弯情况分析

当前轴侧偏角α_1和后轴侧偏角α_2都为0时，所得汽车转向半径R_0为

$$R_0=\frac{L}{\delta} \tag{5-6}$$

由式（5-5）可得

$$R=\frac{1+Ku^2}{\delta}\cdot L=(1+Ku^2)R_0 \tag{5-7}$$

K=0时，R/R_0=1，汽车为中性转向。转向半径不随车速变化，始终等于R_0。中性转向虽然能较好地利用侧向力与车轮前进方向垂直的分量，达到最大的转向速度，但却削弱了驾驶人对汽车稳定性的主观感觉，无法预计汽车的制动甩尾。

K<0时，R/R_0<1，汽车为过多转向。转向半径总小于R_0，且随车速的增加而减小。在过多转向情况下，当车速达到某一极限时，转弯半径会急剧减少，汽车发生激转，

致使操纵困难或失去控制，甚至导致事故。

$K>0$时，$R/R_0>1$，汽车为不足转向。转向半径总大于R_0，且随车速的增加而加大。不足转向产生较大的转向半径，侧向力减弱，汽车具有自动恢复直线行驶的良好稳定性，操纵容易。因此，绝大多数汽车制造厂家都会让汽车具有轻微的不足转向，在这种情况下，制动甩偏的发生会使汽车回到原来直线行驶的路线。但是具体问题具体分析，赛车就要采用中性转向甚至是过多转向的设计，以求获得最短的转弯时间。

5.1.4　其他指标

除了横摆角速度增益和转向半径外，还有横摆角速度频率响应特性，转向盘中间位置操纵稳定性、回正性等其他的一些评价指标，见表5–1。

表5–1　汽车操纵稳定性的基本内容及评价所用的物理量

序号	基本内容	主要评价参量
1	转向盘角阶跃输入下进入的稳态响应——转向特性 转向盘角阶跃输入下的瞬态响应	稳态横摆角速度增益 反应时间、横摆角速度波动的无阻尼圆频率
2	横摆角速度频率响应特性	共振频率、共振时的振幅比、相位滞后角、稳态
3	转向盘中间位置操纵稳定性	转向灵敏度、转向盘力特性———转向盘转矩梯度、转向功灵敏度
4	回正性	回正后剩余横摆角速度、达到剩余横摆角速度的时间
5	转向半径	最小转向半径
6	转向轻便性	转向力、转向功
7	直线行驶性能（直线行驶性、侧向风敏感度、路面不平敏感度）	转向盘转角和侧向偏移（累计值）
8	典型行驶工况性能（蛇行性能、移线性能、双移线性能、回避障碍性能）	转向盘转角、转向力、侧向加速度、横摆角速度、侧偏角、车速等
9	极限行驶性能（圆周行驶极限侧向加速度、抗侧翻能力、发生侧滑时的控制性能）	极限侧向加速度、极限车速、回至原来路径所需的时间

横摆角速度频率响应特性是指在转向盘转角正弦输入下，频率由0~∞时，汽车横摆角速度与转向盘转角的振幅比及相位差的变化特征。

转向盘中间位置操纵稳定性是指在转向盘小转角、低频正弦输入下，汽车高速行驶时的操纵稳定性。

回正性是一种转向盘输入下的时域响应。

转向半径是评价汽车机动性的物理量。

转向轻便性是评价转向盘轻便程度的物理量。

汽车直线行驶性能是从另一个重要角度来评价汽车的操纵稳定性，其中侧向风敏感度与路面不平敏感度是指汽车直线行驶时在外界侧向干扰输入下的时域响应。典型行驶工况性能是指模拟典型驾驶，操作汽车通过某种通道的性能。

极限行驶性能是指汽车介于正常行驶状态和异常危险驾驶状态之间的运动特征，它表明了汽车安全行驶的极限性能。

学习单元5.2　汽车操纵稳定性的主观评价

5.2.1　主观评价指标

汽车操纵稳定性的主观评价主要包括转向性能、稳定性能两个方面。

1. 转向性能的主观评价

转向性能主观评价指标指汽车在转向盘输入下汽车动态响应的驾驶员主观感受，包括中心区转向盘力矩、转向保舵力、驻车工况转向盘力矩、回正性能、沟渠转向盘力矩的连续性、转向盘回正振荡、转向盘转角水平、中心区响应、转向瞬态响应、响应一致性、路感和换道引起的横摆振荡等，

（1）中心区转向盘力矩。

汽车在行驶过程中，方向盘大部分时间是处于中心区，所以中心区转向盘力矩的大小对于驾驶者具有重要意义。中心区转向盘力矩主观评价指标评价小侧向加速度条件下，转向盘力矩水平与车速的关系。

试验方法：汽车在干燥、水平、附着系统良好的路面上以60 km/h 以上的车速直线稳定行驶，驾驶员操纵转向盘以较小的侧向加速度使车辆平滑地换道行驶，驾驶人感受转向盘转向力矩是否适中。提高直线行驶车速，感受转向力矩是否随着车速的增加而成比例地增大。转向系统对于外界的干扰是否有足够的抗干扰能力。

（2）保舵力特性。

该评价指标用于评价在中、高侧向加速度条件下，转向盘力矩随行驶车速和侧向加速度变化的关系以及相应的转向感觉舒畅程度和转向作用功情况。

试验方法：当汽车在平坦、干燥且具有多种曲率半径的路面上以不同的车速和侧向加速度行驶，直至接近附着极限时，驾驶人判断汽车转向盘力矩是否随车速和侧向加速度的增加而成比例地增大，当轮胎接近附着极限时，转向盘力矩是否有所下降。

（3）原地转向盘力矩。

该评价指标用于评价汽车在驻车状态下原地完成大转角转向动作所需的转向盘力矩和自动回正性能。

试验方法：车辆在平坦、干燥且附着条件良好的路面上原地驻车或缓慢行驶状态下，驾驶人分别向左、右转动转向盘至最大值，并感受转向力的大小及是否存在周期或非周期性的波动，极限位置是否清晰，转向力是否有大的变化。试验过程中，也需使用到不同宽度的接近磨损极限的轮胎对汽车的转向盘力矩水平进行评价。

（4）回正性能。

汽车的回正性能主要用于评价在不同的车速下，汽车转向系统能够恢复到直线行驶位置的能力。

试验方法：将汽车停在水平、干燥、附着系统良好的路面上，驾驶员分别向左右侧打满转向盘，松手后缓慢加速至 20 km/h，看转向盘是否能够较为迅速、平滑、稳定地恢复到直线行驶状态。中高速转向后保持适当时间，松开转向盘后车辆判断转向盘是否能够较为迅速、平滑、稳定地恢复到直线行驶工况，是否需要施加额外的转向校正。

（5）沟渠转向盘力矩的连续性（沟渠效应）。

该评价指标用于评价转向盘从中心区域过渡到非中心区域的过程中，转向力矩的连续性。

试验方法：在长距离、宽阔的路面上汽车进行原地转向、定半径稳态回转（出现响胎时结束评价，左右两个方向都要进行评价）、不同车速下转向正弦输入动作。判断在这个操作过程中，转向力矩是否连续、自然且协调。

（6）转向盘回正振荡。

该评价指标用于评价汽车由弯道切入直道的行驶过程中转向盘转角的振荡稳定性。

试验方法：车辆在带有不同曲率半径的“弯道—直道”过渡路段（如两垂直车道的交会处），以及具有不同附着条件的路面上行驶，当车辆从弯道切入直道时，驾驶人根据车辆状态松开转向盘，并观察转向盘转角的振荡情况，看转向盘转角的超调量是否能快速衰减，汽车运动轨迹是否超出路面的限定宽度。试验过程中，驾驶人可以完全松开转向盘，也可以轻扶。整个试验要求以不同的车速和侧向加速度进行。

（7）转向盘角度水平。

该评价指标用于评价中低速时，操纵车辆所需转向盘转角是否过多或引起疲劳。

试验方法：在具有不同转弯半径的宽阔、平坦的路面上，驾驶人将车速保持在中低速范围内，并尽量地减少修正转向盘，当驾驶人按此操作通过不同的转弯半径时，判断转向盘的转角是否适中。

（8）中心区响应。

该评价指标用于评价在直线行驶状态下，以不同车速行驶时，驾驶人输入幅值较小转向量的响应品质。

试验方法：车辆在干燥或湿滑的平直路面或有纵向沟槽的路面上以不同车速行驶（30 km/h 至最高车速），驾驶人在车辆进入稳定的直线行驶状态下施加正弦输入，对在中心区域内施加转向输入时汽车的响应量、与转向角的关系、转向响应盲区进行判断。

（9）转向瞬态响应。

该评价指标用于评价在阶跃输入下，汽车行驶轨迹的改变情况和响应品质。

试验方法：车辆在干燥或湿滑的平直路面上以中高速行驶（60 km/h 至最高车速）时，驾驶人对转向盘施加一个转角阶跃输入，并且维持一定的时间后释放转向盘，观察车辆的响应是否稍有滞后，转向效果与转向盘转角是否具有线性。转角输入要由小到大，左右两侧都应评价。

（10）响应的一致性。

一致性指标用来评价当位于中心区域和非中心区域时，转角与车辆侧倾/横摆之间的响应关系。

试验方法：汽车在平坦、宽阔的长路面上以车速由低到高、转角由小到大的方式行驶时，分别进行正弦转角输入操作，驾驶人需分别判断在中心区域和非中心区域中的相似输入情况下，车辆的响应风格是否相似。

（11）路感。

该评价指标用于评价汽车将自身的行驶状态以及路面信息反馈给驾驶人的能力。

试验方法：汽车以不同的行驶车速沿具备不同平整度及附着特性（干燥、潮湿）的直道及带有不同曲率半径的弯道行驶时，驾驶人能够通过路感反馈感知当前路面的附着状态、车辆的侧向加速度水平及轮胎侧向力储备等信息，以及路感反馈的强度是否对驾驶行为产生干扰，过弯行驶时汽车的侧向加速度应在附着极限范围之内。

（12）换道引起的横摆振荡。

该评价指标用于评价当车辆在直线行驶过程中，驾驶人施以猛烈转向（类似紧急避障工况）时的横摆响应情况及驾驶人松开转向盘后汽车的横摆衰减情况。

试验方法：汽车在附着系数均一的平直路面上以某一较高车速（80 km/h 至最高车速）保持直线稳定行驶状态，随后驾驶人对其施以猛烈的正弦激励（转向输入的频率应小于汽车的侧倾固有频率），输入完成后，松开转向盘，观察车辆的横摆运动是否迅速衰减并消失。

2. 稳定性能的主观评价

稳定性能既影响着乘坐舒适性，又影响着行驶安全性，其对车辆的重要性不言而喻。以下从固有转向特性、直线行驶特性、弯道行驶特性和气流敏感性等方面进行具体阐述。

（1）固有转向特性。

该评价指标用于评价在稳态圆周行驶工况下，车辆的转向盘转角与侧向加速度的变化关系，即考查车辆的不足 / 过多转向特性。

试验方法：汽车在平整的、具有不同曲率半径的弯道以及不同表面特性（潮湿、干燥的路面；冰雪、冰面等）的道路（如操稳性试验道路）上，以恒定的牵引力，在附着条件允许的车速范围内行驶。观察汽车在中、低速侧向加速度范围内，是否具有中性转向或者轻微的不足转向特性；在大侧向加速度工况下，汽车的不足转向程度是否随着侧向加速度而呈非线性增大。

（2）直线行驶稳定性。

该评价指标用于评价车辆在高速直线行驶过程中，当遇到各种干扰因素时车辆保持方向稳定性和自回正的能力。

试验方法：在无风或微风天气下，汽车沿均一的、具有不同表面特性的直线路段如干燥/潮湿路面、冰雪路面、带有不同幅值及波长的波浪路面、碎石路面及其他特殊路面（带有缓冲带、下水道顶盖等局部突起/凹陷的路面）以 80 km/h、100 km/h、150 km/h 或最高车速匀速直线行驶，判断汽车在小转角输入后是否能够迅速自动回正，并保持直线行驶状态。

（3）不平整路面直线行驶性能。

该评价指标用于评价在驾驶人松开转向盘的情况下，车辆在不平整路面匀速行驶时的方向稳定性。

试验方法：车辆在具有高附着系数及多种路面不平特征的直线路段（带有不同幅值及波长的波浪路面、斜坡路面）上以较高车速匀速直线行驶（车速可稳定在80 km/h、100 km/h、150 km/h 或最高车速）时，汽车是否具有保持直线行驶稳定性的能力。在整个过程中驾驶人可以松开或者轻扶转向盘。

（4）驱动力突变反应。

该评价指标用于评价在驾驶人松开转向盘的情况下，当汽车的驱动力发生突变时转向盘转角的振动幅值；在驾驶人紧握转向盘的情况下，转向力矩的波动情况，以及汽车行驶路径的偏移量和抑制路面扰动所需的转向盘修正量。

试验方法：首先使车辆沿均一的、具有不同附着特性的平直路段（干燥路面、潮湿路面、冰雪路面）匀速直线行驶（车速可稳定在 80 km/h、100 km/h、150 km/h 或最高车速），然后突然改变加速踏板位置（突然减小节气门开度或者突然增加节气门开度至最大位置），观察汽车是否会产生附加的转向运动，驾驶人紧握转向盘时转向力矩波动大小是否适合，车辆的行驶路径偏移是否过大。

（5）车辙敏感性。

该评价指标用于评价当汽车沿纵向缝隙或车辙沟痕行驶时，在驾驶人松开转向盘的情况下，转向盘转角的振动幅值；在驾驶人紧握转向盘的情况下，转向力矩的波动情况；以及汽车行驶路径的偏移量和抑制路面扰动所需的转向盘修正量。

试验方法：当车辆匀速直线行驶（车速可稳定在 80 km/h、100 km/h、150 km/h 或最高车速）通过带有纵向缝隙的高附着平直路段（带有纵向缝隙的水泥板路面，带有纵向施工缝的路面，经铣锉加工的路面，带有凸起的车道标示线的路面，经过重载车辆碾压而形成的带有车辙的路面以及经过严重磨损的路面）时，是否保持原有线路的稳定性，当驾驶人紧握转向盘时转向力矩波动是否能被接受，车辆的行驶路径偏移是否过大。行驶中要求汽车的行驶方向应与纵向沟痕的方向成锐角。

（6）气流敏感特性。

该评价指标用于评价汽车在侧向风和超大型车辆所产生的空气扰流干扰下，保持直线行驶稳定性的能力。

试验方法：首先，使车辆沿试验路段匀速直线行驶（车速可稳定在 80 km/h、100 km/h、120 km/h、150 km/h 或最高车速），然后对汽车施以侧向风作用（可使用自然风，亦可使用鼓风机）。或者驾驶汽车以不同车速进行超车或被超车。重点评价汽车在以不同车速和车距对卡车和客车进行超车时，牵引气流对于试验车辆自身的扰动效果。其次，试验在平坦、笔直的高附着路面上进行，选择交通顺畅的高速公路较为适宜。驾驶人需判断汽车在高速行驶状态下受到以上两种气流扰动（侧向风，扰流）时，是否具有足够强的直线行驶保持能力。

（7）侧向极限性能。

该评价指标用于评价汽车在侧向力增长至其附着极限时底盘的特征性能。这里重点评价的是前、后轴可传递的最大侧向力，以及在接近或到达附着极限时车辆横摆响应的过渡特性。

试验方法：在平整的、带有不同曲率半径及表面附着特性的操纵稳定性试验场上，汽车首先以中等横向加速度曲线行驶，然后逐渐加速直至达到侧向附着极限。观察前后轴所能传递的侧向力是否足够大，在接近或达到附着极限的过程中，车体横摆响应的过渡特性是否柔和。

（8）侧倾特性。

该评价指标用于评价车身侧倾角、车身侧倾角速度以及车身侧倾角加速度与侧向加速度的关系。

试验方法：在平整的、带有不同曲率半径及表面附着特性的弯道上，驾驶人以不同的车速和侧向加速度在试验路段上行驶，并有意识地改变转向盘的转动速度。观察车身侧倾角和侧倾角速度是否足够小，与侧向加速度是否成正比；左右两个方向的侧倾特性是否对称。

（9）出 / 入弯道稳定性。

该评价指标用于评价当车辆以不同车速匀速通过弯道的过程中，车辆转向的准确性、入弯 / 出弯时转向的响应速度以及车辆达到稳态的能力。

试验方法：驾驶人操作车辆以不同车速匀速通过平整宽阔的弯道，入弯时（允许略有转向滞后）时判断汽车是否能够以较好的转向准确性、低转向超调量快速进入稳态，是否能够以恒定的车速和转弯半径通过弯道；出弯时（允许略有转向滞后）判断汽车是否能够以较好的转向准确性、低转向超调量快速进入直线行驶状态。整个操作过程中是否有可预见性。出/入弯操作时尽可能保证转向准确无修正，并且左右两个方向都要进行评价。

（10）弯道加速稳定性。

该评价指标用于评价车辆在驱动力作用下固有转向特性的变化情况。

试验方法：汽车在平整的、带有不同曲率半径及表面附着特性的弯道上以恒定车速入弯，进行弯道加速，使车辆达到附着极限。判断在稳态圆周行驶工况下，是否具有轻微的不足转向特性；驾驶人施以加速踏板输入后，车辆是否产生减小不足转向特性的运动趋势；汽车的横摆响应是否具有可预见性。

（11）弯道松节气门稳定性。

该评价指标用于评价车辆在弯道行驶工况下（中、高侧向加速度），突然松开加速踏板时的转向响应，以及维持原有轨迹所需的修正量。

试验方法：汽车在平整的、带有不同曲率半径及表面附着特性的弯道上以中高速入弯，进入弯道松加速踏板工况。判断汽车在稳态圆周行驶工况下，是否具有轻微的不足转向特性；驾驶人松开加速踏板后，车辆是否产生减小不足转向特性的运动趋势；汽车的横摆响应是否具有可预见性。试验时车辆左右两个方向都应进行评价。

5.2.2　主观评价指标权重

车辆操纵稳定性的主观评价指标较多，在进行车辆操纵稳定性主观评价时，根据指标的重要程度不同，评价的权重也是不同的。利用模糊层次分析法得到的车辆操纵稳定性主观评价指标权重如表5-2所示。从安全角度出发，车辆稳定性相对于转向性更重要一些，所以一级指标操纵稳定性权重为0.55，转向的操纵性权重为0.45。同样的，在二级评价指标中，比较重要的指标分别是极限驾驶、制动性能和转向的响应，权重分别为 0.2169 、 0.2078和0.1756。在三级指标中，转向响应的一致性、直线制动稳定性和最大侧向加速度时制动稳定性最为重要，权重系数分别为0.0964、0.0837 和 0.0716。

表5-2　模糊层次分析法计算结果

一级指标	相对于目标层权重	二级指标	相当于一级指标权重	二级指标相对于目标层权重	三级指标	相对于二级指标权重	三级指标相对于目标层权重
A1 转向的操纵性	0.45	B1 作用力	0.2708	0.1219	C1 作用力水平	0.2300	0.0280
					C2 作用力变化线性度	0.2050	0.0250
					C3 驻车和低速工况下力水平	0.1567	0.0191
					C4 转向系统摩擦感觉	0.2067	0.0252
					C5 回正性能	0.2017	0.0246
		B2 响应	0.3903	0.1756	C6 中心区域响应	0.2917	0.0512
					C7 非中心区域响应	0.2722	0.0478
					C8 转向盘角度水平	0.2194	0.0385
					C9 转向盘力矩反馈	0.2167	0.0381
		B3 线性	0.3389	0.1525	C10 转向盘力感的连续性	0.3681	0.0561
					C11 响应的一致性	0.6319	0.0964

续表

一级指标	相对于目标层权重	二级指标	相当于一级指标权重	二级指标相对于目标层权重	三级指标	相对于二级指标权重	三级指标相对于目标层权重
A2 操纵的稳定性	0.55	B4 一般驾驶	0.2278	0.1253	C12 平整路面直线行驶性能	0.1597	0.0200
					C13 不平整路面直线行驶性能	0.2110	0.0264
					C14 加速/制动时牵引稳定性	0.2051	0.0257
					C15 车辙敏感性	0.1933	0.0242
					C16 出/入弯道的稳定性	0.2308	0.0289
		B5 极限驾驶	0.3944	0.2169	C17 单移线稳定性	0.1587	0.0344
					C18 双移线稳定性	0.1780	0.0386
					C19 弯道加速稳定性	0.1439	0.0312
					C20 弯道松加速踏板/制动稳定性	0.1658	0.0360
					C21 可预见性	0.1681	0.0365
					C22 车身控制	0.1856	0.0403
		B6 制动性能	0.3778	0.2078	C23 直线制动稳定性	0.40278	0.0837
					C24 最大侧向加速度时制动稳定性	0.34444	0.0716
					C25 最小侧向加速度时制动稳定性	0.25278	0.0525

5.2.3 实例分析

车辆操纵稳定性主观评价指标的测试通常需要在专业的汽车试验场进行。表5-3为某品牌车辆由五位经验丰富的主观评价工程师，在汽车试验场按照按照操纵稳定性的评价指标和具体的试验方法进行测试后作出的主观评价得分。将通过模糊层次分析法（FAHP）得到的权重与相应的评价者的打分相乘求和，得到层次分析法的操纵稳定性总分评分也列于表中。

表5-3 某车辆操纵稳定性主观评价打分与FAHP计算结果

评价项目	评价者A	评价者B	评价者C	评价者D	评价者E	平均	FAHP所得值
操纵的稳定性	7	7	7.5	7	7	7.1	7.1939
转向的操纵性	7.5	7.5	7	7.5	7.5	7.4	7.3687
作用力	7.5	7	7.5	7.5	7.5	7.4	7.5277
作用力水平	8	8	7.5	8	7.5	7.8	
作用力变化线性度	7.5	8	7	7.5	7.5	7.5	
驻车和低速工况下力水平	7.5	7	8	7.5	7	7.4	
转向系统摩擦感觉	7	7.5	7.5	7.5	7.5	7.4	
回正性能	7	7.5	8	7.5	7.5	7.5	
响应	7	7	7.5	7.5	7	7.2	7.2131
中心区域响应	7	7.5	7.5	7.5	7	7.3	

续表

评价项目	评价者A	评价者B	评价者C	评价者D	评价者E	平均	FAHP所得值
非中心区域响应	7	7.5	7.5	7.5	7	7.3	
转向盘角度水平	7	7	7.5	7	7	7.1	
转向盘力矩反馈	7	7	7	7	7	7	
线性	7.5	8	7	7.5	7.5	7.5	7.4209
转向盘力感的连续性	8	8	7.5	8	7.5	7.8	
响应的一致性	7	7.5	7	7	7.5	7.2	
操纵的稳定性	7	7	7.5	7	7	7.1	7.0509
一般驾驶	7.5	7	7.5	7	7.5	7.3	7.2641
平整路面直线行驶性能	7	7.5	7.5	7.5	7.5	7.4	
不平整路面直线行驶性能	7	7.5	7.5	7.5	7	7.3	
加速/制动时牵引稳定性	6	6	7	6.5	7	6.5	
车辙敏感性	8	8	8	8	8	8	
出/入弯道的稳定性	7	7	7.5	7	7.5	7.2	
极限驾驶	7	7	7.5	7	7.5	7.2	7.2041
单移线稳定性	7.5	7.5	7.5	7.5	7.5	7.5	
双移线稳定性	7	7	7.5	7	7.5	7.2	
弯道加速稳定性	7.5	7.5	7.5	7.5	7	7.4	
弯道松加速踏板/制动稳定性	7	7	7.5	7	7	7.1	
可预见性	7	7	7.5	7	7.5	7.2	
车身控制	6.5	7	7	7	7	6.9	
制动性能	6.5	7	7	7	6.5	6.8	6.7622
直线制动稳定性	6.5	7	7	7	7	6.9	
最大侧向加速度时制动稳定性	6	6.5	7	6.5	6.5	6.5	
最小侧向加速度时制动稳定性	7	7	7	7	6.5	6.9	

由表5-3可以看出，计算得到的分数与主观评价工程师的打分基本一致。根据表中计算得到的平均分，可画出该车的操纵稳定性主观评价的蜘蛛图，如图5-7所示。由蜘蛛图可以更为直观地看出，实验车辆的操纵稳定性中，线性和作用力的主观评分较高，但制动性能的评分较低。

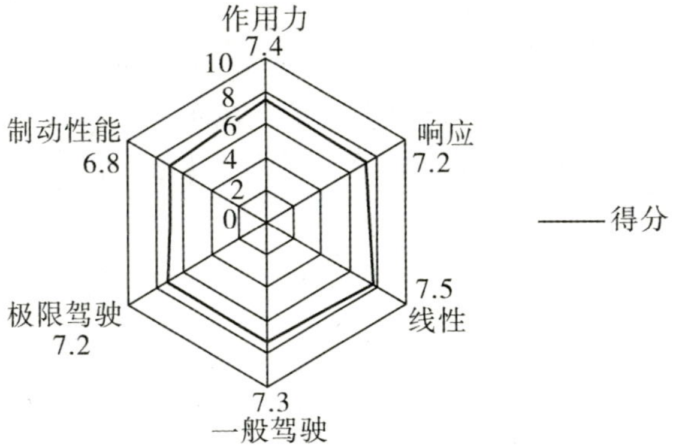

图5-7　某车辆的操纵稳定性主观评价蜘蛛图

学习单元5.3 汽车操纵稳定性的计算与测试分析

汽车的操纵稳定性包括操纵性和稳定性两部分，操纵性是指汽车按驾驶员意力行驶的能力，稳定性是指在外部因素作用下，汽车保持或恢复原有运动状态的能力。汽车的轮胎、驱动方式、转向系统、悬挂以及高新配置等均与操纵稳定性息息相关。

5.3.1 轮胎的影响

轮胎是汽车与地面的直接接触部分，是汽车驱动力、制动力与侧向力的直接来源，因此轮胎是影响汽车操纵稳定性的一个重要因素。

1. 轮胎的坐标系与术语

研究轮胎对汽车操纵稳定性的影响，首先我们要了解车轮的坐标系及相关术语。图5-8所示为车轮的坐标系，x轴的正方向为车轮前进方向，y轴的正方向为车轮前进方向的左侧，z轴的正方向为车轮铅垂方向。

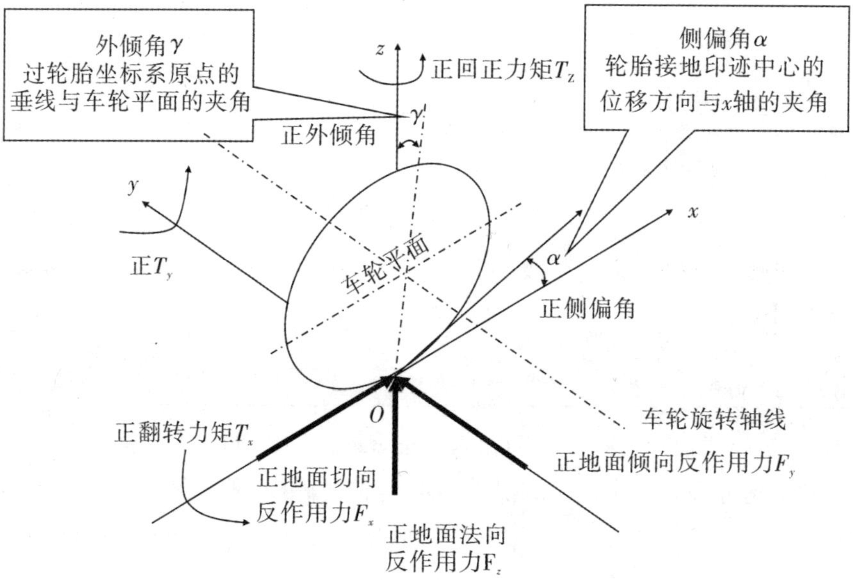

图5-8 车轮坐标系

（1）车轮平面：垂直于车轮旋转轴线的轮胎中分平面。

（2）车轮中心：车轮旋转轴线与车轮平面的交点。

（3）轮胎接地中心：车轮旋转轴线在地平面（xOy平面）上的投影（y轴），与车轮平面的交点，也就是坐标原点。

（4）翻转力矩T_x：地面作用于轮胎上的力，绕x轴的力矩。图示方向为正。

（5）滚动阻力矩T_y：地面作用于轮胎上的力，绕y轴的力矩。图示方向为正。

（6）回正力矩T_z：地面作用于轮胎上的力，绕z轴的力矩。图示方向为正。

（7）侧偏角α：轮胎接地中心位移方向（车轮行驶方向）与x轴的夹角。图示方向为正。

（8）外倾角γ：xOz平面与车轮平面的夹角。图示方向为正。

2. 轮胎的侧偏现象

假设车轮是刚性的，车轮中心受到垂直于车轮平面方向的侧向力F_y，地面将对轮胎产生一个大小相等，方向相反的侧向附着力。当侧向附着力不超过车轮与地面的附着极限时，车轮与地面没有滑动，车轮仍沿着其本身行驶的方向行驶；当侧向附着力超过车轮与地面间附着极限时，车轮与地面产生横向滑动，若滑动速度为Δu，车轮便沿合成速度u'方向行驶，偏离了原行驶方向，如图5-9所示。

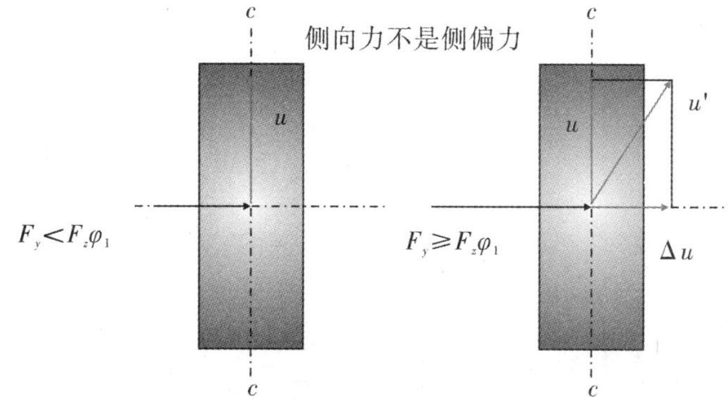

图5-9　有侧向力作用时刚性车轮的滚动

实际车轮是有弹性的，当车轮受到侧向力F_y时，即使F_y没有达到附着极限，车轮行驶方向也将偏离车轮平面的方向，这就是轮胎的侧偏现象。下面对弹性车轮受侧向力F_y作用下，车轮静止不动与车轮滚动两种状态下车轮的运动情况进行分析，假设车轮的垂直载荷为F_z。

（1）车轮静止不动。由于车轮有侧向弹性，轮胎发生侧向变形，轮胎与地面接触印迹长轴线aa与车轮平面cc不重合，错开Δh，但aa仍平行于cc，如图5-10所示。

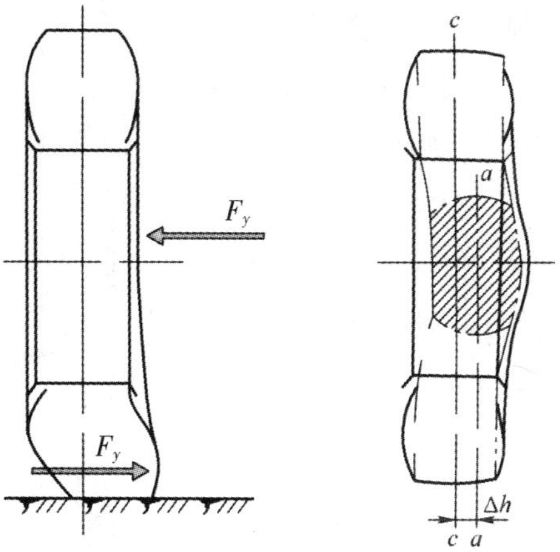

图5-10　轮胎的侧偏现象

（2）车轮滚动。接触印迹的长轴线aa，不只是和车轮平面错开一定距离，而且不再与车轮平面cc平行。如图5-11所示，在车轮的滚动过程中，车轮平面上点A_0，A_1，

A_2，A_3，…依次落在地面上，形成点A'_0，A'_1，A'_2，A'_3，…，点A'_0，A'_1，A'_2，A'_3，…的连线aa与cc的夹角α，即为侧偏角。车轮就是沿着aa方向滚动的。显然，侧偏角α的数值是与侧向力F_y有关的。

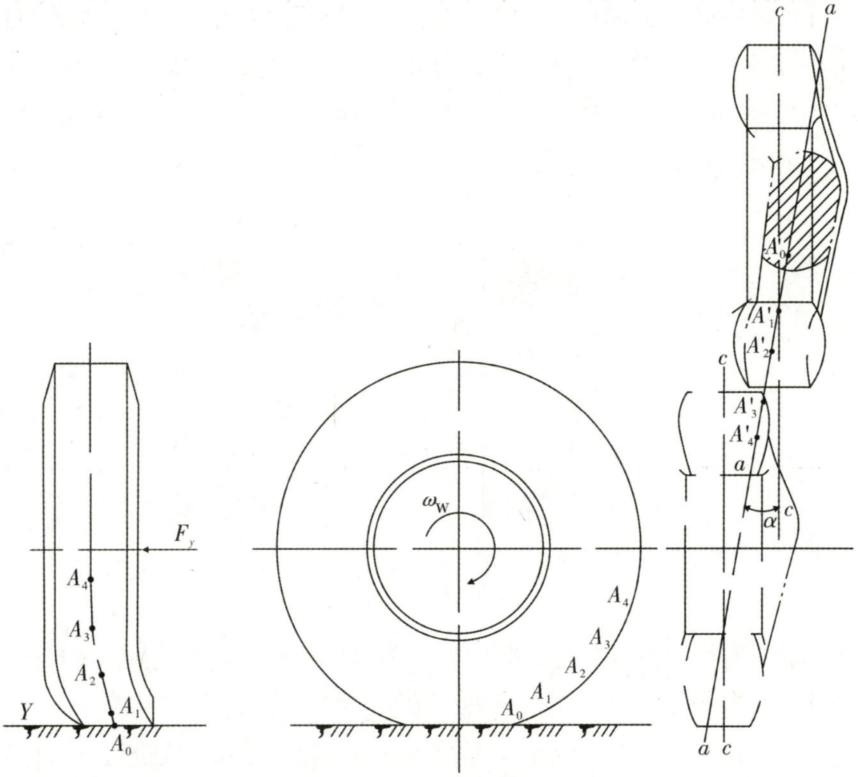

图5-11　轮胎的侧偏现象

3. 轮胎的侧偏特性

（1）侧偏力与侧偏刚度。

某汽车轮胎不同侧向力F_y下，与之对应的侧偏角α如图5-12所示。从图中可以看出，当侧偏角α不超过4°时，F_y与α近似成线性关系。随着F_y的增大，α快速增大，轮胎产生滑移。汽车正常行驶时，侧向加速度一般不超过0.4 g，侧偏角不超过5°，故可认为侧偏力与侧偏角呈线性关系，可用下式表示：

$$F_y=k\alpha \tag{5-8}$$

式中，k——侧偏刚度，单位为N/rad。

k在数值上等于侧偏力1°或1rad时的侧偏力。由轮胎坐标系有关符号规定可知，负的侧偏力产生正的侧偏角，因此侧偏刚

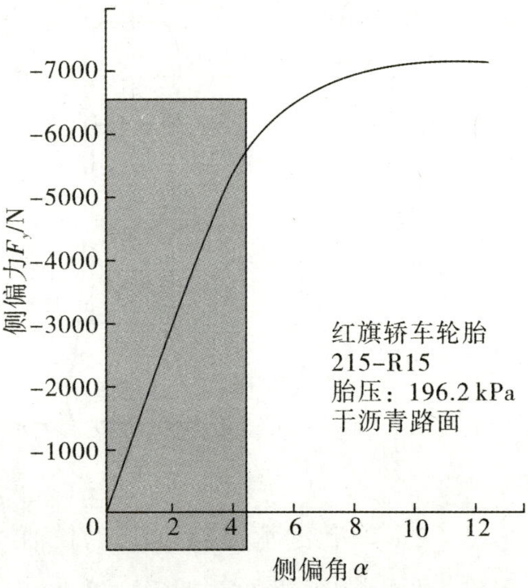

图5-12　轮胎的侧偏特性

度为负值。

表5–4为汽车轮胎侧偏刚度的数值。

表5–4　轮胎侧偏刚度数值

轮胎	车轮载荷/N	轮胎气压/kPa	侧偏刚度/（N/rad）	轮胎	车轮载荷/N	轮胎气压/kPa	侧偏刚度/（N/rad）
5.20–13	2452	160	−17893	155SR15	3924	210	−29049
6.00–13	2943	140	−17690	6.50–16	5886	250	−49310
6.40–13	3924	170	−20626	9.00–20	19620	550	−123678
165R14	3924	190	−31799	9.00R20	19620	550	−168205
175HR14	3433	200	−38382	11R22.5	16180	775	−112815
5.60–15	3943	180	−29332	12.00–20	29430	640	−187371

注：α =0°~3°，干燥路面，无切向力。

轮胎的侧偏刚度与车轮所受垂直载荷、轮胎气压及轮胎结构等因素相关。

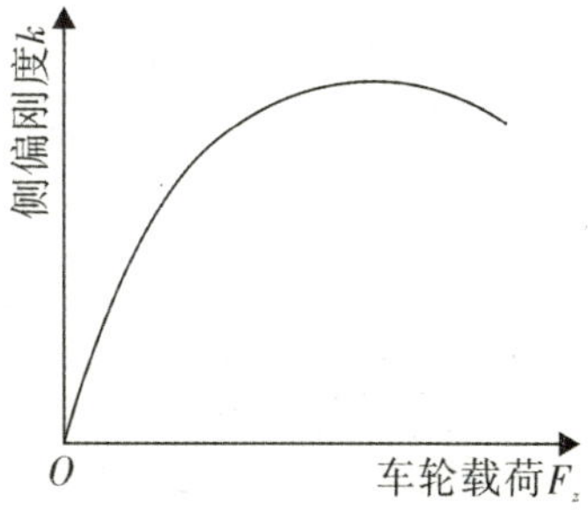

图5–13　车轮载荷与侧偏刚度的关系

① 车轮载荷与侧偏刚度。车轮载荷与侧偏刚度的关系如图5–13所示。从图5–13中可以看出，车轮载荷较小时，车轮载荷与侧偏刚度近似成正比，随车轮载荷的增大，侧偏刚度K也增大，这是因为轮胎的垂直载荷越大，附着力就越大，轮胎侧滑倾向就越小，侧偏刚度就增大。当车轮载荷达到某个数值后，侧偏刚度达到最大值，过大车轮载荷使轮胎产生剧烈的径向变形，侧偏刚度反而有所下降。一般情况下，侧偏刚度最大时的垂直载荷为额定载荷的150%。

② 轮胎气压与侧偏刚度。轮胎气压对侧偏刚度有显著影响，随着轮胎气压升高，侧偏刚度增大，但气压过高后，侧偏刚度变化很小。若前轴轮胎气压低，则前轴轮胎侧偏刚度减小，前轴侧偏角α_1增大，不足转向趋势增加；若后轴轮胎气压低，则后轮轮胎侧偏刚度减小，后轴侧偏角α_2增大，过多转向趋势增加。

在汽车使用中，应特别注意不要使后轴轮胎气压过低，因为前轮轮胎气压低于规定值，仅使汽车不足转向趋势增加，转向灵敏度（横摆角速度增益）下降；而后轴轮胎气压过低，后轮的侧偏角加大，会使原来的不足转向汽车变为过度转向汽车，对汽车的操纵稳定性造成严重不良影响。

③ 轮胎结构与侧偏刚度。轮胎的尺寸、形式与结构参数对侧偏刚度也有着明显的影响。子午线轮胎比斜交轮胎的侧偏刚度大。汽车仅前轴装子午线轮胎，后轴仍用原斜交轮胎，则前轴侧偏角会减小。如果前轴侧偏角减小至小于后轴侧偏角，则会使原来的不足转向汽车变为过多转向汽车。

扁平率小的轮胎，侧偏刚度大。若汽车仅前轴换装扁平率小的轮胎，则前轴侧偏角会减小，有使汽车变为过多转向的趋势。若仅后轴改用扁平率小的轮胎，则有使汽车变为不足转向的作用。

因此，使用中不应随意换装不同结构形式的轮胎，因为这有可能使汽车具有过多转向性，对汽车的操纵稳定性造成不良影响，加剧安全隐患。

（2）回正力矩（绕z轴的力矩）。

在轮胎受侧向力发生侧偏时，其接地面内分布的微元侧向力如图5-14所示。车轮静止时，所受到侧向力后，印迹长轴线aa与车轮平面cc平行，错开Δh距离，印迹长轴线aa与cc平面平行，微元侧向力沿aa线均匀分布，合力中心与车轮中心一致。当车轮滚动时，印迹长轴线aa的前端离车轮平面近，侧向变形小；印迹后端离车轮平面远，侧向变形大。印迹长轴线aa不仅与车轮平面错开一定距离，而且转动了α角（侧偏角），地面微元侧向力的分布与轮胎变形成正比，故地面微元侧向力的分布情况如图5-15（b）所示，车轮前端微元侧向力小，后端微元侧向力大，其合力的大小与侧向力F_y相等，但其作用点在接地印迹几何中心的后方，偏移某一距离e，e称为轮胎拖距。车轮运动时，所受的侧向力越大，轮胎的拖距越大。

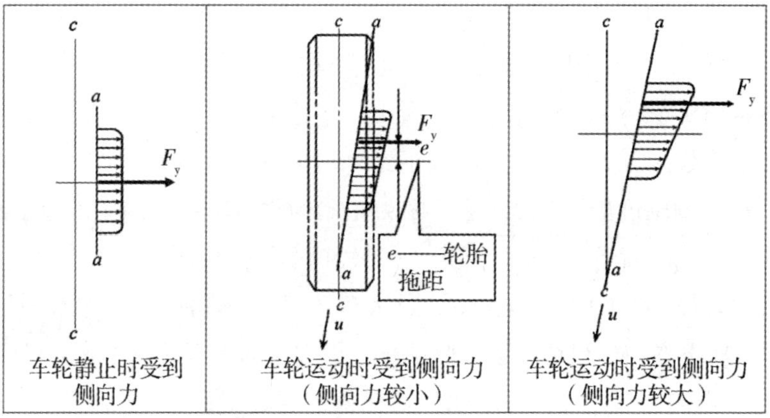

图5-14　回正力矩的产生

如图5-15所示，由于车轮运动时，微元侧向力合力与车轮中心产生一个偏距e，侧向力的地面反作用力也与车轮中心产生偏距e，地面反作用力大小等于F_y，F_y就是地面对轮胎产生一个力矩T_z，该力矩对侧偏的车胎起到回正作用，称为回正力矩。

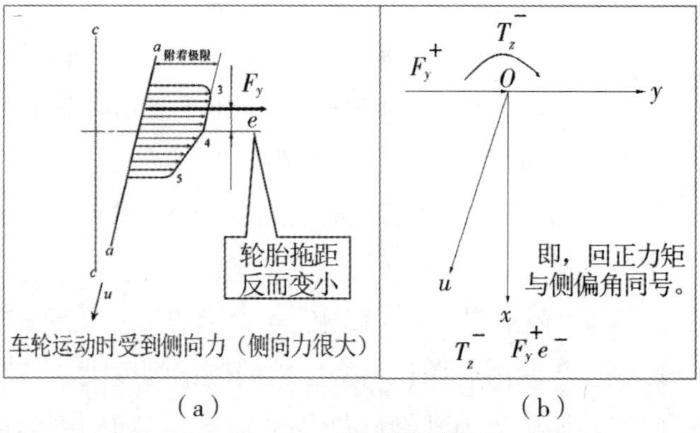

图5-15　回正力矩的方向

这里要注意的是，当侧向力F_y增大至一定程度时，接地印迹后部的某些部分便达到附着极限，随着F_y的进一步加大，将有更多部分达到附着极限，直到整个接地印迹发生侧滑，因而轮胎拖距会随着侧向力的增加而逐渐变小，也就是说当侧向力F_y大到一定程度时，回正力矩T_z反而开始变小。

5.3.2　驱动方式的影响

汽车的驱动方式是指发动机的布置方式以及驱动轮的数量、位置等形式，包括前置前驱、前置后驱、前置四驱、中置后驱、中置四驱、后置后驱、后置四驱等，驱动方式的特征及代表车型如表5-5所示。

表5-5　汽车的驱动方式

驱动方式	简介	代表车型
前置前驱	前置前驱即发动机前置、前轮驱动（Front-engine Front-wheel drive，FF），这是在绝大多数轿车上比较盛行的驱动形式，但货车和大客车基本上不采用该形式	大众迈腾、丰田凯美瑞、奥迪A3、奔驰B级等
前置后驱	前置后驱即发动机前置、后轮驱动（Front-engine Rear-drive，FR），这是一种最传统的驱动形式。国内外大多数货车、部分轿车（尤其是高级轿车）和部分客车都采用这种驱动形式，但采用该形式的小型车则很少	丰田锐志、宝马3系、奔驰C级、法拉利599等
前置四驱	前置四驱是指汽车发动机前置，并且是四轮驱动，多用于高性能轿车或者SUV，用在轿车上的优点就是操纵性高，用在越野车上则是通过性更强	日产GT-R、奥迪A6L 3.0T、奥迪Q7、奔驰ML级等
中置后驱	中置后驱即发动机中置、后轮驱动（Middle-engine Rear-drive，MR），发动机置于座椅之后、后轴之前，大多数高性能跑车和超级跑车采用这种形式	法拉利458、兰博基尼盖拉多LP550-2、帕加尼Zonda、保时捷Carrera GT等
中置四驱	中置四驱即发动机中置、四轮驱动，与中置后驱一样，高性能跑车和超级跑车多采用这种形式。不过相比中置后驱，中置四驱的操纵性以及过弯极限要更强	兰博基尼Murcielago、奥迪R8、布加迪威航、兰博基尼盖拉多LP560-4等
后置后驱	后置后驱即发动机后置、后轮驱动（Rear-engine Rear-drive，RR），是目前大、中型客车流行的布置形式	保时捷911系列和Smart fortwo
后置四驱	后置四驱即发动机后置、四轮驱动	保时捷911 Carrera 4/4S

传统汽车中，不同的驱动方式其整车质量分布、驱动力的分配不同，从而影响汽车的操纵稳定性。图5-16所示为不同驱动方式汽车作加速弯道行驶时横摆角速度变化的比较。后轮驱动车辆随切向加速度的增大，1 s后横摆角速度变化增大，车辆有转向不足趋势，相反前驱车辆有转向过多趋势。

图5-17所示为不同前、后驱动力分配比例下汽车的行驶路径。

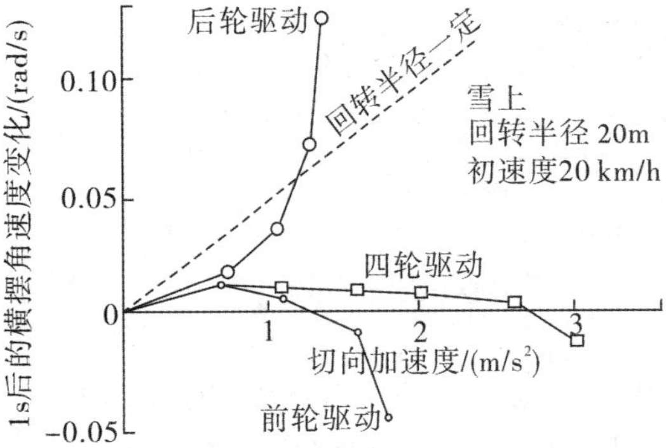

图5-16 不同驱动方式汽车作加速弯道行驶时横摆角速度变化的比较

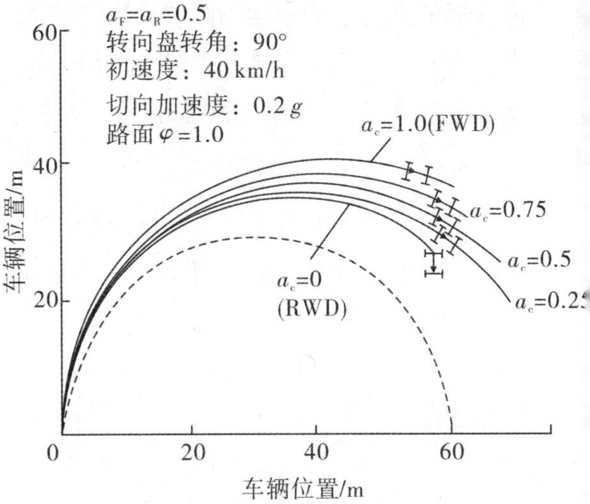

图5-17 不同前、后驱动力分配比例下汽车的行驶路径

a_F、a_R—前轴、后轴的外侧车轮驱动力与该轴驱动力之比；a_c—前轴驱动力与整车驱动力之比。

1. 前置前驱

前置前驱，即发动机前置、前轮驱动，如图5-18所示。

发动机前置前驱对汽车操纵稳定性的影响如下：

（1）由于前轮既负责驱动车辆又负责车辆转向，前轴负荷过大，这使得前轮驱动的车辆在转弯时前部质心会因惯性而前移，容易突破前轮的地面附着力，而后轮又没有动力，致使发生转向不足，即俗称的“推头”。

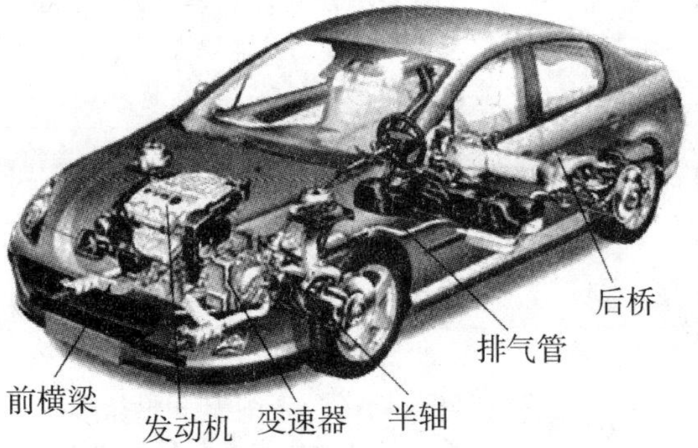

图5-18 发动机前置前驱汽车构造图

（2）由于前轮承担了驱动力、转向力和绝大部分的制动力，因此在高速行驶时稳定性较差。起步和爬坡时由于惯性和重心后移，前轮正压力减小导致牵引力减小，并且由于驱动轮在车体负重较轻的前端，上坡时驱动轮容易打滑，下坡时容易翻车。

（3）发动机前置前驱由于取消了贯穿前后的传动轴，有利于降低车身高度，利于行驶的稳定性。

2. 中置后驱

中置后驱，即发动机中置、后轮驱动，如图5-19所示。

发动机中置后驱对汽车操纵稳定性的影响如下：

（1）中置发动机的最大优点是转向特性极为优异。在转向时，一转动转向盘，汽车很快就跟着转向，二者的时间差非常短，车身紧随转向动作的性能好。

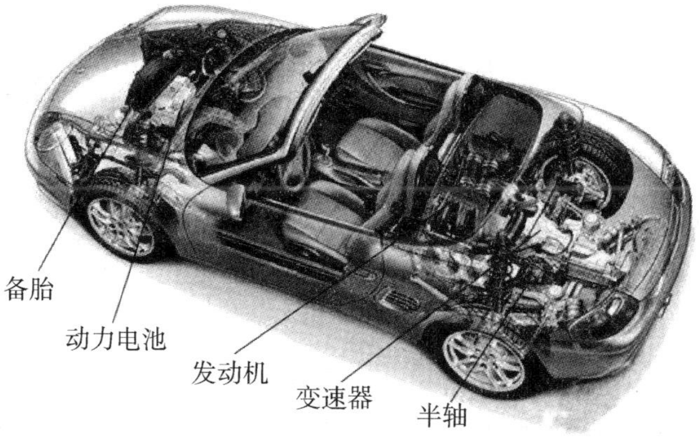

图5-19　发动机中置后驱汽车构造图

（2）中置后驱车的另外一个优点就是起步、加速性能和爬坡性能较好。因为当起步、加速或爬坡时，整车的质量向后移动，从而增加了后轮对地面的附着力，驱动力再大也很难使轮胎打滑。

3. 后置后驱

后置后驱，即发动机后置、后轮驱动，如图5-20所示。

发动机后置后驱对汽车操纵稳定性的影响如下：

（1）因为发动机整个质量压在汽车后部，差速器和变速器也放在汽车尾部，所以汽车的重心是靠后的，因而后轮打滑的概率会下降，不过当后轮抓地力达到甩尾时，会产生甩尾现象。

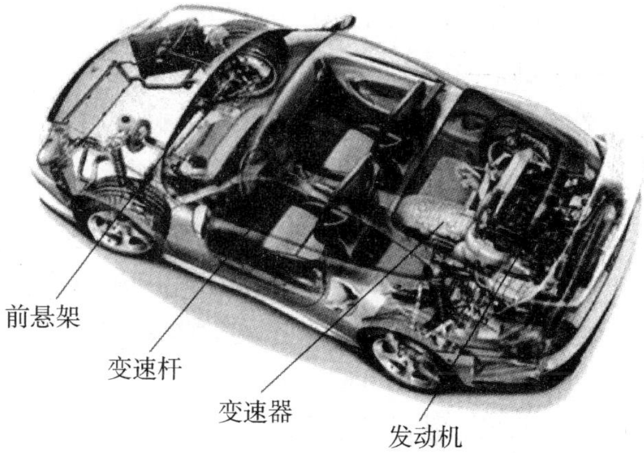

图5-20　发动机后置后驱汽车构造图

（2）因为重心靠后，汽车前轴的负荷会减小，在汽车转弯时横向加速度会减小，由于车头质量变轻，横摆力矩变小，汽车的操纵更加灵活，驾驶人在打转向盘时也会更容易得到回应。

5.3.3　转向系统的影响

转向系统可分为无助力转向系统和助力转向系统。无助力转向系统即机械转向系统，助力转向系统包括液压动力转向系统和电动助力转向系统，其中液压转向系统又分为机械式液压动力转向系统和电子液压助力转向系统。

1. 机械式液压动力转向系统

机械式的液压动力转向系统是一经济型助力转向系统，它一般由液压泵、油管、压力流量控制阀体、V形传动皮带、储油罐等部件构成，如图5-21所示。

机械式液压动力转向系统操纵精确、路感直接、信息反馈丰富；液压泵由发动机驱动，转向动力充沛，大小车辆适用；技术成熟，可靠性高，平均制造成本低。但是，机械式液压动力转向系统能耗较高，消耗了一部分的汽车行驶动力；液压系统管路结构复杂，控制油液的阀门数量繁多，后期保养维修需要成本；无论车是否转向，这套系统都要工作，而且在大转向车速较低时，需要液压泵输出更大的功率以获得比较大的助力。所以，也在一定程度上浪费了资源，又由于液压泵的压力很大，也比较容易损害助力系统。

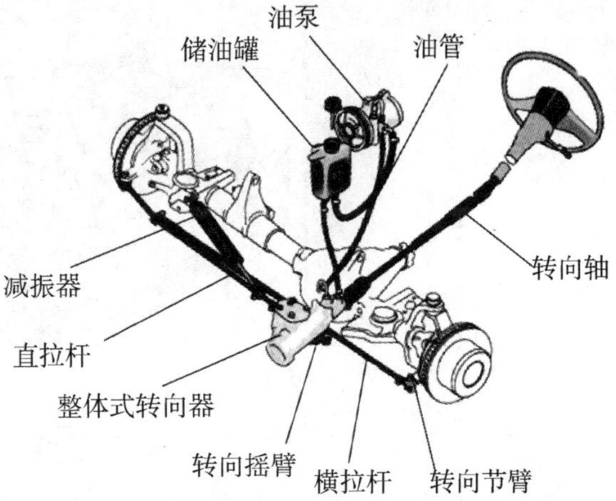

图5-21　机械式液压动力转向系统结构示意图

2. 电子液压助力转向系统

由于机械式液压动力转向系统需要大幅消耗发动机动力，因此人们在机械式液压动力转向系统的基础上进行改进，开发出了更节省能耗的电子液压助力转向系统。这套系统的转向油泵不再由发动机直接驱动，而是由电动机来驱动，并且在之前的基础上加装了电控系统，使得转向辅助力的大小不仅与转向角度有关，还与车速相关。在机械结构上增加了液压反应装置和液流分配阀，新增的电控系统包括车速传感器、电磁阀、转向电子控制单元（Electronic Control Unit，ECU）等，如图5-22所示。

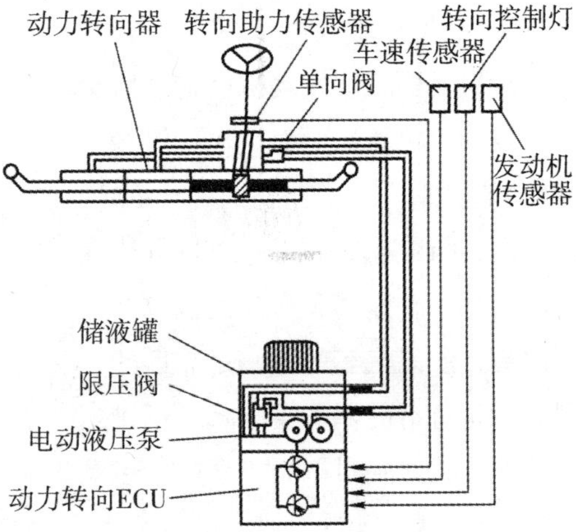

图5-22　电子液压助力转向系统结构示意图

电子液压助力转向系统的原理与机械式液压动力转向系统基本相同，不同的是油泵由电动机驱动，同时助力力度可变。车速传感器监控车速，电控单元获取数据后通过控制转向控制阀的开启程度改变油液压力，从而实现转向助力力度的大小调节。

电子液压助力转向系统拥有机械式液压动力转向系统的大部分优点，同时还降低了能耗，反应也更加灵敏，转向助力大小也能根据转角、车速等参数自行调节，更加人性化。不过引入了很多电子单元，其制造、维修成本也会相应增加，使用稳定性也不如机械式液压动力转向系统牢靠，随着技术的不断成熟，这些缺点正在被逐渐克服，电子液压助力转向系统已经成为很多家用车型的选择。

3. 电动助力转向系统

电动助力转向系统（Electric Power Steering，EPS）是一种直接依靠电机提供辅助转矩的动力转向系统，与传统的液压助力转向系统（Hydraulic Power Steering，HPS）相比，EPS系统具有很多优点。EPS主要由转矩传感器、车速传感器、电动机、减速机构和电子控制单元（ECU）等组成，如图5–23所示。

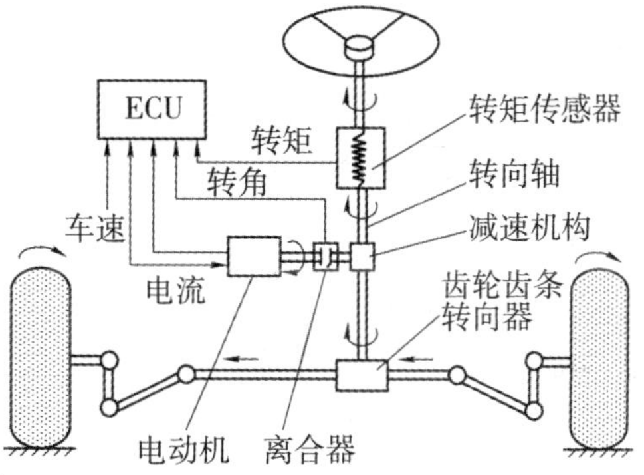

图5–23　电动助力转向系统示意图

传统的液压助力转向系统所提供的转向助力大小不能随车速的提高而改变。这样就使得车辆虽然在低速行驶时具有良好的转向轻便性，但是在高速行驶时转向盘太轻，会产生转向“发飘”的现象，驾驶人缺少显著的“路感”，降低了高速行驶时的车辆稳定性和驾驶人的安全感。

电动助力转向系统提供的助力大小可以通过软件方便地进行调整。在低速时，电动助力转向系统可以提供较大的转向助力，提高车辆的转向轻便性；随着车速的提高，电动助力转向系统提供的转向助力会逐渐减小，转向时驾驶人所需提供的转向力将逐渐增大，这样驾驶人就感受到明显的“路感”，提高了车辆稳定性。

电动助力转向系统还可以施加一定的附加回正力矩或阻尼力矩，使得低速时转向盘能够精确地回到中间位置，而且可以抑制高速回正过程中转向盘的振荡和超调，兼顾了车辆高、低速时的回正性能。

5.3.4　悬挂的影响

汽车沿曲线行驶时，前、后轴左右车轮的垂直载荷会发生变化；同时车轮常有外倾角，且由于悬挂导向杆系的运动及变形，外倾角将随之变化。这些原因使得轮胎的侧偏刚度发生变化，从而影响汽车的操纵稳定性。即使转向盘转角固定不动，由于路面的颠簸或高速转弯造成车厢侧倾时前悬挂导向杆系、转向杆系的运动变形，前轮平面也可能发生绕主销的小角度转动。这种车轮轮辋平面的转动称为侧倾转向或变形转向，它们与轮胎的弹性侧偏角叠加在一起，决定了汽车的转向运动。

1. 悬挂与车轮外倾

前悬挂导向机构的几何参数决定前轮定位参数的变化趋势和变化率。在车轮跳动时，外倾角的变化包括由车身侧倾产生的车轮外倾变化和由车轮相对车身的跳动而引起的外倾变化两种。在双横臂独立悬挂中，前一种变化使车轮向车身侧倾的方向倾斜，即外倾角增大，结果使轮胎侧偏刚度变小，因而使整车不足转向效果加大；后一种变化取决于悬挂上、下臂运动的几何关系，在双横臂结构中，往往是外倾角随弹簧压缩行程的增大而减小，这种变化与车身侧倾引起的外倾角变化相反，会使整车产生过度转向趋势。

后悬挂结构参数对汽车操纵稳定性的影响，近似于前悬挂的“干涉转向”。在汽车转向时，由于车身侧倾导致独立悬挂的左右车轮相对车身的距离发生变化，外侧车轮上跳，与车身的距离缩短；内侧车轮下拉，与车身的距离加大。悬挂的结构参数不同，车轮上下跳动时，车轮前束角的变化规律也必然会不同。

2. 悬挂与转向轮摆振

汽车在不平路面上行驶时，有的汽车达到一定车速时，前轴将在垂直平面内产生强烈的角振动，同时转向轮在水平平面内绕主销摆振，严重时驾驶者无法扶稳剧烈摆动的转向盘，这对安全行车影响很大。

（1）前轴角振动引起的转向轮摆振。这一现象是在一定车速范围内发生的。这时路面可能比较平坦，但当偶有外力（如汽车直线行驶时，车轮遇到单凸起或凹坑）作用于前轮时，前轴在横向垂直平面内发生转动，如图5–24（a）所示。由于陀螺效应，前轮将绕主销在水平面内偏转。其关系为：如果左前轮升高（或右前轮下降），车轮将向右偏转；如果左前轮下降（或右前轮升高），车轮将向左偏转。由此发生了前轮绕主销的角振动，如图5–24（b）所示。

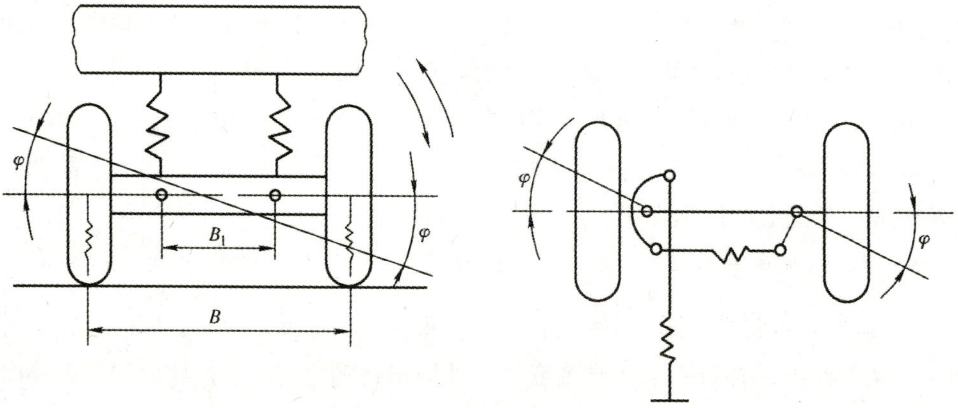

（a）　　　　（b）

图5–24　前轮振动系统示意图

要消除或至少是减轻这种现象，应减小悬挂下前轴系统的转动惯量，提高角振动的固有频率。在采用独立悬挂的汽车上用长双横杆独立悬架，如图5–25（a）所示，可使车轮在上下跳动时，其旋转平面平行移动而无偏转，这样就避免了前轴绕主销摆振。但这种结构的缺点是当车轮上下跳动时，轮距改变较大，这会加剧轮胎的磨损，所以目前采用不等长的双横臂结构，如图5–25（b）所示。

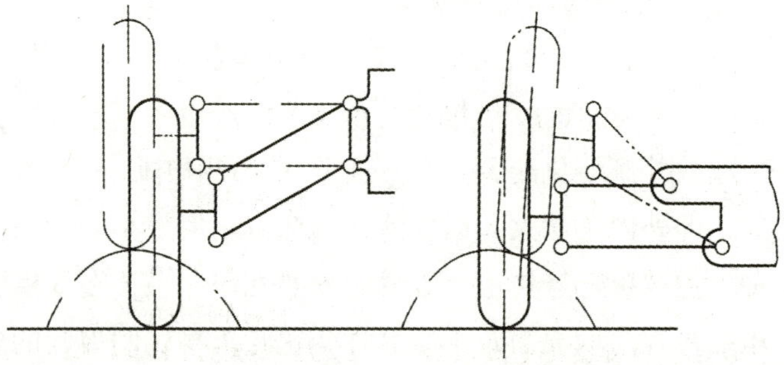

（a）　　　　（b）

图5–25　双横杆式独立悬挂运动简图

（2）前悬架与转向系统运动关系学不协调引起的转向轮摆振。图5–26是一种纵置半椭圆钢板弹簧前悬挂与转向系统布置简图。钢板弹簧固定吊耳在前轴前面，活动吊耳和转向器在前轴后面。板簧发生变形时，转向节上的球销C作为前轴上的一点绕点O_2摆动［试验研究结果表明，O_2点的位置如图5-26（a）所示］，由于aa和bb不重合，C点只能沿aa运动，结果转向节将相对主销发生转动，这样行驶在不平道路上时，由于车轮相对于车架的跳动，将同时引起转向轮的摆振。为减小这一振动，应将转向器与固定吊耳靠近，使aa和bb轨迹贴近，如图5-26（b）所示。

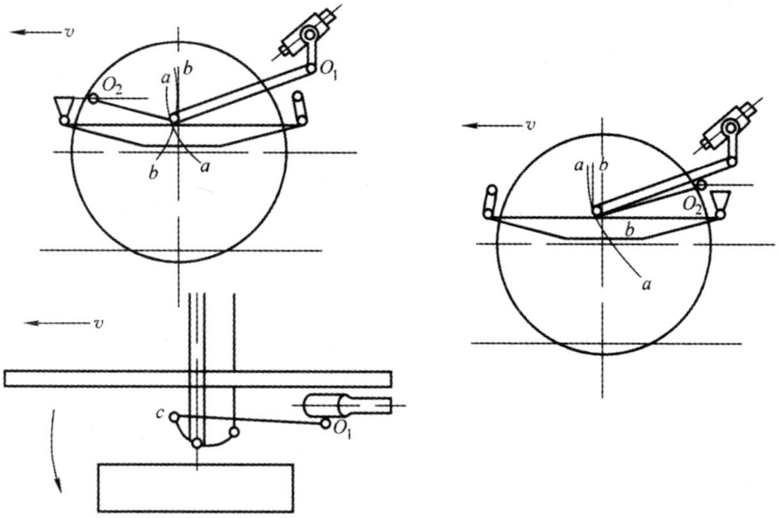

图5-26 转向系统与前悬架运动不协调引起的转向轮摆振

5.3.5 高新配置介入的影响

1. 四轮转向系统（4WS）

一般轿车使用前轮转向，随着车速的增大，前轮转向轮胎侧偏角的影响较为突出。为了改善前轮转向的操纵稳定性，同时减少转弯半径，一些轿车采用了四轮转向系统。

四轮转向是指前、后轮都能转向，实现低速转向行驶时进行逆相位操作（即后轮的偏转方向与前轮的偏转方向相反），以减小转弯半径，增强汽车的灵活性，便于进出车库和停车场；中高速时进行同相位操作（即后轮的偏转方向与前轮的偏转方向相同），以提高汽车转弯时的操纵稳定性和安全性。同相位操作的实质是靠车轮的偏转来抵消轮胎的偏转角。图5-27为不同驱动系统汽车的行驶路径。

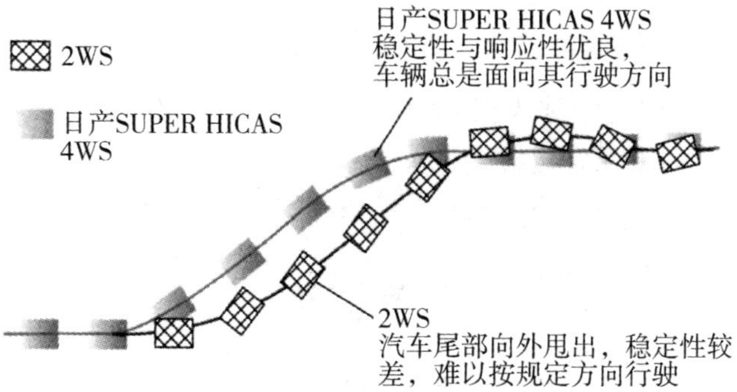

图5-27 不同驱动系统汽车的行驶路径

2. 车身电子稳定控制系统（ESC）

车身电子稳定控制系统（Electronic Stability Controller，ESC）主要对车辆纵向和横向稳定性进行控制，保证车辆稳定行驶，例如，汽车在路滑时左拐过度转向（转弯右侧甩尾）时会迅速制动右前轮使其恢复附着力，产生一种相反的转矩而使汽车保持在原来的车道上。ESC只是通用汽车公司对这套系统的称呼，其他汽车公司例如大众称它为ESP，宝马称它为DSC，丰田称它为VSC，等等。虽然叫法不同，但它们的原理和功能大致相同。

车身电子稳定控制系统是在ABS、ASR、EBD等的基础上发展而成的，包含ABS和ASR等多个控制系统，主要由传感器、控制单元和控制执行机构三部分组成。控制单元接收传感器所测信号（轮速、横摆角速度、侧向和纵向加速度、转向角、制动油压、节气门开度等），经过分析处理，将指令传给控制执行机构以对车轮进行制动或控制节气门开度，使汽车的操纵稳定性得到进一步改善。

车身电子稳定控制系统主要在大侧向加速度、大偏角的极限工况下工作，利用左、右两侧制动力之差产生的横摆力矩来防止汽车出现难以控制的前、后轴侧滑现象。当后轴要侧滑而使汽车驶离弯道时，对汽车施加适当大小向内侧的横摆力矩；当后轴要侧滑发生激转时，对汽车施加向外侧的横摆力矩，防止汽车失去转向能力或严重甩尾，在任何行驶状况下都更加稳定、灵活和安全。

至此，我们可总结出：ASR在大驱动力附近的极限区域起作用，ABS在大制动力附近的极限区域起作用，SCS则在大侧向力附近的区域起作用。图5-28所示为提高操纵稳定性的各种电子控制系统的有效工作区域。

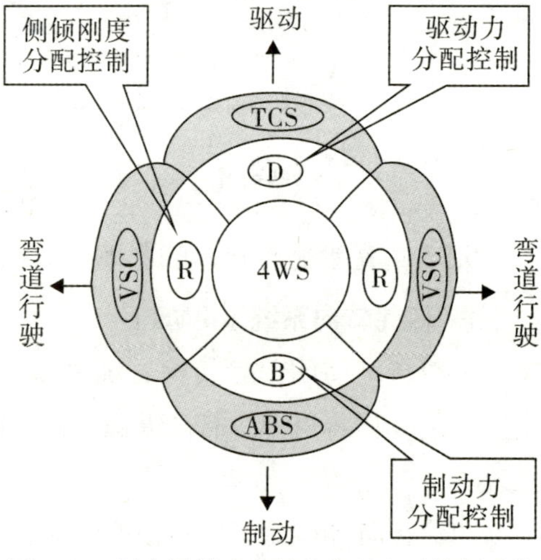

图5-28　提高操纵稳定性的各种电子控制系统的有效工作区域

3. 巡航控制系统（CCS）

随着高速公路的发展和汽车运行速度的大幅提高，控制加速踏板的腿部肌肉疲劳强度加大，长时间的疲劳驾驶对汽车的制动和其他操作都不利。对此，许多现代轿车都装配了巡航控制系统。当系统工作时，汽车可按照驾驶人选定的速度恒速行驶，无须再控制加速踏板，从而减轻了驾驶人的疲劳，提高了汽车的行驶安全性；当车辆遇障碍物需要减速行驶时，只要一踩制动踏板，巡航控制就会撤销。巡航分为定速巡航和定距巡航两种。

巡航控制系统主要由主控开关、车速传感器、巡航控制单元和执行器四大部分组成。主控开关实现车速设定、车速调节和巡航取消；车速传感器将车速信号送入巡航控制单元；巡航控制单元对指令车速和实际车速进行比较后，对执行器发出控制信号；执行器自动调节节气门开度，使其处于最佳状态，实现设定车速或者设定与前车等距离稳定行驶。

学习小结

1. 转向盘输入有角位移输入和力矩输入。

2. 汽车直线行驶时，急速转动转向盘至某一转角时，停止转动转向盘并维持此转角不变，即给汽车以转向盘角阶跃输入。

3. 转向盘角阶跃输入前后，直线行驶与等速圆周行驶这两个稳态运动之间的过渡过程是一种瞬态，相应的瞬态运动响应称为转向盘角阶跃输入下的瞬态响应。

4. 横摆角速度增益的定义：令稳态时单位前轮转角所引起的横摆角速度为“稳态横摆角速度增益”，用 $\left.\frac{\omega_r}{\delta}\right)_S$ 表示。

5. 汽车的稳态转向特性分成三种类型：不足转向、中性转向和过多转向。

6. 操纵性是指汽车的运动参数及时而准确地遵循驾驶人的主观意图而变化的能力。稳定性是指在外部因素作用下，汽车能够保持或者自行迅速恢复原来运动参数的能力。

7. 扁平率对轮胎侧偏刚度影响很大，采用扁平率小的宽轮胎是提高侧偏刚度的主要措施。

8. 汽车操纵稳定性的主观评价主要从转向性能、稳定性能两个方面来进行。

课后拓展

线控转向系统（Steering by Wire，SBW）是智能网联汽车实现路径跟踪与避障避险必要的关键技术，为智能网联汽车实现自主转向提供了良好的硬件基础，其性能直接影响主动安全与驾乘体验。线控转向系统取消了传统的机械式转向装置，转向盘和转向轮之间无机械连接，可以减轻车体质量，消除路面冲击，具有噪声小和隔震等优点。

无人驾驶汽车是智能汽车的一种，也称为轮式移动机器人，主要依靠车内以计算机系统为主的智能驾驶仪来实现无人驾驶的目标。相关报告显示，2010年到 2015年间，与汽车无人驾驶技术相关的发明专利超过22000件，并且在此过程中，部分企业已崭露头角，成为该领域的行业领导者。

从20世纪70年代开始，美国、英国、德国等发达国家开始进行无人驾驶汽车研究，在可行性和实用化方面都取得了突破性的进展。中国从80年代开始进行无人驾驶汽车的研究， 国防科技大学在1992年成功研制出中国第一辆真正意义上的无人驾驶汽车。

中国自主研制的无人车——由国防科技大学自主研制的红旗HQ3无人车，

2011年7月14日首次完成了从长沙到武汉286千米的高速全程无人驾驶实验，创造了中国自主研制的无人车在复杂交通状况下自主驾驶的新纪录，标志着中国无人车在复杂环境识别、智能行为决策和控制等方面实现了新的技术突破，达到世界先进水平。

红旗HQ3无人车由国防科技大学自主研制，2011年7月中旬从京珠高速公路长沙杨梓冲收费站出发，历时3小时22分到达武汉，总距离286千米。实验中，无人车自主超车67次，途遇复杂天气，部分路段有雾，在咸宁还遭逢降雨。

红旗HQ3全程由计算机系统控制车辆行驶速度和方向，系统设定的最高时速为110千米。在实验过程中，实测的全程自主驾驶平均时速为87千米。国防科技大学方面透露，该车在特殊情况下进行人工干预的距离仅为2.24千米，仅占自主驾驶总里程的0.78%。

学习情境6　汽车的安全性测试与评价

任务引入

张先生已购一辆汽车，由于家里人口增加，近期想更换车辆，原有汽车一直以来使用状况良好，张先生对于自主品牌认可度较高，所以优先选择自主品牌。在车辆的选择方面，他会同时考虑内燃机汽车和新能源汽车，比较注重车辆的安全性能，但是他对于汽车安全性能并不是很了解，尤其是不了解新能源车辆的安全性问题，担忧其会不会因为使用高压电而产生漏电等问题。

问题

1. 汽车的安全性主要有哪些？如何评价汽车安全性？
2. 汽车上哪些配置属于安全配置？作用是什么？
3. 新能源汽车相对于传统内燃机汽车，在安全性方面有哪些不同？

学习目标

- 知识目标

◎掌握汽车安全性的基本内容和评价指标。

◎掌握汽车的主要安全装置。

◎掌握新能源汽车安全性的分类及相关技术。

- 技能目标

◎能描述汽车的各参数及配置对汽车安全性的影响。

◎能运用相关理论对汽车的安全性进行评价。

◎能描述新能源汽车的安全性测试方法。

- 素质目标

◎能根据用户的需求运用专业知识解答用户的疑问。

◎形成用学习的理论内容解决实际问题的能力。

◎养成自主学习、规范操作的工作作风。

学习情境概要

汽车安全性一般分为主动安全性和被动安全性。汽车主动安全性是指汽车本身防止或减少道路交通事故发生的性能；汽车被动安全性是指交通事故发生后，汽车本身减轻人员伤害和货物损失的能力。汽车在车身结构及配置等诸多方面，加强安全性，有许多安全性的配置。这些配置可以提高汽车的主动安全性和被动安全性，尤其是现在更多的智能化配置的增加，更是大大提高了汽车的安全性。新能源汽车针对其特有的高电压、大电流的特点，相对于传统内燃机汽车需要增加相应的安全性措施，尤其是现在更多的智能化配置的增加，更是大大提高了汽车的安全性。新能源汽车针对其特有的高电压、大电流的特点，相对于传统内燃机汽车需要增加相应的安全性措施，尤其是控制系统。因为主动安全装置除了硬件装备技术以外，控制程序的有效性是影响主动安全装置效果的重要因素，控制系统的核心是芯片，芯片现在正是被西方国家卡脖子，我们要实现科技自立自强，必须要把关键技术掌握在自己的手里。

党的二十大报告中指出："加快实现高水平科技自立自强。以国家战略需求为导向，集聚力量进行原创性引领性科技攻关，坚决打赢关键核心技术攻坚战。"作为汽车专业技术人员，我们应树立信心，研发高效的主动安全装置，全面提升汽车主动安全性能。

本学习情境包括以下3个学习单元：

学习单元6.1　汽车安全性的客观评价；

学习单元6.2　汽车的主要安全装置；

学习单元6.3　新能源汽车的安全性测试与评价。

学习单元6.1　汽车安全性的客观评价

6.1.1　汽车的主动安全性

汽车的主动安全性也称"一次安全性"，主要取决于汽车总体尺寸、制动性、行驶稳定性、操纵性、信息性以及驾驶人工作条件（操作元件、人机特性、座椅舒适性、噪声、温度和通风、操纵轻便性）等。此外，汽车动力性（特别是超车的时间和距离）也是很重要的影响因素。

1. 行驶安全性

汽车的行驶安全性是指汽车的装备保证汽车运行安全，同时具有最佳动态性能的能力，包括良好的动力性、制动性、操纵稳定性、通过性等。

（1）汽车动力性。

汽车动力性是汽车最重要、最基本的性能之一，主要由三大指标来评定，即最高车速、加速时间及最大爬坡度。最高车速和最大爬坡度直接影响汽车的持续车速。汽车在公路上行驶时应具有符合规定的持续车速，如果车速比正常车流速度低很多，则极可能诱发交通事故。加速时间是衡量汽车行驶过程中驾驶能力的指标，直接影响汽车超车并行时间，超车时间越长，则安全性越差。

（2）汽车制动性。

汽车制动性是汽车的主要使用性能之一，是汽车安全行驶的重要保障。重大交通事故往往与制动距离过长、制动时发生严重侧滑或方向失控、下长坡制动稳定性差等情况有关系。良好的汽车制动安全性应由完备的制动系统来保证。汽车制动性评价指标包括制动效能、制动时的方向稳定性及制动效能的恒定性。制动效能包括汽车的制动距离、制动减速度和制动力等，汽车在良好路面上以一定初速度制动到停车的制动距离或制动时汽车的减速度，是制动性最基本的评价指标。制动时的方向稳定性是指在制动时汽车按给定路径行驶的能力。若制动时发生跑偏、侧滑或失去转向，则汽车将偏离原来的路径。制动效能的恒定性包括抗热衰退性和抗水衰退性，即汽车在高速行驶、下长坡连续制动或涉水行驶后，汽车制动效能保持的程度。

（3）汽车操纵稳定性。

汽车操纵稳定性包含操纵性和稳定性两个相互联系的部分。操纵性是指汽车能够确切地响应驾驶人转向指令的能力。稳定性是指汽车受到外界扰动后恢复原来运动状态的能力。操纵稳定性是决定高速汽车安全行驶的一个主要性能。

（4）汽车通过性。

汽车通过性即汽车能以足够高的平均车速通过各种坏路、无路地带及各种障碍的能力，汽车通过性可分为牵引支承通过性和几何通过性。汽车通过性的好坏主要取决于汽车与地面之间的几何关系及其自身的结构设计参数，其也会影响汽车其他性能的安全性，如动力性、稳定性等。

2. 环境安全性

环境安全性一般是指将影响汽车驾驶人及乘客的各种心理压力降到最低程度，从而在一定程度上减少交通事故发生的能力，环境安全性影响因素主要包括振动、噪声、各种气候条件等。

汽车行驶时的平顺性是指汽车行驶过程中能保证乘员不致因车身振动而出现明显不舒服和疲劳的感觉，主要根据汽车乘员的舒适程度来评价，又称为乘坐舒适性。汽车运动时无法避免外界各种因素的干扰，从而引起车辆振动，如汽车发动机振动、传动系统振动、前轮摆振等。汽车行驶平顺性直接表征了汽车对路面不平度的隔振性能，路面从坡面的变化经过轮胎、悬挂和座椅坐垫等弹性元件减振后传到人体，再由人的生理、心理和器官机械相应复杂因素的综合，产生人对振动的反应，使乘员感到不舒适和疲劳，从而影响行车安全。汽车行驶平顺性一般用车身传至人体的加权加速度均方根值、悬挂撞击限位块的概率和车轮与路面之间的动载作为评价指标。

汽车在运动过程中是一个组合噪声源。汽车在运动时其发动机、传动系统、轮胎的滚动、车身摩擦都是噪声源。汽车噪声根据其对环境的影响可分为车内噪声和车外噪声。EEC法规要求的客车噪声排放的限值和公差如表6–1所示。

表6–1　客车噪声排放的限值和公差（EEC法规要求）

客车类型	限值和公差/dB
允许总质量2~3.5 t	76+1
直接喷射柴油发动机	77+1
允许质量3.5 t以上 发动机功率≤150 kW	78+1
发动机功率＞150 kW	80+1

3. 感觉安全性

汽车感觉安全性是指考虑一定的特殊要求或者设置特定装备，使驾驶人能够有效掌握道路状况和汽车的运动状况，做出正确判断以减少交通事故。感觉安全性的重要影响因素主要包括汽车照明设备和驾驶人视野。

（1）汽车照明设备。

汽车照明设备的作用是为汽车行驶提供照明，向交通过程的其他参加者发出其行驶状况的信号，以及在车辆管制状态下为驾驶人提供必要的信息。汽车照明设备是影响感觉安全性的重要因素。汽车照明设备分为车辆前端照明设备、后端照明设备和车内照明设备三部分。前端照明设备主要有近光灯、远光灯、雾灯、辅助行驶灯、转向灯、驻车灯等；后端照明设备主要包括停车灯、尾灯、雾灯、转向灯、倒车灯、牌照灯等；车内照明设备主要包括仪表灯、车厢照明灯等。

（2）驾驶人视野。

驾驶人视野也是影响感觉安全性的重要因素，因为行车过程中约五分之四的信息是通过视觉得到的。改善汽车视野的措施如下：

① 扩大风窗玻璃的有效透明区域面积。

② 减小风窗立柱的投影长度。

③ 降低发动机盖的高度。

④ 保证驾驶人舒适性的条件下，减小座椅坐垫与靠背的倾角，选择适当的座椅高度，让座椅尽量靠近中间一些。

⑤ 安装刮水器、除雾除霜装置、遮阳板等改善恶劣气候条件下视野的装置。

⑥ 选择合适的后视镜曲率。

⑦ 提高车内外环境的识别性。

⑧ 合理调整灯光。

4. 操纵安全性

汽车操纵安全性是指对驾驶人周围的工作条件做优化设计，最大限度缓解驾驶人操作时的紧张感，以提高驾驶安全性，减少交通事故发生。因此，需要从人机工程学原理出发，合理设计和布局驾驶操纵机构，使其方便操作并减少驾驶人的疲劳感。

汽车操纵机构是指车内供驾驶人用来操纵汽车的各种装置，可分为一级和二级操纵装置。一级操纵装置包括离合器、转向盘等，它与汽车运动性能直接相关；二级操纵装置包括照明开关等，它的作用是保障汽车安全运行。操纵机构是人与汽车互动的平台，设计时要充分考虑驾驶人的生理、心理特征，提高可操作性，从而提高汽车的操纵安全性。

6.1.2 汽车被动安全性

汽车被动安全性也称为“二次安全性”，可分为内部被动安全性（减轻车内乘员伤亡和货物受损）和外部被动安全性（减轻对事故所涉及的其他人员和车辆的损害）。

汽车的被动性安全主要涉及车身结构、座椅、车顶、车门、安全玻璃、转向盘和转向管柱、内饰件、安全带、安全气囊等，归纳起来可分为安全车身结构和乘员保护系统两大类。其中，安全车身结构主要是为了减少一次碰撞带来的危害，而乘员保护系统则是为了减少二次碰撞造成的乘员损伤或避免二次碰撞。

减小二次碰撞可能性的主要措施包括安装安全带及提高安全带的固定强度、安装安全气囊等，而采用可折叠的吸能转向盘和膝部缓冲垫、车内饰件软化、仪表板软化以及避免风窗玻璃碎片的侵害等，都是在二次碰撞发生时减少对乘员伤害的措施。大量实践表明，良好的汽车乘员保护系统设计，可以大幅度减小乘员受伤害的程度，降低死亡率。

6.1.3 NCAP碰撞试验

NCAP（New Car Assessment Program）作为第三方新车评价程序，通过对各款新车进行碰撞试验，来评价车辆对驾乘人员和行人的保护性能，广受国际认可并采用。NCAP统一了新车碰撞的标准环境、标准路面和碰撞方法，从被动安全性方面入手，评价在发生碰撞事故时，车内乘员和行人所受伤害的部位及程度。

Euro-NCAP是欧盟新车安全评鉴协会基于NCAP制定的新车评价程序。凡在欧盟销售的新车，均需将销售的车款送新车安全评鉴协会进行Euro-NCAP碰撞测试及安全评鉴，通过安全评鉴向消费者提供购车选择上的参考依据。Euro-NCAP的碰撞测试分为两个基本项目：正面碰撞和侧面碰撞。正面碰撞速度为64 km/h，侧面碰撞速度为50 km/h。NCAP的碰撞测试成绩以星级表示，如表6-2所示。

中国新车安全评价程序是将在市场上购买的新车型按照比我国现有强制性标准更严格和更全面的要求进行碰撞安全性能测试，评价结果按星级划分。通过测试，消费者可以直观地看出汽车的安全性能，同时也对企业生产起到督促作用。

表6-2 NCAP的碰撞测试成绩

星级	成员严重伤害的概率
★★★★★	10%
★★★★	11%~20%
★★★	21%~35%
★★	36%~45%
★	≥46%

一般认为，一个车型在NCAP碰撞测试得到5星的成绩可谓优秀，而4星的成绩则可以接受，至于3星和3星以下的碰撞测试成绩表明此款车型在安全性方面有缺陷。

NCAP的实施具有多方面的意义。

（1）NCAP对于提高汽车安全水平、降低道路交通伤亡事故发生概率作用明显。

（2）NCAP的实施，极大地促进了生产厂家加大对于汽车安全研发的投入，明显提高了汽车的安全性能，显著降低了道路交通事故中乘员的伤害风险和死亡人数。NCAP评价技术更加全面、苛刻，将会使得车辆更加安全，对乘员保护更加全面、完善。

（3）NCAP评价技术与汽车安全技术的发展相辅相成、互为促进。

（4）NCAP的实施，极大地促进了汽车安全技术的进步，体现在汽车安全车身结构设计、乘员约束系统优化、主被动安全融合等技术；同时，汽车安全技术的进步，也促使NCAP评价技术的优化，包括试验技术、测试评价技术等关联技术。

（5）通过分析NCAP评价技术的发展趋势，为汽车业界指出了汽车安全技术的关注点，使得汽车制造商可以生产更安全的汽车，从而最大限度地降低道路交通伤亡事故的发生概率。

微课

ABS功能特点

学习单元6.2 汽车的主要安全装置

为了避免汽车发生安全事故并在事故中保护驾乘人员的人身安全，汽车上的安全装置也在不断发展。20世纪60年代开始，汽车陆续出现了能量吸收式转向柱、双管路制动、安全带、侧撞防护装置、座椅头枕、儿童安全座椅、安全门锁、广角后视镜、安全轮胎等，推动了汽车安全性能的提高。70年代，汽车防抱死制动系统（ABS）的使用极大地提高了汽车安全性。汽车防抱死制动系统在80年代得到普及且发展了制动辅助系统（BAS）、电子制动系统（EBS）和牵引力控制系统（ASR），在这一时期，安全气囊、安全带张紧器等约束系统也得到发展并装车使用。90年代后，随着电子技术、控制技术、传感器技术和新材料等技术的发展与应用，汽车上开始采气体放电前照灯、防正撞、防侧撞气囊及抗碰撞性汽车车身结构等，使汽车被动安全性进一步提高。

总体说来，汽车的安全装置可以分为两类：主动安全装置和被动安全装置。汽车的主动安全装置是指任何状态下能够使得驾驶员有效控制车辆，避免发生事故的各类设施、设备，包括指示系统、照明系统、稳定系统、转向系统、制动系统、汽车防碰撞预警系统等。汽车的被动安全是指在事故发生时保护乘员和步行者，使直接损失降到最小以及避免出现二次伤害的性能。汽车的被动安全性常和汽车碰撞事故联系在一起，因此又称为汽车碰撞安全性。人们常说的汽车安全性，主要也是指汽车的被动安全性能。

6.2.1　汽车主动安全装置

轿车上安装的几种最常见的主动安全装置包括防抱死制动系统（ABS）、电子制动力分配（EBD）、驱动防滑系统（TCS）、车身电子稳定系统（ESP）。前文对防抱死制动系统以及电子制动力分配进行了介绍，在此不再赘述。

1. 驱动防滑系统（TCS）

驱动防滑系统（Traction Control System，TCS），也称为牵引力控制系统，或者循迹控制系统。

（1）概述。当驾驶汽车在光滑路面制动时，车轮有时候会打滑，甚至发生汽车方向失控现象。同样，在起步或者突然加速的时候，驱动轮也有打滑的可能，特别是在潮湿或者冰雪覆盖的路面上，TCS的作用就是防止车轮打滑。

TCS连接着一个电子传感器，当它探测到从动轮速度低于驱动轮（这是打滑的特征）时，就会发出一个信号，通过调节点火时间、减小节气门开度、降挡或制动等手段让车轮不再打滑。TCS可显著增强汽车行驶稳定性、加速性、爬坡能力。如果配合ABS使用，TCS的效能将大大提高。TCS和ABS可共用车轴上的轮速传感器并与行车电脑连接，不断监视各车轮的速度，若在低速时发现打滑，TCS会立刻发出指令让ABS产生动作来降低车轮的打滑程度。若在高速时发现打滑，TCS立即向行车电脑发出指令，指挥发动机降速或变速器降挡，使打滑车轮不再打滑，防止车辆失控、甩尾。因此，TCS+ABS可有效增强汽车的安全性。

驱动车轮的滑移率$S=(u-u_w)/u\times100\%=\frac{u-r_w}{u}\times100\%$。式中，$u$是车身瞬时速度，$u_w$是车轮圆周速度，$r$是车轮的半径，$w$是车轮的角速度。滑移率与纵向附着系数的关系如图6-1所示：

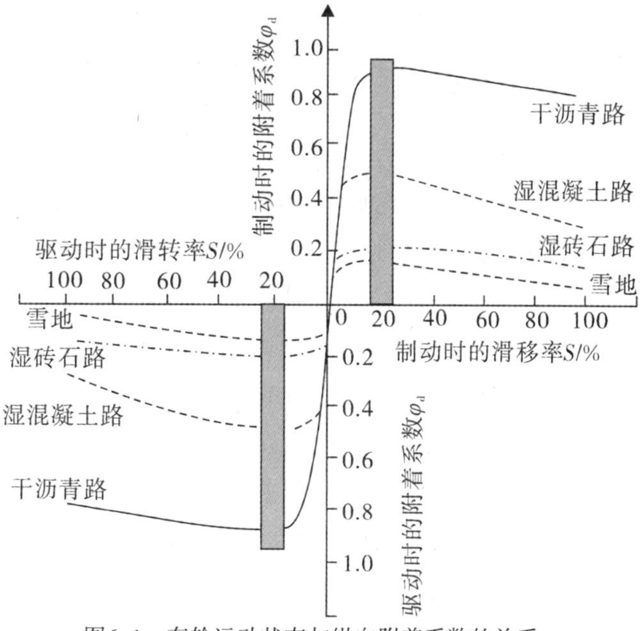

图6-1　车轮运动状态与纵向附着系数的关系

① 附着系数随路面的不同而呈

现大幅度的变化。

② 在各种路面上，滑移率为20%左右时，附着系数达到峰值。

③ 无论制动还是驱动，上述趋势几乎一样。

TCS就是利用控制器控制车轮与路面的滑移率，防止汽车在加速过程中打滑，特别是防止汽车在非对称路面或转弯时驱动轮的空转，以保持汽车行驶方向的稳定性、操纵性，维持汽车的最佳驱动力，提高汽车的平稳性。

（2）TCS的基本组成与工作原理。

① TCS的基本组成。ECU（TCS电控单元），执行器（制动压力调节器、节气门驱动装置），传感器（车轮轮速传感器、节气门传感器），如图6-2所示。

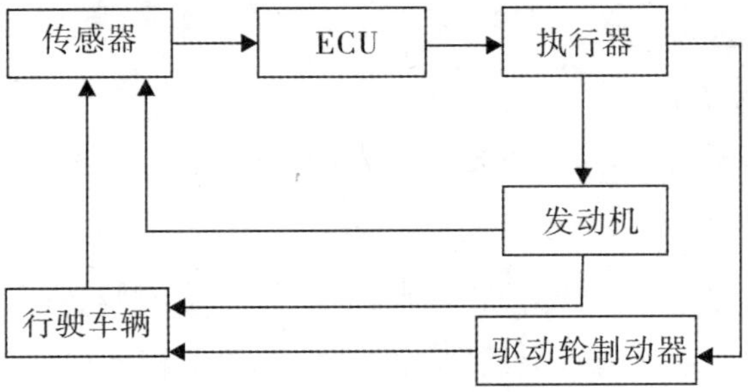

图6-2　TCS的基本组成

② TCS的工作原理。车速传感器将行驶汽车驱动车轮转速及非驱动车轮转速转变为电信号，输送给电控单元（ECU）。ECU根据车速传感器的信号计算驱动车轮的滑移率，若滑移率超限，ECU综合节气门开度信号、发动机转速信号、转向信号等因素确定控制方式，输出控制信号，使相应的执行器动作，使驱动轮的滑移率控制在目标范围之内。

（3）TCS与ABS的区别。TCS和ABS都是控制车轮和路面的滑移率，以使车轮与地面的附着力不下降，它们密切相关，常结合在一起使用，共享许多电子组件和系统部件来控制车轮的运动。

① ABS是防止制动时车轮抱死滑移，提高制动效果，确保制动安全；TCS系统则是防止驱动车轮原地不动而不停地滑转，提高汽车起步、加速及滑溜路面行驶时的牵引力，确保行驶稳定性。

② ABS对所有车轮起作用，控制其滑移率；而TCS只对驱动轮起制动控制作用。

③ ABS是车轮在制动时出现抱死的情况下起作用，在车速很低（小于80 km/h）时不起作用；而TCS则是在车辆行驶过程中出现轮滑时起作用，当车速很高（80~120 km/h）时不起作用。

2. 车身电子稳定系统（ESP）

（1）概述。ESP（Electronic Stability Program）的英文翻译是电子稳定程序，也称为电子稳定系统或车辆横摆控制系统。ESP电子稳定系统是当汽车出现紧急转弯、紧急加速和紧急制动等突发情况时，车辆可以迅速感知并采取相应的控制措施，如对每个轮胎进行单独控制，同时降低引擎的输出，维持车身的稳定。它是汽车上重要的主动安全系统，能够极大提高车辆操纵安车身稳定控制系统全系数和驾驶便利性。其名称各大汽车厂商有所不同，大众ESP、本田VSA、丰田VSC、通用ESC、宝马DSC等，但功能是一样的。

（2）ESP的发展。德国博世公司于20世纪80年代中期开始量产制动防抱死系统，这种装置极大地提高了车辆制动稳定性。但是后来发现制动防抱死系统无法解决低附着路面上车辆起步和加速时出现的车轮打滑问题。1986年，博世公司将制动防抱死系统和牵引力控制系统集成到一起并应用于梅塞德斯S级轿车上，这标志着 ABS/TCS集成时代的来临。但由于ABS只在制动时起作用，TCS只在驱动时起作用，因此ABS/TCS的集成只能解决车辆纵向稳定性问题，无法解决车辆驱动和制动转向、高速转向等极端工况引起的侧向稳定性问题。宝马与博世公司合作于1992年在 ABS/TCS的基础上开发了旨在解决车辆侧向稳定性问题的第一代稳定性控制系统。1995年ESC系统实现批量生产，并首次应用在奔驰S级轿车上。博世2002年推出ESP 8.0，意味着ESP的成熟度已经很高，基本上已接近于理想状态。2010年推出ESP 9.0，除车身稳定控制功能外，它还增加车道检测、碰撞预警、自适应巡航等多向功能。目前ESP系统在欧盟、美国、中国等均已在乘用车中强制装备ESP系统。

（3）ESP的组成。汽车电子稳定系统一般由传感器（轮速传感器、加速度传感器、横向偏摆率传感器、转向角传感器、制动液压传感器、节气门位置传感器）、电子控制单元（ECU）、执行器及警示装置组成，如图6-3所示。

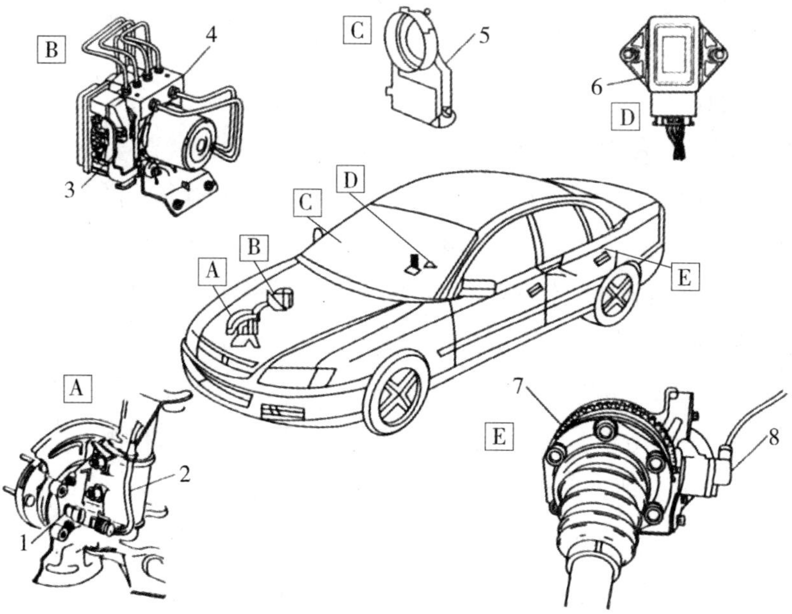

图6-3　ESP零件位置及其组成

1—前轮速度传感器；2—前轮速度传感器引线；3—电子控制单元（ECU）；4—液压调节器总成；5—转向盘转角传感器；6—横向偏摆率传感器；7—后轮速度传感器脉冲环；8—后轮速度传感器。

（4）ESP的基本工作原理。ESP随时监控汽车的行驶状态，当汽车在紧急闪避障碍物，或在转弯出现转向不足、转向过度时，ESP能帮助车辆克服偏离理想轨迹的倾向。实际上，ESP是通过对从各传感器传来的车辆行驶状态信息进行分析，进而向ABS、TCS发出纠偏指令来帮助车辆维持动态平衡。其中，最重要的信息由偏航率传感器提供，它负责测定汽车围绕纵轴的旋转运动（偏航率）。其他传感器负责记录偏航角速度和横向加速度。ESP的电脑会计算出保持车身稳定的理论数值，再比较由偏航率传感器和横向加速度传感器所测得的数据，发出平衡、纠偏指令。

车辆发生转向不足时，会产生向理想轨迹曲线外侧的偏离倾向，而转向过度则正好相反，会向内侧偏离。ESP的纠偏工作过程：通过TCS装置牵制发动机的动力输出，同时指挥ABS对各个车轮进行制动，产生一个反偏航转矩，将车辆带回到理想轨迹曲线。例如，出现转向不足时，制动力会作用在曲线内侧的后轮上，而在严重转向过度时会出现甩尾，这种倾向可以通过对曲线外侧的前轮进行制动予以纠正。

例如，汽车在转弯过程中会出现打滑现象，当后轮出现打滑时产生转向过度，当前轮出现打滑时产生转向不足。当以上两种情况出现时，汽车电子稳定系统就会开始工作。

电子控制单元通过转向盘转角传感器确定驾驶人想要的行驶方向，通过轮速传感器和横向偏摆率传感器来计算车辆的实际行驶方向。当电子稳定系统检测到车辆的行驶轨迹与驾驶人要求不符时，电子稳定系统将首先利用牵引力控制系统中的发动机转矩减小功能，并向发动机控制模块发送一个串行数据通信信号，请求减小发动机转矩。如果电子稳定系统仍然检测到车轮侧向滑移，则电子稳定系统将进行主动制动干预。

① 当汽车在行驶过程中，由于意外造成转向过度使后轮打滑，车辆抛出转弯曲线，此时ESP把制动力加到外侧前轮，使车辆的转弯力量减小，同时使后轮的打滑现象也减少。转向盘转角传感器向电子控制单元发送一个驾驶人想要转向的信号，横向偏摆率传感器检测到车辆开始打转，同时车辆后端开始产生滑移，说明车辆出现转向过度，电子稳定系统将实行主动制动干预，如图6-4所示。

② 当汽车行驶过程中，如果出现前轮打滑，电子控制单元会发出指令降低发动机转矩，并给内侧前轮加制动力，使其向内侧移动，以达到稳定驾驶的目的。转向盘转角传感器向电子控制单元发送一个驾驶人想要转向的信号，横向偏摆率传感器检测到车辆开始打转，同时车辆前端开始产生滑移，说明车辆出现转向不足，电子稳定系统将实行主动制动干预，如图6-5所示。

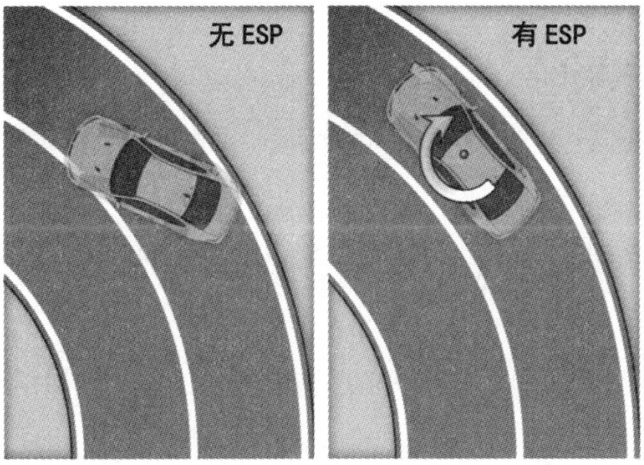

图6-4　转向过度

图6-5　转向不足

6.2.2　汽车被动安全装置

1. 安全车身

车身是驾乘人员活动的空间，当车辆发生碰撞时，车身不发生变形并同时吸收碰撞能量，可以有效保护驾乘人员有人身安全，是汽车被动安全重要装置之一。安全车身是指专门设计的安全车身结构，为了提高车身安全性能，不同汽车主机厂均投入大量人力物力开发车身安全技术，例如丰田的GOA（Global Outstanding Assessment）安全车身、马自达3H车身结构、本田的G-CON安全车身等。

安全的车身需要做到“刚柔并济”，即“该硬的地方硬，该软的地方软”。载人部位的乘员舱要适当的“硬”，要有较高的强度和刚度，保证乘员的生存空间，车身前部和后部应“软”一些，通过缓冲、吸能结构迅速吸收并分散碰撞能量，碰撞冲击力将对驾乘人员造成严重的伤害。进行车身设计时，应综合考虑吸能转向系统、安全带及安全气囊的相互配合，提升被动安全性。合理的车身设计应符合如下要求：一是为缓解成员在碰撞事故中受到的伤害，设计时应最大限度地吸收车辆和乘员的动能；二是汽车发生碰撞后车内应为成员留下足够的生存空间，同时确保碰撞发生后方便乘员逃脱和救援。车身外部及结构安全设计基本要求如下：

（1）汽车车身外部的基本要求。

① 正面碰撞时，汽车保险杠和车身前部要有缓冲能力，在碰撞变形时，能有效吸收动能，车身又需要适当的变形长度来降低车轮、发动机及车厢的加速度。

② 侧面碰撞时，汽车内部的结构部件吸收动能的能力极其有限，车身严重的侧面变形会对乘员造成致命性危害，因此要保证车门和立柱有足够的刚度，车内板足够柔软。

③ 追尾碰撞造成的最主要的伤害是乘员颈部冲击伤害，因此应尽量软化车辆尾部区段，保证燃油系统在碰撞中的完整性。

（2）汽车车身安全的结构设计。为了提高汽车在碰撞中的安全性，保证汽车结构的缓冲及吸能能力，汽车车身安全的结构设计极其重要，这直接关系到汽车的被动安全。车身安全的结构设计主要包括五个结构装置。

① 前保险杠，其主要功能是减轻一次碰撞的伤害程度。在碰撞中既能保护行人安全，又能避免汽车重要部件损坏，减少维修费用。

② 后保险杠是一种在倒车时保护车身后部，减少对行人及障碍物的碰撞伤害的防撞装置。

③ 侧围保险杠，在会车时保护汽车免受侧面障碍物刮擦及碰撞冲击的防撞装置。

④ 救护网，保护被碰撞跌下路面的行人免受车轮碾压的结构。

⑤ 翻车保护杠，保证车顶梁及立柱在翻车时有足够的强度和刚度来保护乘员的结构。

2. 安全带系统

现代汽车的速度很快，一旦发生碰撞，车身停止运动，由于惯性，驾乘人员会继续向前运动，在车内与车身发生二次碰撞，严重时可能把挡风玻璃撞碎而向前飞出窗外，造成严重的人员伤亡。

安全带的保护原理就是该装置里面有一个卡轮，如果快速的拉动安全带，比如说发生车祸的情形下，里面的卡子会由于安全带滚轮的快速转动而被离心力带出，迅速将安全带锁死，把座位上的人员固定在椅子上。待冲击峰值过去，或者人已经能受到安全气囊的保护时安全带就会放松以免压伤人的肋骨。

安全带作为主要的乘员约束保护装置，是目前最有效的安全设备，其单独使用时可以降低42%左右的死亡率。从以往的交通事故统计资料中可以发现，使用安全带的驾驶人头部负伤率约为36.1%，而不使用安全带的驾驶人头部负伤率高达51%。

（1）安全带的种类。安全带按照使用的主动性，可以分为主动型安全带及被动型安全带两类。主动型安全带是指需用人工锁扣及解扣的安全带，需要乘员主动操作才能起作用；被动型安全带是指车门关闭或开启后自动锁扣或解扣的安全带，无须乘员动作，但其结构较复杂。

按照其固定安装方式，安全带大致可分为三类：两点式安全带、三点式安全带和全背式安全带。

① 两点式安全带。

两点式安全带是与车体或座椅仅有两个固定点的安全带，这种安全带又可分为腰带式和肩带式两种。腰带式安全带的软带从腰的两侧挂到腹部，形似腰带，在碰撞事故中可以防止乘员身体前移或从车内甩出，保护人体上身的安全，能有效地防止乘客被抛出，是应用最广的形式。肩带式安全带也称斜挂式，织带经驾乘人员胸前斜挂在肩部，可防止乘员上体过度前倾，限制驾乘人员上躯体向前运动的安全带。肩带式安全带盛行于欧洲，但美、日、澳等国并不采用。

两点式安全带由于在撞车时乘员受力不均匀，下体容易先行挤出，若安装不当，身体会从带中脱出或头部被撞。通过开发膝部保护装置来与这种安全带联合使用，可消除上述缺点。

② 三点式安全带。

三点式安全带是与车体或座椅有三个固定点的安全带。三点式安全带是在两点式安全带的基础上增加了肩带，在靠近肩部的车体上有一个固定点，可同时防止乘员躯体前移和上半身前倾，增强了乘员的安全性，是目前使用最普遍的一种安全带。三点式安全带按照腰带和肩带式组合方式的不同，又可分为分离型和连续型两种。分离型三点式安全带的腰带与肩带可分离，腰带与肩带的锁舌插入固定的锁扣中，肩带的另一端固定在靠近肩部的车体上，成为3个固定点的安全带。连续型三点式安全带的主要特点是腰带肩带为1条连续织带，带扣的锁舌套在织带上并可沿织带滑动，在肩部固定点附近装有一个长度调节件。连续型三点式安全带因此比A型带使用方便。

③ 全背式安全带。

全背式安全带又称马夹式安全带，是在两点式腰带上再连两条肩带组合而成的。其保护效果最好，也是最完善的一种，但使用不便，一般仅用于特殊用途车或赛车上。

（2）安全带的发展方向。许多汽车厂商在安全带的机构、性能、安装方式等方面做了许多改进，使其具有更高的安全性。汽车座椅安全带的发展方向是更好的初始约束特性、吸能特性、舒适性和方便性。

目前涉及汽车座椅安全带的技术发展主要集中在以下几个方面：

① 预拉紧器。安全带预拉紧器能够在低强度碰撞而安全气囊未打开的情况下，保护乘员的头部。由于它能很好地消除在碰撞开始时织带与乘员之间的松弛量，能使乘员与车体之间的相对运动减小，从而对乘员的胸、腹部起到很好的保护作用。

预拉紧器按作用机理可以分为机械式预拉紧器和烟火式预拉紧器。前者能在碰撞事故中迅速拉下带扣以消除织带缠绕间隙；后者通过加速度传感器，使烟火发生器电子点火产生的高压气体驱动卷轴回收，从而达到预拉紧织带的目的。各种预拉紧器的作用时间基本相同，大约为10 ms，消除织带缠绕间隙为40 mm左右。与普通卷收器相比，预拉紧器的乘员保护性能明显得以改善。

② 限荷器。限荷器可以改善安全带的能量吸收特性，对乘员施加比较均匀的约束力，从而减少使用安全带时所造成的不适感。当然，这必然会增加碰撞事故中乘员向前的移动量，所以保证该装置有效性的前提是与安全气囊协同作用，确保乘员不会因过大的前移量而与汽车的内饰件发生硬接触。

③ 卷收器张力减小装置。卷收器的卷收力过大会影响乘员佩戴安全带时的舒适性，造成不舒服的压迫感，张力减小装置可以在不削减织带的回卷能力并保持安全带与乘员接触的前提下，尽量减小织带对乘员的压迫感。由于改善了安全带的佩戴舒适性，无疑会增加安全带的使用率。

④ 高度调节器。高度调节器是一种用于调节安全带上固定点高度的调节装置，可以使安全带佩戴者获得较为舒服的肩带佩戴位置。通过调节高度，不仅使安全带的约束性能得到优化，而且可以改善安全带的佩戴舒适性，从而提高安全带的使用率。

⑤ 自动紧急锁止装置。自动紧急锁止装置是基于以下考虑而引入的：通常须对儿童乘员进行可靠而牢固的约束，而成年乘员却希望可以比较自由地移动，除非出现危险情况。自动紧急锁止装置在织带充分拉出的情况下，通过一定的机构将紧急锁止状态转换到自动锁止状态，这同样提高了乘员佩戴安全带的舒适性和方便性。

一般其下端固定在座椅内侧地板上，通过开关车门时上端点的移动，自动地解除乘员约束或对乘员施加约束。可见，这种形式提高了使用安全带的方便性，会促进安全带利用率的提高。

3. 智能安全气囊

气囊是汽车被动安全技术中技术含量较高的产品之一。它的防护效果已被人们普遍认识，近几年它得到了迅速发展。20世纪80年代后期，一些汽车开始装气囊，90年代后，气囊装用量急剧上升。安装了安全气囊装置的轿车转向盘，平常与普通转向盘没有什么区别，但一旦车辆前端发生了强烈的碰撞，安全气囊就会瞬间从转向盘内“蹦”出来，垫在转向盘与驾驶人之间，防止驾驶人的头部和胸部撞击到转向盘或仪表板等硬物上。有关资料表明，安全气囊自从面世以来，已经挽救了许多人的性命，有气囊装置的轿车发生正面撞车，驾驶人的死亡率在大型轿车中降低了30%，在中型轿车中降低了11%，在小型轿车中降低了14%。

一般情况下，气囊对乘员保护的效果不如安全带，但它与安全带配合使用可大大降低事故中的伤害指数，尤其是可大大降低驾驶人面部的伤害。据交通事故调查统计，气囊可使事故死亡率降低约18%，它与安全带配合使用可使事故死亡率下降47%左右，而单独使用安全带可使驾驶人事故死亡率下降42%左右。可见，安全带对乘员保护的效果要好于单独使用气囊。但是安全带的佩戴率一直不能令人满意，欧洲由于受保险公司的制约，安全带佩戴率可达98%，美国安全带佩戴率为67%左右，而日本的安全带的佩戴率约为20%，气囊作为辅助约束系统，在较高车速碰撞时才起作用。气囊的作用主要是保护乘员的头部和面部。侧面碰撞事故所占比例仅低于正面碰撞事故，因此，20世纪90年代后期对侧面碰撞进行保护的侧面气囊也得到了推广。

智能安全气囊就是在普通型安全气囊的基础上增加传感器，以探测出座椅上的乘员是儿童还是成年人，他们是否系好了安全带以及安全带所处的位置是怎样的高度。然后通过采集这些数据，由电子计算机软件分析和处理控制安全气囊的膨胀，使其发挥最佳作用，避免安全气囊出现无必要的膨胀，从而发挥最佳安全作用。智能安全气囊比普通型安全气囊主要多了两个核心元件，即传感器及与之配套的计算机软件。

智能安全气囊除了前、侧气囊外，还配有安全气帘，在发生侧撞时，能有效保护头部安全。气囊是智能型的，能监测碰撞力的大小、乘员在座椅上的位置和是否使用了安全带，以此确定气囊是否打开和膨胀压力的大小。

虽然安全气囊可以减轻事故过程中乘员的受伤害程度，但与安全带相比，其对乘员的保护效果差一些，二者共同使用可达到较理想的乘员保护效果，因此乘员上车后做的第一件事应是佩戴安全带。

4. **座椅及头枕**

汽车座椅是影响汽车安全性的重要部件，它直接关系到汽车的乘坐舒适性、方便性和安全性。汽车座椅的主要作用包括为驾驶人定位，使乘员在汽车行驶中保持平稳，为乘员提供安全舒适的环境，在汽车受到撞击时保护乘员。

近年来，许多具有特殊功能的座椅陆续被开发出来，如气囊座椅、传感器座椅、冷热可调式座椅、防下滑式座椅等，使汽车的乘坐舒适性、方便性及安全性得到提高。其中传感器座椅可判断乘员是否就位及其质量的大小，并通知气囊传感器，使气囊自动地进行相应的调整。由于传感器获取信息可以减少诸如气囊膨胀时对儿童及不在座位上的乘员的伤害，因此大大增强了汽车座椅对乘员的保护效果。

汽车座椅主要由骨架、坐垫、靠背及其调节装置组成。现代汽车不同类型座椅的结构如图6–6所示。

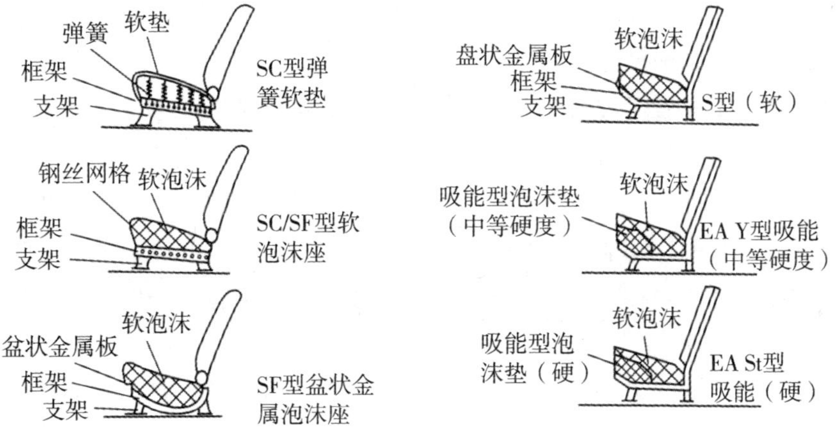

图6–6　现代汽车不同类型座椅的结构

头枕是一种用以限制乘员头部相对于躯干向后移位的弹性装置。在发生追尾撞车事故时，头枕可减轻乘员颈椎可能受到的损伤。头枕可以分为可调节型和不可调节型。可调节型头枕具有可以垂直和横向调节的调节机构，有手动调节和自动调节之分。可拆式头枕支持架需位于头枕本体与固定架之间并起连接作用，且能保持头枕本体的位置，固定架应容易固定于座椅靠背或嵌板、隔板等，在受到振动及冲击时不脱落。

头枕本体通常采用能吸收冲击的发泡材料、缓冲材料等。其前部及上部的材质必须柔软而强韧，不易滑动及粘住，且不得有污点及伤痕。结构物及金属部件应使用适当强度的材料。有可能触及乘员头部的金属或硬质部件，均应使用能吸收冲击的材料覆盖。金属部分除用耐蚀性材料外，均须进行防腐处理。支持架、固定架及各连接部分等，原则上均应使用能吸收冲击的材料覆盖。

汽车座椅头枕的性能直接影响头枕对乘员头部、颈部的保护作用。对头枕按规定的试验方法进行试验时，将载荷加至373 N·m时头模型移动量必须小于102 mm；将载荷加至890 N·m时，头枕及其安装部件在座椅、靠背等损伤前不破损或脱落。头枕按规定的试验方法试验时，加给摆锤（头模型）的减速度，连续超过80 g的时间必须小于3 ms。

5. 汽车吸能方向管柱

汽车行业繁荣的国家对防止转向柱对驾驶人的伤害都有相关法规，在这些法规中规定了汽车发生正面碰撞时，转向柱的向后水平位移量和碰撞力的标准。为了满足这些法规的要求，能量吸收式转向柱得到广泛应用。转向柱除了能满足常规的功能外，在汽车发生正面碰撞时，还能够有效地吸收碰撞能量。防止或减少碰撞能量对驾驶人造成伤害的转向柱，叫作汽车吸能方向管柱。由于能量吸收的机理和形式不同、转向柱与车身受撞脱开方式及转向轴受撞压缩的形式不同，能量吸收式转向柱的种类很多。到目前为止，新型的能量吸收式转向柱的专利还在不断出现。

在汽车发生正面碰撞时，碰撞能量使汽车的前部发生塑性变形。布置在汽车前部的转向柱及转向轴在碰撞力的作用下会向后运动，即向驾驶人胸部方向运动。这种运动的能量应通过转向柱以机械的方式吸收，防止或减少其直接作用于驾驶人身体而造成的人身伤害。另外，在汽车发生正面碰撞时，驾驶人受惯性的影响有冲向转向盘的运动。驾驶人本身的运动能量一部分由约束装置如安全带、气囊等加以吸收，另一部分传递给转向盘和转向柱系统。这部分能量也要通过转向盘及转向柱系统吸收，以防止超出人体承受能力的碰撞力伤害驾驶人。

首次碰撞：碰撞能量使汽车前部发生塑性变形，安装在汽车前部的与转向器输入端相连的转向中间轴在碰撞力的作用下向后运动。隔绝首次碰撞的影响，可由转向中间轴来完成。

二次碰撞：碰撞继续发展，碰撞力作用在转向柱的下端，使转向柱向后移动，这时驾驶人会在惯性作用下撞向转向盘。虽然驾驶人本身有约束装置如安全带、气囊的约束，但仍有一部分能量要传递给转向柱系统。如何吸收二次碰撞能量和驾驶人的部分惯性能量，是设计能量吸收式转向柱时要解决的问题。根据交通事故统计资料和对汽车碰撞试验结果的分析，汽车发生正面碰撞时，转向盘、转向管柱是使驾驶人受伤的主要元件。因此，要求汽车在以48 km/h的速度正面同其他物体碰撞的试验中，转向管柱和转向轴在水平方向的后移量不得大于127 mm；在台架试验中，用人体模型的躯干以6.7 m/s的速度碰撞转向盘时，作用在转向盘上的水平力不得超过11123 N，见《防止汽车转向机构对驾驶员伤害的规定》（GB 11557—2011）的规定。为此，需要在转向系统中设计并安装能防止或者减轻驾驶人受伤的机构。如在转向系统中，使有关零件在撞击时产生塑性变形、弹性变形，或是利用摩擦等来吸收冲击能量。

6. 仪表板设计

当车辆发生撞车事故时，车内饰件等凸出物如仪表板、转向盘、转向管柱等可能会给乘员带来伤害。仪表板上部可能对乘员的胸部和头部造成伤害，而仪表板下部则可能给乘员的腿部带来损伤。

对仪表板而言，除了合理地布置仪表板控件，使驾驶人具有良好的驾驶视野，从主动安全性方面降低事故发生率外，还应该对仪表板进行安全性设计，使其具有吸收冲击能量的结构。

仪表控制台作为人们驾驶操作中经常面对的部分，无论是从造型，还是从安全保障方面来看，都是车内装饰部件中最重要的部分之一。可将配置于仪表板上的零件按功能进行如下分类：

① 与驾驶操作相关的转向盘、喇叭、开关类。

② 与信息传递有关的速度表、各种报警信号指示灯。

③ 与安全性相关的安全缓冲装置。

④ 与收纳性、安全性相关的驾驶室杂物箱。

⑤ 与舒适性相关的通风百叶窗、烟灰缸。

这么多的零件都要充分满足要求，在考虑安全性、乘坐舒适性、操纵性的基础上，还要决定如何在有限的空间内进行布置。这样，就需要根据车内人的动作和反应将仪表板设计成最紧凑的形状。

以前的仪表板材料主要是钢板冲压件，涂以聚氨酯类发泡体。但是，随着车体轻量化的设计趋势，仪表板也已大多改变为塑料或者铝镁合金一体成型件。用聚氨酯类发泡体涂覆的面积也从全涂改为部分涂，且所选用的是撞击时不致飞散碎片的耐冲击性高的塑料。此外，表皮材料成型，也由原来的氯化乙烯塑料板真空成型，改为表皮便于自由成型的泡沫或薄壳成型，以适应各种车型多种技术开发的需求。

在设计汽车仪表时，要保证仪表零件有足够强度和紧固件的牢固性。一般的方法是在仪表板外面加放橡胶减振垫圈，对仪表内的旋转零部件（如指针、车速里程表的感应铝罩及磁钢组件等）进行精细的平衡，等等。

7. 侧门防撞杆

在介绍汽车的安全性配置时，有一项侧门防撞杆。当汽车受到侧面撞击时，车门很容易受到冲击而变形，从而直接伤害车内乘员，因此为了提高汽车的安全性能，不少汽车公司就在汽车两侧门夹层中间放置一两根非常坚固的钢梁，这就是常说的侧门防撞杆。防撞杆的防撞作用是当侧门受到撞击时，坚固的防撞杆能大大减轻侧门的变形程度，从而能减少汽车撞击对车内乘员的伤害。

8. 安全玻璃

在发生撞车事故的时候，如果玻璃碎裂飞散，极有可能对车内乘员产生很大的伤害，因此安全玻璃就这样诞生了。安全玻璃有两种，分别是钢化玻璃和夹层玻璃。钢化玻璃是在玻璃处于炽热状态下使之迅速冷却而产生预应力的强度较高的玻璃，钢化玻璃破碎时分裂成许多无锐边的小块，不易伤人。夹层玻璃共有3层，中间层韧性强并有黏合作用，被撞击破坏时内层和外层仍黏附在中间层上，不易伤人。目前的汽车一般使用的是夹层玻璃，中间层加厚一倍，有较高的安全性。

6.2.3 汽车智能化安全装置

1. 汽车安全预警系统

汽车安全预警系统（Safety Alarm System，SAS）采用了多项发明专利技术，主机和警示灯集于一体，安装在驾驶室内后部，分机分别固定在各轮胎内。装有该系统的汽车运行后，安装在车胎内的各分机由动态传感器自动供电，通过各类传感器实时对轮胎进行压力、温度监测。若某一个轮胎发生气压、温度变化时，则会通过无线发射将信息传输给主机，主机通过中央处理器运算判断各种数据后，发出对应的语音、数字显示、灯光提示，使驾驶人及时获知警情。在视野不好的天气，开启可自动调光的强光警示灯，实现引路导航及防追尾功能，从而实现智能化预警，保证了人员及车辆的安全。

2. 车道偏离预警系统（LDW）

高速行驶时，若车辆出现无预见性的车道偏离，无论对于自身还是后方的车辆来说都非常危险的，所以为了确保行驶安全，保持车道的稳定就会变得和控制车速一样重要。车道偏离预警系统（Lane Departure Warning, LDW）的出现为避免此类事故的发生做出了贡献。这种系统最大的作用就是在车辆偏离原车道时，能够迅速主动的判断该情形是否属于驾驶员无意识行为，从而在0.5秒内作出反应，通过各种手段对驾驶者进行明显警示，提醒驾驶者尽快纠正错误的驾驶行为，从而达到防患于未然的作用。

随着自动驾驶技术的发展，在车道偏离预警的基础上对转向和制动系统进行协调控制，可使汽车保持在预定的车道上行驶，从而形成车道保持辅助系统（LKA, Lane Keeping Assist）。车道保持辅助系统可减轻驾驶的负担，防止驾驶失误，进一步确保车辆行驶安全。

微课

车道偏离预警系统

一个典型的车道偏离预警系统由行车信息感知、预警决策和警报输出三个部分组成，如图6-7所示。其中，行车信息感知部分通过摄像机、雷达等传感器获得车道、车辆等行车环境信息，通过车速、横摆角速度等传感器采集车辆运动状态信息；预警决策部分利用行车信息，建立行车环境和自车运动模型，并按照一定的预警算法，对非正常的车辆偏离车道的危险程度进行判断决策；警报输出部分通过预警决策，选择预警时机和不同级别的预警方式，并发出警报。

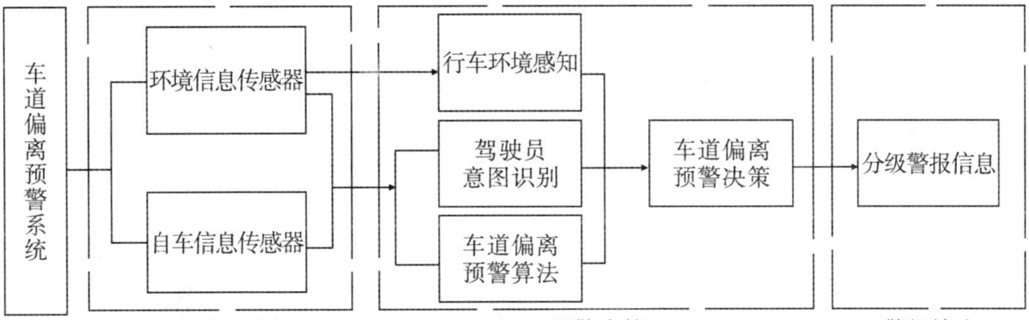

图6-7　车道偏离预警系统

当车辆在没有打开转向灯的条件下就发生车道偏移时，电脑会认定此情况属于驾驶员无意识下的行为，从而开启车道偏离提示。而当驾驶员打开转向灯准备正常并线超车时，该系统将不启动，不会干预和影响正常的驾驶操作。所以车道偏离系统不仅可以预防高速事故的发生，同时还起到了纠正驾驶员不良驾驶习惯的作用。车道偏离系统最主要的缺点是对于应用环境有着比较高的要求，比如行车速度、路面宽度以及分道线的清晰程度等，所以在城市规划道路或高速公路上应用效果较好，而对于车道线不清晰的道路或非铺装路面来说，该系统失去了作用。

3. 车-路协同式汽车主动安全控制系统

微课

车路协同式汽车主动安全控制系统

车-路协同式汽车主动安全控制系统通过车路之间信息的交互与协同控制实现交通要素之间的一体化控制，扩大了车载安全控制系统的信息来源渠道，是解决事故频发、道路拥堵以及由此带来的污染加重等目前道路交通存在的严重问题的有效手段。同时该技术也是实现道路安全畅通、环保的有效途径，是当前世界现代交通领域研究的热点和前沿技术。

车-路协同式汽车主动安全控制系统主要由路侧设备和车载系统两大模块组成。路侧设备包括各种信息探测装置和各种信息的无线通信发射装置。信息探测装置用于获取交通管理部门提供的实时道路交通流量、实时道路限速、天气预报等信息，探测道路湿滑度、道路曲率线形等车载传感器探测不到的信息，以及获取由于交通环境复杂而导致车载探测装置无法有效探测的前方车辆、行人、障碍物等信息。这些信息通过路侧设备的无线通信发射天线，向一定范围进行广播。车载系统主要基于常规的汽车主动安全控制系统，包括行车信息感知及处理模块、行车安全状态判断及控制模块、控制执行模块。行车信息感知模块除了通过车载传感器、雷达、摄像头等获取行车环境信息以外，还拥有无线信息获取装置，可以接收路侧设备向外广播的各种信息。将这些信息整合到车载安全控制系统，对车辆进行主动安全控制。车路通信示意如图6-8所示。

车-路协同式汽车主动安全控制系统以车路无线信息实时交互技术为基础，通过先进的车载智能传感系统，识别车辆和行人等交通要素，辨识交通危险行为。通过路侧设备获取交通信号、交通规则、路面湿滑状态、道路线形等道路和交通环境信息，利用无线通信装置将信息实时传送给行驶车辆，车辆通过车载智能传感器获取车外行人、车辆等行车环境信息，结合速度、加速度、横摆角度、转向盘转角等汽车状态信息，辨识行车危险状态，评估人车和车车冲突风险，提供行车辅助、主动避撞和智能车速适应等安全控制策略，实现车–路协同式车辆安全控制，这样能有效降低拥堵。安全控制系统控制效果较好，提高了行车的安全性。

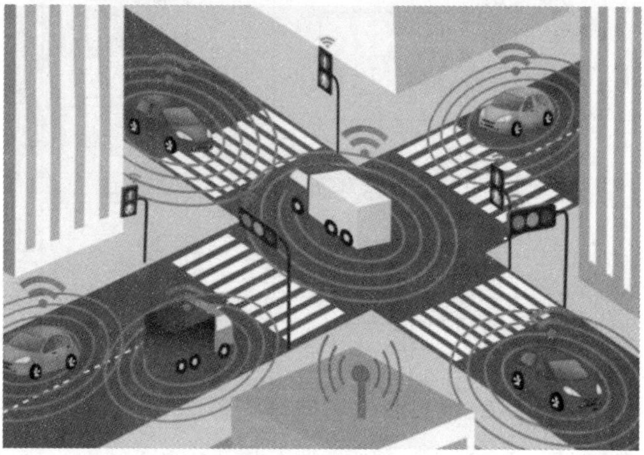

图6–8　车路通信示意

学习单元6.3　电动汽车的安全性测试与评价

纯电动汽车与传统内燃机汽车的主要区别在于驱动动力的来源不同，传统内燃机汽车是由发动机提供动力，纯电动汽车是运用高压电力做动力源，由动力电池提供高压动力给电动机驱动车辆运行。纯电动汽车的一个重要特征是动力驱动系统回路具有高压电和大电流。为了满足汽车正常行驶所需要的驱动力要求，输出所需的功率和转矩，高压电气系统需要采用较高的电压和较大的电流，通常高压电气系统的电压超过300 V甚至达到600 V以上。为了使动力电机在输出功率相同的情况下，尽量减小工作电流，从而降低高压电气系统线路阻抗损耗，便于高压电气系统的控制，减少电气组件的损耗，纯电动汽车动力驱动系统多采用较高的动力电压。

微课

绝缘性检测

纯电动汽车驱动力来自动力电机，而高压电器的工作电流是非常大的，一般工作电流可达到数十安培甚至数百安培，瞬间短路电流更是成倍增加。高电压和大电流对车上人员的人身安全造成巨大的威胁，同时还会影响电气组件和车辆控制器的正常工作，因而纯电动汽车的高压电气系统不仅要满足车辆的动力驱动要求，还必须确保车辆运行安全、驾乘人员人身安全和车辆维修使用安全。

6.3.1　车载可充电储能系统安全性检测

车载可充电储能系统（Rechargeable Energy Storage System，REESS），即可充电的且可提供电能的能量储存系统（如蓄电池、电容器等），对于纯电动汽车来说，其是汽车行驶和其他用电设备的唯一动力来源。

1. REESS的绝缘电阻安全性

根据电动汽车国家标准要求，纯电动汽车需要具备绝缘电阻检测系统，对动力电池及高压电气系统与汽车车身和底盘之间的绝缘电阻进行检测，同时，担负高压电气系统的漏电检测功能。当漏电检测系统检测到高压电气系统绝缘电阻阻值没有达到安全绝缘电阻阻值要求，产生漏电状况，保护系统会立刻断开主电路及相应回路接触器（或继电器），从而起到安全保护的功能。

（1）准备条件和测量条件。

为了测量正常情况下安装在车内的REESS的绝缘电阻，REESS的两个端子应和所有外部电路断开。

通过REESS外部的电源（例如12 V辅助蓄电池）供电的REESS内部辅助系统的端子应与外部电源断开，与电平台连接。若辅助系统的端子用来激活REESS，则可以不用与外部电源断开。REESS可以在车外单独测量，为了测量未安装在车辆上的REESS的绝缘电阻，应使用一个导电部件，例如一个金属板，来模拟电平台，REESS应用其标准固定装置连接在其上，以更好地模拟REESS壳体与电平台之间的电阻特性。

测量之前，REESS应在温度为（5 ± 2）℃的条件下准备至少8 h，而后进行温度为（23 ± 5）℃，相对湿度为 90^{+10}_{-5}%，气压为86 ~ 106 kPa条件下的8 h测量阶段，以达到露点。

如果其他的环境参数可以在测量阶段很快达到露点，则可以采用其他的环境参数，同时应考虑与REESS的类型和用途相关的特定情况。

如果可以，应将REESS充电到厂商规定的满电状态；对于非外接充电型电动汽车的REESS，REESS应处于正常运行情况下的荷电状态。

试验用的伏特表或测量设备的内阻应不小于10 MΩ。

（2）绝缘电阻的检测方法。

绝缘电阻的测量应在出现露点的阶段以适当的频次进行测量，以便得到绝缘电阻的最小值。

如果电流的接合开关集成在REESS中，测量时开关应全部闭合。

如果车辆有REESS绝缘电阻监测系统，在测量时应将其关闭，以免影响测量值。

测量电压时，应将测量设备适当稳定时的读数作为测量值。

测量步骤如下：

① 测量REESS的两个端子和车辆电平台之间的电压。较高的一个定义为U_1，较低的一个定义为U_1'，相应的两个绝缘电阻定义为R_{i1}和R_{i2}（$R_{i2}=R_i$）。（注：R_{i2}是两个绝缘电阻中阻值较小的，因此将其确定为REESS的绝缘电阻R_i）

② 添加一个已知的测量电阻R_0与R_{i1}并联，测量U_2和U_2'。测试期间应保持稳定的电压。（注：理论上，R_0的阻值对绝缘电阻的计算没有影响，但是R_0的选择应使得电压的测量结果尽量精确，所以R_0的阻值除以REESS的最大工作电压在100 ~ 500 Ω/V范围内是适用的，R_0的精度偏差最大不能超过2%）

U_1、U_1'、U_2和U_2'均取绝对值。

③ 计算绝缘电阻R_i，方法如下：

a. 将R_0和三个电压U_1、U_1' 和U_2代入式（6–1）：

$$R_i=R_0\frac{U_1-U_2}{U_2}\left(1+\frac{U_1'}{U_1}\right) \tag{6–1}$$

b. R_i也可以使用R_0和所有四个电压值U_1、U_1' 、U_2和U_2' 代入式（6–2）来计算：

$$R_i=R_0\left(\frac{U_2'}{U_2}-\frac{U_1'}{U_1}\right) \tag{6–2}$$

（3）测量要求。

对于没有嵌入在一个完整的电路里的REESS，如果在整个寿命期内没有交流电路，或交流电路有附加防护，其绝缘电阻R_i除以它的最大工作电压，应不小于100 Ω/V；如果包括交流电路且没有附加防护，则此值应不小于500 Ω/V。如果REESS集成在了一个完整的电路里，可能需要一个更高的REESS阻值。

2. 电气间隙和爬电距离的安全性要求

对于正常使用时不会发生电解液泄漏的REESS，应按照《低压系统内设备的绝缘配合 第1部分：原理、要求和试验》（GB/T 16935.1—2008）的要求，将污染度控制在适当的范围内，如果有发生电解液泄漏的可能，建议爬电距离满足以下要求。

a. REESS连接端子间的爬电距离为

$$d \geqslant 0.25U+5$$

式中，d——被测试验用REESS的爬电距离，单位为mm；

U——REESS两个连接端子间的最大工作电压，单位为V。

b. 带电部件与电平台之间的爬电距离为

$$d \geqslant 0.125U+5$$

式中，d——被测试验用REESS的爬电距离，单位为mm；

U——REESS两个连接端子间的最大工作电压，单位为V。

导电部件之间表面最小电气间隙应为2.5 mm。

电气间隙和爬电距离如图6–9所示。

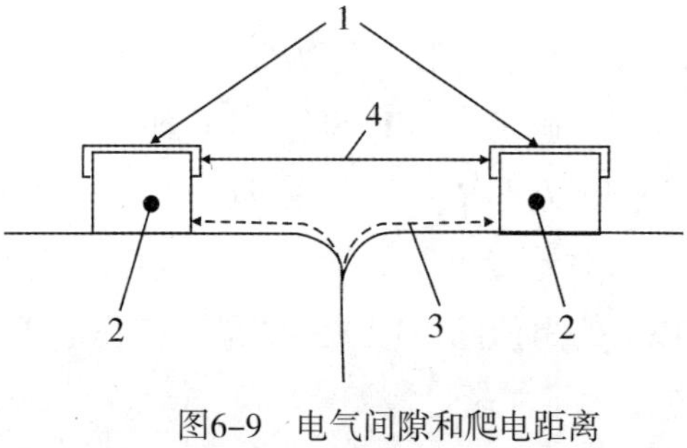

图6–9 电气间隙和爬电距离

1—可导电表面；2—连接端子（动力电池模块、动力电池包或动力粗电池）；
3—爬电距离；4—电气间隙。

3. 有害气体和其他有害物质排放

为了避免爆炸、起火或有毒物质产生的危害，当REESS在正常的环境和操作条件下可能排出有害气体或其他有害物质时，应满足以下要求：在正常的环境和操作条件下，应有适当的措施，使驾驶舱、乘员舱以及各载货空间的有害气体或其他有害物质不会达到潜在的危险浓度。有害气体和其他有害物质允许的最大聚集量应符合国家相关标准的要求。应采取适当的措施应对单点失效。

4. REESS产生的热量

为了避免单点失效情况造成可能危害人员的热量的产生，REESS的热量检测就显得尤为重要，在新能源汽车中BMS就可以完成基础的热量检测，如基于电流、电压或温度的监控器。

5. REESS过电断开

如果REESS自身没有防短路功能，则应有一个REESS过电流断开装置能在车辆制造厂商规定的条件下断开REESS电路，以防止对人员、车辆和环境造成危害。

6.3.2　功能安全性检测

微课

高压接触器的控制原理

1. 车载电源安全保护装置

（1）含接触器的高压接线盒总成。

混合动力汽车或纯电动汽车的动力电池组通过高压继电器与车辆的变频器相连，至少有一个高压主继电器。在车辆的正常运行过程中，高压主继电器被接通（电流开始流动）。高压主继电器属于接触型继电器，对电池电流没有任何限制。

高压主继电器通常有以下几个功能：

①汽车上电时，将动力电池组连接到变频器。

②汽车上电时，监控电池组与变频器之间的高压电路。

③允许高压电流在电池组和变频器之间流通。

④驱动系统被关闭时，断开动力电池组与变频器的连接。

⑤车辆紧急停机时，断开动力电池组与变频器的连接。

（2）预充电接触器。

在接触器系统中，大多数混合动力汽车和纯电动汽车制造商使用三个高压主继电器，第三个高压主继电器安装在与前两个高压主继电器相对的位置。也就是说，如果一个预充电主接触器和一个高压主接触器被并联安装在电池组与变频器之间电路的正极一侧，则第三个主接触器将被安装在电池组和变频器之间电路的负极一侧，反之亦然。

混合动力汽车和纯电动汽车的电池组通常使用预充电接触器限制车辆上电时的电流，预充电接触器通过预充电阻，将动力电池组连接到变频器上，作为高压电气系统的一个自检程序。如果系统的某项自检没有通过，预充电继电器会立即断开，并生成一个故障码（DTC），动力电池组的电流流经预充电阻，以规定的速率为变频器电容充电。

如图6-10所示，车辆上电后，接触器SMRG和预充电接触器SMRP闭合，系统开始自检，如果部件和电路都通过了自检，同时电容也正确充电，则与预充接触器SMRP并联安装的高压主接触器SMRB接通，此时，动力电池组的电流没有任何限制，开始全电流充电，并且此时预充电接触器SMRP断开。

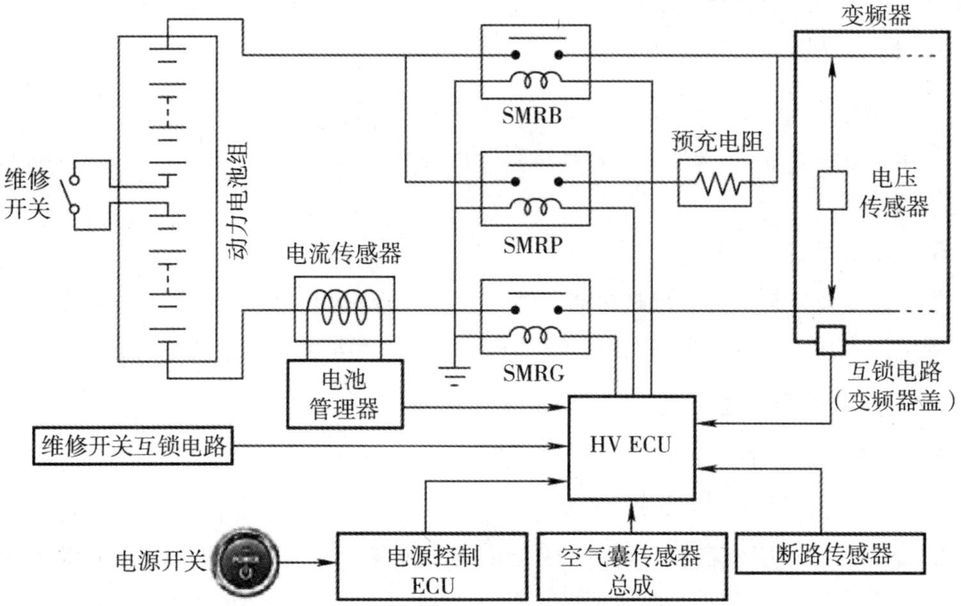

图6-10 高压主接触器控制原理

2. 正常行驶状态安全

（1）功率降低显示。

车辆在行驶过程中，如出现相关故障或出现电池剩余电量较低、驱动电机过热等情况，驱动电机系统会采取限制和减少车辆驱动功率措施，以保护相关系统，出现此项动作会影响汽车的行驶，系统会向驾驶人进行提示。

（2）动力电池SOC显示。

在车辆行驶的整个过程中，在仪表板上会显示动力电池的剩余电量，如果电量过低，则会通过一个明显的信号装置（通常为声音或光信号）提醒驾驶人，注意动力电池电量，尽快进行充电，以免影响行驶。

当车辆处在制造厂规定的低电量状态时，应至少满足下列要求：

① 通过其自身的驱动系统能够使车辆驶出交通区域。

② 当没有独立的能量存储装置为辅助电力系统供电时，最小剩余电量应能为照明系统提供满足有关标准规定所需的电量。

3. 车辆反向行驶安全

车辆使用过程中，除需实现向前行驶外，在某些情况下还需实现反向行驶，这主要通过电机的正反转来实现。在实现车辆反向行驶时，必须满足以下要求，以免车辆意外切换到反向行驶。

① 前进和倒车两个行驶方向的转换，应通过驾驶人两个不同的操作动作来完成。

② 如果仅通过驾驶人的一个操作动作来完成，则应使用一个安全设备使模式转换只有在车辆静止或低速时才能够完成。

如果前进和倒车两个行驶方向的转换不是通过改变电机的旋转方向来实现的，则目前用于内燃机车辆的国家有关规定适用于电动汽车。

6.3.3　防触电保护功能

1. 绝缘保护功能

传统燃油汽车以发动机为动力，采用的是低压电，所以传统汽车上面的导线所承受的电流和电压都很小，主要的作用是传输控制信号。传统汽车导线直径较小，结构上也仅是导体外加绝缘，相对来说比较简单。

纯电动汽车高压电缆的主要作用是传输动力，需要把动力电池的能量传输到各个子系统，因此所设计的电动汽车高压线束必须满足高压大电流传输。纯电动汽车高压电缆承受的电压较高（额定电压最高600 V）、电流较大（额定电流最高600 A），同时所受到的电辐射较强。所以电缆的直径相对于传统燃油汽车电缆明显加大。为了避免其他电子设备因为受到电磁辐射的强烈干扰而无法正常运行，电缆还设计了抗电磁干扰屏蔽结构，即采用同轴结构，利用内导体和外导体（屏蔽）共同作用，电缆内的磁场成同心圆分布，电场从内导体指向并止于外导体，使电缆周围外部的电磁场为零，即屏蔽了电磁辐射，从而确保电动车正常运行。图6–11为高压线缆结构图。

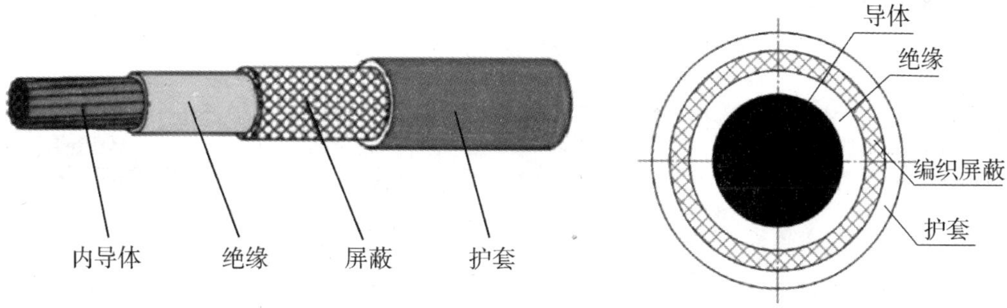

图6–11　高压线缆的结构

常见的绝缘防护分为：① 基本绝缘：加在带电部件上提供防止触电基本保护的绝缘。② 附加绝缘：当基本绝缘失效时为防止触电而提供保护的独立的绝缘。③ 双重绝缘：由基本绝缘和附加绝缘组成的绝缘。④ 加强绝缘：加在带电部件上的一种单一绝缘系统，它提供相当于双重绝缘的防触电保护。加强绝缘是单一的绝缘结构，构成绝缘层的绝缘材料不能够拆分成基本绝缘、附加绝缘等。

2. 高压互锁功能

（1）高压互锁的定义。

高压互锁又指危险电压互锁回路（High Voltage Interlock Loop，HVIL）：通过使用电气低压信号，来检查纯电动汽车上所有与母线相连的各分路，包括整个电池系统、导线连接器、DC/DC转换器、电机控制器、高压控制盒及保护盖等系统回路的电器连接完整性、连续性，识别到回路异常断开时，及时断开高压电，如图6-12所示。

图6-12　高压互锁

（2）高压互锁回路的设计目的。

纯电动汽车动力蓄电池电压一般会高达300~400 V，充放电电流也会高达几十安培甚至几百安培。当设计人员、专业技术人员或汽车检测人员在拆卸电动汽车的高压部件时，除了带上安全防护装备外，电动汽车本身也设计有高压电危险保护装置，即高压互锁回路。

电动汽车上设计高压互锁回路，主要有以下三个目的：① 电动汽车在高压上电前，需要确保整个高压系统的连接是可靠的，即保证高压系统的完整性，使高压的工作环境是封闭的，增强整个系统的安全性；② 在整车的运行过程当中，如果高压系统出现回路断开或者完整性受到破坏，需要启动安全保护；③ 防止因操作不当，人为引起带电拔插高压连接器，从而导致高压端子出现拉弧损坏。

（3）高压互锁的系统原理。

高压及互锁端子连接顺序可见图6-13，高压端子长度比互锁端子长度要长，当进行端子的连接时，高压电路的母端子和公端子首先进行连接，然后互锁电路的母端子和公端子再进行连接，当高压电路母端子和公端子连接完成的时候，互锁电路的母端子和公端子同时完成连接。

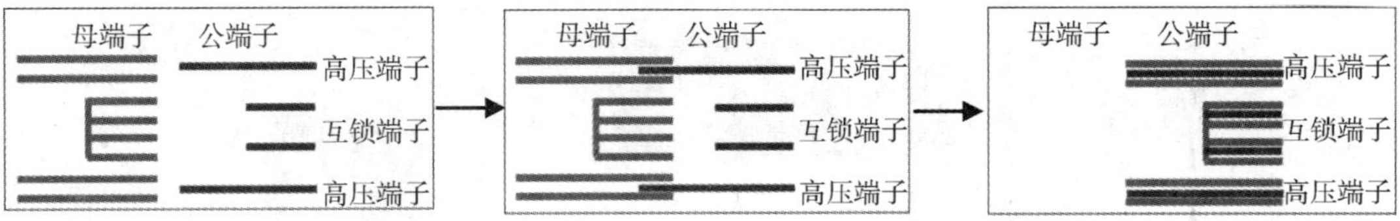

图6-13　高压和互锁端子的连接

高压及互锁端子断开顺序可见图6-14，断开时，高压电路和互锁电路的两个端子同时开始退出连接，互锁电路的母端子和公端子首先断开连接，然后高压电路母端子和公端子断开连接。

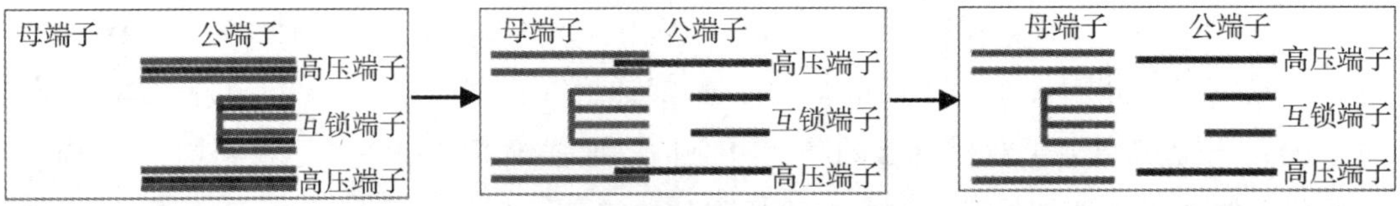

图6-14　高压和互锁端子的断开

由上述高压及互锁端子连接和断开的顺序可以看出，高压连接器中的HVIL接口与高压大电流接口在插入或拔出时，高压端子和互锁端子的连接和断开存在时间差，如图6-15所示。当连接器插入时，高压端子先接触，HVIL端子后接触，时间差为Δt_1，这样可以确保高压端子已经连接可靠；当连接器拔出时，HVIL端子先断开，高压端子后断开，时间差为Δt_2，这样当高压端子有断开趋势时，可以提前预判其是否意外断开。

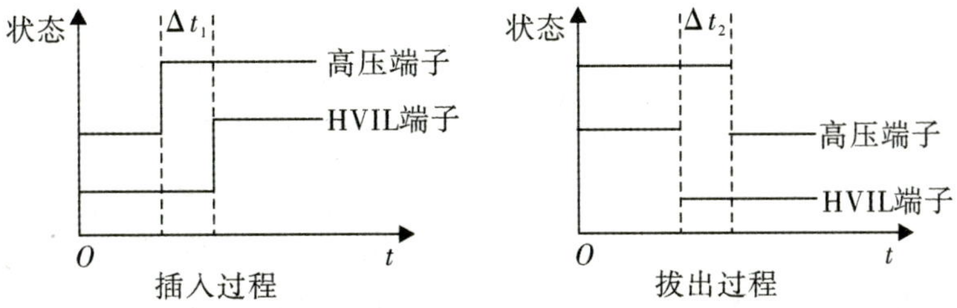

图6-15　互锁端子与高压端子插入和拔出过程

两个时间差Δt_1和Δt_2通常与插入或者拔出的速度有关，初步测试Δt_1大概在1 s，Δt_2大概在100 ms。

学习小结

1. 汽车的主动安全性是指汽车本身防止或减少道路交通事故发生的性能，主要取决于汽车的总体尺寸、制动性、行驶稳定性、操纵性、信息性以及驾驶人工作条件（操作元件、人机特性、座椅舒适性、噪声、温度和通风、操纵轻便性）等。

2. 汽车的行驶安全性是指汽车的装备保证汽车运行安全，同时具有最佳动态性能的能力，包括良好的动力性、制动性、操纵稳定性等。

3. 汽车操纵机构是指车内供驾驶人用来操纵汽车的各种装置，可分为一级和二级操纵装置。一级操纵装置包括离合器、转向盘等，它与汽车运动性能直接相关；二级操纵装置包括照明开关等，它的作用是保障汽车安全运行。

4. 汽车的被动性安全对策主要涉及车身结构、座椅、车顶、车门、安全玻璃、转向盘和转向管柱、内饰件、安全带、安全气囊等，归纳起来可分为安全车身结构和乘员保护系统两大类。

5. 合理的车身设计应符合如下要求：一是为缓解成员在碰撞事故中受到的伤害，设计时应最大限度地吸收车辆和乘员的动能；二是汽车发生碰撞后车内应为成员留下足够的生存空间，同时确保碰撞发生后方便乘员逃脱和救援。

6. 纯电动汽车是运用高压电力做动力源，由动力电池提供高压动力给电动机驱动车辆运行。纯电动汽车的一个重要特征是动力驱动系统回路具有高压电和大电流。所以，除了传统内燃机汽车需要的安全性能，针对动力电池、驱动电机、高压配电箱等高压部件，纯电动车还采取绝缘保护、漏电保护，增加高压互锁功能，以保证车辆行驶过程中的安全性。

课后拓展

美国公路安全保险协会全称（Insurance Institute for Highway Safety，IIHS），是世界安全标准的第三方碰撞测试机构。其根据在欧洲和美洲每年进行系统和专业的碰撞测试得出的安全性能指数，会对各个厂商的车型进行星级划分，促进各车厂加大对安全性研究的投入。

IIHS评测项目包括前端侧角碰撞、侧面撞击、车顶强度测试和追尾对颈椎的影响。除了基本的测试之外，IIHS还时常会进行一些特殊的碰撞测试，比如会进行车辆的对撞来评测安全性能，以及以128 km/h的速度撞向不可移动固体墙。

IIHS着重强调前端侧角碰撞，并用“最小接受指数”来表示车辆安全信息。分别以优秀、良好、及格、差四个级别分级评定，为消费者提供权威的汽车安全信息。

IIHS的亮点在于对车顶强度有着自己的评判标准。方法是使用金属板以一定的角度和速度撞击车顶，然后测量车顶凹陷程度。评为优秀的条件是凹陷不超过5英寸（1英寸=2.54厘米），并且车顶必须能承受超过4倍车重的碰撞力度；达到相同凹陷程度所能承受的强度为车重的3.25倍以上、4倍以下时，评价为良好；2.5倍以上、3.25倍以下时，评价为合格；不到2.5倍时，评价为差。

与国内碰撞测试不同的是，IIHS只会选择最低配车型进行测试，如果厂家有要求，可以对选装后的高配车重新测试，但是成绩必须与低配车型一起公布。

学习情境7　汽车的平顺性测试与评价

任务引入

客户李女士在某汽车销售服务有限公司购买了一款轿车，2个月之后她向维修顾问反映车辆的平顺性不好，在高速驾驶时，振动感很明显，她怀疑车辆悬挂部分有故障，要求检修。

问题

1. 汽车平顺性的评价指标有哪些？评价方法有哪些？

2. 假设你是该汽车销售服务有限公司的维修技师，售后经理打算让你承接此项工作，制订该汽车行驶平顺性检测实践的计划方案，并完成该车平顺性的检测工作。你准备如何完成此次任务？

3. 引起汽车驾驶时振动和冲击的因素有哪些？

4. 在进行主观评价时，哪些指标可以作为评判汽车平顺性好与不好的依据？

学习目标

- 知识目标

◎能说出汽车平顺性的评价指标。

◎能说出影响汽车平顺性的因素（理论分析）。

◎能说出汽车的各相关参数对汽车平顺性的影响。

- 技能目标

◎能应用主观评价法对汽车的平顺性进行评价。

◎能正确完成汽车平顺性的计算与测试分析。

- 素质目标

◎能根据用户的需求运用专业知识解答用户的疑问。

◎形成根据实验测试数据对汽车性能进行科学评价的专业精神。

学习情境概要

汽车行驶平顺性是指汽车在一般行驶速度范围内行驶时，避免因汽车在行驶过程中所产生的振动和冲击，使人感到不舒服、疲劳，甚至损害健康，或者使货物损坏的性能。

汽车行驶时，由于干扰力的作用产生振动。引起振动的原因有两个，一是路面不平引起的随机干扰力，这种随机干扰力的变化规律除与地面的几何形状有关外，还与汽车的行驶速度、车轮直径、轮胎的弹性有关；二是由发动机力矩不均造成的干扰力矩，以及发动机旋转质量、往复运动质量不平衡引起的惯性干扰力和力矩等产生的规律振动。这些振动将使汽车系统发生复杂的振动，对乘员的生理和所运货物的完整性，均会产生不利的影响。

研究汽车平顺性的目的是使汽车系统的振动“输出”在给定的工况“输入”下不超过一定的界限，以保持振动环境的舒适性，使驾驶人在复杂的行驶和操作环境下，保持良好的心理状态和准确、灵敏的反应。

汽车平顺性的评价方法包括客观评价法和主观评价法。本部分围绕人体对振动的反应、平顺性的评价指标、路面不平度的统计特性（振动系统的输入）、振动系统的输出特性等内容展开，建立汽车平顺性客观评价指标和主观评价指标体系，分别分析其影响因素。

本学习情境包括以下3个学习单元：

学习单元7.1　汽车平顺性的客观评价；

学习单元7.2　汽车平顺性的计算与测试分析；

学习单元7.3　汽车平顺性的主观评价。

学习单元7.1　汽车平顺性的客观评价

7.1.1　汽车平顺性客观评价标准

汽车平顺性评价有主观和客观评价方法，客观评价法主要是通过人体所承受的汽车振动强度进行分析，现在已形成标准文件。目前世界上主要有四种汽车平顺性客观评价方法，分别是吸收功率法（Average Absorbed Power）、总体乘坐值法（BS 6841—1987）、VDI 2057和ISO 2631—1997。

（1）吸收功率法。吸收功率法是以人体与振动系统接触部位的力和速度信号来计算吸收功率，据此来评价汽车的平顺性。

吸收功率法具有明确的物理意义，但是没有明确规定的舒适界限。因此，只适合现有车型间的平顺性比较，对产品的开发预测及汽车具体结构参数的改进具有指导意义，适用的频率范围是1 ~ 80 Hz。

（2）总体乘坐值法。总体乘坐值法由英国标准组织在1987年颁布，并被国际标准化组织采纳。该标准适用的频率范围为0.5~80 Hz。

（3）VDI 2057。德国工程师协会（VDI）于1963年发布了VDI 2057标准。该标准是在分析了大量人员在不同频率和强度的正弦振动下的反应得出的。通过定义合适的平顺性指标K系数（K–factor），结合主观感受表进行平顺性评价。该标准适用的频率范围为1~80 Hz。

（4）ISO 2631—1997。这是国际标准化组织ISO在1997年颁布的测量与评价方法，是现行标准，被欧盟的大部分国家采用。

目前被广泛认可和使用的全身振动评价标准主要有ISO 2631—1997、总体乘坐值法，前者是以后者为蓝本制定的，只有部分内容有差异。

7.1.2　汽车平顺性客观评价指标

汽车行驶平顺性的评价方法，通常是根据人体对振动的生理反应，以及振动对保持货物完整性的影响制定的，并用振动的物理量（如频率、振幅、加速度等）作为行驶平顺性的评价指标。目前，常用汽车车身振动的固有频率和振动加速度均方根值评价汽车的行驶平顺性。

1. 车身振动的固有频率

固有频率是指弹性元件由于偶然的干扰而离开静平衡位置，在弹性恢复力的作用下振动的频率，单位为次/分或Hz（次/s）。

汽车是一个复杂的多自由度振动系统，建模时应根据所要分析的问题进行相应简化。假设汽车对称于纵轴线且路面对汽车左右轮的不平度激励相同，此时汽车的振动可以简化为平面振动，且仅考虑悬挂质量的垂直和俯仰运动。在对发动机建模时，可忽略发动机俯仰振动对汽车振动响应的影响，只考虑发动机的垂直振动。

表7–1列出了整车振动系统的固有频率及其振型。

表7–1　整车振动系统的固有频率及其振型

阶数	频率/Hz	振型描述
1	1.632	车身跳动（前）
2	2.901	车身跳动（后）
3	10.564	发动机跳动
4	11.941	1轮跳动
5	11.978	2轮跳动
6	16.642	3轮跳动
7	17.195	4轮跳动

由于汽车内部各部分的固有频率不同，汽车在行驶中常因路面不平，车速和运动方向的变化，车轮、发动机和传动系统的不平衡，齿轮的冲击等各种外部和内部的激振作用而极易产生整车和局部的强烈振动。汽车的这种振动使汽车的动力性得不到充分的发挥，经济性变差。同时，还会影响汽车的通过性、操纵稳定性和平顺性，使乘员产生不舒服和疲乏的感觉，甚至损坏汽车的零部件和运载的货物，缩短汽车的使用寿命。

对于普通底盘，轴荷分配为55/45的三厢乘用车来说，一般前轴的垂直振动频率为65次/分，后轴为75次/分。前后轴选择不同的垂直振动固有频率是为了避免俯仰振动，以及考虑后轴的空载和满载特性。图7–1是不同车型的后轴垂直振动固有频率。

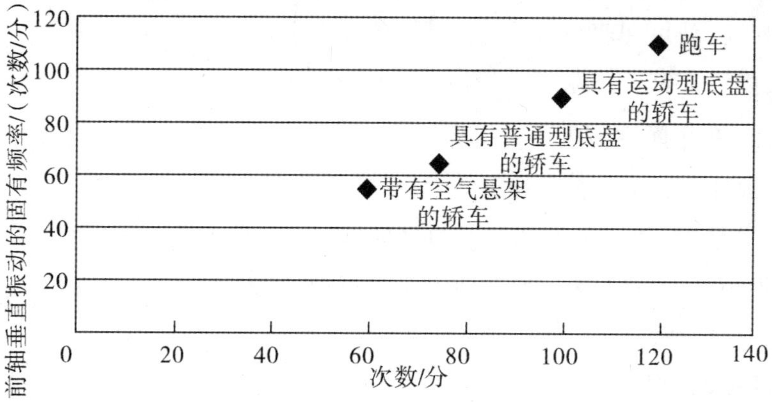

图7–1　后轴垂直振动固有频率

2. 车身振动加速度

加权加速度均方根值是按振动方向并根据人体对振动频率的敏感程度而进行加权计算的，是车身振动评价指标。

（1）轴向加权加速度均方根值。

计算各轴向加权加速度均方根值有两种方法：

① 对记录的加速度时间历程 $\alpha(t)$，通过相应的频率加权函数 $W(f)$ 的滤波网络得到加权加速度时间历程 $\alpha_W(t)$，按式（7–1）计算加权加速度均方根值：

$$\alpha_W=\left[\frac{1}{T}\int_0^T \alpha_W^2(t)\,\mathrm{d}t\right]^{\frac{1}{2}} \quad (7\text{–}1)$$

式中，T——振动的分析时间，一般取120 s。

② 对记录的加速度时间历程 $\alpha(t)$ 进行频谱分析，得到功率谱密度函数 $G_\alpha(f)$，按式（7–2）计算：

$$\alpha_W=\left[\int_{0.5}^{80} W^2(f)\,G_\alpha(f)\,\mathrm{d}f\right]^{\frac{1}{2}} \quad (7\text{–}2)$$

（2）总的加权加速度均方根值。

当同时考虑椅面 x_s、y_s、z_s 这三个轴向振动时，三个轴向的总加权加速度均方根值按式（7–3）计算：

$$\alpha_V=[(1.4\alpha_{xW})^2+(1.4\alpha_{yW})^2+\alpha_{zW}^2]^{\frac{1}{2}} \tag{7-3}$$

（3）加权振级。

有些“人体振动测量仪”采用加权振级$L_{\alpha w}$，也称等效均值。它与加权加速度均方根值α_W换算，按下式进行：

$$L_{\alpha w}=20\lg\left(\frac{\alpha_W}{a_0}\right) \tag{7-4}$$

式中，a_0——参考加速度方根值，$a_0=10^{-6}\mathrm{m\cdot s^{-2}}$。

表7-2给出了$L_{\alpha w}$与α_W与人的主观感觉之间的关系。

表7-2　L_{aw}和a_w与人的主观感觉之间的关系

加权加速度均方根值a_W/（m·s^2）	加权振级L_{aw}/dB	人的主观感觉
<0.315	110	没有不舒适
0.315~0.63	110~116	有一些不舒适
1.0~1.5	114~120	相当不舒适
0.8~1.6	118~124	不舒适
1.25~2.5	112~128	很不舒适
>2.0	126	极不舒适

学习单元7.2　汽车平顺性的计算与测试分析

7.2.1　汽车振动系统

1. 汽车振动系统的输入

（1）路面不平度函数。

对于汽车振动模型的输入，本节只考虑车速与路面不平度的输入。汽车行驶平顺性主要取决于由路面不平度引起的低频随机振动强度的大小。通常把路面相对基准平面的高度沿道路走向I的变化称为路面纵剖面曲线或不平度函数，如图7-2所示，路面相对基准平面的高度q，沿道路走向长度I的变化q（I）称为路面不平度函数。用水准仪或路面计可以得到路面不平度函数。

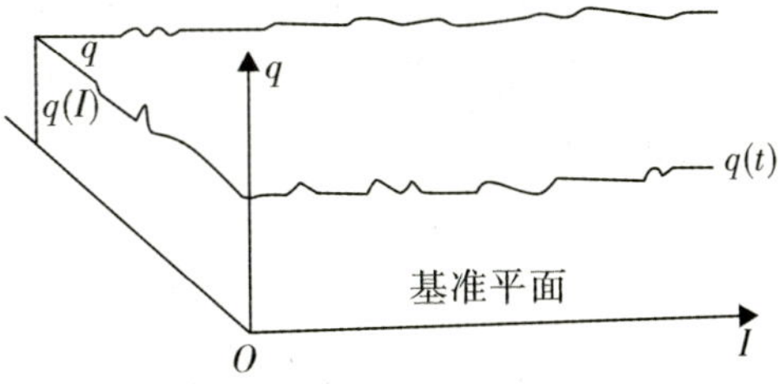

图7-2　路面纵剖面曲线

（2）路面不平度的功率谱密度G_q（n）。

功率谱密度是统计学（谱分析）上常用的一个概念，用于描述一个信号的强度在其频谱上的分布。时间频率是描述物体在周期时间内振动的次数，如10 Hz是指1 s内振动了10次，周期为1/10 s，即每一次振动占用多少时间，称为周期。从图7-2中无法得知汽车振动系统每秒钟振动几次，只能看到每1 m振动了多少次，因此，每米振动的次数称为空间频率，如每米振动5次，则每一个波的波长应为0.2 m。因此，空间频率与波长互为倒数关系。路面不平度的功率谱密度用式（7–5）作为拟合表达式：

$$G_q(n)=G_q(n_0)\left(\frac{n}{n_0}\right)^{-W} \tag{7-5}$$

式中，n——空间频率，单位为m^{-1}，表示每米长度包括几个波长；

n_0——参考空间频率，n_0=0.1，单位为m^{-1}（每个波的长度是10 m，一米变化0.1次）；

$G_q(n_0)$——参考空间频率下的路面功率谱密度，也称路面不平度系数（道路分级依据）；

W——频率指数，为双对数坐标上斜线的斜率（反映函数结构，一般取2，不同路面的取值不同）。

式（7–5）表现在对数坐标上为一条斜线，实测路面功率谱时，为了减小误差，在不同的空间频率范围内可以选择不同的拟合系数进行拟合。按《机械振动　道路路面谱测量数据报告》（GB/T 7031—2005）和ISO/TC 108/SC 2N67两个文件把路面不平度分为8级，如表7–3所示。

表7–3　路面不平度的8级分类标准

路面等级	$G_q(n_0)\times10^{-6}m^2/m^{-1}$ n_0=0.1m^{-1}			$\sigma_q\times10^{-3}m$ 0.011m^{-1}<n<2.83m^{-1}		
	下限	几何平均值	上限	下限	几何平均值	上限
A	8	16	32	2.69	3.81	5.38
B	32	64	128	5.38	7.61	10.77
C	128	256	512	10.77	15.23	21.53
D	512	1024	2048	21.53	30.45	43.06
E	2048	4096	8192	43.06	60.90	86.12
F	8192	16384	32768	86.13	121.80	172.26
G	32768	65536	131072	172.26	243.61	344.52
H	131072	262144	524288	344.52	487.22	689.04

由表7–3可知，路面不平度系数越小，道路的等级越高。

图7–3为路面不平度的分级图。

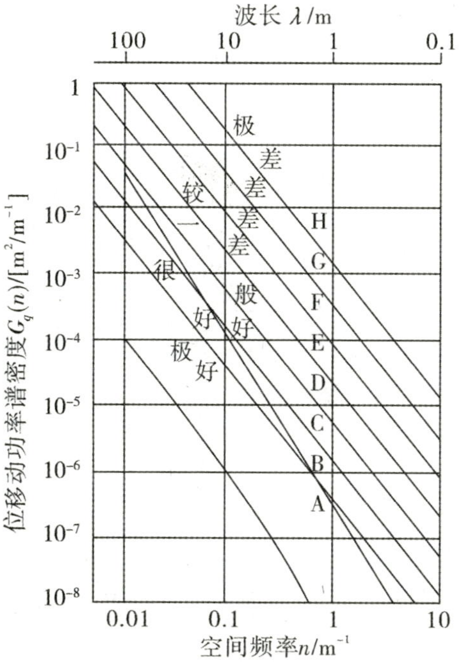

图7–3　路面不平度的分级

当前我国是汽车制造大国，从事汽车设计工作的专业人员需要从用户体验出发，生产满足客户需求的高质量产品，树立大国工匠精神，助力我国从汽车制造大国向汽车制造强国进军，实现中国梦。

当n、W给定时，$G_q(n)$就取决于$G_q(n_0)$的大小，相当于一次线性函数。$G_q(n_0)$越小，则$G_q(n)$越小。基本结论是：路面分级是依据$G_q(n_0)$来划分的。我国高等级公路路面谱基本在A、B、C三级范围内。

2. 速度输入

位移q的一阶导数是速度，二阶导数是加速度。以速度作为输入，得到速度功率谱密度：

$$G_{\dot{q}}(n)=(2\pi n)^2 G_q(n) \tag{7-6}$$

同理，得到加速度功率谱密度：

$$G_{\ddot{q}}(n)=(2\pi n)^4 G_q(n) \tag{7-7}$$

当W=2时，

$$G_{\dot{q}}(n)=(2\pi n_0)^2 G_q(n_0) \tag{7-8}$$

得到与n无关的“白噪声”，噪声即杂乱无章的信号，没有明显的起伏。当以速度为输入的时候，速度功率谱是一白噪声，在整个频率范围为一常数，幅值大小只与不平度系数$G_q(n_0)$有关。

路面纵剖面曲线无法反映时间的关系，问题如：一条凹凸不平的路面是静止的（空间频率功率谱密度），那如何感受到每秒振动多少次（时间频率功率谱密度）？前提就是汽车以一定的车速开到此路上，才会产生时间上的频率概念。

$$f=un \tag{7-9}$$

式中，f——振动的时间频率，单位为Hz；

u——车速，单位为m/s；

n——空间频率，单位为m^{-1}，表示每米长度包括几个波长。

车速越快，每秒钟撞上的凸起就越多，振动的频率就越高。

3. 振动系统的简化

汽车是一个复杂的振动系统，应根据所分析的问题进行简化。

图7-4为一个把汽车车身质量看作刚体的立体模型。汽车上的簧上质量（车身）为m_2，它由车身、车架及其总成构成，该质量绕通过质心的横轴y的转动惯量为I_y，簧上质量通过减振器和悬挂弹簧与车轴、车轮相连接。车轮和车轴构成的非簧上（车轮）质量为m_1，车轮通过具有一定弹性和阻尼的轮胎支撑在不平的路面上。这一立体模型的质量，在计算平顺性时主要考虑垂直、俯仰、侧倾3个自由度，4个车轮质量有4个自由度，共7个自由度。

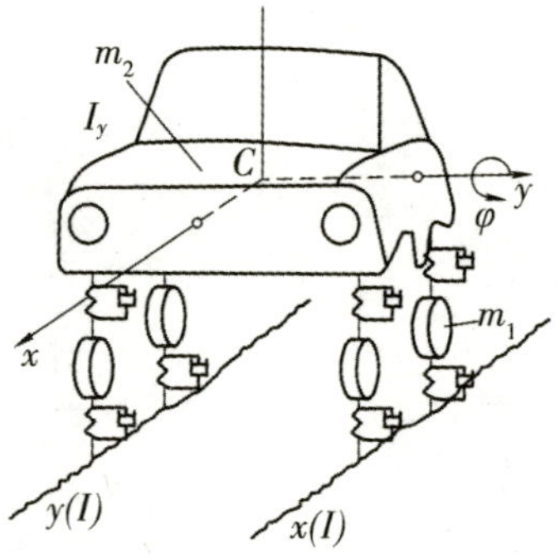

图7-4 四轮汽车简化的立体模型

刚体的空间运动只有6个自由度，为何汽车振动有7个自由度？一个车架通过四个车轮用悬挂连接在一起，必须考虑悬挂变形。车身3个自由度：3个平动为车身在颠簸路面行驶时，只考虑上下跳动（振动）；前后方向自由度只有加速和制动时才有，故此时忽略；左右方向自由度只有转向时才考虑，故此处忽略。3个转动为绕x轴的转动——侧倾；绕y轴的转动，前低后高——俯仰（点头）；绕z轴的转动——横摆（悬挂变形不会引起横摆，转向才考虑）。

当汽车对称于其纵轴线，且左、右车轮的不平度函数$x(I)=y(I)$，此时汽车车身只有垂直振动Z和俯仰振动φ，这两个自由度的振动对平顺性影响最大。

在汽车简化成4个自由度的平面模型（图7-5）中，又因轮胎阻尼较小而予以忽略，同时把质量为m_2、转动惯量为I_y的车身按动力学等效的条件分解为前轴上、后轴上及质心C上的三个集中质量m_{2f}、m_{2r}、m_{2c}。这三个质量由无质量的刚性杆连接，它们的大小由下述三个条件决定。

（1）由于总质量保持不变，故有：$m_{2f}+m_{2r}+m_{2c}=m_2$。

（2）质心位置不变，$m_{2f}a-m_{2r}b=0$。

（3）转动惯量I_y的值保持不变：$I_y=m_2\rho_y^2=m_{2f}a^2+m_{2r}b^2$。

式中，ρ_y——绕横轴y的回转半径。

a，b——车身质量部分的质心至前、后轴的距离。

由上述三式得出三个集中质量的值为

$$\begin{cases} m_{2f}=m_2\dfrac{\rho_y^2}{aL} \\ m_{2r}=m_2\dfrac{\rho_y^2}{bL} \\ m_{2c}=m_2\left(1-\dfrac{\rho_y^2}{ab}\right) \end{cases} \tag{7-10}$$

式中，L——轴距。

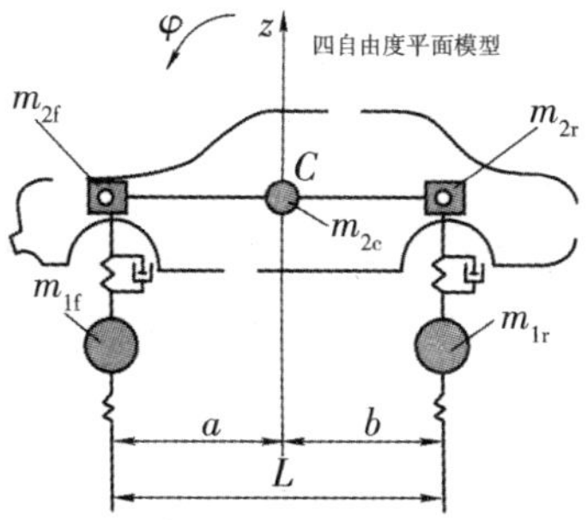

图7-5　双轴汽车的简化平面模型

4. **单自由度振动模型**

图7-6是分析车身振动的单自由度振动模型，它由车身质量m_2和弹簧刚度K、减振器阻尼系数为C的悬挂组成。q是输入的路面不平度函数。

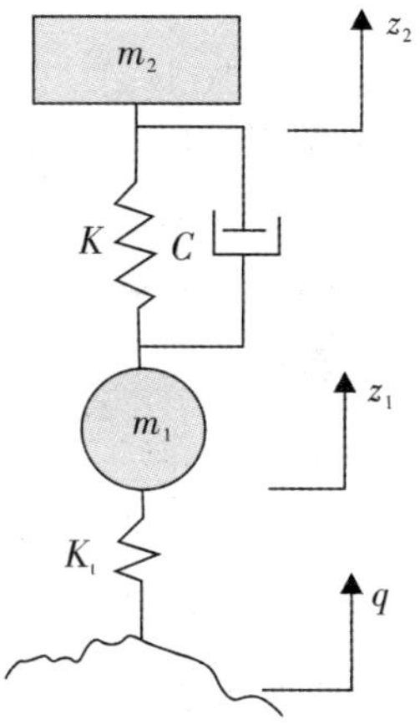

图7-6　单自由度振动模型

车身垂直位移坐标z的原点取在静力平衡位置，根据牛顿第二定律，得到描述系统运动的微分方程为：

$$m_2\ddot{z}+C(\dot{z}-q)+K(z-q)=0 \tag{7-11}$$

此方程的解由自由振动齐次方程的解与非齐次方程特解之和组成。令$2n=\dfrac{C}{m_2}$，$\omega_0^2=\dfrac{K}{m_2}$。

ω_0称为系统固有圆频率，$\zeta=\dfrac{n}{\omega_0}$为阻尼比，数值通常在0.25左右，属于小阻尼，此时微分方程的解为

$$z=Ae^{-nt}\sin\left(\sqrt{\omega_0^2-n^2}t+a\right) \tag{7-12}$$

这个解说明，有阻尼自由振动时，质量m_2以有阻尼固有频率$\omega_r=\sqrt{\omega_0^2-n^2}$振动，其振幅按$e^{-nt}$衰减。

ζ增大ω_r下降，当$\zeta=1$时，$\omega_r=0$，此时运动失去振荡特征。汽车悬挂系统阻尼比为0.25左右，ω_r比ω_0只下降了3%左右，在工程上可以近似认为$\omega_r=\omega_0$，车声部分振动的固有频率ω_0为

$$\omega_0=\sqrt{\frac{K}{m_2}} \tag{7-13}$$

在汽车性能试验中，若要测量汽车悬挂的固有频率ω_r，则给汽车一个初始扰动（如狠狠向下压汽车，然后松开），汽车悬挂来回振动，若每秒振动一次，则有阻尼的频率是1 Hz（带减振器），但在报告中可以写成固有频率，因为大致相等。换言之，有阻尼（减振器）对悬挂的固有频率ω_0基本上不产生影响（只下降3%）。

7.2.2 汽车平顺性的测试分析

在7.2.1节中已建立车身振动的单自由度振动模型（图7-6），接下来将进行振动系统的模型仿真分析和道路试验分析。

1. 汽车振动系统的模型仿真分析

（1）悬挂系统的建模与仿真。

在MATLAB/Simulink 模块中，根据悬挂系统两自由度振动微分方程构建仿真框图，建立汽车平顺性的车身、车轮两自由度仿真模型。在同一仿真路面上，选择C级路面，车速分别为30 km/h、40 km/h、50 km/h，设定仿真时间为20 s。根据不同车速进行对应的白噪声强度输入，然后运行仿真。

（2）模型仿真结果与分析。

对系统进行3个平顺性评价指标输出量的求解，其对应的输入车速分别为30 km/h、40 km/h、50 km/h，3个输出量分别为车身加速度a、悬挂动行程d以及轮胎动载荷F，运行模型仿真将生成车身加速度-时间函数，将车身加速度以数组的形式保存至工作空间。打开工作空间，可以看到在此速度下的车身最大加速度，具体的数值见表7-4。

表7-4 车速-车身最大加速度对应表

车速/（$km \cdot h^{-1}$）	车身最大加速度/（$m \cdot s^{-2}$）
30	0.4930
40	0.5691
50	0.6335

求得车身垂直方向的加权加速度均方根值，数据如表7-5所示。驾驶人座椅垂向加权加速度均方根值依次增大，在3组车速中，人的主观感觉都为“没有不舒服”。

表7-5 不同车速下的加权加速度均方根值与人体主观感觉

车速/（$km \cdot h^{-1}$）	加权加速度均方根值/（$m \cdot s^{-2}$）	人的主观感觉
30	0.0970	没有不舒服
40	0.1105	没有不舒服
50	0.1210	没有不舒服

2. 汽车平顺性道路试验分析

（1）汽车行驶平顺性随机道路试验。

按照现有的试验标准，试验车速将按包括常用车速在内的2个车速进行试验，在此选用的车速为30 km/h和40 km/h。在设定的条件下进行汽车平顺性随机道路试验，并对在一定车速下的座椅时域加速度进行相关分析。

（2）汽车行驶平顺性随机道路试验结果与分析。

在汽车随机道路平顺性试验中，汽车是直线且接近匀速行驶的。但是，汽车由人控制，故不能保持车速恒为40 km/h行驶。受此影响，座椅x轴向（即前进方向）的加速度——频域曲线的加速度相对较大。本试验重点关注的是座椅z轴向的加速度变化情况，并以此评价汽车的平顺性。竖直方向上的加速度波动较大，且座椅频率在3～4 Hz范围内峰值较大，对人体的影响相对较大。

表7–6为三轴向传感器（驾驶人坐垫传感器）的相关试验结果，表7–7为总加权加速度均方根值情况。由表7–6和表7–7可以得出：在相同的试验条件下，当车速发生变化时，加权加速度均方根值会发生变化；当速度增大时，各轴向加权加速度均方根值均增大，三向加权加速度均方根值同样增大；人的主观感觉都是“没有不舒服”。

表7–6 三轴向传感器（驾驶人坐垫传感器）

车速/（km·h^{-1}）	加权加速度均方根值/（m·s^{-2}）				等效均值/dB
	x轴向	y轴向	z轴向	三向加权	
40	0.1229	0.0306	0.0641	0.1419	101.996
30	0.1124	0.0154	0.0543	0.1258	103.042

表7–7 总加权加速度均方根值

车速/（km·h^{-1}）	驾驶人座椅加权加速度均方根值/（m·s^{-2}）	人的主观感觉
40	0.1419	没有不舒服
30	0.1258	没有不舒服

7.2.3 影响汽车平顺性的因素

悬挂结构和轮胎是影响汽车平顺性的重要因素。汽车的悬挂结构由车身、车架及其上的总成构成，由减振器和悬挂弹簧与车轴、车轮相连。车轮、车轴构成非悬挂质量，车轮通过具有一定弹性和阻尼的轮胎支撑在路面上。轮胎由于本身的弹性，在很大程度上吸收了因路面不平所产生的振动，因此它和悬挂系统共同保证了汽车的平顺性。

1. 悬挂对平顺性的影响

悬挂结构主要指弹性元件、导向装置与减振装置，其中弹性元件与悬挂系统的阻尼对平顺性影响较大。汽车悬挂是车桥与车架之间的一切传力总成，主要作用有两个：一是把路面作用在车轮上的三向反力（垂向、纵向和侧向）及其造成的力矩传递至车架上；二是缓冲路面对车身的冲击载荷，吸收和衰减振动，从而使汽车安全平稳地行驶。其中，弹簧缓和路面随机激励，减振器衰减振动。

（1）悬挂刚度对平顺性的影响。

为探讨悬挂刚度对汽车平顺性的影响，在其他参数不变的条件下，将悬挂刚度k_1由20 kN/m逐级增加到50 kN/m，每次增加2 kN/m，计算出每个刚度下各评价指标的均方根，根据结果绘制各指标的均方根值随悬挂刚度k_1的变化曲线，如图7–7所示。

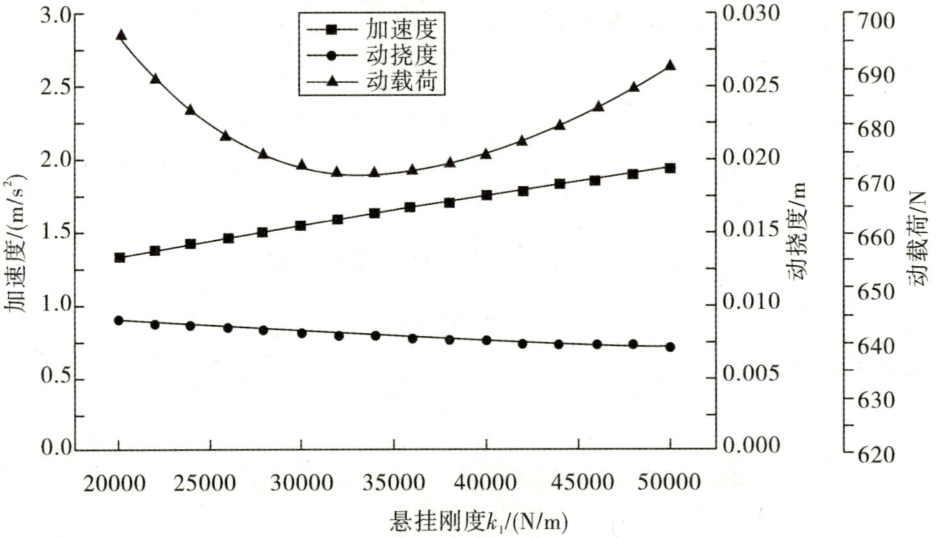

图7–7 各指标的均方根随刚度变化曲线

随着悬挂刚度 k_1的增大，车身垂直方向加速度的均方根单调递增，悬挂动挠度单调递减，车轮动载荷先减小后增大。这说明减小悬挂刚度可以提高乘坐舒适性，但同时也会增加撞击限位块的概率。故不能为了追求舒适性而一味地降低悬挂刚度，刚度过小也会增大车轮的动载荷，严重时会使车轮跳离地面，紧急制动时也会产生严重的“点头”现象。因此，对于在路况比较好的条件下行驶的轿车，采用适当的“软”弹簧可以提高舒适性。对于一般型号的轿车，从舒适性的角度出发，推荐悬挂刚度k_1取22 ~ 32 kN/m 比较合适。

汽车前后悬挂系统刚度的匹配对汽车平顺性也有较大影响。若想使前、后悬挂系统的固有频率接近相等，可以通过选择前、后悬挂刚度来实现。为了减小车身纵向角振动，前悬挂的固有频率得略低于后悬挂的固有频率。

将汽车车身看成一个在弹性悬挂上做单自由度振动的质量时，减小悬挂刚度，可降低车身的固有频率，提高汽车行驶的平顺性。但是，如果增加高频的非悬挂质量的振动位移，大幅度的车轮振动有时会使车轮离开地面，在紧急制动时，会产生严重的汽车“点头”现象。为解决这一问题，可采取一些相应措施，如采用具有非线性特性的变刚度悬挂，即悬挂的刚度随载荷而变，这样在载荷变化时，可以保持车身振动的固有频率不变，从而获得良好的平顺性。悬挂的非线性弹性特性，可通过下述方法来实现。

① 在线性悬挂中，加入辅助弹簧、复合弹簧，采用适当的导向机构、与车架的支承方式等。

② 选用具有非线性特性的弹性元件，如空气弹簧、油气弹簧、橡胶弹簧、硅油弹簧等。

（2）阻尼系数对平顺性的影响。

探讨减振器阻尼系数对平顺性的影响，其他参数不变，将阻尼系数c由 500 N·s/m 逐级增加到 2500 N·s/m，每次增加 100 N·s/m，计算每个阻尼系数下各评价指标的均方根，根据结果绘制出各指标的均方根值随减振器阻尼系数的变化曲线，如图7–8所示。

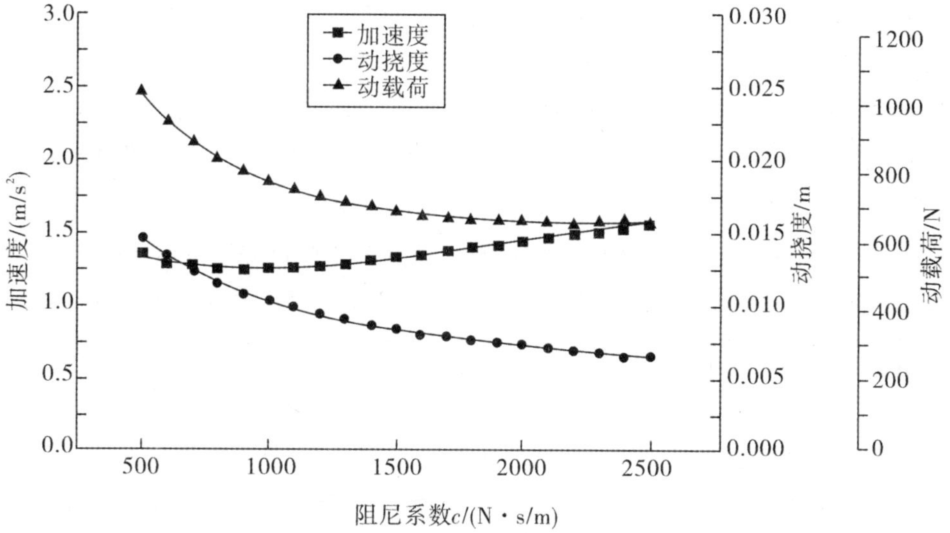

图7–8　各指标的均方根随阻尼系数变化曲线

由图看出，随着减振器阻尼系数 c 的增大，车身垂直方向加速度的均方根先减小后增大，悬挂动挠度和车轮动载荷的均方根均大幅减小。这说明提高减振器阻尼系数主要可以降低动挠度和车轮动载荷，使撞击限位块的概率降低，同时增强抓地能力，改善行车安全性。综合考虑三项指标，可以看出当阻尼系数在1000 ~ 1800 N·s/m 范围内时，汽车平顺性最佳，相应的阻尼比为0.204 ~ 0.368，因此，对一般型号的轿车，阻尼比设置在0.20 ~ 0.37范围内时平顺性最佳。

为了衰减车身自由振动和抑制车身、车轮的共振，以减小车身的垂直振动加速度和车轮的振幅，悬挂系统中应具有适当的阻尼。

在悬挂系统中，引起振动衰减的阻尼来源很多。如轮胎变形时，橡胶分子间产生的摩擦，系统中的减振器、钢板弹簧叶片间的摩擦等。对于各种悬挂结构，以钢板弹簧悬挂的干摩擦最大，钢板弹簧叶片数越多，摩擦越大。所以，有的汽车在使用钢板弹簧悬挂时，可以不加装减振器，但阻尼的数值很不稳定，钢板生锈后阻力过大，不易控制。而采用其他内摩擦很小的弹性元件（如单片钢板弹簧、螺旋弹簧、扭杆弹簧等）的悬挂，必须使用减振器，以吸收振动能量，使振动迅速衰减。

减振器的阻尼效果好，可提高汽车行驶平顺性，改善车轮与道路的接触条件，防止车轮离开路面，因而可改善汽车的稳定性，提高汽车的行驶安全性。改进减振器的性能，对提高汽车在不平道路上的行驶速度有很大的作用。

2. 轮胎对平顺性的影响

轮胎由于本身具有弹性，在很大程度上吸收了因路面不平所产生的振动，因此它和悬挂系统共同保证了汽车的平顺性。轮胎制造过程中由于工艺问题造成轮胎质量不均匀、尺寸不均匀（轮胎不圆）、刚度不均匀等使得汽车在行驶过程中会承受来自车轮总成的周期性激励力，若该激励频率和汽车上其他总成发生干涉，就会引起共振，影响汽车的正常使用。

由于制造加工水平的限制会出现轮胎不均匀的情况，《汽车轮胎均匀性试验方法》（GB/T 18506—2013）中给出了轮胎均匀性的定义：在静态和动态条件下，轮胎圆周特性恒定不变的性能，包括轮胎的质量不平衡、尺寸偏差和力的波动。

① 质量不均匀。质量不均匀即轮胎旋转中心和几何中心不重合，不平衡质量在轮胎旋转时会产生离心力，该离心力的大小根据不平衡质量所处的位置又可分为静不平衡和动不平衡。若是静不平衡（不平衡质量在轮胎的纵向对称中心平面上），则会使轮胎在上下、左右径向跳动；若为动不平衡（不平衡质量不在轮胎的纵向对称中心平面上），不仅会产生离心力，还会产生旋转的力矩，影响车轮的回正。安装不均匀轮胎的车轮不仅会径向跳动还会左右摆动，这无疑会使汽车的性能变差，还会影响汽车的平顺性。由质量不均匀产生的离心力大小可以用式（7–14）衡量。

$$F_1=mr\omega^2 \tag{7–14}$$

式中，m——不平衡质量，单位为kg；

r——不平衡质量到旋转中心的距离，单位为m；

ω——旋转的角速度，单位为rad/s。

② 尺寸不均匀。轮胎尺寸不均匀通俗来讲就是轮胎不圆，这种情况在轮胎生产过程中是无法完全避免的，如接头量偏大或者偏小，接头定点分布的偏移等都会对轮胎的尺寸造成影响。

轮胎是一个圆环状的弹性体，轮胎圆周会出现径向刚度不同的情况，这种情况称为轮胎的刚度不均匀。刚度不均匀的轮胎可以用一系列刚度不同的径向弹簧来模拟，如图7–9所示。由于刚度各不相同，在传递地面作用于汽车上相同的力和力矩时，弹簧的变化长度会有所不同，犹如行驶在不平度很高的路面上，会造成汽车振动，影响行驶平顺性。

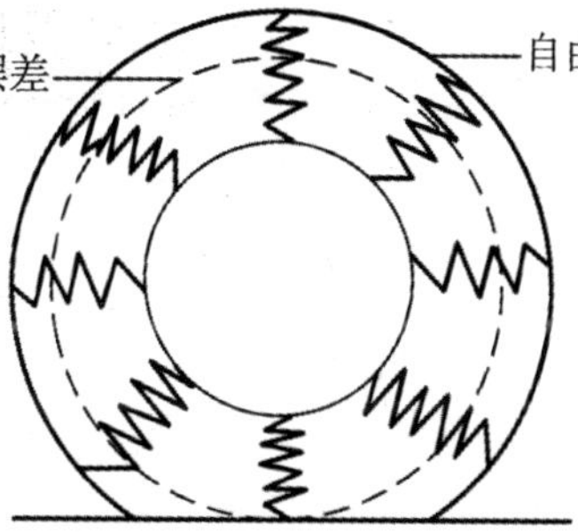

图7-9　轮胎径向弹簧模型

③ 力的不均匀。轮胎是汽车上唯一的接地件，传递着路面作用于汽车的各种力和力矩。均匀的轮胎车轮总成传递的力和力矩是恒定的，而具备上述不均匀特性的轮胎车轮总成在传递这些力与力矩的过程中会产生偏差，其中径向偏差会使得车轮总成成为汽车振动的激励源，且激励频率和车速有着密切的关系。轮胎车轮总成径向不均匀各阶谐量可用图7-10所示的不规则形状等效。其中不均匀第一阶谐量对汽车垂向振动有显著的影响。

汽车常用的车速是60~120 km/h，对于滚动半径为0.38 m的汽车来说，相当于车轮以7 ~ 14 Hz的频率转动。

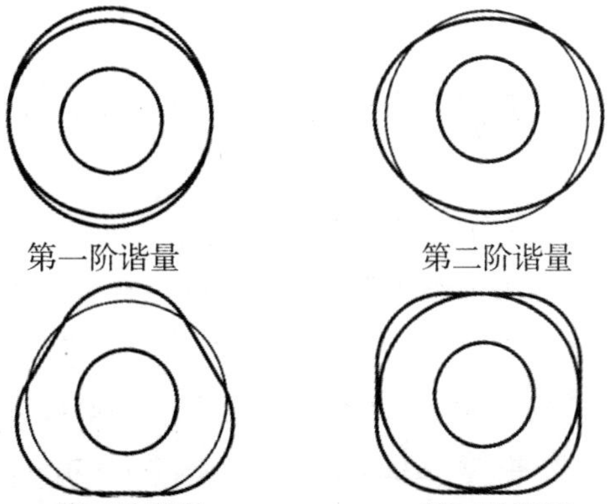

图7-10　轮胎车轮总成各阶谐量形状等效图

3. 其他影响因素

汽车结构的复杂性以及振源的多样性决定了汽车振动是由多种因素决定的。前面已经对悬挂和车轮的激振原理作了详细说明，这里主要对不平路面、发动机、传动轴三大激励源的激振原理做简要说明。

（1）不平路面激励。

空气和路是汽车行驶过程所受外力的主要来源。路面的凹凸不平也称为路面不平度，表征路面在汽车行驶方向上高度的变化，具有随机性。路面的凹凸不平对车轮产生的作用力经过悬挂、车架、座椅等传递到乘员，使乘员感觉颠簸和不适，影响汽车平顺性。

（2）发动机激励。

导致发动机振动的原因有很多，主要可以归结为以下两个方面：发动机内气体燃烧产生的气体压力和曲柄连杆机构运动产生的惯性力，其中惯性力又包括往复惯性力和旋转惯性力。

（3）传动轴激励。

传动轴振动的原因可以分为传动轴不平衡、2阶扭转激励、2阶力偶激励等。

传动轴不平衡体现在以下两个方面：一是由于加工精度造成的传动轴不圆，或称为传动轴不对称，使其几何中心与其旋转轴线不重合，造成径向跳动；二是安装问题，包括传动轴的凸缘和轴管焊接时位置歪斜、中间支撑固定螺栓松动等。

当安装不等速万向节时，以一定的角度将传动轴安装在万向节两端，运转时会产生不均匀的角速度，导致扭转激励。这种情况通常可以通过合理布置传动轴和万向节叉的相对位置来尽量避免，如减小两段传动轴的角度、采用等速万向节等，但是无法做到在整个行驶工况下都能获得期望的轴间角度，所以扭转激励是无法完全避免的。传动轴在传递转矩的过程中会产生附加弯矩。该弯矩2阶力偶作用在变速器、中间支撑和前后桥上，会引起相关部件的振动。

学习单元7.3　汽车平顺性的主观评价

7.3.1　主观评价指标

在主观评价中，以下的振动频率范围比较重要：车身振动（0.5 ~ 5 Hz）、颠簸（2 ~ 5 Hz）、路面激励下发动机自振（5 ~ 15 Hz）、振颤（15 ~ 40 Hz）、喘振（7 ~ 25 Hz）、轰鸣声（30 ~ 70 Hz）、滚动噪声（30 ~ 300 Hz）。人体的固有频率也十分重要，因为共振会加剧乘员的不舒适感。人体对垂直方向上频率为4 ~ 12.5 Hz、水平方向上频率为0.5 ~ 2 Hz的振动最为敏感，且人体对水平方向的振动比垂直方向更为敏感。

在评价平顺性时通常会结合乘坐舒适性进行评价，具体指标见图7–11，共16个。

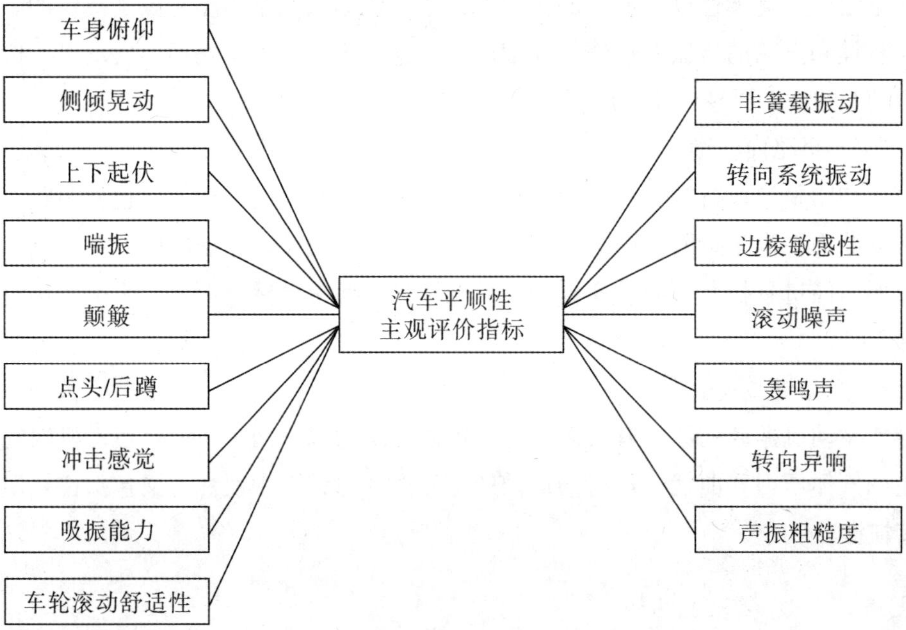

图7–11　汽车平顺性主观评价指标

7.3.2　主观评价指标分析

汽车平顺性主观评价指标的权重如表7–8所示。

表7–8　汽车平顺性主观评价权重

目标层	准则层	对目标层权重	方案层	对目标层权重
汽车平顺性主观评价	振动	0.2343	车身俯仰	0.0206
			侧倾晃动	0.0384
			上下起伏	0.0217
			喘振	0.0508
			颠簸	0.1122
			点头/后蹲	0.0296
			冲击感觉	0.0371
			吸振能力	0.0726
	非簧载振动	0.2799	车轮滚动舒适性	0.1168
			喘振	0.0508
			颠簸	0.1122
			非簧载振动	0.0444
	转向系统振动	0.0751	转向系统振动	0.0751
	噪声	0.2927	边棱敏感性	0.0240
			滚动噪声	0.1064
			轰鸣声	0.0990
			转向异响	0.0633
	声振粗糙度	0.0881	声振粗糙度	0.0881

7.3.3　实例分析

汽车上市前需要专业的测试人员进行汽车性能的测试。表7–9给出了评价工程师对试验车辆平顺性的评价实例。

表7–9　实测汽车平顺性主观评价

序号	评价项目	1号车	2号车	3号车	4号车
1	驾乘舒适性	8.5	8.0	8.0	7.0
2	减振舒适性	8.5	7.5	8.0	6.0
3	悬挂俯仰减振特性	8.0	7.5	8.0	7.0
4	悬挂侧倾减振特性	7.0	7.5	8.0	9.0
5	车身阻尼特性	7.0	7.5	8.0	9.0
6	车身滚动舒适性	8.5	7.5	7.5	7.0
7	声振粗糙度	9.0	7.5	8.0	7.5
8	滚动噪声	8.5	7.5	8.0	7.0
9	边棱敏感性	8.0	7.0	7.0	7.0
10	轰鸣声	8.0	8.0	8.0	8.0
11	减振器异响	9.0	9.0	9.0	9.0
12	喘振	8.5	7.5	8.0	9.0

续表

序号	评价项目	1号车	2号车	3号车	4号车
13	吸振能力	8.5	7.5	8.0	7.0
14	颠簸	7.0	7.0	7.5	6.5
15	发动机振动	8.0	7.5	7.0	6.5
16	车身振动	9.0	8.0	8.0	8.0

通过图7–12可以得出以下结论：四辆试验车驾乘舒适性上的表现都有比较突出的方面。1号车在减振舒适性、车身振颤以及悬挂俯仰减振特性上的表现比较突出，大大提高了驾乘舒适性；4号车车身阻尼特性的评价较高，这也跟产品定位密不可分，作为运动型汽车，适当的车身阻尼特性会增加驾驶的趣味性，因此得到较高评价；4号车发动机振动和悬挂的俯仰减振特性的评价较低，综合4号车的加速性能和转向性能的优异表现，不难发现在产品的研发重点与车辆设计方面，一些性能发生相互制约的状况。

学习小结

1. 汽车行驶平顺性的评价方法，通常是根据人体对振动的生理反应，以及振动对保持货物完整性的影响制定的，并用振动的物理量（如频率、振幅、加速度等）作为行驶平顺性的评价指标。

2. 固有频率是指弹性元件由于偶然的干扰而离开静平衡位置，在弹性恢复力的作用下振动的频率，单位为次/分或Hz（次/秒）。

3. 加权加速度均方根值是按振动方向并根据人体对振动频率的敏感程度而进行加权计算的，是车身振动评价指标。

4. 为了衰减车身自由振动和抑制车身、车轮的共振，以减小车身的垂直振动加速度和车轮的振幅，悬挂系统中应具有适当的阻尼。

5. 汽车平顺性的客观评价分析主要包括车身振动的固有频率分析以及车身振动加速度分析。

6. 汽车平顺性主观评价中以下振动频率范围比较重要：车身振动（0.5 ~ 5 Hz）、颠簸（2 ~ 5 Hz）、路面激励下发动机自振（5 ~ 15 Hz）、振颤（15 ~ 40 Hz）、喘振（7 ~ 25 Hz）、轰鸣声（30 ~ 70 Hz）、滚动噪声（30 ~ 300 Hz）。

7. 人体对于振动的感受，在垂直方向上4 ~ 12.5 Hz、水平方向上0.5 ~ 2 Hz 最为敏感，且人体对水平方向的振动比垂直方向更为敏感。

课后拓展

乘员所受的机械振动可分为局部振动和全身振动两大类。其中，局部振动一般不会给乘员造成伤害，只对操作的精度和准确度有影响。而全身振动是指通过人体支撑面传给人体的振动。乘员承受的乘坐振动属于全身振动，也是对乘员可能造成严重伤害的主要振动形式。人体承受全身振动而引起的舒适性问题，称为振动舒适性。

通过座椅、其他车辆部件等，可以隔离、缓和、吸收和衰减行驶及作业中所产生的各种冲击和振动，最终使传给乘员身体的振动强度处于人体所能承受的舒适性范围之内。根据实验结果，4 ~ 8 Hz的振动在人体敏感区，此时身体部分区域产生共振；振动频率下降，在 2 Hz以下时，人有强烈的敏感度，频率再下降人会出现晕车症状。而且，人体在振动环境中疲劳过程会加速。

学习情境8 汽车的通过性测试与评价

任务引入

王先生需要购买一辆专门用于自驾游的汽车，由于喜欢开车长途旅游，他希望购买一辆越野性能较好的汽车。他倾向于国内自主品牌车，销售人员给他推荐了哈弗H9。

问题

1. 越野汽车的最高车速、加速时间、油耗等数据都不如同级别的轿车，但为何还有众多的用户？

2. 如何评价一辆汽车的越野性能？

学习目标

- 知识目标

◎能说出汽车通过性的客观评价指标。

◎能说出影响汽车通过性的因素。

- 技能目标

◎能应用汽车通过性相关理论对汽车的通过性能进行评价。

◎能说出汽车的各参数及配置对汽车通过性的影响。

- 素质目标

◎养成利用多种信息化平台进行自主学习、独立思考的能力。

◎形成准确的自我评价和接受他人评价的能力，追求精益求精的品格。

发展汽车的核心目标就是要把握不同时空背景下科技产业的客观规律，开发令消费者满意的汽车产品及服务，充分满足人民群众对美好生活的向往。

学习情境概要

汽车通过性是指在一定载质量下，汽车能以足够高的平均车速通过各种坏路和无路地带以及克服各种障碍的能力。坏路和无路地带，是指松软土壤、沙漠、雪地、沼泽等松软地面和坎坷平地段；各种障碍，是指陡坡、侧坡、台阶、壕沟等。

汽车通过性可以分为牵引支承通过性和几何通过性。牵引支承通过性反映汽车通过松软土壤、沙漠、雪地、冰面、沼泽等地面的能力，几何通过性反映汽车通过坎坷不平路段和障碍（如陡坡、侧坡、台阶、壕沟等）的能力。通过学习，学生可掌握汽车通过性的客观评价指标；掌握影响汽车通过性的因素，以及这些因素是如何影响汽车通过性的。

本学习情境包括以下2个学习单元：

学习单元8.1 汽车通过性的客观评价指标；

学习单元8.2 汽车通过性的影响因素与测试分析。

学习单元8.1 汽车通过性的客观评价指标

汽车通过性的客观评价指标分为汽车牵引支承通过性的评价指标和汽车几何通过性的评价指标两类。

8.1.1 汽车牵引支承通过性的评价指标

汽车牵引支承通过性的评价指标包括附着质量和附着质量系数、接地比压、牵引系数、牵引效率、最大动力因数等，其中，最主要的评价指标是附着质量和附着质量系数、接地比压。

1. 附着质量和附着质量系数

附着质量系数是指汽车附着质量与汽车总质量之比。汽车在附着系数小的路上行驶时，较大的附着质量和附着质量系数有利于汽车最大驱动力的发挥，减小车轮滑转的可能性，从而提高汽车的通过性。为了提高汽车的通过性，应对汽车附着质量系数有明确的要求，如意大利对4×2牵引车组成的汽车列车的附着系数规定为 0.27，英国规定为0.263等。

2. 接地比压

接地比压是指车轮对地面的单位压力，即车轮的负荷与轮胎接地面积之比。汽车在松软地面上行驶的滚动阻力系数和附着系数都与接地比压有关。接地比压小，轮辙深度小，汽车的行驶阻力就小。同样，当汽车行驶在黏性土壤和松软雪地上时，降低接地比压，可使轮胎接地面积增加，提高地面承受的剪切力和附着系数，使轮胎不易滑转，提高汽车的通过性。

8.1.2 汽车几何通过性的评价指标

汽车与不规则地面的间隙不足，导致出现汽车被托住而无法通过的现象，称为间隙失效。间隙失效主要有触头失效、托尾失效、顶起失效等形式。触头失效是汽车前端触及地面的间隙失效，托尾失效是汽车车尾触及地面的间隙失效，顶起失效是汽车中间底部的零件碰到地面而被顶住的间隙失效。

与间隙失效有关的汽车整车几何尺寸称为汽车通过的几何参数，主要包括最小离地间隙、接近角、离去角、纵向通过角等。另外，汽车的最小转弯直径、内轮差、转弯通道圆及车轮半径也是汽车几何通过性的重要评价指标。各类汽车通过性几何参数的数值范围见表8–1。

表8–1 各类汽车通过性几何参数的数值范围

汽车类型	驱动形式	最小离地间隙h_{min}/mm	接近角α/(°)	离去角β/(°)	最小转弯直径d_H/m
轿车	4×2	120~200	20~30	15~22	14~26
	4×4	210~370	45~50	35~40	20~30
货车	2×2	250~300	25~60	35~45	16~28
	4×4、6×6	260~350	45~60	35~45	22~42
越野车（乘用）	4×4	210~370	45~50	35~40	20~30
客车	6×4、4×2	220~370	10~40	6~20	28~44

1. 最小离地间隙h_{min}

汽车满载时，汽车中间区域内的最低点到汽车支承平面（地面）的距离，称为汽车最小离地间隙。中间区域是指平行于汽车纵向对称平面且与其等距离的两平面之间所包含的部分，两平面之间的距离为同一轴上两端车轮内缘最小距离的80%，如图8–1所示。

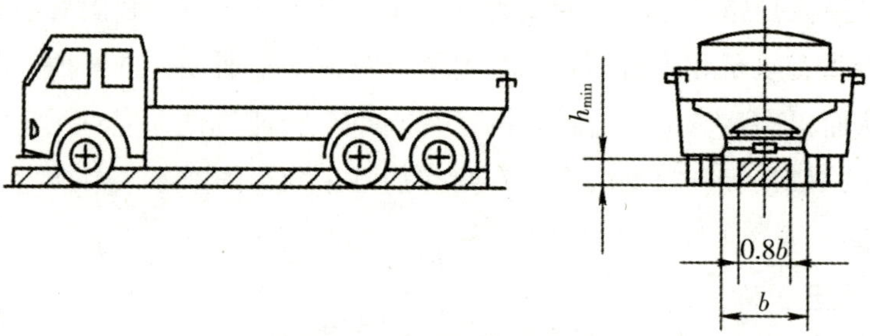

图8–1 汽车最小离地间隙

汽车最小离地间隙表示汽车无碰撞地越过石块、树桩等低矮障碍物的能力。汽车的发动机油底壳、驱动桥或前悬挂的下摆臂等部位通常离地间隙较小，一旦与地面相碰撞造成损坏，不但无法继续行驶，而且损失巨大。越野汽车一般有较大的离地间隙。

2. 接近角 α 与离去角 β

汽车接近角是指切于静载汽车前轮轮胎外缘且垂直于汽车纵向对称平面的平面与汽车支承平面之间所夹的最大锐角，位于前轴前方的任何固定在汽车上的刚性部件均在此平面的上方，如图8–2（a）所示。

汽车离去角是指切于静载汽车最后车轮轮胎外缘且垂直于汽车纵向对称平面的平面与汽车支承平面之间所夹的最大锐角，位于车轴后方的任何固定在汽车上的刚性部件均在此平面的上方，如图8–2（b）所示。

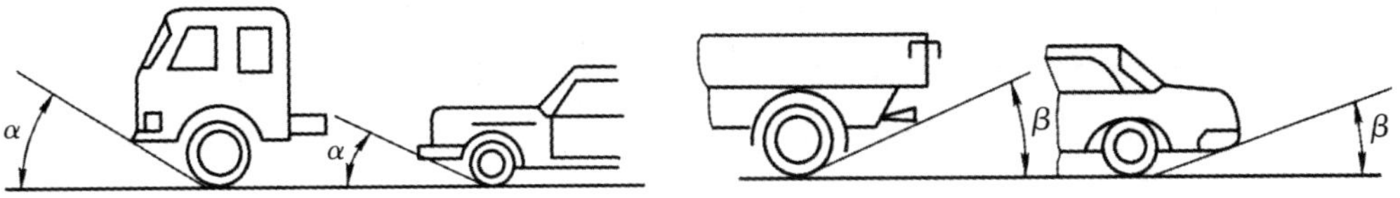

（a）　　　　（b）

图8–2　汽车接近角与汽车离去角

汽车的接近角和离去角表示汽车接近或离去障碍物（如地面凸起物、沟洼地）或陡坡时不发生汽车碰撞的可能性。汽车的接近角与离去角越大，汽车通过性就越好。

3. 纵向通过角 θ

当分别切于静载汽车前后轮胎外缘且垂直于汽车纵向对称平面的两平面交于车体下部较低位置时，车轮外缘两平面之间所夹的最小锐角，称为汽车纵向通过角，如图8–3所示。汽车纵向通过角表示汽车无碰撞地越过小丘、拱桥等障碍物的能力。汽车纵向通过角越大，汽车通过性就越好。

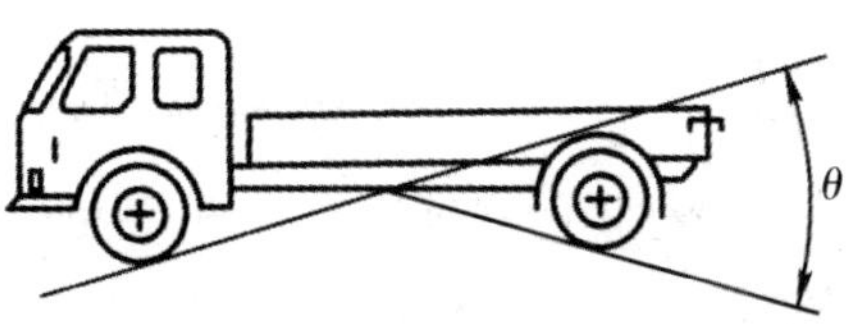

图8–3　汽车纵向通过角

4. 最小转弯直径 d_H 和内轮差 d

汽车最小转弯直径 d_H 和内轮差 d 如图8–4所示。

汽车在转向行驶过程中，转向盘向左和向右转到极限位置时，汽车外转向轮印记中心在汽车支承平面上的轨迹圆直径中的较大者，称为汽车的最小转弯直径，它表示汽车在最小面积内的回转能力和通过狭窄弯曲地带或绕过障碍物的能力。前转向轴和末轴的内轮印迹中心在汽车支承平面上的轨迹圆半径之差，称为内轮差。

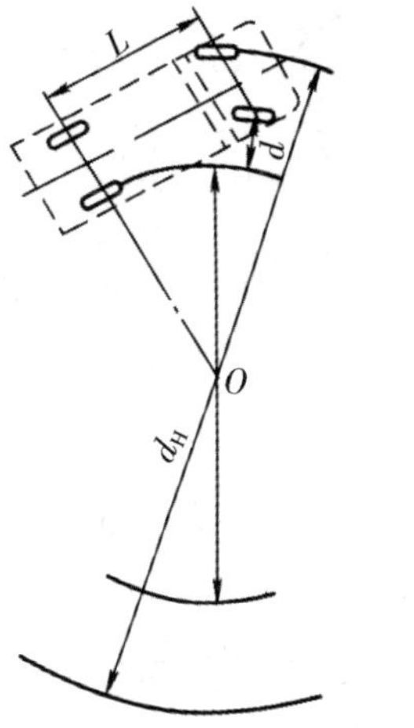

图8–4　汽车最小转弯直径和内轮差

《机动车运行安全技术条件》（GB 7258—2017）规

定：机动车辆的最小转弯直径，以前外轮轨迹中心线为基线，测量其值不得大于24 m；当转弯直径为24 m时，前转向轴和末轴的内轮差（以两内轮轨迹中心线计）不得大于3.5 m。

5. 转弯通道圆

汽车的转向盘转至极限位置时，汽车所有点在汽车支承平面上的投影均位于圆外的最大内圆和包含汽车所有点在汽车支承平面上的投影均位于圆内的最小外圆之间的通道为汽车转弯通道圆，如图8–5所示。

汽车有左转弯通道圆和右转弯通道圆。汽车转弯通道圆的最大内圆直径越大，最小外圆直径越小，汽车所需的通道宽度就越窄，通过性就越好。

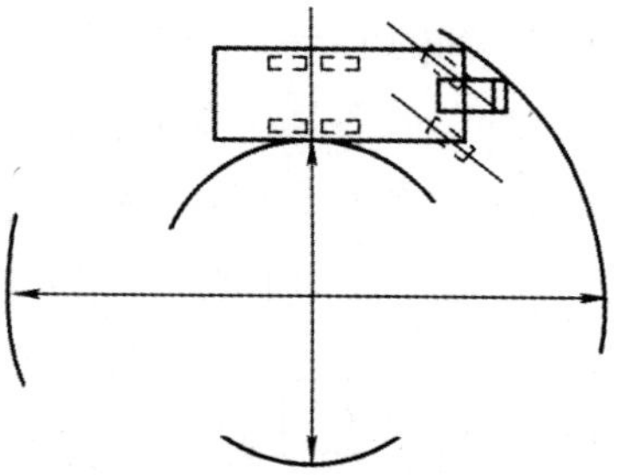

图8–5　汽车转弯通道圆

6. 车轮半径r

汽车克服垂直障碍物（台阶、壕沟等）的能力与车轮半径有关。对于后轮驱动的汽车，在驱动力和附着力足够的条件下，能克服垂直障碍物的最大高度$h=\frac{2}{3}r$，如图8–6（a）所示；对于双轴驱动的汽车，$h\approx r$，如图8–6（b）所示。

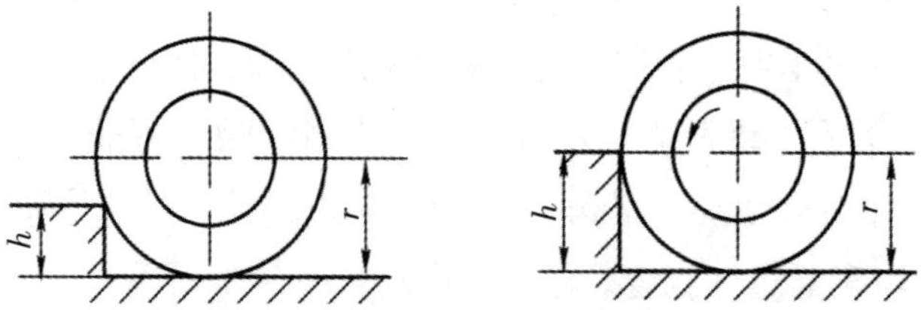

（a）　（b）

图8–6　汽车克服垂直障碍物高度h

若壕沟的边缘够结实，一般结构的双轴汽车所能越过的壕沟宽度$b=r$；对于双轴驱动的汽车，这个数值大约为$1.2r$。图8–7所示为汽车越过壕沟的宽度。

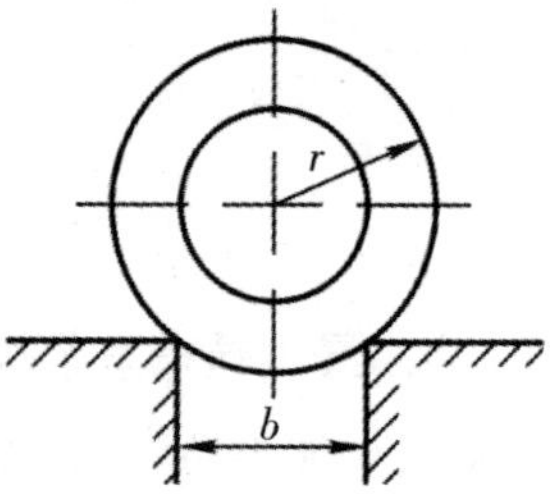

图8–7　汽车越过壕沟的宽度b

学习单元8.2　汽车通过性的影响因素与测试分析

汽车通过性的技术与测试分析的目的在于通过分析影响汽车通过性的各种因素，改善和提高汽车通过性能。影响汽车通过性的因素有很多，主要包括汽车的动力总成因素、汽车轮胎因素等。

8.2.1　动力总成因素

影响汽车通过性的动力总成因素，主要指汽车的发动机和变速箱。

1. 汽车的最大单位驱动力

由于汽车越野的行驶阻力很大，为了充分利用地面提供的挂钩牵引力（挂钩牵引力表示土壤强度储备），保证汽车通过性，除了减小行驶阻力外，还必须增加汽车的最大单位驱动力。

实际上，在汽车行驶时，若忽略空气阻力，最大单位驱动力等于最大动力因数（D_{max}）。为了获得足够大的单位驱动力，要求汽车有较大的比功率。在困难的行驶条件下，通过提高发动机功率，限制汽车的额定载质量能提高单位驱动力，同时也能降低地面的滚动阻力。

2. 传动系统的总传动比

在相同的发动机转速下，传动系统的传动比增大可使汽车的驱动力增大，同时还可使汽车行驶速度降低。当汽车的行驶速度降低时，土壤的物理特性会有所改善，土壤剪切和车轮滑转的可能性减小，所以较大的传动比可以改善汽车的通过性。越野汽车在结构上往往采用增加副变速器或使用两挡分动器的结构形式，以增大传动系统的最大总传动比，得到更大的驱动力和更低的最低稳定车速。

副变速器或分动器的低挡传动比往往选得比附着条件所限制的值要大，使汽车能在极低的速度下稳定行驶，因为在低速下汽车能够克服较大的道路阻力而不发生土壤的剪切破坏，从而得到较高的附着能力。

8.2.2　汽车轮胎因素

车轮是与地面直接接触的汽车部件，车轮对汽车的通过性起着极其重要的影响，为了提高汽车的通过性，必须正确选择轮胎的花纹、尺寸、结构参数、气压等，使汽车的滚动阻力较小，附着能力较强。

1. 轮胎直径与宽度

具有越野功能的汽车轮胎与其他轮胎不同，最重要的是轮胎直径和胎宽。在松软的地面上行驶，直径较大的轮胎和胎面较宽的轮胎可以增加接地面积，降低单位阻力，从而减小滚动阻力系数、提高附着力系数，即减小了地面阻力和提高抓地力。其中，采用直径较大的轮胎要比单纯增加胎面尺寸更有效。增大胎面直径和宽度都能降低轮胎的接地比压，用增加车轮直径的方法来减小接地比压，增加接触面积以减小土壤阻力、减少滑转，要比增加车轮宽度更为有效，但增大轮胎直径会使汽车惯性增大，汽车质心升高，轮胎成本增加，并要采用大传动比的传动系统。因此，大直径轮胎的推广受到限制。

加大轮胎宽度不但直接降低了轮胎的接地比压，而且因轮胎较宽，允许胎体有较大的变形，而不降低其使用寿命，因而可使轮胎气压低些。若将后轮的双胎换成断面比普通轮胎大2~2.5倍、气压很低（29.4~83.3 kPa）、断面具有拱形的“拱形轮胎”，接地面积将增大1.5~3倍以上，可大幅度地减小接地比压，使汽车在沙漠、雪地、沼泽地面行驶时，具有良好的通过性。

2. 轮胎花纹

轮胎花纹对附着系数有很大影响。正确地选择轮胎花纹，对提高汽车在一定类型地面上的通过性有很大作用。以后轮驱动汽车为例，其前轮的胎面花纹一般为竖条状，而后驱动轮的轮胎花纹为中间竖条、两边凸起折条状。前轮胎为从动轮胎，所以尽量减小其阻力，增加平滑性；而后轮为驱动轮，需要增加其附着力，并且利用其花纹尽快地脱离轮胎上的泥土和水，以保证正常行驶。越野汽车的轮胎具有宽而深的花纹，当汽车在湿路面行驶时，只有花纹的凸起部分与地面接触，使轮胎对地面有较高的单位压力，足以挤出水层；而汽车在松软地面上行驶时，因轮胎下陷而嵌入土壤的花纹凸起数目增加，与地面接触面积及土壤剪切面积都迅速增加，从而能保证有较好的附着性能。

在表面滑溜、泥泞而底层坚实的道路上（如雪地或雪水路面），提高通过性的最简单办法就是给轮胎套上防滑链（或使用带防滑钉的轮胎），相当于在轮胎上增加了一层高而稀的花纹。防滑链能挤出轮胎表面的水，并直接与地面坚硬部分接触，有时还会增加土壤剪切面积，从而提高附着力。

3. 轮胎气压

适当地增加轮胎的气压，可以减小滚动阻力，对于汽车的动力性和燃料经济性有利。但在松软的地面上行驶的汽车，应相应地降低轮胎气压，以增大轮胎与地面的接触面积，降低接地比压，从而减小轮胎在松软地面的沉陷量及滚动阻力，提高土壤推力。轮胎气压降低时，虽然土壤压实阻力减小，但却使轮胎本身的迟滞损失增加。因此，在一定的地面上有一个最小地面阻力的轮胎气压，见图8-8。实际上，轮胎气压应比该气压略高19.2~29.4 kPa。此时，地面阻力虽稍有增加，但由于在潮湿地面上的附着系数将较大地提高，因此可改善汽车的通过性。

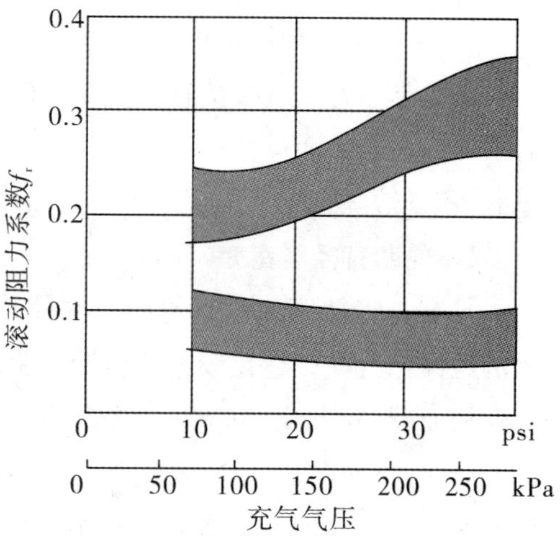

图8-8　轮胎气压与地面阻力的关系

为了提高越野汽车通过松软路面的能力，且在硬路面上行驶时又不致引起大的滚动阻力和影响轮胎的寿命，可装用轮胎中央充气系统，使驾驶人能根据道路情况，随时调节轮胎气压。

4. 前轮和后轮的接地比压

轮胎的接地比压与汽车的附着力和滚动阻力有关。实验证明，轮距相等的汽车行驶于松软地面时，当前轮对地面的单位压力比后轮的小20%~30%时，汽车的滚动阻力最小。因此，在进行汽车设计时，可将负荷按此要求分配于前、后轴，使前后轮胎气压不同，以产生不同的接地比压。

5. 前轮距与后轮距

经常在硬质路面上行驶的汽车（以后驱车为例），一般后轮距比前轮距略大，以便于转向和行驶的平稳。当汽车在松软地面上行驶时，各车轮都需克服形成的轮辙阻力（滚动阻力）。如果汽车前轮距与后轮距相等，并有相同的轮胎宽度，则轮辙与后轮辙重合，后轮就可沿着被前轮压实的轮辙行驶，使汽车总滚动阻力减小，提高汽车通过性，所以，多数越野汽车的前轮距与后轮距相等。

8.2.3　其他因素

驾驶方法对汽车通过性的发挥有很大影响。在通过沙地、泥地、雪地等松软地面时，应用低速挡，以保证车辆有较大的驱动力和较低的行驶速度；在行驶中应避免换挡和加速，并保持直线行驶，因为转弯时将引起前后轮辙不重合，从而增加滚动阻力，如图8–9所示。

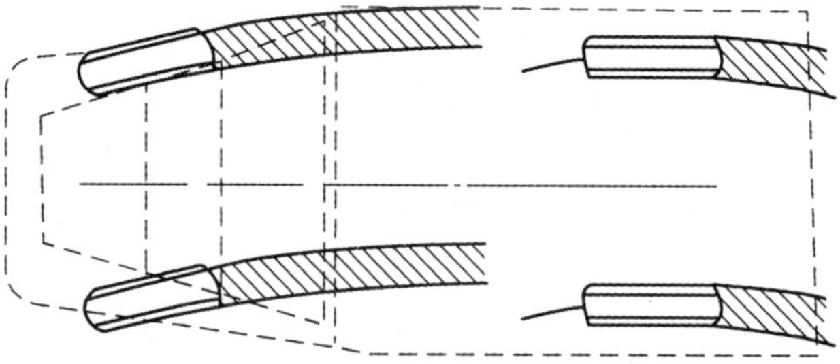

图8–9　汽车转弯时的轮辙图

后轮双胎的汽车，常会在两胎之间夹杂泥石，或使车轮表面黏附一层很厚的泥，因而使附着系数降低，增加车轮滑转趋势。遇到这种情况，驾驶人可以适当提高车速，将车轮上的泥甩掉。

当汽车传动系统装有差速锁时，驾驶人应该在估计有可能使车轮滑转的地区前就将差速器锁住，因为当车轮一旦滑移后，土壤表面就会被破坏，附着系数降低，再锁住差速锁不会起显著作用。当汽车离开坏路地段后，驾驶人应该将差速锁脱开，避免功率循环现象使发动机、传动系统和轮胎的磨损增加，燃料经济性和动力性变差，以及通过性降低等不良后果。

最大涉水深度也是影响汽车通过性的重要因素之一，最大涉水深度越大，通过性能就越强。为了提高越野汽车的涉水能力，应注意发动机的分电器总成、火花塞、曲轴通风口等的密封问题，并提高空气滤清器的位置，使之不得浸入水中。普通汽车一般能通过深度为0.5~0.6 m的硬底浅水滩。此外，轴距、悬挂、驱动形式等也是影响汽车通过性的重要因素。

学习小结

1. 汽车通过性是指在一定载质量下，汽车能以足够高的平均车速通过各种坏路和无路地带以及克服各种障碍的能力。

2. 汽车牵引支承通过性的评价指标包括附着质量和附着质量系数、接地比压、牵引系数、牵引效率、最大动力因数等。其中，最主要的评价指标是附着质量和附着质量系数、接地比压。

3. 汽车与不规则地面的间隙不足，导致出现汽车被托住而无法通过的现象，称为间隙失效。间隙失效主要有触头失效、托尾失效、顶起失效等形式。

4. 汽车满载时，汽车中间区域内的最低点到汽车支承平面（地面）的距离，称为汽车最小离地间隙。

5. 汽车接近角是指切于静载汽车前轮轮胎外缘且垂直于汽车纵向对称平面的平面与汽车支承平面之间所夹的最大锐角，位于前轴前方的任何固定在汽车上的刚性部件均在此平面的上方。

6. 实际上，在汽车行驶时，若忽略空气阻力，最大单位驱动力等于最大动力因数。

7. 轮胎的接地比压与汽车的附着力和滚动阻力有关。

课后拓展

路虎公司是世界上生产四驱车的公司之一，也是著名的英国越野车品牌。路虎“Landrover”正式进入中国上市时，因“陆虎”已被其他企业抢注商标，故注册为“路虎”。

1948年，第一款路虎诞生于英国，这是一款简单、新颖的铝制工作车。这是由英国Rover汽车公司的Spencer和Maurice Wilks兄弟制出的一款新车型。这款车很快取得巨大成功，到20世纪50年代中期，路虎的名字已成为耐用性和出色越野性能的代名词。

20世纪60年代，四驱车的需求量达到空前水平，路虎公司走在了这一新兴市场的最前端。为了迎接这一挑战，路虎工程师决心打造一款舒适型家庭越野车。

1970年，路虎揽胜（Range Rover）刚一面市就引起了热烈响应。在巴黎卢浮宫汽车展上，揽胜的豪华设计赢得了广泛赞誉。它不仅外观亮丽，而且具有很好的舒适性。一名英国少校驾驶路虎揽胜从美国阿拉斯加的安克雷奇（Anchorage）到阿根廷的乌斯怀亚（Ushuaia），对其进行了长达6个月的耐久性测试，测试结果使其他车型望尘莫及。

20世纪70年代至80年代路虎继续不断创新，并在巴黎–达卡尔汽车拉力赛等赛事中展示了其超强的耐力，有力地证明了路虎的精益工程设计。

在1989年的法兰克福汽车展上，路虎发现（Land Rover Discovery）首次亮相，并迅速赢得高档SUV的美誉。随即，在1997年，路虎神行者（Land Rover Freelander）又闪亮登场，再次将路虎品牌的DNA提升到新的SUV水平。

路虎的品牌价值甚至超越了其汽车本身。除了汽车以外，路虎的全球“探险”远征队、Land Rover Gear服装及产品系列、可定制的多功能路虎汽车配件、配备越野教练的驾驶体验中心，以及对环保组织和运动组织的积极赞助，使路虎的形象更具魅力。

2008年3月，福特汽车公司出售路虎业务给印度塔塔集团，福特汽车公司正式宣布已签署出售捷豹路虎业务的最终协议，印度塔塔集团出资23亿美元，成为捷豹和路虎两大品牌的新主人。

学习情境9　汽车的舒适性测试与评价

任务引入

张先生准备购置一辆国产品牌汽车，用于家庭日常使用，所以比较在意车辆的舒适程度。他在网上查阅信息后，认为红旗汽车空间较大且舒适配置较多，因此想去经销店咨询。

问题

1. 汽车舒适性的定义是什么？
2. 有哪些因素影响着汽车舒适性？
3. 如何评价汽车舒适性？

学习目标

- 知识目标

◎能说出汽车舒适性的评价指标。

◎能说出影响汽车舒适性的因素。

◎能说出汽车舒适性的评价方法。

- 技能目标

◎能应用汽车舒适性的评价指标介绍整车的舒适性。

◎能说出汽车的各种参数（如轴距、座椅参数等）对汽车舒适性的影响。

◎能应用主观评价法对汽车的舒适性进行评价。

- 素质目标

◎严格按照工艺规程和标准操作强化严谨求实、精益求精的质量意识。

◎弘扬工匠精神，立志成为有理想、守信念、懂技术、会创新、敢担当、讲奉献的忠诚工匠。

学习情境概要

随着汽车工业的迅猛发展，物质生活水平的提高，消费者在关注汽车的动力性、安全性等方面的同时，对汽车舒适性的要求也越来越高。

本学习情境首先介绍汽车舒适性的客观评价指标，然后根据评价指标展开分析影响汽车舒适性的因素，最后讨论舒适性的主观评价指标及主观评价方法。

本学习情境包括以下3个学习单元：

学习单元9.1　汽车舒适性的客观评价指标；

学习单元9.2　汽车舒适性的计算与测试分析；

学习单元9.3　汽车舒适性的主观评价。

学习单元9.1　汽车舒适性的客观评价指标

9.1.1　汽车舒适性的评价指标

汽车的舒适性是指在汽车静态或动态的条件下，车内乘员舒适性主观感受的变化特性，通常是包括人体触觉、听觉以及视觉等在内的主观感受的综合表现。如图9–1所示，在人–车闭路系统中，通过对车内环境的评价可以获得关于汽车舒适性的客观数据，即客观评价包含车内空间、噪声、空气质量、振动四个方面，其中，噪声与振动可以通过NVH指标进行评价；通过人的感觉可以评价车内空间舒适度、内饰舒适度、噪声舒适度、振动舒适度等，从而对汽车舒适性进行主观评价。

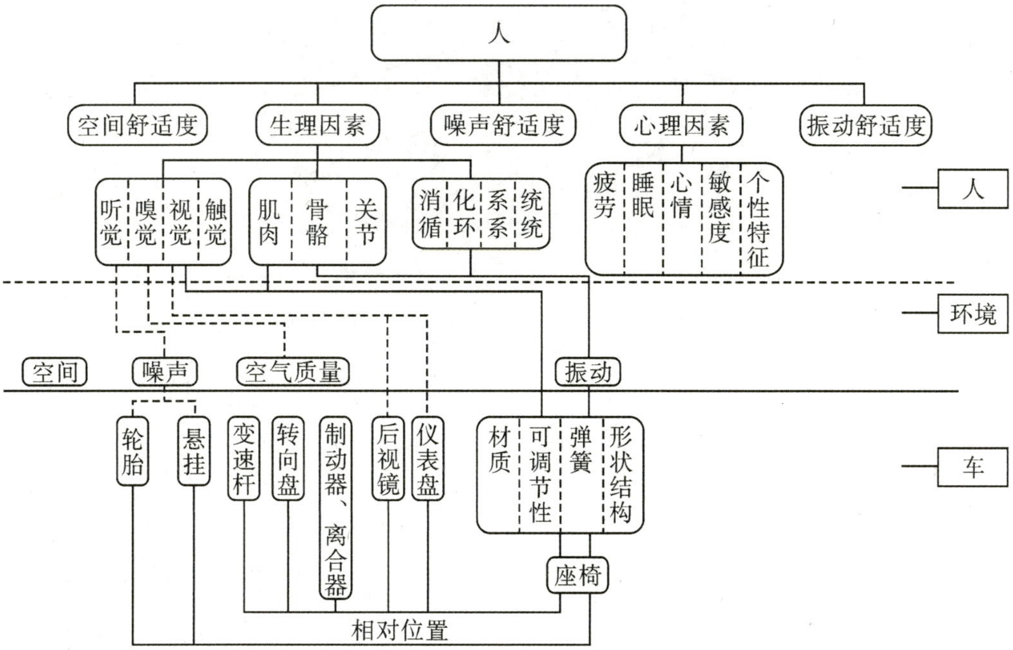

图9–1　汽车舒适性评价图

9.1.2　空间舒适性

空间舒适性主要包括两个方面：座椅舒适性和车内空间舒适性。

1. 座椅舒适性

座椅舒适性的要求是乘员长时间乘坐不感到疲劳。座椅舒适性的客观评价指标是座椅静态舒适度，包括调节特性、几何参数和物理特性，如表9–1所示。图9–2给出了乘用车驾驶座椅尺寸参数。

表9–1　汽车座椅静态舒适性的评价指标体系

一级	座椅静态舒适度										
二级	调节特性				几何参数					物理特性	
三级	靠背调节	座面调节	腰托调节	头枕参数	座面参数	靠背参数	腰托参数	扶手参数	头枕参数	座面	靠背
	角度调节	高度调节 前后调节 角度调节	压力调节	角度调节 高度调节	长度 深度 宽度 角度 轮廓	长度 深度 角度 轮廓	高度	高度 宽度	高度 角度	压力分布 温湿度 硬度 摩擦	压力分布 温湿度 硬度 摩擦

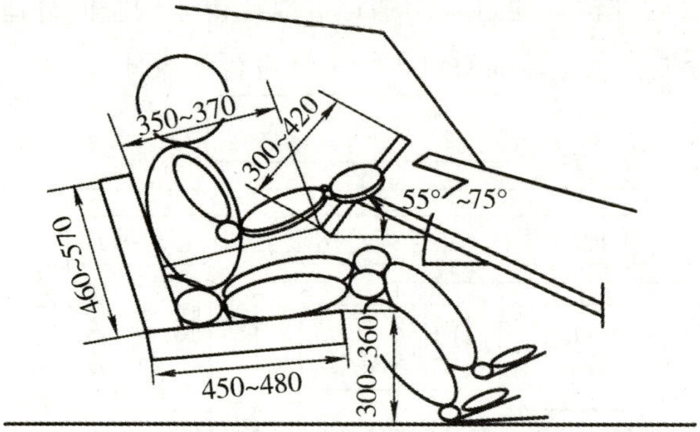

图9–2　乘用车驾驶座椅尺寸参数（尺寸单位：mm）

从人机工程学的角度出发，性能较好的汽车驾驶座椅为驾驶人提供一个舒适的坐姿、安全的保障、良好的视野和轻便的操纵。

2. 车内空间舒适性

汽车内部空间设计是一项非常复杂的工程，不同设计理念的空间设计是不同的。一般来说，经济型用户总是希望能找到一辆空间足以让全家出行且能装载更多物品的大空间车。空间舒适性主要是指车内空间使乘客产生的较为舒适的感觉，一般用轴距的大小进行客观评价。一辆车的内部空间是否宽敞，首先取决于它的轴距。所谓轴距，就是通过车辆同一侧相邻两车轮的中心的距离，即汽车前轴中心到后轴中心的距离。轴距决定了汽车重心的位置，轴距长短直接影响车的长度，进而影响汽车内部的使用空间。

9.1.3 车内空气质量

目前我国有《乘用车内空气质量评价指南》（GB/T 27630—2011）对车内空气质量做出限值要求，具体限值如表9-2所示。

表9-2 《乘用车内空气质量评价指南》（GB/T 27630—2011 ）对车内空气质量的要求

序号	项目	现行标准浓度要求/（$mg \cdot m^{-3}$）
1	苯	≤0.11
2	甲苯	≤1.10
3	二甲苯	≤1.50
4	乙苯	≤1.50
5	苯乙烯	≤0.26
6	甲醛	≤0.10
7	乙醛	≤0.05
8	丙烯醛	≤0.05

9.1.4 噪声与振动

NVH工程即振动噪声工程，也就是通常所说的静音工程，包括噪声、振动、声振动粗糙度三个方面。NVH研究范畴主要包括乘客在汽车中的一切感受及汽车零部件由于振动引起的疲劳和寿命问题。

1. 噪声

噪声即人们听到的在20~10000 Hz频率范围内的声音，一般用频率、声级和声质来评价。如果一辆车设计得不好，在高速行驶时车内乘员就会感觉声音很大，会觉得汽车的质量不好，因此噪声是目前用户非常关注的一项指标。新车测试的时候，测试人员会使用噪声仪测试车辆在不同工况下的噪声，通过测试来不断改进整车的设计问题。

2. 振动

振动是指0.5~500 Hz频率范围内人体感觉的运动，一般由振动的频率、量级和方向所表征。振动源主要来自汽车底盘悬挂设计，合理设计零部件之间的间隔及共振情况，可以有效减少振动，提高可靠性。由于声音都是伴随振动产生，因此噪声的激励源也是振动的激励源，故过多的振动会导致车内乘员产生烦躁的感觉。

3. 声振动粗糙度

声振动粗糙度是指噪声的振动的品质，一般由频率、量级和方向来表征。声振动粗糙度是人体对振动和噪声的主观感觉，不能直接用客观测量方法来度量，一般可以采用主观评价法进行评价。在汽车舒适性的主观评价中，通常要对汽车动态的噪声舒适度及振动舒适度进行评价，该项目评价实际上就是声振动粗糙度的主观评价，该项指标过高会使人非常不适。

在汽车舒适性的客观指标中，噪声和振动可以作为客观评价指标来研究。

学习单元9.2 汽车舒适性的计算与测试分析

9.2.1 座椅设计的分析

1. 驾驶人姿态对舒适性的影响

驾驶人通过肢体操作踏板和换挡杆调整舒适性。其中，离合器踏板、节气门踏板、制动踏板的行程和踏板力是否合适，行程末端的感觉是否过于坚实或过于疲软，踏板阻尼迟滞是否过大，踏板的回弹和滞后是否适当，踏板行程与踏板力的对应关系的好坏以及踏板的横向间隔、踏板形状、踏板与搁脚板之间的相对位置、踏板行程的角度、踏板表面高度是否符合人机工程学均影响乘坐的舒适性。

（1）换挡杆操纵对舒适性的影响。

换挡操作时是否出现严重的黏滞感觉、换挡不轻便，脱挡后换挡杆回不到空挡位置，相邻挡位换挡时有严重的不平滑感觉；换挡过程中，换挡力是否合适，是否出现严重的突兀感，换挡力过小会影响挡位感，换挡力过大会影响换挡流畅性；换挡行程是否合适，过大会感觉到换挡迟钝，过小会影响挡位的清晰感；换挡杆与驻车制动器、控制台是否发生干涉，以及换挡操作是否符合驾驶人的操作习惯等。

（2）车身抖动对舒适性的影响。

车身抖动是指发动机启停和怠速过程中车辆的振动现象，频率通常在10 ~ 30 Hz 范围内。一般由发动机内部曲柄连杆机构和曲轴机构产生的运动惯性力和交变应力引起的内部振动，以及不平衡力矩、惯性力矩、发动机转矩的波动力矩导致发动机整体振动引起。

（3）静态驾驶姿态舒适角度对舒适性的影响。

静态驾驶姿态舒适角度的主要研究内容是通过测量驾驶人处于驾驶姿态时身体各个部位之间所呈现的角度与舒适度之间的关系，进而推理出座椅各组成部位与人体生理结构之间的几何关系，最终可以得出驾驶人以何种姿势进行驾驶时可以最大限度地减缓疲劳的发生。

通过在实车试验中测量人体的各个关节角度可得到适合人体征参数的驾驶姿态，如图9–3所示。

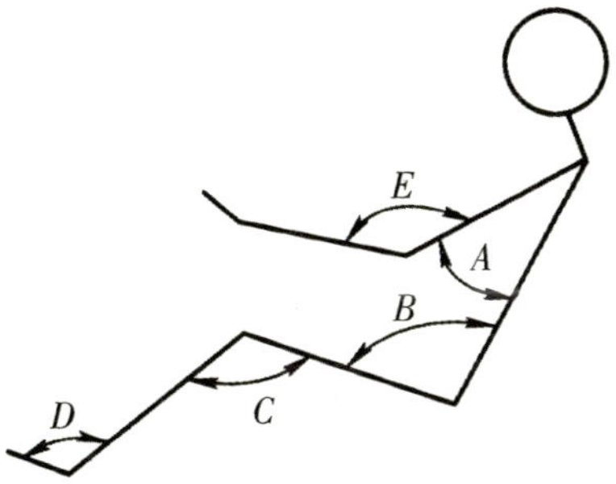

位置	角度/（° ）
A	5～28
B	99～115
C	111～134
D	89～124
E	80～129

图9-3　驾驶姿势人体关节角度

（4）驾驶人的操作对舒适性的影响。

驾驶人的车感及驾驶的易操纵性对舒适性产生重要的影响。驾驶人车感是指通过人的身体部位所感受到的与踏板和换挡杆接触的感觉，主要与踏板、换挡机构设计参数有关。驾驶人通过节气门踏板反馈力、离合器踏板反馈力、换挡杆反馈力、制动踏板反馈力感受车感的好坏。

驾驶易操纵性指的是在驾驶过程中，驾驶人操纵节气门踏板、离合器踏板、制动踏板、换挡杆的难易程度。车辆对驾驶人输入的响应过于灵敏或迟滞，会导致驾驶人难以控制车辆状态。比如匀速行驶过程中，驾驶人是否容易控制节气门踏板开度来维持匀速行驶的车辆状态；又如换挡过程中，协调离合器踏板和节气门踏板进行换挡的难易程度关系到驾驶人是否能顺利换挡。

2. 汽车座椅对舒适性的影响

汽车座椅种类繁多，但不外乎驾驶人座椅和乘客座椅。其中，乘客座椅种类多样，从不同的角度可以有不同的分类。如图9-4所示，座椅一般由蒙皮总成、缓冲垫、座椅弹性元件、座椅骨架等组成。

座椅要有多种调节功能以满足不同性别、身材的人乘坐，包括前后位置、靠背角度、坐垫角度、横向支撑、腰部支撑、局部硬度及头枕高度调节等。某些车型的乘客座椅可根据需要掀起或折叠。

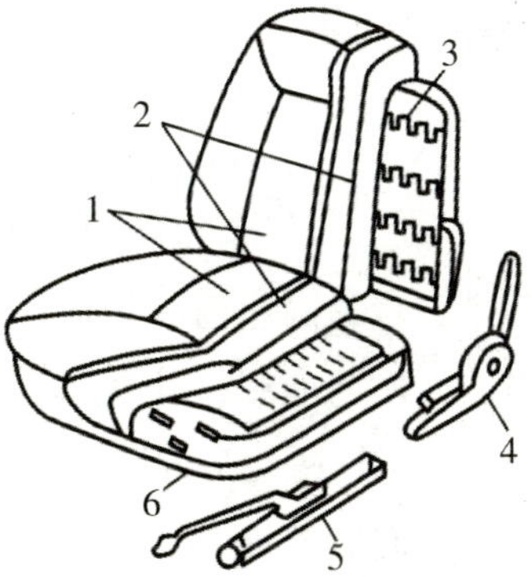

图9-4　座椅结构

1—座椅蒙皮总成；2—缓冲垫；3—座椅弹性元件；
4—靠背角度调节机构；5—调整结构；6—座椅骨架。

一般来说，座椅应满足三个要求：一是良好的静态特性（座椅尺寸和形状应保证人体具有合适的坐姿）、良好的体压分布、良好的触感，并能调节尺寸和位置；二是足够的强度和耐久性，满足强制性标准要求；三是良好的减振效果等动态特性。

头枕是为提高汽车乘坐舒适性与安全性而设置的一种辅助装置。在汽车座椅上安装头枕可以避免颈部疲劳，同时在发生碰撞事故时，头枕能够起到避免或者减轻乘员颈部受伤的作用。

在高靠背座椅中，头枕与靠背成一体，即汽车头枕是固定式的，这种类型的座椅主要用在客车上。在低靠背座椅中，头枕与靠背是可分离的，即汽车头枕是活动式的，这种类型的座椅主要用在乘用车上，如轿车。

活动式头枕又称为可调节式座椅，其调节方式分为手动调节与电动调节。适当地调节座椅头枕使之与乘客的颈背形状更加贴合，贴合度越高，舒适性越好，安全性也越高。

座椅调节机构多种多样，可以进行角度调节、前后调节、高度调节、翻转调节、支撑刚度调节以及座椅转动等，如图9-5所示。无论哪种座椅调节机构，其存在的目的都是减少乘员的疲劳，提高乘坐舒适性。

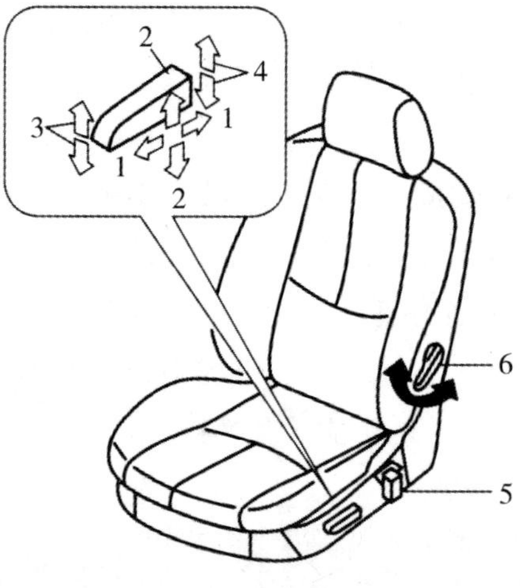

图9-5　座椅的调节机构

1—座椅的前后调整；2—座椅高度调整；3—座椅前部高度调整；
4—座椅后部高度调整；5—座椅倾斜调整；6—腰托调节。

为进一步提高座椅的舒适性，各大汽车公司都在致力于座椅的新工艺、新结构、新材料的研发与应用，开发出各类悬挂式座椅、记忆座椅及电动座椅等。其中电动座椅大大提高了轻便性与方便性。

座椅控制器的控制键钮设置在便于驾驶人操纵的地方，一般在门内侧的扶手上。有些轿车的控制器还设有微电脑，有存储记忆能力，只要按下某一记忆键钮，即可自动将电动座椅调整到存储的位置上。

由于座椅是衡量汽车舒适性的重要因素，所以轿车设计师十分重视座椅的设计。在造型方面，充分考虑人体尺寸、人体质量、坐姿和体压分布等因素，运用人体工程学的研究成果和先进技术，制造出乘坐舒适、久坐不乏的座椅。而在材料方面，由于座椅还起到装饰车厢的作用，因此座椅面料的颜色要与车厢的总色调配合一致，除了质地优良，还要有良好的手感，使人一坐上去就有一种舒适的感觉。

9.2.2　轴距的分析

在轴距相同的情况下车身尺寸大，车内空间才有可能宽大，但是车身的长短还不是决定车内空间的最终因素，中控台的合理布局和内饰的颜色搭配都可以创造出车内的宽敞感。

9.2.3　车内空气质量分析

可通过红外线辐射装置及有害气体测试仪器对车内空气质量进行测试评价，评价有四种模式：

（1）前处理静置模式。去除车内覆膜及非原厂物品，打开车辆所有门窗及储物格并于25 ℃环境下静置6 h。

（2）国标静置模式。封闭车辆所有门窗及储物格，于25 ℃环境下静置16 h后采集车内空气样品0.5 h。

（3）ISO升温模式。采集国标静置模式样品后，打开顶部红外辐照装置，设置辐照度为（400 ± 50）W/m^2，于第3.5 h采集车内空气样品0.5 h。

（4）ISO启动模式。采集升温模式样品后迅速启动车辆并按照 ISO 12219–1标准要求设置好车辆空调及出风口状态，下车关好车门开始采集车内空气样品0.5 h。

9.2.4　汽车NVH工程分析

1. NVH工程

从NVH的观点来看，汽车是一个由噪声发射源（车身）、激励源（发动机、传动系）和振动传递器（由悬挂系统及边接件组成）组成的系统。汽车NVH系统应以整车为研究对象，但因汽车系统极为复杂，故通常将汽车系统分成多个子系统进行研究，如车身系统、底盘系统等。

2. 整车噪声来源及其相应的控制对策

根据汽车噪声产生的原理和噪声的特性可将噪声源分为车身噪声、轮胎噪声、发动机噪声及传动系统噪声四种。

（1）车身噪声。车身噪声主要包括车内噪声和车身结构噪声两部分，这两者产生的机理存在较大差异。

> 疫情防控时期，中国汽车企业响应国家号召，积极转产防疫物资，彰显中国民族汽车企业冲锋在前、勇于担当的奉献精神。体现了中国民族汽车企业践行为人民服务的根本宗旨，彰显无私的奉献精神和担当精神，意识到爱国、爱家、爱岗是汽车人的使命担当。

① 车内噪声。造成车内噪声的主要声源有路面噪声、空气噪声、发动机和驱动系统工作等发出的进排气噪声、发动机燃烧噪声、传动系统齿轮噪声等，产生机理如图9–6所示。

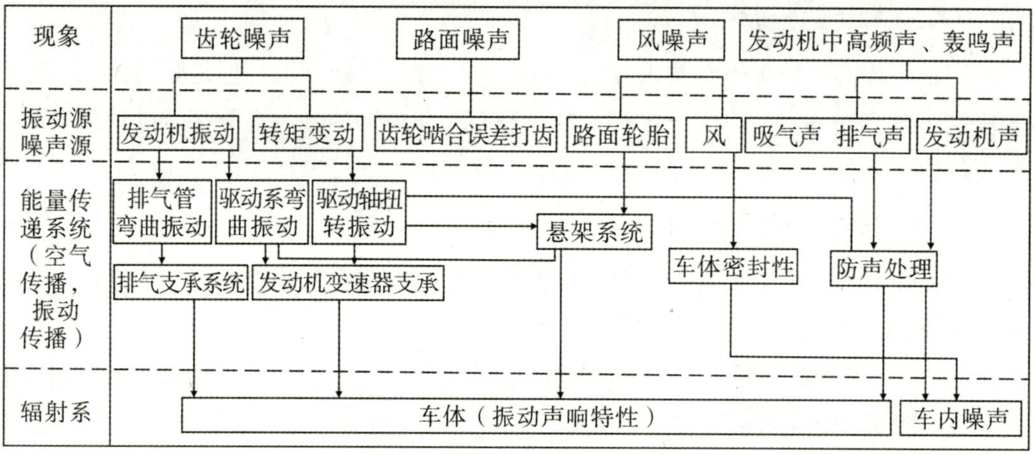

图9-6 汽车车内噪声产生机理

汽车在工作的过程中存在着振动噪声源，这形成车内噪声。这些噪声源所辐射的噪声会在乘客舱室周围形成一个不均匀的声场。这些存在于乘客舱外部的噪声按空气声传播的规律有两种路径可以实现向车内传播，如图9-7所示。一是通过乘客舱壁板、门窗上所有的缝隙直接传入车内；二是车外的声波作用于乘客舱壁板，激发壁板振动，并向车内辐射噪声。这种辐射声的强度与壁板的隔声能力有关，它服从质量定律。

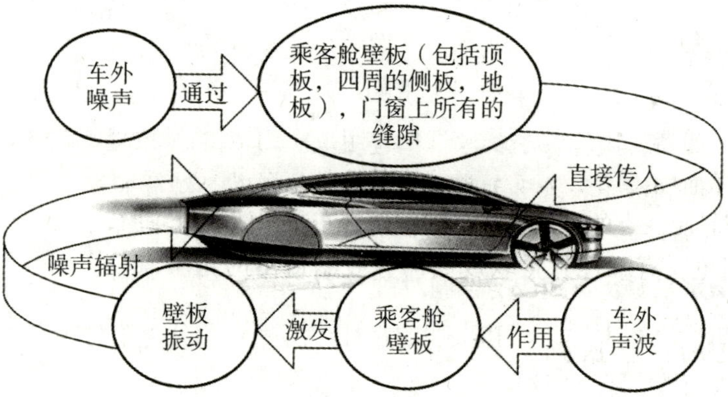

图9-7 车外噪声向车内传递的两种路径

② 车身结构噪声。车身是由板件及车架组成的复杂结构体，在发动机振动和路面凹凸不平的激励下，其振动情况尤为复杂，如图9-8所示。车身振动是在发动机垂直振动、悬挂质量纵向角振动、非悬挂质量共振及车身的一阶弯曲共振四个方面的共同作用下形成的。由左右车轮逆向振动而引起的悬挂质量横向角振动的共振和车身的扭振共振合成了车身横向振动。这些构成车身振动与车身横向振动的相互作用、相互影响，使得车身的实际振动状态更加复杂。

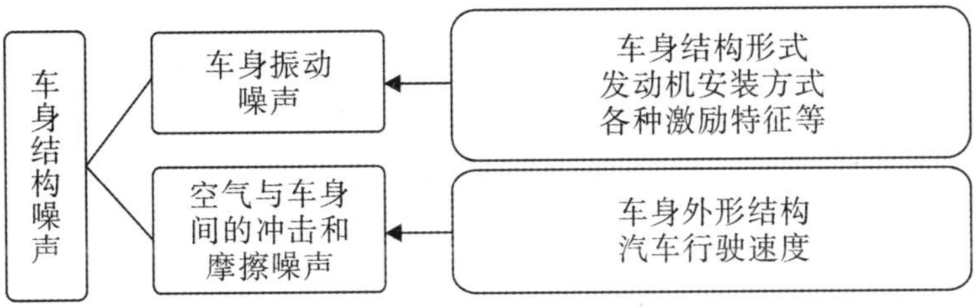

图9-8　车身结构噪声的分类及其成因

当汽车行驶时，气流与车身内外接触，使车身内外总是存在着不同状态的空气动力学噪声，具体包括空气与车身的摩擦声、空气通过车身孔道或车身间隙进入车内而引起的冲击噪声以及气流流过车身表面凹凸处所产生的涡流声。

③ 控制车身噪声的对策。由于空气阻力与行驶速度成正比，汽车行驶速度越快，其空气动力学噪声越大，即车身噪声越大。如图9-9所示，若要减少车身噪声，需减少汽车行驶时车身的空气阻力：一是在车身与车架间采用减振产品连接；二是进行室内软化，如在乘客舱内装上隔音材料；三是对车身进行流线型设计，实现光滑过渡以减少空气阻力。

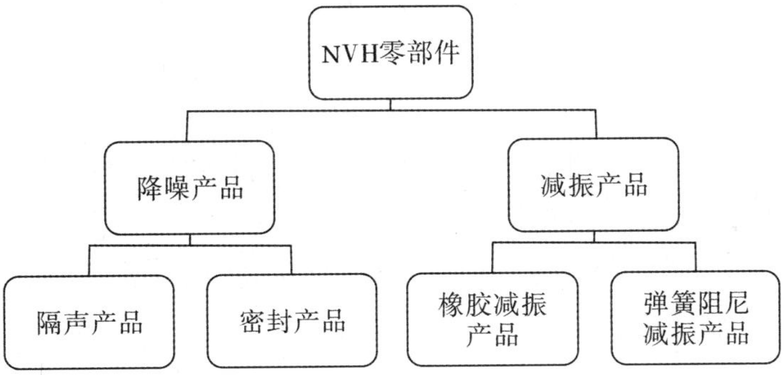

图9-9　汽车NVH零部件分类

（2）轮胎噪声及其控制对策。通常情况下，轮胎噪声是指汽车在行驶过程中轮胎胎体和花纹元件振动而引起的轮胎振动噪声、轮胎花纹元件间的空气流动和四周空气扰动构成的空气噪声、路面不平造成的路面噪声合成的噪声。在特殊情况下，行驶中产生的振鸣声和溅水声等也属于轮胎噪声。

通过试验可知：轮胎的轮距越小，则噪声越小。由于不同轮胎噪声的形成机理各不相同，其形成噪声的能量大小以及对轮胎噪声的贡献主次也不同。因此，选用花纹及材质合理的轮胎是降低轮胎噪声的有效方法。如：钢丝帘布子午线花纹的轮胎，其噪声更小。而就轮胎的材质而言，由更富有弹性且柔软度高的橡胶制造出的轮胎，在使用过程中产生的噪声会更小。

（3）发动机噪声。根据发动机表面噪声产生的机理，发动机噪声源可分两种，分别是机械噪声和燃烧噪声。

① 机械噪声。发动机的机械噪声主要包括不平衡惯性力引起的机体振动噪声、活

塞敲击噪声、齿轮啮合噪声、供油系噪声、轴承噪声以及配气机构噪声等。它指的是发动机机械结构在惯性力和气体压力的作用下，使运动部件产生冲击和振动而激发产生的噪声。

② 燃烧噪声。燃烧噪声是由于缸内压力变化引起的噪声。发动机燃烧噪声主要发生机理是由于混合气燃烧产生的缸内气体压力直接激励发动机结构，引起结构振动，并通过内外部两种不同传播途径传到发动机表面，造成发动机表面辐射形成的空气声。

③ 控制发动机噪声的对策。改造振源和声源可以从根源上降低发动机本体噪声。在设计发动机时选用柔和的燃烧工作过程，提高发动机机体的结构刚度，并采用严密的配合间隙，以实现降低汽缸盖噪声。

对发动机进行阻尼处理，把阻尼材料与发动机零件结合为一体来消耗振动能量。这种处理可以减小共振幅度，加快自由振动衰减，降低零件间的传振能力，增强零件在临界频率以上的隔振能力，是一种很好的通过减少发动机振动实现降噪的方式。

（4）传动系统噪声。在传动系统中轮边减速器、传动轴、变速器等，都可能成为噪声源的机构组成。

① 齿轮噪声。齿轮传动产生的噪声其影响因素繁多，几乎齿轮每一单项误差都对噪声产生影响，因此这是非常复杂的。如果减速齿轮的制造与装配质量存在某些问题，其在运转时就会产生啮合噪声。

② 轴承噪声。在轴承运动过程中，轴承零件间运动时的滑动引起的自激振动系统和轴承零件制造误差引发的强迫振动系统都会导致轴承振动。此外，在滚动轴承工作过程中，滚道与滚动体间弹性接触会形成弹性振动系统。这些振动能量传递到空气中则形成了轴承噪声。

③ 控制传动系统噪声的对策。由于传动系统噪声是源于变速齿轮啮合引起的振动和传动轴旋转振动，因此一般情况下可采取以下三种策略来降低传动系统噪声，如图9-10所示。

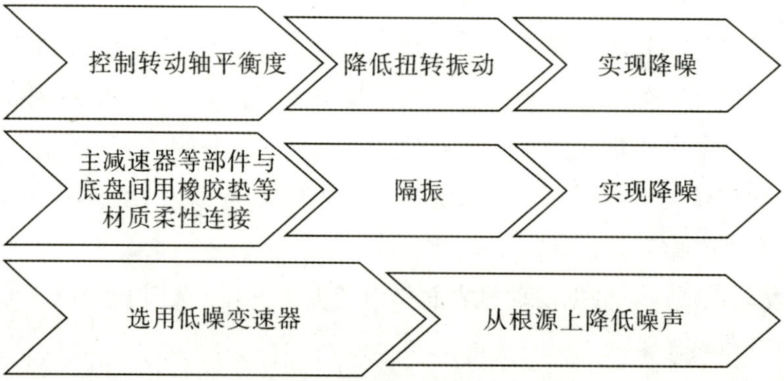

图9-10　降低传动系统噪声的对策

学习单元9.3　汽车舒适性的主观评价

汽车舒适性的主观评价是通过汽车动态路试对空间舒适度、声音舒适度与振动舒适度进行评价，其中声音舒适度与振动舒适度的评价可以通过声振动粗糙度的主观评价来实现。

1. 空间舒适度的主观评价

由于乘员是乘坐在座椅上，空间舒适度主要通过座椅的特征来描述，两者的关系如图9–11所示。

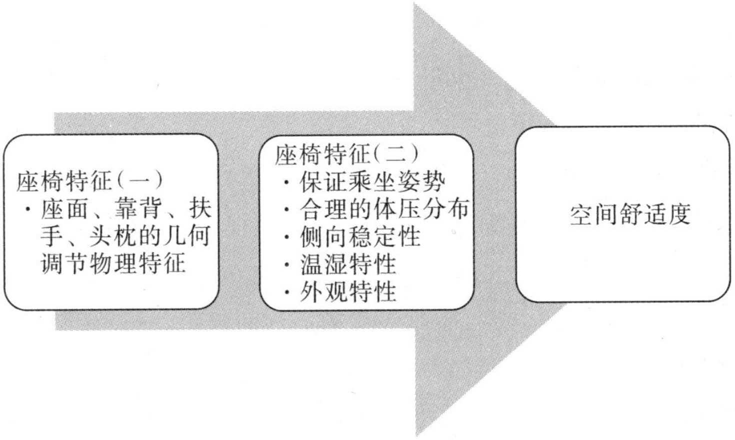

图9–11　座椅特性与空间舒适度的关系

在汽车舒适性的主观评价中，乘员，特别是驾驶人的主观感受尤为重要。

驾驶人的体感描述的是驾驶人根据车辆对驾驶输入的动态响应，通过躯干和头部感受的动态感觉，包括以下几项。

（1）加速推背感觉。它用于评价在加速过程中，座椅推驾驶人后背的感觉，这是一个可以量化并且很容易亲身感受到不同厂家车辆差异化的主观感觉，在一定程度上反映加速度大小与推背感的对应关系。

（2）减速前倾感觉。减速前倾感觉用于评价在减速过程中，驾驶人身体前倾程度与减速度大小的对应关系。

（3）前冲或制动感觉。前冲或制动感觉是加速推背感觉和减速前倾感觉的综合体现。

（4）头部眩晕感觉。其是由车辆的动态响应（包括车身耸动、车身的变化、整车横摆、纵向冲击）引起驾驶人头晕、恶心的感觉。

① 车身耸动。车身耸动用于评价在匀速行驶过程中，由于车速波动过大，导致车身出现耸动的程度。

② 车身的变化。在驾驶过程中，车身的变化也是影响乘坐舒适性的重要因素。其中，在起步、加速、减速过程中，由于各轴承受的瞬时载荷的不断变化，引起动态载荷在前后轴之间转移，会导致车身俯仰。俯仰程度过大、俯仰频率过快会使驾驶人感

到眩晕，但驾驶过程中俯仰程度、俯仰频率不能过小或过慢，否则会体现不出车辆行驶的状态信息。

③ 整车横摆。整车横摆则用于评价在减速过程中，是否出现严重的横摆。理论上整车横摆是由制动力分配不均，前轮和后轮受的制动力矩不同导致的。在不同车速和减速度大小下进行制动时，若整车横摆程度过大、摆动频率过快会使驾驶人感到眩晕。

④ 纵向冲击。纵向冲击指的是在起步、加速、换挡前后、减速过程中，驾驶人以不同速率进行节气门踏板、制动踏板、离合器踏板、换挡操作过程中，感受到的纵向行驶过程中冲击感程度的大小。由于加速度出现明显的跳跃，因此车辆出现严重的顿挫现象，包括起步冲击、加速冲击、换挡冲击、减速冲击。纵向冲击主要由发动机与变速器动力匹配、制动器与整车之间匹配不佳引起，另外与传动轴的特性参数有关。

2. 声振动粗糙度的主观评价

汽车在道路交通中常见的行驶路面（市区公路、远程快速公路、高速公路）和布满粗糙颗粒的沥青路面、带有细微颗粒的平坦路面和带有沟槽的沥青路面上以和行驶路面相适应的驾驶方式行驶，并以不同的速度（20 km/h到最高车速）行驶和不同的发动机负荷状况（加速/匀速行驶、滑行）行驶，判断可听、可感的振动是否会引起乘员的不适。在该试验中，汽车进入滑行试验道路之前，先将汽车加速到某一稳定车速（如100 km/h），然后使汽车在离合器断开的状况下滑动，直到车速降到大约20 km/h。

3. 评分

依表9-4进行评分。

表9-4 舒适性主观评价分值

分值	描述	分值	描述
1	不能忍受的	6	可接受的
2	令人难受的	7	好的
3	根本不能接受的	8	非常好
4	不能接受的	9	优秀
5	有待提高的	10	非常优秀
不可接受的		可接受的	

学习小结

1. 汽车的舒适性是指在汽车静态或动态的条件下，车内乘员舒适性主观感受的变化特性，通常是包括人体触觉、听觉以及视觉等在内的主观感受的综合表现。

2. 在人-车闭路系统中，通过对车内环境的评价可以获得关于汽车舒适性的客观数据，即客观评价包含车内空间、噪声、空气质量、振动四个方面，其中噪声与振动可以通过NVH指标进行评价；通过人的感觉可以评价车内空间舒适度、内饰舒适度、噪声舒适度、振动舒适度等，从而对汽车舒适性进行主观评价。

3. 一般来说，座椅应满足三个要求：一是良好的静态特性（座椅尺寸和形状应保证人体具有合适的坐姿）、良好的体压分布、良好的触感，并能调节尺寸和位置；二是足够的强度和耐久性，满足强制性标准要求；三是良好的减振效果等动态特性。

4. NVH工程即振动噪声工程，也就是我们通常所说的静音工程，包括噪声、振动、声振动粗糙度三个方面。

5. 根据汽车噪声产生的原理和噪声的特性，可将噪声源分为车身噪声、轮胎噪声、发动机噪声及传动系统噪声四种。

6. 驾驶人的体感描述的是驾驶人根据车辆对驾驶输入的动态响应，通过躯干和头部感受的动态感觉，包括加速推背感觉、减速前倾感觉、前冲或制动感觉以及头部眩晕感觉。

课后拓展

车用降噪产品分为减振材料、吸音材料、隔音材料和密封材料四类，市面上有很多隔音品牌，但多数品牌并没有生产和研发能力，只是将不同工业用料拿来变相使用，甚至冒充知名品牌牟取暴利。从轻量化的发展趋势来讲，理想的汽车降噪材料绝对不是减振、隔音、吸音产品的分别粘贴，而应该是一种对这几种隔音原理综合运用的产品。

具体来讲，系统的隔音工程一般经过减振、降噪、密封三个步骤完成。首先，对四个车门、行李舱、车地板、引擎舱及车顶进行减振处理。

实施减振处理时，有主次之分。首先是车门和行李舱，因为绝大部分噪声是通过汽车的悬挂系统、行李舱、底盘、车门等部位传入车内的；其次是车地板和引擎舱；最后是车顶。

对车内进行密封处理时，不能过度密封，因为车体密封工程是解决由外向内传播噪声问题的基础工程，应做到车体良好密封，使车内气压保持平衡，过度密封会造成车内缺氧，给乘客带来危险。

由于车内噪声不易集中治理，因此，对制造材料的质量和制造技术有较高的要求。一般情况下，专业的声学产品属较好的隔音产品，这包括隔音垫和吸音棉两种材料，隔音垫可以粘贴在车体产生振动的部位，而吸音棉能吸收减振胶对付不了的杂振产生的噪声。通常情况下，实施汽车隔音工程时，需贴一层隔音垫和一层吸音棉。

学习情境10　汽车的造型、品质测试与评价

任务引入

随着时间的推移、科技的进步，汽车车身形式的发展也经历了马车形汽车、箱形汽车、甲壳虫形汽车、船形汽车、鱼形汽车和楔形汽车等阶段。时至今日，汽车的造型设计仍然是汽车厂商的关注点，在满足消费者对汽车造型追求的同时，优秀的汽车造型设计能够降低汽车行驶的阻力，提升汽车的动力性能。今天的汽车造型设计，必须吸纳原有经典造型基础上，坚持系统观念，全面提升汽车的品质。系统观念是具有基础性的思想和工作方法，在造型设计中，追求造型的差异化及内饰品质会提升汽车的舒适性，但同时，造型会影响汽车的动力性与操控稳定性。因此，需要研究造型对汽车性能的影响，建立了系统思维，才能更好的发挥汽车的整体性能。

问题

1. 汽车的造型是如何影响汽车的动力性的？

2. 用户购车时会考虑车辆的哪些品质？

3. 新车上市时，不同客户对同一款车型造型与品质的主观评价有哪些不同？如何系统、客观地测评汽车造型与品质？

学习目标

- 知识目标

◎能说出汽车造型与品质的评价指标及标准。

◎能说出汽车造型对动力性的影响。

- 技能目标

◎能应用造型相关理论对汽车动力性进行简单评价。

◎能应用汽车性能评价方法对车辆造型与品质进行测试分析。

- 素质目标

◎形成对汽车造型的审美能力。

◎根据客观系统评价标准形成科学评价的专业精神。

学习情境概要

在设计汽车造型时，设计师要了解车身结构、制造工艺要求、空气动力学、工程材料学等知识，而且汽车的造型设计与汽车的品质存在着一定的关系。本部分首先讲述汽车造型对动力性的影响，随后描述汽车外观品质，并进一步讲述汽车功能性硬件操作品质和内饰品质，并提出相关汽车造型与品质的评价指标。

本学习情境包括以下2个学习单元：

学习单元10.1　汽车的造型与品质评价指标；

学习单元10.2　汽车的造型与品质测试分析。

学习单元10.1　汽车的造型与品质评价指标

10.1.1　汽车造型

1. 空气动力学的基本知识

空气阻力是汽车直线行驶时受到的空气作用力在行驶方向上的分力。它分为压力阻力和摩擦阻力两部分。作用在汽车外形表面上的法向压力的合力在行驶方向上的分力称为压力阻力，由于空气的黏性在车身表面产生的切向力的合力在行驶方向上的分力称为摩擦阻力。

压力阻力又分为形状阻力、干扰阻力、内循环阻力、诱导阻力四部分。形状阻力与车身主体形状有关，越呈流线型，形状阻力越小；干扰阻力是由车身表面突起物（如后视镜、门把手、车灯等）引起的阻力；发动机冷却系统、车内通风系统等的空气流经车体内部时构成的阻力，称为内循环阻力；诱导阻力是空气升力在水平方向上的投影。

这几部分阻力的比例为：形状阻力占58%，干扰阻力占14%，内循环阻力占12%，诱导阻力占7%，摩擦阻力占9%。

形状阻力占的比重最大，所以，改善车身流线形状，是减小空气阻力的关键。

空气阻力F_W的计算公式为

$$F_W=\frac{C_D A u_a^2}{21.15} \qquad (10\text{–}1)$$

式中，u_a——相对速度，在无风时即为汽车的行驶速度，单位为km/h；

A——迎风面积，单位为m^2；

C_D——空气阻力系数。

（1）气动力与力矩。

汽车行驶时除了受到来自地面的力外，还受到其周围气流的气动力和力矩作用。如图10–1所示，气流的作用主要是产生升力L和阻力D，当有侧风存在时，即横摆角β存在时，在汽车上还作用一个侧向力S，三个气动力（L、D、S）的合力在汽车上的作用点称为风压中心（Center of Air Pressure），记作C.P。

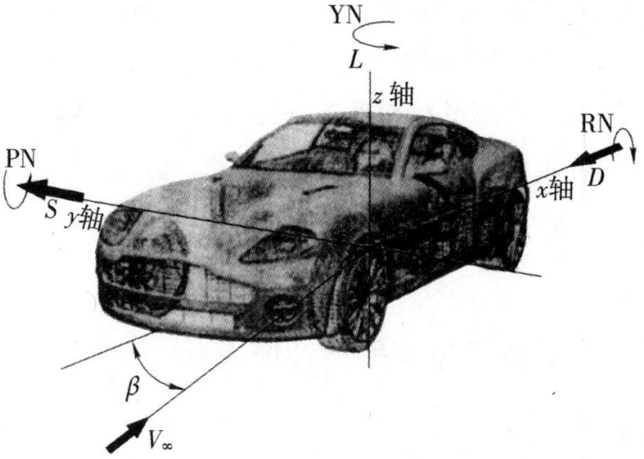

图10–1　汽车行驶时受到的力和力矩

由于汽车车身上部和下部气流流速不同，因此车身上部和下部会形成压力差（即升力），这种压力差而带来的升力作用会产生绕y轴的纵倾力矩。

在侧风作用下，高速行驶的汽车车身的前部可能有较大的局部升力，汽车进风口处的冷却气流会使流过车身的气流发生明显的变化，导致升力发生变化。作用在汽车上的空气，有35%～40%在车身上部流过，10%～15%在车身下部流过，25%在侧面流过，所以减小车身上下的压力差，使大量气流从侧面流过，可以减小升力。

除此之外，底板下部流线型设计，压低发动机舱盖前端，减缓前风窗倾角等都可以减小前端升力。

（2）车身表面压力分布。

图10–2为某国产轿车的车身表面压力分布图，车身表面的压力系数用C_p来表示：

$$C_p = \frac{P-P_0}{\frac{1}{2}\rho V^2} \tag{10–2}$$

式中，P——车身表面压力，N；

P_0——大气压力，N；

ρ——空气密度，g/L。

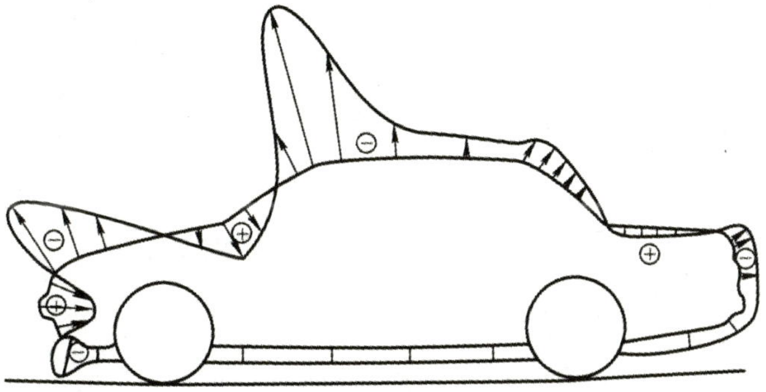

图10–2　车身表面压力分布图

车身表面的压力分布与驾驶室的采暖通风、空调系统、发动机冷却效果、风噪声等都有密切的关系。通常可根据车身表面的压力分布状况来确定与驾驶室通风及发动机冷却相关的气流进、出口位来确定推算其通风量，以改善通风和冷却性能。一般宜在散热器面罩和发动机舱盖附近开空调气流入口。流线型好的汽车，后柱、顶盖后端的负压高；流线型不足的汽车，由于气流分离点前移，后风窗的负压也很高。压力系数取决于车身细部形状。常见的压力系数值如下：

后柱处：$C_P = -1.0 \sim -0.3$

后窗下部：$C_P = -0.3 \sim 0.1$

顶盖后端：$C_P = -0.6 \sim -0.3$

底板下部：$C_P = -0.1 \sim 0.1$

（3）汽车表面流场。

在流体力学中把充满流动流体的空间叫作流场。汽车绕流分为两类：一类是汽车的外部绕流，包括汽车表面所有的气流；另一类是汽车的内部绕流，即通过诸如发动机、排气系统、冷却系统、空调系统以及驾驶室内的气流。汽车周围的外部绕流特点是：地面附近的一部分空气必须从车身底部和路面之间通过，气流到达汽车的后方后并不终止而是形成涡流，从而产生阻力；一部分空气从车身发动机舱盖、天窗、行李舱覆盖件流过；还有一部分从车身的两侧面流向车尾。

（4）车速与空气阻力的关系。

车速越大，行驶阻力越大。图10–3为某轿车行驶阻力与车速的关系。当车速较低时（如u_a=20 km/h时），汽车行驶阻力以机械阻力为主，空气阻力较小。当车速接近100 km/h时，空气阻力与机械阻力相等。当车速大于100 km/h时，空气阻力所占的比重迅速上升。如果空气阻力占汽车行驶阻力的比重偏大，则会增加汽车燃油消耗量，并严重影响汽车的动力性能。

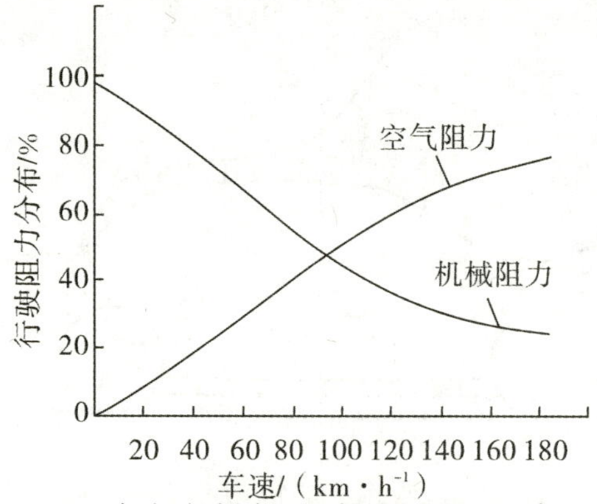

车为4门轿车；正投影面积2.04 m^2
质量1670 kg；C_D=0.45。

图10-3　车速与行驶阻力的关系

2. 汽车造型对动力性的影响

空气阻力越大，汽车前进越困难，动力性越差。由式（10-1）可知，空气阻力与C_D及A值成正比，换而言之，降低C_D及A值可以提高汽车的动力性。

汽车的正投影面积A应包括车身、轮胎、发动机及底盘等零部件的前视投影，其测量方法是将汽车置于平行光源与屏幕之间，此时其正投影面积等大地投影在屏幕上，如图10-4所示。A值受到乘坐使用空间的限制，不易进一步减小，所以，降低C_D值是降低空气阻力的主要手段。

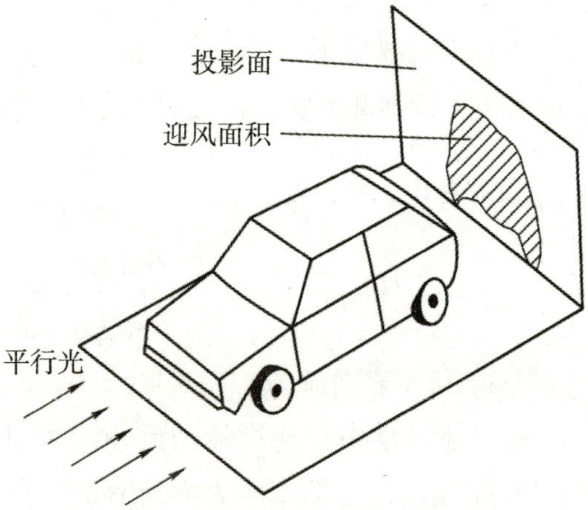

图10-4　迎风面积的测试方法

为考查汽车造型对空气阻力的影响，在图10-5所示的4种车头和4种车尾组合的轿车模型上做空气阻力系数C_D值的测定实验。实验结果表明，用完全圆形的车头C型，代替风窗玻璃倾角45° 阶梯形车头D型，对减小汽车空气阻力并无明显作用，但使用同一车尾时，比较陡的风窗玻璃E或垂直的风窗玻璃F会使C_D值显著增加。由图中所示，细长的Z型车尾的空气阻力系数C_D值最小，但这种造型是不实际的。

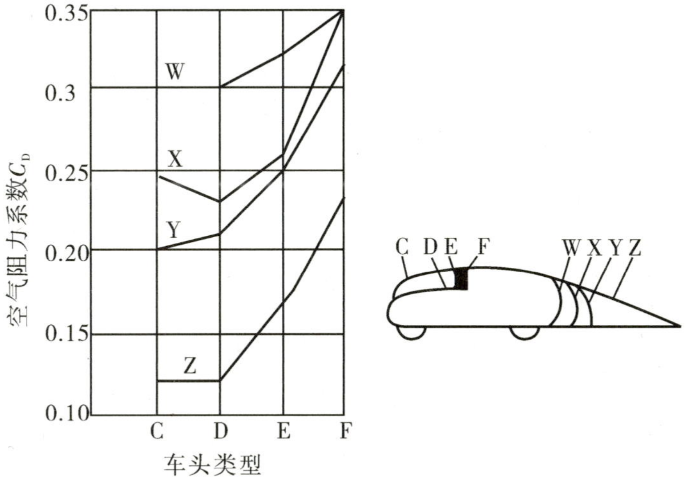

（a）C_D随车型变化　　（b）汽车模型

图10-5　轿车模型的空气阻力系数C_D

（1）轿车车头前端的造型。

轿车前部造型对气动力影响因素很多，主要有车头边角、车头形状、车头高度、发动机舱盖与前风窗造型、前凸起唇及前保险杠的形状与位置、进气口大小、格栅形状等。

① 车头形状。不同的前端外形有不同的压力分布，致使前端阻力系数不同。从理论上讲，车的前端完全流线型化最好，但实际设计中却不可能采用。图10-6是按流线型的原则，在原有前端外形基础上进行的改型。各方案使空气阻力系数C_D值降低的效果如图10-6所示。汽车前端的外形尽量呈倒圆棱角，使外形接近流线型，并减小车头部的正面投影面积，就可得到较好的流线型效果。车头边角主要是车头上缘边角和横向两侧边角，车头横向边角呈倒圆角，也有利于产生减小气动阻力的车头负压区。

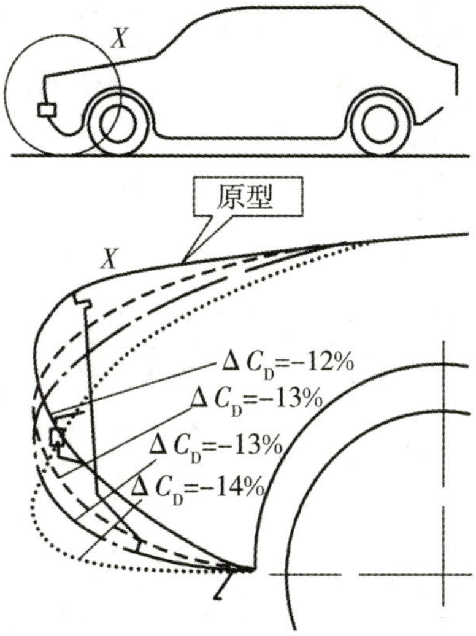

图10-6　前端外形的改变对空气阻力系数C_D的影响

② 车头高度。车头头缘位置较低的下凸型车头气动阻力系数最小，但并不是越低越好，因为低到一定程度后，车头阻力系数不再变化。车头头缘的最大离地间隙越小，引起的气动升力越小，甚至可以产生负升力。

③ 车头下缘凸起唇。增加下缘凸起唇后，气动阻力变小，减小的程度与凸起唇的位置有关。

④ 散热器进气口与格栅形状。散热器进气口与格栅的形状对车头阻力有直接且显著的影响。格栅本身的投影面积、宽度、形状和位置间隔密度对空气阻力都有影响。较为理想的格栅应当是本身阻力很低，并且在汽车低速和高速行驶时，能调节进入散热器的气流量。相同的格栅在不同形状的进气口和不同的安装位置时，对阻力所产生的影响也不相同。

⑤ 前保险杠形状。

a. 前保险杠前方迎面很容易形成气流阻滞现象。阻滞区会形成压力并使其后部位产生涡流。前保险杠的断面形状应是凸形断面，过渡部分圆滑化，保证气流顺利地分流并转折到后部，不使气流产生阻滞现象。

b. 前保险杠的位置越接近车身本体，则越容易使车前方气流急剧转折，因此应使保险杠尽可能向前方伸出，以减少因急剧转折的气流形成涡流而增加的阻力。同时，前保险杠向前方伸出多些有利于保证防撞作用，故应综合考虑前保险杠位置。

c. 前保险杠与车身本体间隙应尽量小，前保险杠与车身在结构上形成刚性连结，并在间隙处装有弹性塑料板件作为连结。这样既可提高气流进入散热器的效率，又可使阻力和升力减小。

d. 前保险杠形状与车身本体形状匹配，并使棱角与装饰端头圆化，从而减小气流的分离，防止涡流产生。

⑥ 风窗玻璃与发动机舱盖形状。影响风窗玻璃与发动机转角部位空气动力特性的主要因素有发动机舱盖与风窗玻璃的夹角，发动机舱盖、风窗玻璃的三维曲率及结构。

a. 发动机舱盖与风窗玻璃的夹角。气流在发动机舱盖上的流速很快，但由发动机舱盖流向风窗玻璃时，会受到阻力，气流流速变慢。在风窗玻璃的前缘气流分离，致使在风窗玻璃的下缘产生分离区，然后在风窗玻璃的上缘重新开始附着。在一定的角度时，风窗玻璃下缘压力降低，当γ=48° 时，会出现一个局部的压力降，它是由来自两侧的溢流相混合而产生的局部涡流的影响所致。图10–7为汽车发动机舱盖与风窗玻璃间的流谱，图中S为气流分离点，R为气流再附着点。

减小发动机舱盖与风窗玻璃夹角，可使气流分离点与再附着点靠近，减小分离区，降低气动阻力。但当风窗玻璃与发动机舱盖的夹角降到30° 以下时，分离点与再附着点移动很小，即对降低气动阻力效果不大。可见不应把精力浪费在减小前窗倾角上，不仅牺牲了驾驶舱的空间，而且会造成外景失真，视野变差。

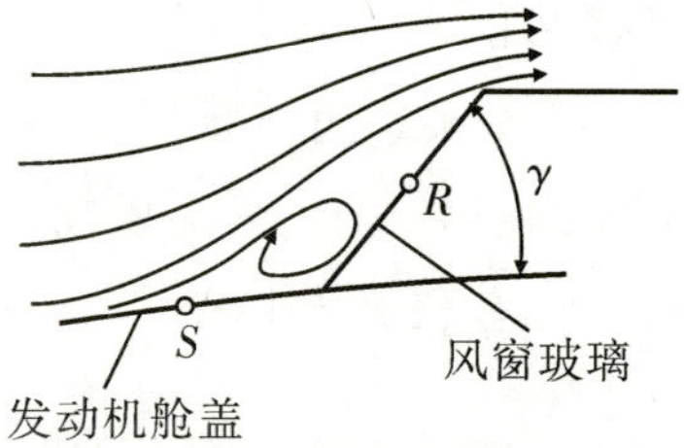

图10–7　汽车发动机舱盖与风窗玻璃间的流谱

b. 发动机舱盖的三维曲率及结构。由于水平面的小曲率对气流的运动无显著影响，故发动机舱盖的水平曲率均较小。发动机舱盖的侧面曲率的设计应使气流流畅地从发动机舱盖通过，并诱导气流向上流动，防止气流转向两侧与侧面的气流互相干扰，出现分离而使气动特性变差。

c. 风窗玻璃的三维曲率及结构。风窗玻璃一般设计成二维圆柱曲面，而不采用三维曲面。因为采用二维曲面有利于气流向两侧流动，而且压力向两侧逐渐降低；采用三维曲面的风窗玻璃，会降低车身强度，发生撞车和翻车事故时容易产生车身弯曲、车顶分离的危险，并且由于前窗玻璃过度弯曲，下雨时刮水器也难以刮拭各个角落，从而影响视野。

（2）顶盖外形。

顶盖的外形对汽车的气动特性影响较大。轿车应采用平滑的顶盖，并注意顶盖边缘外形的处理，使其表面不易产生涡流，诱导气流平顺地流过顶盖。

顶盖设计成上鼓的外形，有利于气流平顺地通过车顶。汽车的气动阻力与正面投影面积成正比，气流平顺地通过车顶，使C_D值降低，而带来的副效果则是正面投影面积增加，这又使阻力增大。所以设计车顶外形时，应综合考虑这两个互相矛盾的因素，在满足驾驶室舒适性要求的同时，选择最佳气动外形。

（3）车身侧面外形。

① 车身俯视外轮廓线的影响。采用侧面弧度外形的车身可以降低气动阻力，但由于侧面外形弯曲，增大了正面投影面积，而汽车的气动阻力与正面投影面积成正比，这也增加了阻力，故应综合考虑这两个因素，选择最佳的外形。图10–8为车身俯视外轮廓线与气动阻力C_D及正面投影面的关系。

由图可见，侧面弧度外形在一定范围内会使C_D降低，但由于侧面外形弯曲，又使正面投影面积增大，故综合效果是使阻力增加，所以也不能盲目追求侧面外形的弯曲。

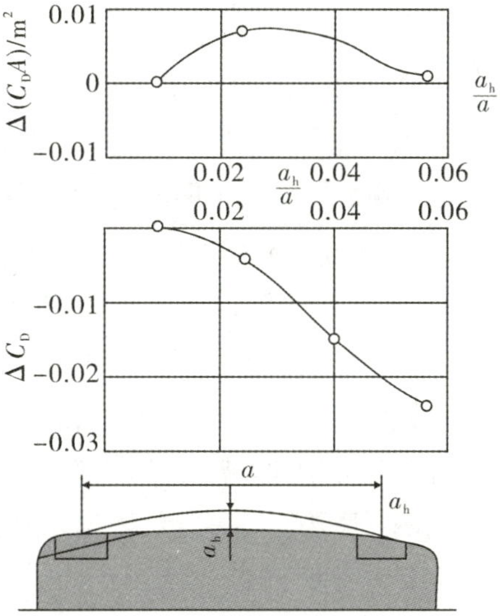

图10–8 车身俯视外轮廓线对C_D的影响

② A柱外形的影响。风窗玻璃与侧窗的交接处，是前方气流向车身两侧流动的拐角，在该处有安装玻璃的前立柱（A柱），如果A柱设计成直角形，在拐角附近就会产生气流分离。在A柱产生的气流分离，会导致气动阻力增加。为此，乘用车的A柱应设计成圆弧过渡的外形，应避免直角形的过渡。把A柱与A柱周围做成圆滑并向内倾斜收缩的外形，使气流沿其表面流动，控制涡流的产生，从而达到降低C_D值的效果。

（4）车身尾部外形。

目前轿车的尾部造型可分为三种：阶背式、快背式及直背式，如图10–9所示。

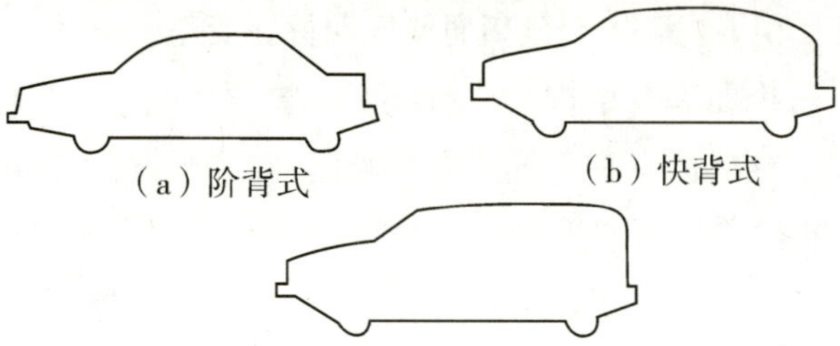

图10-9　轿车尾部造型

汽车的尾流是产生压差阻力的主要原因。

① 阶背式车尾的尾流结构。阶背式车身的尾流特征是有两个尾涡，其一是来自侧面的气流在后窗底部形成的一对旋涡，它决定了后窗的涡流区域和强度；其二是由于侧面气流的相互作用，气流分离，这股分离流与来自顶盖前端及后风窗的气流汇合，在后行李舱处形成尾涡。

② 快背式车尾的尾流结构。快背式车身尾流结构的特点是有一对特有的纵涡。来自顶盖前端的气流与侧面气流混合，流向车身尾部。这股气流在后柱附近开始分离，在后窗位置出现一对涡流区。

③ 直背式车尾的尾流结构。直背式车身尾流结构的特点是，来自底部的气流大量地卷入车身尾部，致使气流在后窗玻璃位置产生很大的分离以及严重的尾涡。

可见，快背式车尾的气动阻力特性最好，而直背式车尾的气动阻力特性最差。

（5）车身底部外形。

① 离地间隙的影响。汽车的下底面通常高低不平，使得下底部的气流变得复杂，形成了各种复杂的涡流。当离地间隙较小时，汽车底部与地面之间的气流可能受阻，使前方气流转向流至车身上表面，增大了汽车上表面的气流流速，压力降低，汽车的阻力和升力增大。汽车下底部表面做成平滑的外形，可使车身表面的摩擦阻力降低，从而降低阻力。当离地间隙增加时，车身下部与地面之间的气流能通畅地流过，使阻力和升力有所下降。

② 车身纵倾角的影响。如图10-10所示，汽车横截面中心的连线称为中线，中线与汽车前端面和后端面的交点，称为前缘和后缘。前缘和后缘的连线称为弦线，弦线与水平线之间的夹角称为纵倾角。

前高后低的弦线，其纵倾角为正；反之为负。可见，当车身为正纵倾角时，倾角越大，气动升力越大；反之，气动升力越小。

因此，采用负纵倾角的造型，以及使汽车前部低矮而尾部上翘的方法，都可以降低气动升力。

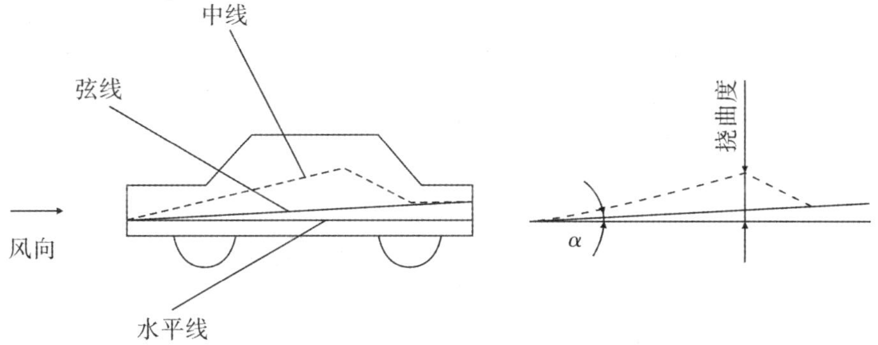

图10-10　汽车的中线和纵倾角

虽然低阻的汽车动力性和经济性得以提高，但对于流线型汽车，随着横摆角的变化，阻力系数有很大变化，即低阻汽车侧风稳定性差。所以，必须综合各个方面，权衡利弊，才能保证汽车的高性能。

10.1.2　汽车品质评价

汽车品质主要指汽车的外观品质、功能性硬件操作品质以及内饰品质，本书对于以上三种汽车品质主要进行主观评价及分析。

1. 外观品质

外观主观评价是消费者通过视觉感官，并辅以部分触觉和听觉器官，对车身外观如颜色、光泽、缝隙大小和制造缺陷等进行的主观评价。汽车厂商通过市场调研与用户模拟等方式来识别产品存在的外观缺陷，然后根据主观评价反馈的结果，不断优化结构设计、工艺、工装、材料和色彩搭配等，以提升客户的满意度。

外观品质评价主要从尺寸公差与防透视、遮蔽性、CTF[①]、标志与标识、刚度、操作品质、固定品质、触感及声品质九方面进行。以顺时针绕汽车一周，再以相反方向绕汽车一周。

2. 功能性硬件操作品质

功能性硬件操作品质是指驾乘人员用手操作包括按钮、拨杆和旋钮等开关部件，实现特定功能时，对于操作开关键的舒适性、操作方便性、功能及控制准确性等各要素进行的综合主观评价。

操作开关键的品质评价通常按照八个方面的要素进行，最终形成评价结果。

3. 内饰品质

用户对汽车内饰品质的关注点集中在异味、异响、乘坐空间、材质、外观、操作等方面。舒适的乘坐空间、人性化的操纵布置、细腻的触摸质感、洁净的车内空气，这些要素综合形成的一种高品质氛围，已经成为获得客户的重要手段。

内饰品质指从通过视、触、听、闻的总体感知，对造型风格及细节的喜好程度，操纵及配置的便利性，材质及工艺的精细处理这四个方面，对汽车内饰的造型、色

① CTF评价主要为顾客对整车颜色与装饰件颜色、皮纹的接受程度，由色彩（color）、纹理（texture）和面料（fabric）的大写字母组成。

彩、纹理、光泽、触感、操作、材质、气味等进行评价后得到的主观感知质量。

（1）感知品质。

感知品质是使用者初次接触车辆时最直接、最主观的感受，包含视觉、触觉、听觉3个指标，是针对视觉焦点、色彩、皮纹、光泽度、触感、活动件撞击声音、摩擦声音等细节进行的评价。

① 视觉。视觉评价从视觉焦点、色彩、皮纹、光泽度等方面开展：

a. 焦点集中，亮点元素有主次之分。

b. 色彩的饱和度及明亮度令人感到舒适，色调搭配合理，色差能够接受。

c. 色彩有层次感，比如手套箱、烟灰缸、眼镜盒等活动件内部定为深色。

d. 纹理样式新颖，并且与环境件协调。

e. 光泽柔和，光泽度与环境件匹配合理。

② 触觉。触觉评价从触感、割手两个方面开展：

a. 产品表面的压缩特性和摩擦特性分别决定了柔和感和湿润感，触感则是对柔和感和湿润感综合作用的主观感受。通过按压和摩挲产品表面的方法进行评价，越接近真皮或天然纺织品，触感越佳。

b. 手部较常接触的部位，比如储物盒、操作手柄等，是否存在易导致割手的飞边、毛刺、分型线、尖锐棱角等。

③ 听觉。听觉评价主要针对内饰操作功能件，比如出风口、遮阳板、扶手、储物盒等。听觉评价从以下三个方面开展：

a. 操作过程中不能有明显的异响，比如“吱吱”等刺耳的声音。

b. 从声音的频率上来说，沉闷的声音优于尖锐的声音。

c. 发声的零件越少越好，避免多个零件不同频率振动叠加后造成杂声。

（2）造型品质。

造型品质评价是从较深的层次对内饰外观进行评价，包含视觉误差、分块/线条、型面精细化3个指标，是针对间隙遮蔽、螺钉遮蔽、分型线隐藏、分块线平顺、容差设计、模拟软质效果等型面细节展开的评价。

① 视觉误差。汽车内饰的很多区域都需要进行视觉误差设计，可以从点、线、面三种基本特征对内饰开展评价：

a. 点特征包括安装点、螺钉盖板、按钮、喇叭孔等元素，满足点的分布有规律。

b. 线特征包括分块线、交界线等元素，满足线的走向要平顺。

c. 面特征包括型面与型面之间的间隙、断差等元素，满足面的间隙最小化。

② 分块/线条。分块/线条除了影响外观之外，与工程设计难度和制造成本也有很大关系。分块/线条的评价可从两个方面开展：

a. 分块线及特征线趋势一致，无杂乱感。

b. 零件分块简洁，避免多特征配合。

③ 型面精细化。型面精细化主要是指型面细节的处理方式，其处理效果从以下三方面开展评价：

a. 型面满足上遮下、软突出、硬沉陷的设计原则。

b. 零件搭接区域型面做模拟软质处理，外观优化并且有容差能力。

c. 正常视角下，型面遮蔽孔洞、间隙、分型线、螺钉。

（3）性能品质。

性能品质评价是在外观可视的元素之外，对内饰内在的特性和逻辑进行的评价，包含操作、刚度/强度、储物空间、人机工程4个指标，从功能件操作、结实度、随车物品放置方便性、操作舒适性、乘坐舒适性等细节展开评价。

① 操作。操作评价主要针对内外饰功能件，如手套箱、风口、遮阳板等零部件，从以下三方面开展评价：

a. 合适的操作力大小。

b. 清晰的限位感。

c. 操作力与位移曲线平顺，有良好的操作触感。

② 刚度/强度。刚度/强度评价是针对内饰产品结实感的评价。针对不同面积的产品，可灵活采用指压或掌压的方式，从以下两方面开展评价：

a. 对于手套箱、中控箱扶手盖板、内开手柄等活动件，评价其在开启状态下受力之后的晃动量大小。

b. 对于固定零件，评价其受力之后的变形量大小。

③ 储物空间。储物空间评价是对内饰储物的能力进行的评价，如手套箱、杯托、眼镜盒、地图袋等储物空间能否满足文件夹、书本、太阳镜、雨伞、停车卡、文具、零钱、手机、充电器、饮料瓶等常用随车物品的存放要求。

④ 人机工程。内饰人机工程主要针对功能件在使用过程中的操作便利程度，从以下三方面开展评价：

a. 功能件布置合理，有充足的操作空间，或可调节位置。

b. 不存在操作盲区。

c. 良好的操作舒适性。

（4）制造品质。

制造品质主要评价内饰零件的制造、产品的组装是否控制得当，工艺及材料应用能否达到车型定位。制造品质评价包含尺寸配合、材料/工艺、表面处理、分型线4个指标，从间隙控制和断差均匀程度、软质或硬质工艺的应用、表面处理工艺的选择、注塑零件分型线质量等细节展开评价。

① 尺寸配合。尺寸配合主要评价内饰各零部件搭接处的间隙、断差大小及均匀程度。

② 材料 / 工艺。材料 / 工艺主要评价材料及工艺的应用情况，根据不同零件从以

下两个方面开展：

a. 对于本体类产品，评价其是否进行软质处理，以及软质表皮的用料和工艺。

b. 对于饰件类产品，评价其表面处理用料及工艺。一般来说，金属或实木效果好于覆膜，覆膜效果好于喷涂、水转印等传统工艺。

③ 表面处理。表面处理主要评价表面处理效果如何，有无瑕疵，从以下五个方面进行评价：

a. 喷涂层无颗粒或气孔。

b. 水转印花纹无扭曲。

c. 电镀层无发黄或起泡。

d. 转印膜花纹无拉伤。

e. 热烫印图像边缘清晰，无脱落。

④ 分型线。分型线评价从两方面进行评价：

a. 所有外观可视面上不允许有分型线，如果设计上无法避免在可视面上产生分型线，那么分型线高度应小于0.1 mm。

b. 分型线无明显的飞边、毛刺、地包天等缺陷。

（5）气味。

气味评价一般是将评价结果与产品定位设定的目标值进行对比，以判定其是否合格。每个企业有不同的评价方法，有的企业对气味的评价只有合格与不合格之分，但是有的也采取打分评价的方法。

学习单元10.2　汽车的造型与品质测试分析

汽车造型与品质被认为是汽车开发设计中最为关键的技术环节，是决定产品命运的关键因素。汽车造型与品质测试分析是一项涉及多领域知识的综合性内容，不是一个简单、孤立的活动，测试过程中涉及大量的信息转化，并且与企业的生产、营销、销售等紧密相关，是一个复杂的系统性工程。

汽车的造型设计与品质评价测试分析是不断交替、相互迭代的动态体系。各企业会根据自身特点及团队能力设计评价测试分析体系，本部分围绕汽车造型及汽车品质两个方面进行评价测试分析。

10.2.1　汽车造型测试分析

影响汽车空气阻力和行驶稳定性的因素有车头前端造型、顶盖外形、车身侧面外形、车身尾部外形、车身底部外形等，针对汽车造型设计通常以表10-1内容进行测试分析。

表10-1 汽车造型设计评价测试分析表

序号	评价项目	评价内容及测试分析
1	车头前端造型	车头前端外形应尽量呈倒圆棱角流线型，车头头缘位置最大离地间隙尽可能小，散热器与隔栅形状应阻力低、能调节气流量，前保险杠前方迎面应是凸形断面形状，位置尽可能接近车身本体并且间隙尽量小，发动机舱盖与风窗玻璃夹角、发动机舱盖的三维曲率及结构、风窗玻璃的三维曲率及结构应尽可能降低气动阻力
2	顶盖外形	顶盖外形对汽车的气动特性影响较大，应采用平滑顶盖
3	车身侧面外形	采用侧面弧度外形车身及恰当的A柱倾斜外角
4	车身尾部外形	快背式车尾气动阻力特性最好，阶背式次之，直背式最差
5	车身底部外形	车身离地间隙和纵倾角应考虑车头阻力和气动升力

10.2.2 汽车品质测试分析

关于汽车品质测试，本小节主要围绕外观、功能性硬件、内饰三个方面开展测试分析。

1. 汽车外观品质测试分析

汽车的外观品质评价是通过消费者视觉器观，并辅以部分触觉和听觉器官等对其进行主观评价的。针对汽车外观品质，通常以表10-2内容进行测试分析。

表10-2 汽车外观品质评价测试分析表

序号	评价项目	评价内容及测试分析
1	尺寸公差与防透视	闭合件、外覆盖件、外观件等各搭接区域的间隙，段差的大小、平行度、对称度及多个零部件搭接区域的透视性
2	遮蔽性	在整车正常视线下，开启四门两盖，针对制造工艺及结构等产生的各种影响外观因素的情况进行评价
3	CTF	对整车颜色、装饰件颜色、皮纹面料的接受程度，色彩需鲜艳饱和，整车漆面有光泽，无褶皱、流挂、颗粒、橘皮等缺陷；同色部件间不可有色差
4	标志与标识	四门两盖开启/关闭时，徽标、字标、警示标、车辆VIN码、儿童锁标识等的完整性、可识别性及美观性
5	刚度	对外观大型附件采用指压、掌压方式评价受力后变形大小
6	操作品质	针对外观可运动部件进行操作评价
7	固定品质	针对外观固定部件检测松动贴合情况
8	触感	在不同平整、棱边、尖角处检测尖锐毛刺、凸起、凹陷等异常触感
9	声品质	针对四门两盖开启后解锁及关闭时有无明显尖锐摩擦声、金属撞击声

2. 汽车功能性硬件操作品质测试分析

影响功能性硬件操作品质的因素有按钮、拨杆、旋钮开关等，针对汽车功能性硬件操作品质通常以表10–3内容进行测试分析。

表10–3　汽车功能性硬件操作品质评价测试分析表

序号	评价项目	评价内容及测试分析
1	操作力	操作力应适中，不能出现突兀、黏手感，不能缺乏弹性、影响操作挡位清晰度
2	行程感	行程适中、按压过程节奏、挡位清晰
3	挡位感	切换变化应顺畅、操作力及行程适中
4	松旷感	操作过程不可有明显晃动、卡滞
5	旋钮阻尼力	阻尼力应适中
6	声音	开关操作不可有明显声音，不能出现刺耳声、破音、音量变化和音色变化等情况
7	触摸感	触摸开关面积恰当，不可过小或过大
8	操作开关表面平整度	不能存在凹凸不平、缺陷、杂质等
9	操作开关表面平滑度、涂层均匀性	喷漆均匀细腻，相同区域不能有肉眼可见的不同；不允许存在流痕、气泡、裂痕、飞边；电镀件表面光滑、清洁、光亮
10	皮纹效果	皮纹均匀、皮纹效果一致、纹理清晰；相同区域内不能有肉眼可见明显不同的区域
11	符号尺寸/清晰度	符号尺寸大小统一、字符清晰、整体美观、颜色及工艺一致、识别性好。满足《汽车操纵件、指示器及信号装置的标志》（GB 4094—2016、ISO 2575—2021）标准要求
12	间隙、面差	主观评价要求间隙均匀、结构紧凑且美观、操作清晰，无干涉、卡滞，无明显面差（按键与按键、按键与面板之间的间隙和面差可按照各自企业的标准要求定量评价）
13	背光一致性、均匀性	要求整车背光均匀、统一、不炫目、不刺眼

3. 汽车内饰品质测试分析

内饰品质是客户通过视、触、听、闻的总体感知去主观评价自己对车型的喜好程度，主要围绕感知品质、造型品质、性能品质、制造品质、气味五个方面进行测试分析。针对汽车内饰品质通常以表10–4内容进行测试分析。

表10–4　汽车内饰品质评价测试分析表

序号	评价项目	评价内容及测试分析
1	感知品质	视觉上颜色有主次之分，元素搭配合理；触觉上表面压缩和摩擦特性应温润柔和，无飞边、毛刺、尖锐棱角；听觉上可动部件不能有明显异响
2	造型品质	视觉误差上应满足点的分布规律、线的走向平顺、面的间隙最小化，分块/线条应趋势一致、无杂乱感、避免多特征配合，型面精细化应满足上遮下、软突出、硬沉陷的设计原则

续表

序号	评价项目	评价内容及测试分析
3	性能品质	操作力大小适中、刚度/强度适中，储物空间应能满足目标设计要求，人机工程功能件布置合理、不存在操作盲区、舒适性适中
4	制造品质	尺寸配合间隙、断差数值应合格，本体类材料应做软质处理，表面处理喷涂层无颗粒或气孔、水转印花纹无扭曲、电镀层无发黄或起泡、花纹图像边缘清晰，无脱落、无拉伤，分型线无明显飞边、毛刺、地包天等缺陷
5	气味	应达到产品定位设定的目标等级

学习小结

1. 空气阻力是汽车直线行驶时受到的空气作用力在行驶方向上的分力。它分为压力阻力和摩擦阻力两部分。

2. 对于一般轿车而言，形状阻力占58%，干扰阻力占14%，内循环阻力占12%，诱导阻力占7%，摩擦阻力占9%。

3. 空气阻力F_W的计算公式为：$F_W=\dfrac{C_D A u_a^2}{21.15}$。

4. 空气阻力越大，汽车动力性越差。空气阻力与C_D及A值成正比，换而言之，降低C_D及A值可以提高汽车的动力性。

5. 轿车前部造型对气动力影响因素很多，主要有车头边角、车头形状、车头高度、发动机舱盖与前风窗造型、前凸起唇及前保险杠的形状与位置、进气口大小、格栅形状等。

6. 汽车品质主要包括外观品质、功能性硬件操作品质以及内饰品质。

课后拓展

一些新能源汽车已经使用了气动轮圈和低滚阻的轮胎。气动轮圈可以降低轮胎旋转时带来的阻力，这样的轮圈在外观上比较平整，并且少有缝隙，因此不太利于散热。这种轮圈一般出现在民用车上，高性能跑车不太适合用气动轮圈。

说到尾翼，这可能是我们最早了解的有关汽车空气动力学零部件了。很多车友为了让汽车变得有品位，也会自己在车尾安装一个小尾翼。目前，尾翼也分成固定式与可伸缩和调节角度式两种。第一种固定的尾翼，可以给汽车尾部一个下压力，同时干扰空气，让空气通过车顶之后直接向上流走；第二种可伸缩和调节角度的电动尾翼，比如布加迪等车型，当尾翼完全垂直的时候，可以帮助缩短制动距离。

车尾扩散器主要的作用是使空气散发，防止车尾产生乱流，它就是保险杠下方的隔板。它可以使通过底盘的空气迅速发散、流走，因为空气快速流走，车底的空气压力变小，轮胎可以更好地贴住地面。

学习情境11 汽车自动驾驶性能测试与评价

任务引入

如果你是一名产品测评工程师，当一款新汽车的自动驾驶功能需要进行测试评价时，你知道驾驶自动化分级的划分依据吗？你能用汽车自动驾驶性能测试与评价方法进行测试评价吗？

问题

1. 汽车驾驶自动化分级的划分依据是什么？
2. 汽车自动驾驶性能的测试与评价内容是什么？
3. 常用的汽车自动驾驶性能测试与评价方法有哪些？

微课

汽车自动驾驶性能测试与评价

学习目标

- 知识目标

◎能说出自动驾驶分级的含义。

◎能说出智能网联汽车测试与评价内容。

◎能说出常用汽车自动驾驶性能测试方法、评价流程及体系。

- 技能目标

◎能运用驾驶自动化分级对主流汽车品牌进行评价。

◎能运用常用测试方法对汽车自动驾驶性能进行测试。

◎能按照评价流程对汽车自动驾驶能力进行评估。

- 素质目标

◎感受自动驾驶示范区对智能网联汽车产业的意义。

◎养成根据测试数据对汽车自动驾驶性进行科学评价的专业精神。

创新是技术进步的原力，创新是一个民族进步的灵魂，是一个国家兴旺发达的不竭动力；在激烈的国际竞争中，唯创新者进，唯创新者强，唯创新者胜。

学习情境概要

对于汽车而言，既要满足安全节能的社会要求，又要满足高性能、舒适性、个性化、长寿命等用户的多样化要求，因而对智能网联汽车提出了更高的要求。自动驾驶技术的功能完备性成为考核的焦点，同时我们也必须关注这些技术是否比人类驾驶更安全等问题，信息安全、车载系统的可靠性、功能安全等方面的要求也大大提升。汽车自动驾驶性能测试与评价的内容、方法、工具也在不断被引入汽车领域——智能网联汽车区别于传统汽车的新的测试与评价范畴。

虽然对智能网联汽车自动驾驶的性能测试与评价有别于传统汽车，两者所关注的性能不同，对应的性能需要用不同的标准评价或者需要引入新的物理量来进行测评，但无论是传统汽车还是智能网联汽车，在开展相应的测试与评价工作时，仍需遵循一些基本的理论依据与方法。本学习情境在介绍汽车自动驾驶性能测试与评价内容的基础上，介绍汽车测评领域涉及智能网联汽车测评的一些常用的测试与评价方法。

本学习情境包括以下2个学习单元：

学习单元11.1　汽车自动驾驶性能测试与评价内容；

学习单元11.2　汽车自动驾驶性能测试与评价方法。

学习单元11.1　汽车自动驾驶性能测试与评价内容

11.1.1　汽车驾驶自动化分级

微课

自动驾驶汽车的分级

驾驶自动化技术是国际公认的未来发展方向和关注焦点之一，它可以提供更安全、更节能、 更环保、更舒适的出行方式和综合解决方案，是城市智能交通系统的重要环节，其意义不仅在于汽车产品与技术的升级，而且会带来汽车及相关产业和价值链体系的重塑。

中华人民共和国工业和信息化部组织编制的《汽车驾驶自动化分级》（GB/T 40429—2021）明确了驾驶自动化的定义、驾驶自动化分级原则、驾驶自动化等级划分要素、驾驶自动化各等级定义、驾驶自动化等级划分流程及判定方法、驾驶自动化各等级技术要求等，是我国智能网联汽车标准体系的基础类标准之一，将为我国后续自动驾驶相关法律、法规、强制性标准的出台提供支撑。

1. 驾驶自动化等级划分要素

基于驾驶自动化系统能够执行动态驾驶任务的程度，根据在执行动态驾驶任务中的角色分配以及有无设计运行条件限制，未来汽车的自动驾驶等级将分成 0~5 级。基于如下 6 个要素对驾驶自动化等级进行划分：

① 驾驶自动化系统是否持续执行动态驾驶任务中的目标和事件探测与响应。

② 驾驶自动化系统是否持续执行动态驾驶任务中的车辆横向或纵向运动控制。

③ 驾驶自动化系统是否同时持续执行动态驾驶任务中的车辆横向和纵向运动控制。

④ 驾驶自动化系统是否持续执行全部动态驾驶任务。

⑤ 驾驶自动化系统是否自动执行最小风险策略。

⑥ 驾驶自动化系统是否存在设计运行范围限制。

其中，动态驾驶任务（Dynamic Driving Task，DDT）是指除策略性功能外，完成车辆驾驶所需的感知、决策和执行等行为，包括但不限于车辆横向运动控制、车辆纵向运动控制、目标和事件探测与响应、驾驶决策、车辆照明及信号装置控制等。驾驶自动化等级与划分要素的关系如表11–1所示。

表11–1　驾驶自动化等级与划分要素的关系

分级	名称	车辆横向和纵向运动控制	目标和事件探测与响应	全部动态驾驶任务	设计运行范围条件
0级	应急辅助	驾驶人	驾驶人及系统	驾驶人	有限制
1级	部分驾驶辅助	驾驶人和系统	驾驶人及系统	驾驶人	有限制
2级	组合驾驶辅助	系统	驾驶人及系统	驾驶人	有限制
3级	有条件自动驾驶	系统	系统	动态驾驶任务接管用户（接管后成为驾驶人）	有限制
4级	高度自动驾驶	系统	系统	系统	有限制
5级	完全自动驾驶	系统	系统	系统	无限制*

*注：排除商业和法规因素等限制。

2. 用户与驾驶自动化系统的角色

与驾驶自动化相关的人类角色统称为用户。不同等级的驾驶自动化系统激活后用户担任的角色如表11–2所示。

表11–2　驾驶自动化系统激活后用户的角色

<table>
<tr><th rowspan="2">用户</th><th colspan="6">用户的角色（驾驶自动化系统激活）</th></tr>
<tr><th>0级</th><th>1级</th><th>2级</th><th>3级</th><th>4级</th><th>5级</th></tr>
<tr><td>在驾驶座位的用户</td><td colspan="3">传统驾驶人</td><td rowspan="3">动态驾驶任务后援用户</td><td colspan="2">乘客</td></tr>
<tr><td>不在驾驶座位的车内用户</td><td colspan="3">远程驾驶人</td><td colspan="2">乘客</td></tr>
<tr><td>车外用户</td><td colspan="3">远程驾驶人</td><td colspan="2">调度员</td></tr>
</table>

注：具备4级或5级驾驶自动化功能的车辆也可配置驾驶座位。

表11–2中各种角色的定义分别为：

（1）传统驾驶人：坐在驾驶座位上，以人工方式直接操作车辆制动、加速、转向和换挡等操纵装置对车辆进行控制的驾驶人。

（2）远程驾驶人：不在可以手动直接操作车辆制动、加速、转向和换挡等操纵装置的驾驶座位上，仍可以实时操纵车辆的驾驶人。

（3）乘客：在车内，但不承担任何动态驾驶任务和动态驾驶任务接管的用户。

（4）动态驾驶任务后援用户：当 3 级驾驶自动化系统工作时，可以识别驾驶自动化系统发出的介入请求和明显的动态驾驶任务相关的车辆故障，并执行动态驾驶任务接管的用户。动态驾驶任务接管用户只适用于 3 级驾驶自动化功能，4 级和 5 级没有这个角色。动态驾驶任务后援用户可以在车内或车外。动态驾驶任务后援用户在执行部分或全部动态驾驶任务时成为驾驶人。

（5）调度员：在车辆无驾驶人操作的条件下，通过激活驾驶自动化系统以实现车辆调度服务但不执行动态驾驶任务的用户。具备 4 级和 5 级驾驶自动化功能，且其设计运行范围覆盖整个行程的车辆才可被调度。

3. 驾驶自动化等级划分

（1）0 级驾驶自动化（应急辅助）。

0级驾驶自动化系统不能持续执行动态驾驶任务中的车辆横向或纵向运动控制，但具备持续执行动态驾驶任务中的部分目标和事件探测与响应的能力。

① 0 级驾驶自动化不是无驾驶自动化，0 级驾驶自动化系统可感知环境，并提供提示信息或短暂介入以辅助驾驶人避险（如车道偏离预警、前向碰撞预警、自动紧急制动等应急辅助功能）。

② 不具备目标和事件探测与响应的能力的功能（如定速巡航、电子稳定性控制等）不在驾驶自动化考虑的范围内。

（2）1 级驾驶自动化（部分驾驶辅助）。

1级驾驶自动化系统在其设计运行条件内持续地执行动态驾驶任务中的车辆横向或纵向运动控制，且具备与所执行的车辆横向或纵向运动控制相适应的部分目标和事件探测与响应的能力。

对于 1 级驾驶自动化，驾驶人和驾驶自动化系统共同执行动态驾驶任务，并监管驾驶自动化系统的行为和执行适当的响应或操作。

（3）2 级驾驶自动化（组合驾驶辅助）。

2级驾驶自动化系统在其设计运行条件内持续地执行动态驾驶任务中的车辆横向或纵向运动控制，且具备与所执行的车辆横向或纵向运动控制相适应的部分目标和事件探测与响应的能力。

对于2级驾驶自动化，驾驶人和驾驶自动化系统共同执行动态驾驶任务，并监管驾驶自动化系统的行为和执行适当的响应或操作。

（3）3 级驾驶自动化（有条件自动驾驶）。

3级驾驶自动化系统在其设计运行条件内持续地执行全部动态驾驶任务。对于 3 级驾驶自动化，动态驾驶任务后援用户以适当的方式执行动态驾驶任务接管。

（4）4 级驾驶自动化（高度自动驾驶）。

4级驾驶自动化系统在其设计运行条件内持续地执行全部动态驾驶任务并自动执行最小风险策略。对于 4 级驾驶自动化，系统发出接管请求时，用户可不作响应，系统具备自动达到最小风险状态的能力。

（5）5 级驾驶自动化（完全自动驾驶）。

5级驾驶自动化系统在任何可行驶条件下持续地执行全部动态驾驶任务并自动执行最小风险策略。

①对于5级驾驶自动化，系统发出接管请求时，用户可不作响应，系统具备自动达到最小风险状态的能力。

②5级驾驶自动化在车辆可行驶环境下没有设计运行条件的限制（商业和法规因素等限制除外）。

4. 驾驶自动化各等级技术要求

（1）0 级驾驶自动化（应急辅助）。

0 级驾驶自动化系统应满足以下要求：

①具备持续执行部分目标和事件探测与响应的能力。

②当驾驶人请求驾驶自动化系统退出时，立即解除系统控制权。

（2）1 级驾驶自动化（部分驾驶辅助）。

1 级驾驶自动化系统应满足以下要求：

①持续地执行动态驾驶任务中的车辆横向或纵向运动控制。

②具备与车辆横向或纵向运动控制相适应的部分目标和事件探测与响应的能力。

③当驾驶人请求驾驶自动化系统退出时，立即解除系统控制权。

（3）2 级驾驶自动化（组合驾驶辅助）。

2 级驾驶自动化系统应满足以下要求：

①持续地执行动态驾驶任务中的车辆横向和纵向运动控制。

②具备与车辆横向和纵向运动控制相适应的部分目标和事件探测与响应的能力。

③当驾驶人请求驾驶自动化系统退出时，立即解除系统控制权。

（4）3 级驾驶自动化（有条件自动驾驶）。

3 级驾驶自动化系统应满足以下要求：

①仅允许在设计运行条件下激活。

②激活后在设计运行条件下执行全部动态驾驶任务。

③识别是否即将不满足设计运行范围，并在即将不满足设计运行范围时，及时向动态驾驶任务后援用户发出接管请求。

④识别驾驶自动化系统失效，并在发生驾驶自动化系统失效时，及时向动态驾驶任务后援用户发出接管请求。

⑤识别动态驾驶任务后援用户的接管能力，并在用户的接管能力即将不满足要求

时，发出介入请求。

⑥在发出介入请求后，继续执行动态驾驶任务一定的时间供动态驾驶任务后援用户接管。

⑦在发出介入请求后，如果动态驾驶任务后援用户未响应，适时执行风险减缓措施。

⑧当用户请求驾驶自动化系统退出时，立即解除系统控制权。

（5）4 级驾驶自动化（高度自动驾驶）。

4 级驾驶自动化系统应满足以下要求：

①仅允许在设计运行条件下激活。

②激活后在设计运行条件下执行全部动态驾驶任务。

③识别是否即将不满足设计运行范围。

④识别驾驶自动化系统失效和车辆其他系统失效。

⑤在发生下列情况之一时，执行动态驾驶任务接管并自动达到最小风险状态：

a. 即将不满足设计运行范围；

b. 驾驶自动化系统失效或车辆其他系统失效；

c. 驾乘人员状态不符合其设计运行条件；

d. 用户要求实现最小风险状态。

⑥除下列情形以外，不得解除系统控制权：

a. 已达到最小风险状态；

b. 驾驶人在执行动态驾驶任务。

⑦当用户请求驾驶自动化系统退出时，解除系统控制权，如果存在安全风险可暂缓解除。

（6）5 级驾驶自动化（完全自动驾驶）。

5 级驾驶自动化系统应满足以下要求：

①无设计运行范围限制。

②激活后执行全部动态驾驶任务。

③识别驾驶自动化系统失效和车辆其他系统失效。

④在发生下列情形之一时，执行动态驾驶任务接管并自动达到最小风险状态：

a. 驾驶自动化系统失效或车辆其他系统失效；

b. 用户要求实现最小风险状态。

⑤除下列情形以外，不得解除系统控制权：

a. 已达到最小风险状态；

b. 驾驶人在执行动态驾驶任务。

⑥当用户请求驾驶自动化系统退出时，解除系统控制权，如果存在安全风险可暂缓解除。

汽车产业面临产业升级， 2022年是智能驾驶的元年，目前正处于从L2到L3的跨越阶段，L2 部分功能成为新车标配，多款新车搭载了面向 L3 级以上自动驾驶硬件，车企自驾平台研发规划推进到 L2+。2022年7月5日，深圳颁布国内首部关于智能网联汽车管理的法规，开放了L3以上自动驾驶汽车准入和登记，有望推动L3级智能网联汽车在深圳量产上路，而测试评价体系必须坚持“守正创新”理念，为自动驾驶汽车发展保驾护航。

11.1.2　智能网联汽车性能测试与评价

1. 智能网联汽车的系统特点

随着智能网联汽车的不断深入发展，汽车逐步从独立的机械单元向智能化、网联化的网络节点发展，特别是随着车载辅助系统、车内网、车际网和车云网的迅速发展，汽车系统安全面临新的、更严峻的挑战。在车辆机械缺陷逐渐减少的同时，电子系统造成的缺陷正在迅速增加。传动、线控、导航、人机工程学和信息娱乐类技术的进步要求嵌入式系统方法中有严格的质量保障措施。另外，高等级自动驾驶和无人驾驶需要用自动驾驶系统代替驾驶人，这些车辆必须能够证明其具备不低于人类驾驶人的驾驶水平和驾驶安全性，这是高等级自动驾驶和无人驾驶车辆进入实际应用的前提和基础。智能网联汽车的系统特点主要包括：

（1）车载信息终端集成多种通信与数据I/O硬件，并提供多种通信协议、数据处理及应用服务的支持，系统复杂度高。

（2）系统具有多设备集成，涉及众多厂商，信息数据流转链路复杂、网络异构且涉及海量信息整合、数据挖掘、大规模数据计算。

（3）实时性、可靠性要求高，网络节点（车辆）具有高动态性，拓扑变化频繁，且受到的干扰因素较多，包括路边建筑物、天气情况、道路交通状况等。

2. 测试与评价内容

汽车自动驾驶性能的测试与评价内容可以从两个方面来说明。其一，从产品效能方面来说，分为功能和性能测试与评价、信息安全测试与评价、功能安全测试与评价、交通事故责任认定；其二，从产品测试流程方面来说，测试内容与测试流程中的相关环节有关，可分为模型在环测试、软件在环测试、硬件在环测试、驾驶模拟器测试、车辆在环测试、封闭试验场测试和开放道路测试等（图11–1）。

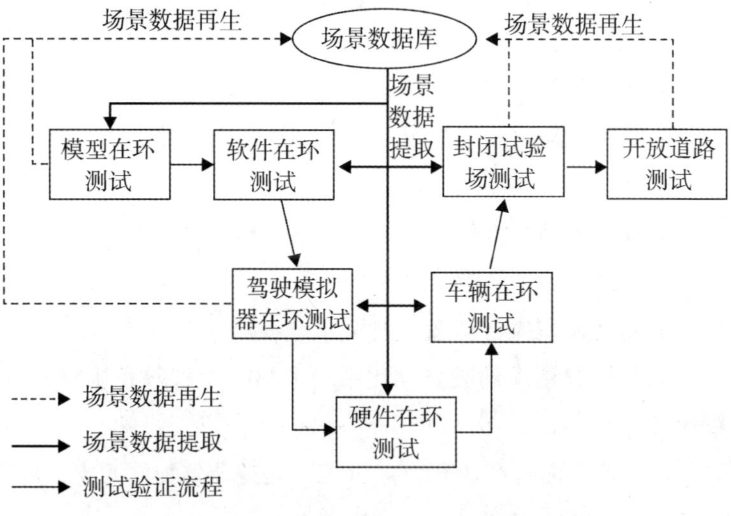

图11–1　智能网联汽车的测试与评价内容

从产品效能方面来说，具体测评内容如下：

（1）功能和性能测试与评价。

功能测试主要是根据产品业务需求和产品行业特征，模拟用户操作来测试产品的特性以确定它们是否满足用户需求。智能网联汽车是传统汽车智能化、网联化的综合成果，由多项子系统组合而成。各项子系统具备怎样的功能，这些功能在特定的环境条件下能否实现，系统集成后具备怎样的功能，这些功能是否能够实现，都需要进行测评。

性能测试是通过某种特定的方式对被测试系统按照一定的测试策略进行测试，以获取该系统的响应时间、运行效率、资源利用情况等各项性能指标，从而评价系统是否满足用户性能需求。对于高等级自动驾驶汽车和无人驾驶车辆来说，需要评价系统的驾驶性能和安全性是否高于人类。

（2）信息安全测试与评价。

信息安全是指信息系统（包括硬件、软件、数据、人、物理环境及其基础设施）受到保护，不因偶然的或者恶意的原因而遭到破坏、更改、泄露，系统能连续、可靠地正常运行，信息服务不中断，最终实现业务连续性。

智能网联汽车网络构成复杂，包括车内网、车际网和车云网，因此，在对车辆进行操作时是否存在数据丢失、数据泄露、系统被入侵等问题，以及数据安全和通信协议等内容，都需要进行测评。

（3）功能安全测试与评价。

功能安全是指避免由系统功能性故障导致的不可接受的风险。功能安全关注系统出现故障后的行为，而不是系统的原有功能或性能。智能网联汽车使用的汽车电子电气系统与安全密切相关，其中可能存在的系统性失效和随机硬件失效，有可能导致汽车安全事故发生。系统的复杂性和集成度越高，这种风险也越大。

智能网联汽车系统存在着发生系统失效故障的可能性，因为它涉及大量的数据传输与软件控制。系统在运行时，硬件可能会发生随机失效，控制软件或许存在着漏洞，而在产品发生故障或失效时能否继续保证系统的安全性，就成了业界非常关注的问题。为了规避汽车系统的安全风险，车辆在系统投入使用前必须经过严格的测评。

（4）交通事故责任认定。

自动驾驶的智能网联汽车一旦发生事故，这个责任应该由谁来承担是一个新的问题。在自动驾驶的模式下，驾驶人对车辆的控制已经被弱化，车辆操纵的主体已经变为电脑，而一旦发生事故，交通法规不可能去追究电脑的责任，那么交通法规应该如何进行适应性的修改来应对成了一个重要的问题。

自动驾驶汽车的法律问题相当复杂，不仅涉及设计、制造、用户、相对方之间的多重法律关系，而且法律关系本身的种类也很复杂，包括合同责任、侵权责任、产品责任等。

3. 汽车自动驾驶性能测试与评价的意义

随着消费者对车辆安全的理解和需求不断提升，智能网联汽车技术的开发与应用也就成了汽车企业增强市场竞争力的重要筹码，能够让更多汽车搭载更加有效、减少汽车事故的伤亡、提高效率的智能系统，也更具有现实意义。只有通过完善的智能网联汽车测试与评价，尽早在研发阶段发现问题，深入挖掘隐藏的功能缺陷及不合理之处，才能保证智能网联汽车的功能完备性及有效性，从而确保产品的核心竞争力。

学习单元11.2　汽车自动驾驶性能测试与评价方法

11.2.1　测评目的

对于汽车，测评目的有各种各样的分类方法，例如有按照测评对象分类（整车测评、零部件测评、总成测评等）和按照测评设备分类（台架测评、实车测评）等。常见的测评目的主要有符合性测评、比对测评、研发测评。

1. 符合性测评

一般情况下，符合性测评指的是标准符合性测评。标准符合性测评是依据一个标准的描述对标准的某个试验进行测试，判别一个标准的试验与所对应的标准描述是否一致。根据符合性测试的结果可以评价该试验是否符合既定的目标。若由结果认定目标没有实现，则需对产品进行改进。

注意：标准符合性测评的依据和规程一定是国家标准或行业标准，而不是实验室自定义的或其他的、非正式的相关规范要求。

2. 比对测评

比对测评是为了比较各种汽车的性能而进行的测试与评价活动。一般来说，需要选取两个或两个以上的对象，选取一个变量作为测评的物理量，需要在其他条件一致或基本相同的前提下进行，例如举办的各类汽车大赛或者进行的各类汽车油耗信息的测试与发布活动等。也有在汽车设计的初始阶段，作为决定设计目标的一种信息来源，对竞争对手的性能进行调查、比较研究的测评活动。

比对测评最重要的目标是通过对两个或两个以上对象的比对结果进行分析，获得或探究某种因素与对象之间的关系，并将之作为某种选择或决定的依据。例如：通过比对，可以合理选择车辆的动力系统，实现动力性、经济性与成本的合理兼顾。

3. 研发测评

研发测评是为了改进汽车性能和产品开发而进行的测试与评价活动。为了适应市场对汽车性能、功能的要求和用户需求的多样化，研发阶段的测试与评价涉及范围非常广，为了适应新技术还需要不断地制定新的测试与评价方法。

研发测评最重要的目标是在产品开发的最初阶段就考虑相应的质量问题或安全问题，以便把研发设计阶段的成果作为生产的模板，如此不但有利于缩短研发时间，而且有利于降低研发成本。对于研发测评来说，最重要的是保障有效性、客观性和完整性。

11.2.2　常用测试方法

随着技术的不断进步，汽车测试方法的内容不仅包括以传感器为核心的测量原理、测量方法、测量工具及数据处理等，还发展出将被测对象置于模拟运行状态的在环测试方法。常用的测试方法包括模型在环（MIL）测试方法、软件在环（SIL）测试方法、硬件在环测试方法、驾驶模拟器在环测试方法、车辆在环测试方法、封闭试验场测试方法和开放道路测试方法等。

1. 模型在环测试方法

在汽车涉及的各种控制算法开发流程中，为了降低研发成本，更早地发现算法中存在的问题和错误，常常需要在设计阶段进行相应的测试。在实际控制器完成之前可以进行的测试主要是模型在环测试和软件在环测试。

使用模型可以提供一个物理系统的抽象，可以使工程师忽略无关的细节而将注意力集中在最重要的部分来思考系统的整体设计。所谓模型在环测试方法，就是在开始编码之前的早期开发阶段对模型进行测试，将产品的缺陷暴露在项目开发的初期，并在开发过程中持续不断地验证与测试，这样工程师就可以把主要精力放在算法和测试用例的研究上，以确保规范的完整性和无歧义，而不必花时间去处理烦琐的、易于出错的任务。

模型在环的测试数据可以来自测试矢量数据库，或来自实际系统的模型。模型在环测试的结果可以用于验证软件行为是否正确，并确认开发流程的初始需求。通过模型在环测试搜集的信息会成为代码验证的基准。比如，在Simulink模型中，将控制模型和被控对象模型连起来形成闭环，就是常说的模型在环测试，如图11–2所示。

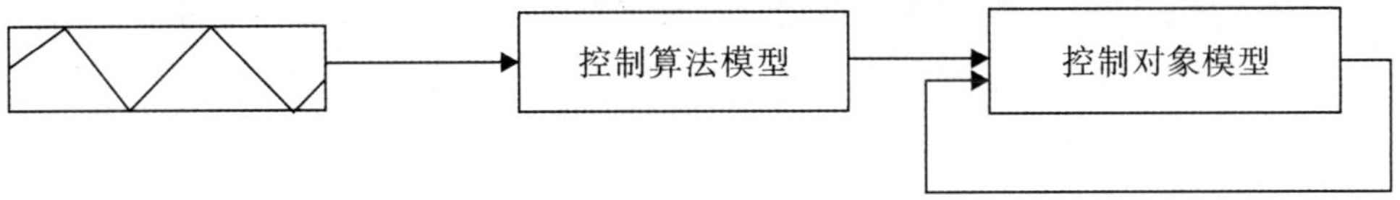

图11–2　模型在环测试

2. 软件在环测试方法

软件在环测试的目的就是验证自动生成的代码和用于代码生成的模型在行为上是否一致。也就是说，SIL测试是一种等效性测试，可以用图11–3所示的模型来实现。

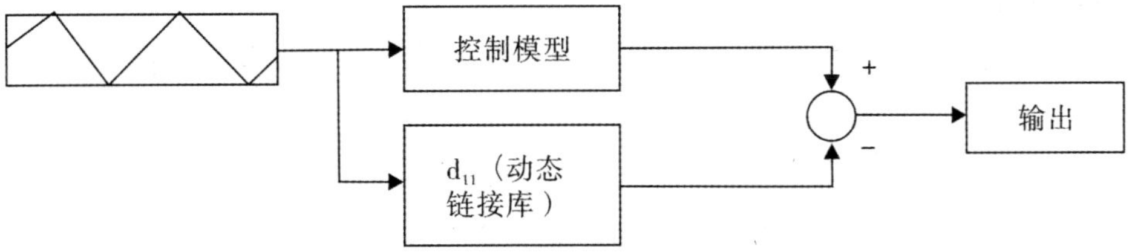

图11–3　软件在环测试

Simulink提供了SIL仿真模式，所以可以用更方便的方式实现SIL测试，可使用set_param设置算法模型的仿真模式为SIL，然后对比Normal模式下的输出结果即可，如图11-4所示。

图11-4　选择SIL仿真模拟测试

如上所述，这种测试方法的重点就是要确保生产的代码和模型同步执行，并且这个执行过程足够直观，方便用户查看。此外，由于在测试代码中加入了额外的控制代码，测试代码和产品代码有了差异，这势必会对代码的执行性能等指标产生影响，因此还需要考虑如何将这个影响降到最小。具体来说，在测试方案设计时需要考虑以下几个问题：①测试过程应能正确反映模型的执行过程。②测试过程应具有直观性。③测试过程对被测系统的影响应最小化。

3. 硬件在环测试方法

为了保证项目的进度，将硬件置于测试回路是一种将实物部件和软件模型联合、广泛运用于部件测试或控制系统测试的技术形式。将真实的控制器置于测试回路，将其余部件的压力或电力信号用真实信号或者仿真环境模拟的信号纳入控制器的控制回路，不包含动力加载装置，此种方式即为硬件在环测试，见图11-5。硬件在环测试方法可分为环境感知系统在环测试方法、决策规划系统在环测试方法、控制执行系统在环测试方法三种，其中环境感知系统在环测试方法还可分为雷达系统在环测试方法、相机系统在环测试方法、V2X系统在环测试方法及多源传感器融合系统在环测试方法等。

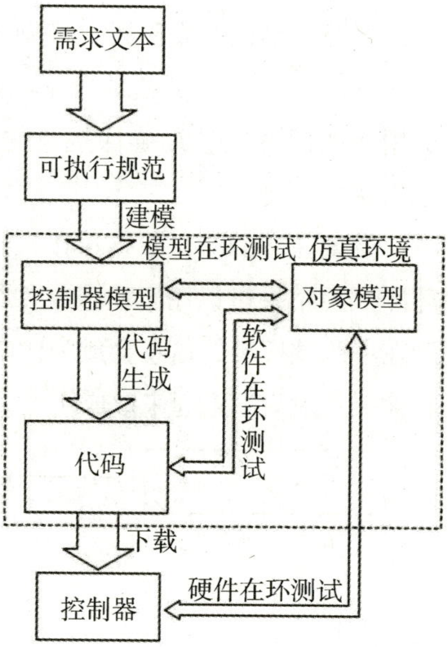

图11-5　硬件在环测试

（1）雷达系统在环测试方法。

雷达系统在环测试能够实现雷达传感器参数和雷达目标检测性能的测试验证。常见的毫米波雷达硬件在环测试方案如图11-6所示。方案一中，雷达目标模拟与车辆动力学模拟联合仿真，基于车辆动力学软件产生虚拟场景环境，雷达目标模拟器利用虚拟场景信息产生雷达回波，回波中包含目标速度、距离和角度信息，雷达接收模拟回波信号，经过数据识别处理得到目标结果，再通过CAN总线发送给虚拟车辆模型以用于决策控制。方案二中，用人工真实场景代替虚拟场景，用真实车辆代替虚拟车辆模型来完成雷达的闭环验证。在两种方案中均可预先设置好目标距离、速度和角度等信息，将其余雷达识别结果对比分析可测试雷达的识别准确度、检测概率、距离精度、角度精度和速度精度等性能。

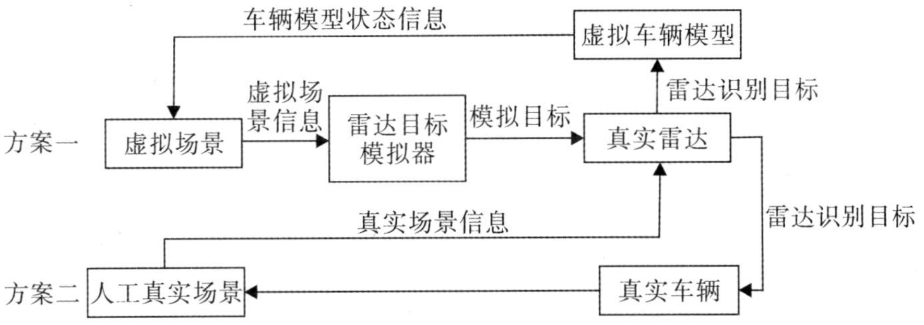

图11-6　毫米波雷达硬件在环测试方案

（2）决策规划系统在环测试方法。

决策规划系统在环测试方法是指将真实的车辆控制器放入虚拟的整车环境中，通过仿真模型来模拟受控对象的状态，并通过CAN接口、I/O接口等将车辆控制器与仿真模型进行连接。由于自动驾驶汽车功能的复杂性，因此对决策规划系统进行硬件在环测试是验证自动驾驶安全性非常重要的一环。

（3）控制执行系统在环测试方法。

控制执行系统在环测试主要包括制动系统在环测试、转向系统在环测试、驱动系统在环测试等，其执行器（制动器、转向器等）通过实际的I/O接口与快速控制原型进行连接，可以缩短所测试系统的研发周期。由于控制执行系统与传统车辆大体相同，因此该部分的测试发展较早且较为成熟。

4. 驾驶模拟器在环测试方法

驾驶模拟器分为训练型驾驶模拟器和开发型驾驶模拟器。训练型驾驶模拟器主要用于驾驶人培训工作。开发型驾驶模拟器可应用于汽车新技术及驾驶人特性研究，在保留驾驶人操作特点的同时，完成相关的人车交互试验。

驾驶模拟器在环测试可以将驾驶人嵌入测试环境中，形成算法—环境—驾驶人的闭环测试，真实反映驾驶人的驾驶情况，同时还可用于研究驾驶人疲劳监控及警告等内容。

5. 车辆在环测试方法

车辆在环测试是将整车嵌入虚拟测试环境中进行测试，通过模拟场景测试整车性能，主要包括转毂平台车辆在环测试和封闭场地车辆在环平行测试。其关键在于将车辆信息传递给模拟环境，以及将模拟环境中产生的传感器信息传递给车辆控制器，典型的车辆在环测试方案如图11-7所示。

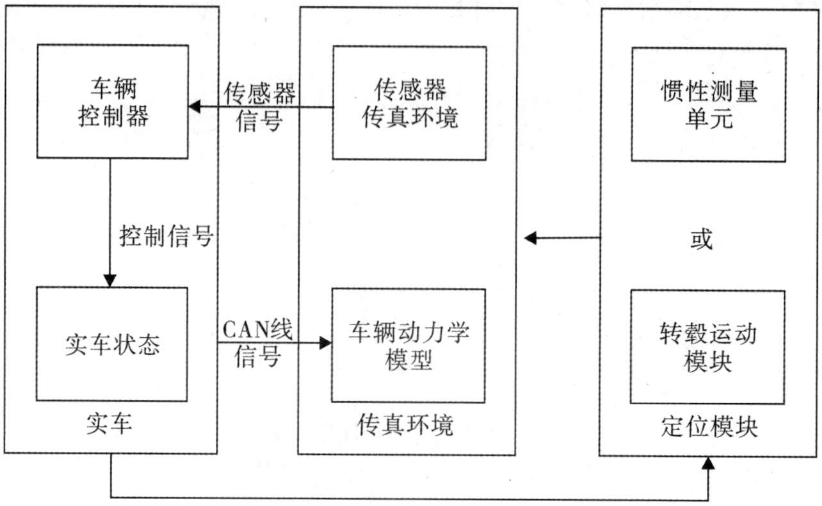

图11-7　典型的车辆在环测试方案

（1）转毂平台车辆在环测试技术。

转毂平台车辆在环测试技术可以模拟车辆行驶时的周围环境，通过注入虚拟信息的方式模拟整车行驶环境，测试车辆的自动驾驶性能。

（2）封闭场地车辆在环平行测试技术。

进行封闭场地车辆在环平行测试时，车辆行驶在真实的道路上，通过信息注入的方式模拟车辆周围的其他交通参与者、静止障碍物等。由于使用真实的车辆代替车辆模型，在测试过程中可以在很大程度上提高测试精度；同时，由于周围的环境信息通过虚拟方式生成，可以在封闭场地内进行重复测试和随机测试，丰富测试数据，提高测试结果的丰富程度。

6. 封闭试验场测试方法

汽车封闭试验场一般包括高速路段、转盘、交叉口、坡道、多用途测试路段、特殊测试路段、V2X测试路段、噪声或电磁波干扰路段、控制中心。

汽车试验场是进行汽车整车道路试验的场所，可以重现汽车使用中遇到的各种各样的道路条件和使用条件。试验道路是实际存在的各种各样的道路，经过集中、浓缩、不失真的强化且典型化的道路。汽车在试验场试验比在实验室或一般形式条件下的试验更严格、更科学、更真实。

7. 开放道路测试方法

开放道路测试是指在为智能网联汽车配备安全员的条件下，汽车在开放道路的环境中行驶，记录智能网联汽车的行驶状态。

11.2.3　评价方法

1. 汽车自动驾驶性能评价流程

汽车自动驾驶性能评价的主要步骤可以描述为：首先，从实验室/示范基地等获取智能网联汽车评价参数，对参数进行数据预处理；其次，根据构建的智能网联汽车评价体系，从中选取重要指标参数数据；再次，利用层次分析法-熵权法的综合确权法对指标体系的指标权重进行设定，不同的评价方法也决定了其差异性；最后，基于汽车自动驾驶性能评价指标及指标权重，依次计算各级的指标分数，并以评价分数的最终结构确定智能网联汽车等级（见图11-8）。

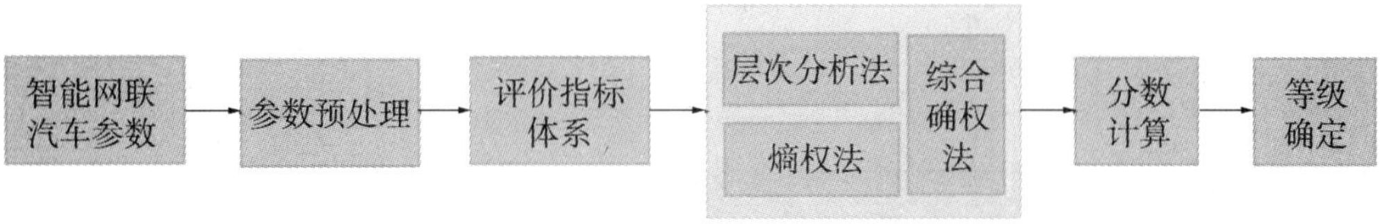

图11-8　汽车自动驾驶性能评价流程

评价流程中核心部分在于评价指标权重确定方法的选择，确定指标权重的方法大致可分为两大类：一类是主观赋权法，另一类是客观赋权法。其中层次分析法属于主观赋权法，主要考虑专家的意见，汲取专家们的知识和经验，一般具有较好的合理性，但无法克服存在主观随意性的缺陷；熵权法属于客观赋权法，能够充分挖掘原始数据本身蕴含的信息价值，相对层次分析法更客观，但不能反映专家的知识和经验以及决策者的意见，可能会导致得到的权重与实际重要程度不相符。因此，使用层次分析法和熵权法相结合的综合确权法，有助于合理确定评价指标权重。

2. 汽车自动驾驶性能评价体系

为了保证智能网联汽车评价的全面性、客观性与实用性，要建立以专业测评（试验室测评、虚拟场景测评、封闭场景测评）、实践工况测评（开放道路测评、科技赛事测评）、市场评价（品牌指标、满意度指标）为基础的“三位一体”智能网联汽车评价体系，如图11-9所示。

图11-9　智能网联汽车评价体系

以上述“三位一体”智能网联汽车评价体系为方向，图11-10初步构建了当前level 2阶段的智能网联汽车评价指标体系。

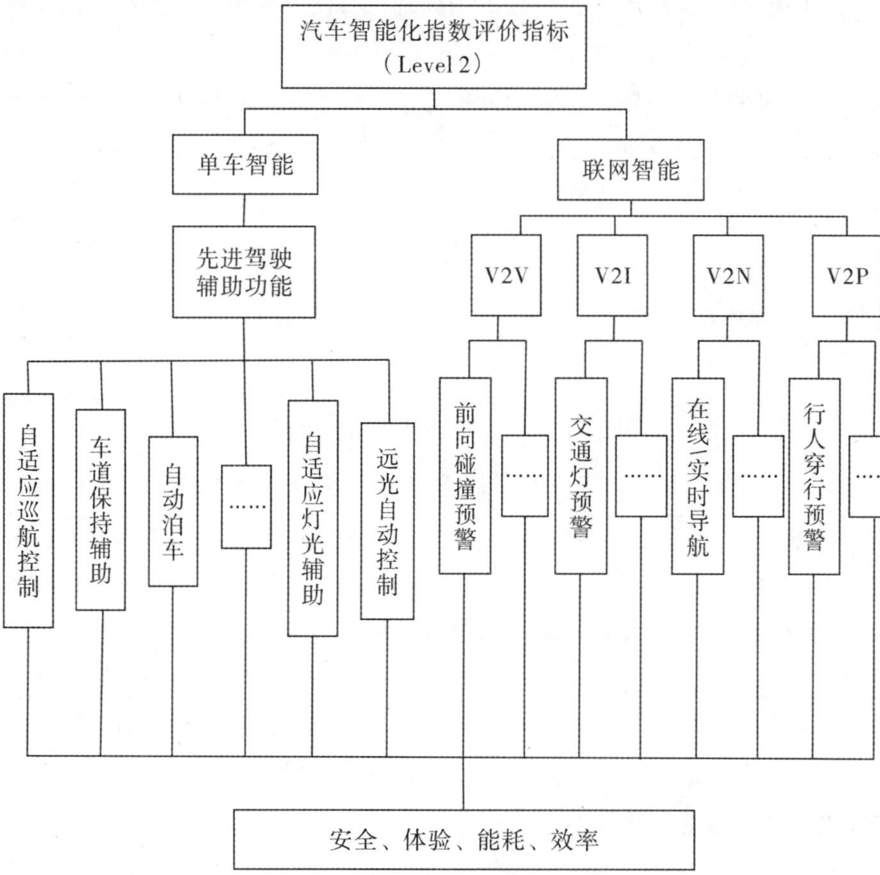

图11-10　level 2阶段的智能网联汽车评价指标体系

该评价指标体系按照树形结构进行划分，可分为一级指标、二级指标和三级指标，且各级指标相互联系、逐层细化。一级指标是指单车智能以及联网智能评价指标，代表衡量智能网联汽车等级的最终评价指标。二级指标中，一方面，对于单车智能评价主要侧重于先进驾驶辅助功能评价指标，对于智能网联汽车主要对行驶过程中的自主行为表现及能力进行评价；另一方面，对于联网智能评价则重点涵盖车与车、车与路、车与网，以及车与人这四个方面，对智能网联汽车在行驶过程中同周围环境之间完成通信的功能及性能进行评价。三级指标则在二级指标基础上进一步细化。

关于智能网联汽车评价的核心环节，形成表11-3列出的智能网联汽车等级划分。

表11-3　智能网联汽车等级划分

一级指标			二级指标			三级指标		
序号	项目	权重	序号	项目	权重	序号	项目	权重
1	单车智能	50%	1	先进驾驶辅助系统（ADAS）	50%	1	自动紧急制动（AEB）	
						2	车道保持辅助（LKA）	
						3	车道居中控制（LCC）	
						4	自适应巡航控制（ACC）	
						5	全速自适应巡航控制（FSRA）	
						6	盲区监测辅助（BSD）	
						7	倒车辅助系统（PAS）	
						8	后方横向交通告警（RCTA）	
						9	车道偏离预警（LDW）	
						10	变道辅助（LCA）	
						11	前方碰撞预警（FCW）	
						12	车距检测及警告（HMW）	
						13	弯道速度预警系统（CSWS）	
						14	行人检测（PED）	
						15	疲劳驾驶监测（DFM）	
						16	夜视系统（NVS）	
						17	自动泊车（AP）	
						18	全景影像监测（SVM）	
						19	自适应照明系统（AFS）	
						20	远近光灯辅助（HBA）	
						21	抬头显示系统（HUD）	
						22	实时交通系统（TMC）	
						23	智能限速提醒系统（ISA）	
						24	交通拥堵辅助控制系统（TJA）	
						25	交通标志识别（TSR）	
						26	交通信号灯识别（TLR）	
			2	高度自动驾驶	—	1	—	

续表

一级指标			二级指标			三级指标		
序号	项目	权重	序号	项目	权重	序号	项目	权重
2	联网智能	50%	1	V2V	15%	1	前向碰撞预警	
						2	紧急制动预警	
						3	车辆失控预警	
						4	异常车辆提醒	
						5	车辆靠近提醒	
						6	盲区预警	
						7	前车透视	
						8	变道辅助	
						9	左转辅助	
						10	逆向超车碰撞预警	
						11	交叉路口碰撞预警	
						12	高优先级车辆让行	
						13	固定作业车辆警示	
						14	车队间视频传输	
			2	V2I	15%	1	交通灯预警	
						2	红绿灯车速引导	
						3	绿灯车速引导	
						4	交叉路口碰撞预警	
						5	左转辅助	
						6	高优先级车辆让行	
						7	弱势交通参与者预警	
						8	道路危险状况提示	
						9	路面湿滑预警	
						10	限速限高标志预警	
						11	前方道路施工预警	
						12	前方拥堵提醒	
						13	智能网联汽车近场支付	
			3	V2N	15%	1	在线/实时导航	
						2	动态路径规划	
						3	防盗报警	
						4	紧急救援	
						5	远程监控	
						6	远程遥控驾驶	
						7	车辆编队调度	
						8	倒车影像/雷达	
						9	触摸交互	
						10	语音/手势识别	
						11	眼球追踪	
						12	手机操纵	
						13	在线娱乐资讯	
						14	车内办公环境	
			4	V2P	5%	1	行人穿行预警	
						2	弱势交通参与者预警	
						3	行人/非机动车避让	

3. 智能网联汽车评价等级核定

高级智能辅助驾驶功能：根据车辆当前所处Level 1、Level 2阶段智能化评价结果，将其得分进行归一化处理，得到被评价车辆的最终分数在[20，40）区间。为提升汽车智能化评价结果的可读性与影响力，可依据评价总分得出与其对应的星级评价结果，具体对应方法见表11-4。

表11-4　高级智能辅助驾驶功能车辆等级划分

总分	星级
36～40	★★★★★
32～36	★★★★
28～32	★★★
24～28	★★
20～24	★

高度自动驾驶功能：根据智能网联汽车当前所处Level 3、Level 4阶段智能化评价结果，将得分进行归一化处理，得到被评价车辆的最终分数在[40，80）区间。为提升汽车智能化评价结果的可读性与影响力，可依据评价总分得出与其对应的星级评价结果，具体对应方法见表11-5。

表11-5　自动驾驶功能车辆等级划分

总分	星级
72～80	★★★★★
64～72	★★★★
56～64	★★★
48～56	★★
40～48	★

11.2.4　汽车自动驾驶能力评估内容与方法

1. 智能网联汽车能力评估内容

按照当前自动驾驶技术的水平，可将智能网联汽车的评估内容分为认知与交通法规遵守能力、执行能力、应急处置与人工介入能力、综合驾驶能力、网联驾驶能力5个方面，涵盖44项评估专项内容。其中，认知与交通法规遵守能力4项，执行能力6项，应急处置与人工介入能力3项，综合驾驶能力27项，网联驾驶能力4项。

（1）认知与交通法规遵守能力。

认知与交通法规遵守能力是指智能网联汽车对道路、标志标线及附属设施的认知能力以及对交通法规的遵守能力，包括但不限于对交通标志、交通标线、交通信号灯和交通指挥手势等的认知遵守能力。其中，交通指挥手势的认知和遵守难度最大。

（2）执行能力。

执行能力是指智能网联汽车准确控制车辆运动空间位置的能力，包括但不限于曲线行驶、直角转弯、起伏路行驶、过限宽门、窄路掉头以及坡道停车和起步等执行能力，其中窄路掉头的执行能力要求最高。

（3）应急处置与人工介入能力。

应急处置与人工介入能力是指智能网联汽车应对突发事件的处理能力，驾驶人随时随地介入并接管智能网联汽车自动驾驶行为的能力，以及智能网联汽车在人工介入后车辆系统正常工作等能力。

（4）综合驾驶能力。

综合驾驶能力是指智能网联汽车在指定行驶场景下，执行指定动态驾驶任务时，能自觉遵守交通法规，有效应对动态交通状况，正确操纵车辆的能力。这些能力包含但不限于自动行驶功能、自动变速功能、自动制动功能、自动监视周围环境功能、自动变道功能、自动转向功能、自动信号提醒功能等。其中，通过雨区道路、通过雾区道路、通过湿滑路面、通过遗撒路面、避让应急车辆等的综合驾驶难度最大。

（5）网联驾驶能力。

网联驾驶能力是指智能网联汽车与其他具有网联通信功能的车辆、人、道路基础设施等交通参与要素进行连接和信息交互，支持实现自动驾驶的能力。

依据评估内容的难易程度、道路测试的场景复杂程度，将智能网联汽车能力评估内容分成1～5级，编号为T_n，n的取值范围为1～5，其中取值高的包含取值低的评估内容；TX表示智能网联汽车具备网联驾驶能力。

评估内容与评估分级的对应关系见表11-6。

表11-6　评估内容与评估分级的对应关系

评估内容			评估分级				
大项	专项及编号		1级（T_1）	2级（T_2）	3级（T_3）	4级（T_4）	5级（T_5）
认知与交通法规遵守能力	交通标志	RZ01	√	√	√	√	√
	交通标线	RZ02	√	√	√	√	√
	交通信号灯	RZ03	√	√	√	√	√
	交通指挥手势	RZ04					√
执行能力	曲线行驶	ZX01		√	√	√	√
	直角转弯	ZX02		√	√	√	√
	双凸路行驶	ZX03			√	√	√
	限宽路段行驶	ZX04					√
	窄路掉头	ZX05					√
	坡道停车和起步	ZX06				√	√

续表

评估内容			评估分级				
大项	专项及编号		1级（T_1）	2级（T_2）	3级（T_3）	4级（T_4）	5级（T_5）
应急处置与人工介入能力	紧急情况处置	HMI01	√	√	√	√	√
	人工介入后的可操作性	HMI02	√	√	√	√	√
	紧急停车	HMI03	√	√	√	√	√
综合驾驶能力	起步	ZH01	√	√	√	√	√
	跟车	ZH02	√	√	√	√	√
	变更车道	ZH03	√	√	√	√	√
	直行通过路口	ZH04	√	√	√	√	√
	通过人行横道线	ZH05	√	√	√	√	√
	路口左转弯	ZH06		√	√	√	√
	路口右转弯	ZH07		√	√	√	√
	路口掉头	ZH08			√	√	√
	靠边停车	ZH09			√	√	√
	通过公共汽车站	ZH10		√	√	√	√
	会车	ZH11			√	√	√
	通过环岛	ZH12			√	√	√
	主辅路行驶	ZH13			√	√	√
	通过模拟苜蓿叶式立交	ZH14			√	√	√
	通过学校区域	ZH15				√	√
	通过隧道	ZH16				√	√
	超车	ZH17				√	√
	停车入库	ZH18				√	√
	侧方停车	ZH19				√	√
	通过雨区道路	ZH20					√
	通过雾区道路	ZH21					√
	通过湿滑路面	ZH22					√
	通过遗撒路面	ZH23					√
	避让应急车辆	ZH24					√
	夜间行驶	ZH25					√
	可变导向车道	ZH26				√	√
	待转区	ZH27				√	√

续表

评估内容			评估分级				
大项	专项及编号		1级（T_1）	2级（T_2）	3级（T_3）	4级（T_4）	5级（T_5）
网联驾驶能力	长直路段车车通信	WL01	TX				
	长直路段车路通信	WL02	TX				
	十字交叉口车车通信	WL03	TX				
	编队行驶测试（选测）	WL04	TX				

注：“√”表示该评估专项必须覆盖于对应评估分级中。

2. 智能网联汽车能力评估操作

（1）申请能力评估前提。

规定场景需覆盖但不限于申请评估分级下所有测试场景，见表11-7。采用网联通信技术实现自动驾驶的评估车辆应在封闭测试场完成表11-7和表11-8中测试场景的测试。

表11-7　测试场景

评估内容					评估分级
大项	专项及编号		测试场景及编号		
认知与交通法规遵守能力	交通标志	RZ01	限速标志识别及响应	RZ0101	T_1
			减速让行标志识别及响应	RZ0102	T_1
			停车让行标志识别及响应	RZ0103	T_1
			潮汐车道标志识别及响应	RZ0104	T_4
			禁止通行标志识别及响应	RZ0105	T_1
	交通标线	RZ02	车道线识别及响应	RZ0201	T_1
			人行横道线识别及响应	RZ0202	T_1
			停止线识别及响应	RZ0203	T_1
			潮汐车道标线识别及响应	RZ0204	T_4
			网状线识别及响应	RZ0205	T_1
	交通信号灯	RZ03	机动车信号灯识别及响应	RZ0301	T_1
			闪光警告信号灯识别及响应	RZ0302	T_3
			方向指示信号灯识别及响应	RZ0303	T_1
			车道信号灯识别及响应	RZ0304	T_4
			信号灯故障识别及响应	RZ0305	T_1
			移动式交通信号灯识别及响应	RZ0306	T_3

续表

评估内容					评估分级
大项	专项及编号		测试场景及编号		
认知与交通法规遵守能力	交通指挥手势	RZ04	停止信号手势识别及响应	RZ0401	T_5
			直行信号手势识别及响应	RZ0402	T_5
			右转弯信号手势识别及响应	RZ0403	T_5
			左转弯信号手势识别及响应	RZ0404	T_5
执行能力	曲线行驶	ZX01	曲线行驶	ZX0101	T_2
	直角转弯	ZX02	直角弯道行驶	ZX0201	T_2
	双凸路行驶	ZX03	双凸路行驶	ZX0301	T_3
	限宽路段行驶	ZX04	限宽路段行驶	ZX0401	T_5
	窄路掉头	ZX05	窄路掉头	ZX0501	T_5
	坡道停车和起步	ZX06	坡道停车和起步	ZX0601	T_4
应急处置与人工介入能力	紧急情况处置	HMI01	车辆或系统故障	HMI0101	T_1
			系统无法处置的场景	HMI0102	T_1
			自动紧急避让	HMI0103	T_1
	人工介入后的可操作性	HMI02	制动踏板介入	HMI0201	T_1
			转向盘介入	HMI0202	T_1
			硬或软开关介入	HMI0203	T_1
	紧急停车	HMI03	紧急停车	HMI0301	T_1
综合驾驶能力	起步	ZH01	路侧停车起步	ZH0101	T_1
			左侧行人通行起步	ZH0102	T_1
			左侧非机动车通行起步	ZH0103	T_1
			左侧车辆通行起步	ZH0104	T_1
			车门未完全关闭起步	ZH0105	T_1
			前方障碍物起步	ZH0106	T_1
	跟车	ZH02	稳定跟车	ZH0201	T_1
			下坡−上坡路跟车	ZH0202	T_1
			上坡−下坡路跟车	ZH0203	T_1
			弯道内跟车	ZH0204	T_2
			跟车时前车切出	ZH0205	T_1
			跟车时邻车道车辆切入	ZH0206	T_1
			停−走功能	ZH0207	T_1

续表

评估内容					评估分级
大项	专项及编号		测试场景及编号		
综合驾驶能力	变更车道	ZH03	避让障碍物变道	ZH0301	T_1
			避让静止车辆变道	ZH0302	T_1
			避让故障车辆变道	ZH0303	T_1
			避让事故车辆变道	ZH0304	T_1
			避让低速行驶车辆变道	ZH0305	T_1
			避让施工路段变道	ZH0306	T_1
			邻近车道有车变道	ZH0307	T_1
			前方车道减少变道	ZH0308	T_1
	直行通过路口	ZH04	无信号灯路口行人冲突通行	ZH0401	T_1
			无信号灯路口非机动车冲突通行	ZH0402	T_1
			无信号灯路口车辆冲突通行	ZH0403	T_1
			路口车辆冲突通行	ZH0404	T_1
			拥堵路口通行	ZH0405	T_1
	通过人行横道线	ZH05	单一行人通行	ZH0501	T_1
			群体行人通行	ZH0502	T_1
			单一非机动车通行	ZH0503	T_1
			群体非机动车通行	ZH0504	T_1
			行人和非机动车通行	ZH0505	T_1
			行人折返通行	ZH0506	T_1
			行人违章通行	ZH0507	T_1
			非机动车违章通行	ZH0508	T_1
	路口左转弯	ZH06	路口行人冲突通行	ZH0601	T_2
			路口非机动车冲突通行	ZH0602	T_2
			路口车辆冲突通行	ZH0603	T_2
	路口右转弯	ZH07	路口行人冲突通行	ZH0701	T_2
			路口非机动车冲突通行	ZH0702	T_2
			路口车辆冲突通行	ZH0703	T_2
	路口掉头	ZH08	路口掉头	ZH0801	T_3
			直行车辆冲突通行	ZH0802	T_3

续表

评估内容					评估分级
大项	专项及编号		测试场景及编号		
综合驾驶能力	靠边停车	ZH09	靠路边应急停车	ZH0901	T_3
			最右车道内靠边停车	ZH0902	T_3
			路边行人站立	ZH0903	T_3
			路边行人通行	ZH0904	T_3
			路边非机动车静止	ZH0905	T_3
			路边非机动车通行	ZH0906	T_3
	通过公共汽车站	ZH10	通过公共汽车站	ZH1001	T_2
			公交车前部行人穿行	ZH1002	T_2
	会车	ZH11	对向车辆借道通行会车	ZH1101	T_3
			下坡—上坡路会车	ZH1102	T_3
			上坡—下坡路会车	ZH1103	T_3
			无交通标线道路会车	ZH1104	T_3
	通过环岛	ZH12	环岛绕行	ZH1201	T_3
			入环岛时绕环岛车辆通行	ZH1202	T_3
			绕环岛时出环岛车辆通行	ZH1203	T_3
	主辅路行驶	ZH13	入辅路时车辆冲突通行	ZH1301	T_3
			出辅路时车辆冲突通行	ZH1302	T_3
	通过模拟苜蓿叶式立交	ZH14	通过模拟苜蓿叶式立交	ZH1401	T_3
	通过学校区域	ZH15	学校区域通行	ZH1501	T_4
			儿童穿行	ZH1502	T_4
	通过隧道	ZH16	通过隧道	ZH1601	T_4
			隧道内行人违章通行	ZH1602	T_4
			隧道内行人沿道路行走	ZH1603	T_4
			隧道内施工路段绕行	ZH1604	T_4
	超车	ZH17	超车	ZH1701	T_4
			超车过程中前车变道	ZH1702	T_4
	停车入库	ZH18	停车入库	ZH1801	T_4
			库内放置障碍物	ZH1802	T_4
	侧方停车	ZH19	侧方停车	ZH1901	T_4
			停车位内地锁撑起	ZH1902	T_4

续表

<table>
<tr><th colspan="5">评估内容</th><th rowspan="2">评估分级</th></tr>
<tr><th>大项</th><th colspan="2">专项及编号</th><th colspan="2">测试场景及编号</th></tr>
<tr><td rowspan="18">综合驾驶能力</td><td rowspan="4">通过雨区道路</td><td rowspan="4">ZH20</td><td>通过雨区道路</td><td>ZH2001</td><td>T_5</td></tr>
<tr><td>雨区行人冲突通行</td><td>ZH2002</td><td>T_5</td></tr>
<tr><td>雨区非机动车冲突通行</td><td>ZH2003</td><td>T_5</td></tr>
<tr><td>雨区机动车冲突通行</td><td>ZH2004</td><td>T_5</td></tr>
<tr><td rowspan="4">通过雾区道路</td><td rowspan="4">ZH21</td><td>通过雾区道路</td><td>ZH2101</td><td>T_5</td></tr>
<tr><td>雾区行人冲突通行</td><td>ZH2102</td><td>T_5</td></tr>
<tr><td>雾区非机动车冲突通行</td><td>ZH2103</td><td>T_5</td></tr>
<tr><td>雾区机动车冲突通行</td><td>ZH2104</td><td>T_5</td></tr>
<tr><td rowspan="4">通过湿滑路面</td><td rowspan="4">ZH22</td><td>通过湿滑路面</td><td>ZH2201</td><td>T_5</td></tr>
<tr><td>湿滑路面行人冲突通行</td><td>ZH2202</td><td>T_5</td></tr>
<tr><td>湿滑路面非机动车冲突通行</td><td>ZH2203</td><td>T_5</td></tr>
<tr><td>湿滑路面机动车冲突通行</td><td>ZH2204</td><td>T_5</td></tr>
<tr><td>通过遗撒路面</td><td>ZH23</td><td>通过遗撒路面</td><td>ZH2301</td><td>T_5</td></tr>
<tr><td>避让应急车辆</td><td>ZH24</td><td>避让应急车辆</td><td>ZH2401</td><td>T_5</td></tr>
<tr><td>夜间行驶</td><td>ZH25</td><td>夜间行驶</td><td>ZH2501</td><td>T_5</td></tr>
<tr><td rowspan="2">可变导向车道</td><td rowspan="2">ZH26</td><td>潮汐车道行驶</td><td>ZH2601</td><td>T_4</td></tr>
<tr><td>可变导向车道行驶</td><td>ZH2602</td><td>T_4</td></tr>
<tr><td>待转区</td><td>ZH27</td><td>路口左转待转区通行</td><td>ZH2701</td><td>T_4</td></tr>
</table>

表11-8　测试场景（网联通信部分）

<table>
<tr><th colspan="5">评估内容</th><th rowspan="2">评估分级</th></tr>
<tr><th>大项</th><th colspan="2">专项及编号</th><th colspan="2">测试场景及编号</th></tr>
<tr><td rowspan="7">网联驾驶能力</td><td>长直路段车车通信</td><td>WL01</td><td>长直路段车车通信</td><td>WL0101</td><td>TX</td></tr>
<tr><td>长直路段车路通信</td><td>WL02</td><td>长直路段车路通信</td><td>WL0201</td><td>TX</td></tr>
<tr><td>十字交叉口车车通信</td><td>WL03</td><td>十字交叉口车车通信</td><td>WL0301</td><td>TX</td></tr>
<tr><td rowspan="4">编队行驶测试（选测）</td><td rowspan="4">WL04</td><td>编队加速</td><td>WL0401</td><td>TX</td></tr>
<tr><td>编队减速</td><td>WL0402</td><td>TX</td></tr>
<tr><td>编队换道</td><td>WL0403</td><td>TX</td></tr>
<tr><td>自适应编队</td><td>WL0404</td><td>TX</td></tr>
</table>

（2）评估操作过程。

评估车辆应在具备评估其车型和评估分级级别能力的封闭测试场地进行。评估车辆（含测试驾驶人）在评估人员的现场监督下，按照对应评估内容的操作要求及评估人员指令，除标明在测试驾驶人协助下完成驾驶的评估内容外，均需由评估车辆在自动驾驶状态完成测试。

（3）评估操作要求。

封闭测试场依据评估车型与评估分级级别所对应的专项评估内容布置场景并组织评估。申请T_5级的评估车辆应进行白天和夜间环境下所对应的所有专项评估内容的测试。

（4）评估记录工具。

记录能力评估过程的工具包括但不限于具有摄像、车辆状态信息记录、数据存储和传输等功能的设备以及评估人员记录的信息文件。

学习小结

1. 驾驶自动化分级是指基于驾驶自动化系统能够执行动态驾驶任务的程度，根据在执行动态驾驶任务中的角色分配以及有无设计运行条件限制，将驾驶自动化分成0～5级。其中，动态驾驶任务（Dynamic Driving Task，DDT）是指除策略性功能外，完成车辆驾驶所需的感知、决策和执行等行为，包括但不限于车辆横向运动控制、车辆纵向运动控制、目标和事件探测与响应、驾驶决策、车辆照明及信号装置控制等。

2. 1级驾驶自动化系统应满足以下要求：

①持续地执行动态驾驶任务中的车辆横向或纵向运动控制。

②具备与车辆横向或纵向运动控制相适应的部分目标和事件探测与响应的能力。

③当驾驶人请求驾驶自动化系统退出时，立即解除系统控制权。

3. 2级驾驶自动化系统应满足以下要求：

①持续地执行动态驾驶任务中的车辆横向或纵向运动控制。

②具备与车辆横向和纵向运动控制相适应的部分目标和事件探测与响应的能力。

③当驾驶人请求驾驶自动化系统退出时，立即解除系统控制权。

4. 汽车自动驾驶性能测评的内容可以从两个方面来说明。其一，从产品效能方面来说，分为功能和性能测试与评价、信息安全测试与评价、功能安全测试与评价、交通事故责任认定；其二，从产品测试流程方面来说，测试内容与测试流程中的相关环节有关，可分为模型在环测试、软件在环测试、硬件在环测试、驾驶模拟器测试、车辆在环测试、封闭试验场测试和开放道路测试等。

5. 测评目的有各种各样的分类方法，例如有按照测评对象分类（整车测评、零部件测评、总成测评等）和按照测评设备分类（台架测评、实车测评）等。常见的测评目的主要有符合性测评、比对测评、研发测评。

6. 常用的测试方法包括模型在环测试方法、软件在环测试方法、硬件在环测试方法、驾驶模拟器在环测试方法、车辆在环测试方法、封闭试验场测试方法和开放道路测试方法等。

7. 汽车自动驾驶性能评价的主要步骤可以描述为：首先，从实验室／示范基地等获取智能网联汽车评价参数，对参数进行数据预处理；其次，根据构建的智能网联汽车评价体系，从中选取重要指标参数数据；再次，利用层次分析法–熵权法的综合确权法对指标体系的指标权重进行设定，不同的评价方法也决定了其差异性；最后，基于汽车自动驾驶性能评价指标及指标权重，依次计算各级的指标分数，并以评价分数的最终结构确定智能网联汽车等级。

8. 为了保证智能网联汽车评价的全面性、客观性与实用性，要建立以专业测评（实验室测评、虚拟场景测评、封闭场景测评）、实践工况测评（开放道路测评、科技赛事测评）、市场评价（品牌指标、满意度指标）为基础的“三位一体”智能网联汽车评价体系。

9. 按照当前自动驾驶技术的水平，可将智能网联汽车的评估内容分为认知与交通法规遵守能力、执行能力、应急处置与人工介入能力、综合驾驶能力、网联驾驶能力5个方面，涵盖44项评估专项内容。其中，认知与交通法规遵守能力4项，执行能力6项，应急处置与人工介入能力3项，综合驾驶能力27项，网联驾驶能力4项。

课后拓展

道路测试是智能网联汽车技术研发和应用中不可或缺的重要环节。为了让车辆在各种道路交通状况和使用场景下都能够安全、可靠、高效地运行，自动驾驶功能需要进行大量的测试验证，经历复杂的演进过程。智能网联汽车在正式推向市场之前，必须在真实交通环境中进行充分的测试，全面验证自动驾驶功能，实现与道路、设施及其他交通参与者的协调。目前，美国、英国、法国、德国、瑞典、日本、韩国、新加坡等发达国家已经允许智能网联汽车上公共道路或特定路段进行测试，大部分国家要求智能网联汽车在上公共道路或特定路段进行测试之前需要进行充分的封闭场地试验，部分国家要求测试车辆需经过第三方的测试评价。

智能网联汽车测试示范区的建设和运营对于我国智能网联汽车的发展至关重要。近年来，测试示范区建设初具成效，测试体系初步形成，中央及地方相关主管部门陆续出台政策规划，在项目支持、测试示范区建设等方面营造良好的环境。道路测试是自动驾驶车辆积累测试数据、不断提升自动驾驶能力的有效手段，是自动驾驶车辆最终上路运行前的必经阶段。封闭场地测试作为自动驾驶测试验证的重要环节，是自动驾驶车辆道路测试的前提条件。开放道路测试将进一步为智能网联汽车技术落地和场景应用提供真实的测试环境。

参考文献

[1] 郎为民. 特斯拉：改变世界的汽车 [M]. 北京：人民邮电出版社，2015.

[2] 刁立福. 汽车运用工程 [M]. 北京：中国水利水电出版社，2015.

[3] 李兵. 汽车动力性与制动性主观评价方法研究 [D]. 长春：吉林大学，2008.

[4] 陈涛. 汽车动力学性能主观评价试验的方法和指标权重分析 [D]. 长沙：湖南大学，2009.

[5] 万玉平. 汽车车门关闭声品质评价与改进 [D]. 重庆：重庆大学，2017.

[6] 余志生. 汽车理论 [M]. 5版. 北京：机械工业出版社，2009.

[7] 余志生. 汽车理论 [M]. 3版. 北京：机械工业出版社，2000.

[8] 海森英，布兰德耳. 汽车行驶动力学性能的主观评价 [M]. 石晓明，陈祯福，译. 北京：人民交通出版社，2010.

[9] 刘清波. 智能四驱系统的仿真研究 [D]. 北京：中国农业大学，2006.

[10] 王慧怡，郭崇. 电动汽车动力性及经济性综合评价研究 [J]. 建筑工程技术与设计，2015（21）：2074–2076.

[11] 张金武. 基于行驶工况的汽车燃油经济性研究 [D]. 合肥：合肥工业大学，2011.

[12] 刘东. 某型号车辆动力系统匹配优化研究 [D]. 哈尔滨：哈尔滨工程大学，2006.

[13] 宋进桂. 提高在用车辆燃油经济性的试验研究 [D]. 大连：大连理工大学，2005.

[14] 孙涛. 电动汽车动力系统的参数匹配及优化研究 [D]. 太原：中北大学，2013.

[15] 王震坡，甄子健. 纯电动汽车能耗经济性评价方法研究 [J]. 高技术通讯，2007，17（2）：171–174.

[16] 田晓雪. 汽车主观性能评价方法研究 [D]. 西安：长安大学，2014.

[17] 张塬. 汽车动力性能的主观评价研究 [D]. 西安：长安大学，2013.

[18] 刁立福. 汽车性能与使用技术 [M]. 北京：中国水利水电出版社，2016.

[19] 鲍远通. 汽车性能评价与选购 [M]. 2版. 北京：机械工业出版社，2017.

[20] 高翔. 汽车工程学Ⅱ [M]. 北京：机械工业出版社，2013.

[21] 邢如飞. 乘用车操纵稳定性主观评价方法研究 [D]. 长春：吉林大学，2010.

[22] 浦维达，孙丽. 现代汽车技术与商务评价 [M]. 北京：北京出版社，2014.

[23] 张志飞，徐中明，贺岩松. 汽车平顺性客观评价方法 [J]. 重庆大学学报，2010，33（4）：14–20.

[24] 周文锋，左言言，周帅利. 基于ANSYS的多轴汽车振动响应分析［J］. 噪声与振动控制，2013，33（6）：106-109，128.

[25] 孙坚. 驾驶性评价及其仿真方法研究［D］. 长春：吉林大学，2017.

[26] 吴礼军，管欣. 汽车整车性能主观评价［M］. 北京：北京理工大学出版社，2016.

[27] 王化吉，宗长富，管欣，等. 基于模糊层次分析法的汽车操纵稳定性主观评价指标权重确定方法［J］. 机械工程学报，2011，47（24）：83-90.

[28] 徐大伟. 世界汽车安全性技术法规与标准的研究［D］. 武汉：武汉理工大学，2007.

[29] 庞成立，李永辉，吴厚廷. 汽车检测与故障诊断技术［M］. 长春：吉林大学出版社，2016.

[30] 许潇潇. 汽车安全性指数系统研究［D］. 沈阳：沈阳航空工业学院，2009.

[31] 刘玉光，刘志新. 各国新车评价规程（NCAP）测试评价技术的现状与发展［J］. 汽车安全与节能学报，2013，4（11）：16-22.

[32] 陈思杨. 特种超限车辆道路通过性研究［D］. 武汉：武汉理工大学，2008.

[33] 李树兴. 老生常谈：话甲醛中毒［J］. 农村科学实验，2012（9）：31.

[34] 张勇斌. 汽车性能与评价［M］. 北京：化学工业出版社，2016.

[35] 刘文俊，宋金来. 甲醛中毒案例分析［J］. 中国人民公安大学学报（自然科学版），2001（4）：22-23.

[36] 马佳，范智声，阮莹，等. 汽车座椅舒适性研究综述［J］. 上海汽车，2008（1）：24-27.

[37] 黄遵国，王彦. 汽车振动噪声（NVH）控制：汽车工业面临的新问题［J］. 新技术新工艺，2011（7）：73-77.

续表

评价考核

评价指标			学生自评（30%）	小组互评（30%）	教师评价（40%）
素质评价（20%）	自主学习与独立思维能力（10分）				
	自我管理、自我修正的能力（10分）				
过程评价（60%）	知识目标（30分）	能说出汽车自动驾驶能力常用测试方法（15分）			
		能说出汽车自动驾驶能力评估内容（15分）			
	技能目标（30分）	能运用驾驶自动化分级标准对三款主流品牌汽车进行分析			
增值评价（20%）	课后拓展（10分）	通过课后拓展作业的质量进行评价			
	其他成果评价（10分）	通过技能大赛、挑战杯比赛、创新创业大赛等非学业评价素材进行反馈评价			
本次得分					
最终得分					

续表

5. 图1是限速标志识别及响应测试场景示意图，请说明测试场景、测试方法、测试要求。

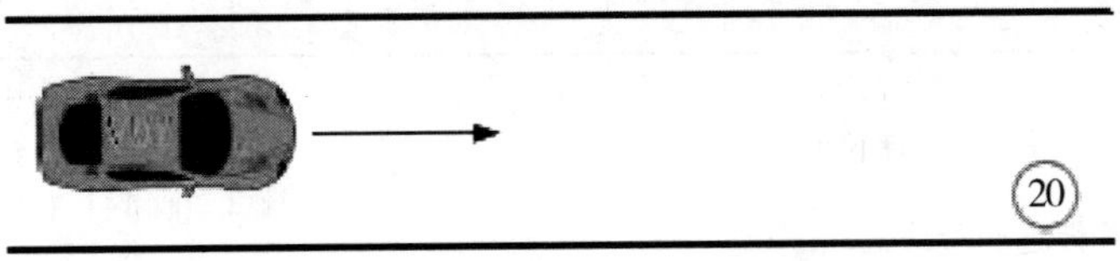

图1　汽车测试场景

测试场景：

测试方法：

测试要求：

课堂记录

请认真听取其他小组的总结汇报，并记录小组发现的优点和问题

学习小结

请简要记录小组本单元学习的总结

拓展训练

如何理解目标和事件探测与响应能力对驾驶自动化分级的影响?

1. 要求用自己的话进行概括。

2. 小组课后讨论总结，并将讨论结果以大作业形式上传至资源库平台（或空间）

续表

4. 请将表1补充完整。

表1　检测项目

序号	检测项目	测试场景
1	交通标志和标线的识别及响应	限速标志识别及响应
		停车让行标志标线识别及响应
		车道线识别及响应
		人行横道线识别及响应
2	交通信号灯的识别及响应	
3	前方车辆（含对向车辆）行驶状态的识别及响应	车辆驶入识别及响应
		对向车辆借道本车车道行驶识别及响应
4	障碍物的识别及响应	障碍物测试
		误作用测试
5	行人和非机动车的识别及响应	行人横穿马路
		行人沿道路行走
		非机动车横穿马路
		非机动车沿道路行驶
6	跟车行驶	稳定跟车行驶
		停—走功能
7	靠路边停车	靠路边应急停车
		最右车道内靠边停车
8	超车	超车
9	并道	邻近车道无车并道
		邻近车道有车并道
		前方车道减少
10	交叉路口通行	
		右转车辆冲突通行
		左转车辆冲突通行
11	环形路口通行	环形路口通行
12	自动紧急制动	
		行人横穿
13	人工操作接管	人工操作接管
14	联网通信	
		长直路段车路通信
		十字交叉口车车通信
		编队行驶测试

任务工单11-2

<table>
<tr><th colspan="6">学习情境11　汽车自动驾驶性能测试与评价</th></tr>
<tr><td>课程名称</td><td>汽车性能与评价</td><td>学习情境</td><td>汽车自动驾驶性能测试与评价</td><td>学习单元</td><td>学习单元11.2　汽车自动驾驶性能测试与评价方法</td></tr>
<tr><td>学生班级</td><td></td><td>组别序号</td><td></td><td>组长姓名</td><td></td></tr>
<tr><td>小组成员</td><td colspan="5"></td></tr>
<tr><td colspan="6">学习引导</td></tr>
<tr><td colspan="6">本单元主要要求了解汽车自动驾驶性能常用测试方法，测试评价流程、体系以及汽车自动驾驶能力评估内容，为汽车的测试与评价建立理论基础。建议采取如下学习方法：
1. 课前搜集一款自主品牌汽车的素材，认知国内自主品牌汽车的自动驾驶相关性能，形成PPT，并进行小组汇报。
2. 课中汇报本小组的PPT，同时，注意听取其他小组的汇报情况，并将感受记录在本任务工单的“课堂记录”一栏。进一步掌握常用测试方法，完成“任务描述与实施”的相关题目。
3. 课后完成拓展任务、加强讨论，小组将自己的讨论过程及结果拍摄成微视频（或拍摄成照片）上传到资源库平台，并与其他学习小组进行互动评价</td></tr>
<tr><td colspan="6">任务描述与实施</td></tr>
<tr><td colspan="6">1. 课前任务：各小组选取一款自主品牌自动驾驶汽车，收集该汽车性能测试的相关资料（从自动驾驶性能的角度思考），探讨其自动驾驶的能力，并做成PPT汇报，与其他小组所选汽车进行对比。

2. 请说明智能网联汽车的特点。

3. 说明智能网联汽车的开发流程。
开发流程：____________________
____
____
其中测试评价的主要内容：____________________
____
____________________</td></tr>
</table>

续表

<table>
<tr><th colspan="6">拓展训练</th></tr>
<tr><td colspan="6">对比自动紧急制动和定速巡航，这两种系统属于驾驶自动化分级标准的哪一级？如何理解目标和事件探测与响应能力对驾驶自动化分级的影响？
1. 要求用自己的话进行概括。
2. 小组课后讨论总结，并将讨论结果以大作业形式上传至资源库平台（或空间）</td></tr>
<tr><th colspan="6">评价考核</th></tr>
<tr><td colspan="3">评价指标</td><td>学生
自评
（30%）</td><td>小组
互评
（30%）</td><td>教师
评价
（40%）</td></tr>
<tr><td rowspan="2">素质评价
（20%）</td><td colspan="2">自主学习与独立思维能力（10分）</td><td></td><td></td><td></td></tr>
<tr><td colspan="2">自我管理、自我修正的能力（10分）</td><td></td><td></td><td></td></tr>
<tr><td rowspan="3">过程评价
（60%）</td><td rowspan="2">知识目标
（30分）</td><td>能说出驾驶自动化分级标准（15分）</td><td></td><td></td><td></td></tr>
<tr><td>能说出汽车自动驾驶性能测试与评价内容（15分）</td><td></td><td></td><td></td></tr>
<tr><td>技能目标
（30分）</td><td>能运用驾驶自动化分级标准对三款主流品牌汽车进行分析</td><td></td><td></td><td></td></tr>
<tr><td rowspan="2">增值评价
（20%）</td><td>课后拓展
（10分）</td><td>通过课后拓展作业的质量进行评价</td><td></td><td></td><td></td></tr>
<tr><td>其他成果评价
（10分）</td><td>通过技能大赛、挑战杯比赛、创新创业大赛等非学业评价素材进行反馈评价</td><td></td><td></td><td></td></tr>
<tr><td colspan="3">本次得分</td><td></td><td></td><td></td></tr>
<tr><td colspan="3">最终得分</td><td colspan="3"></td></tr>
</table>

任务工单11-1

<table>
<tr><th colspan="6">学习情境11　汽车自动驾驶性能测试与评价</th></tr>
<tr><td>课程名称</td><td>汽车性能与评价</td><td>学习情境</td><td>汽车自动驾驶性能测试与评价</td><td>学习单元</td><td>学习单元11.1　汽车自动驾驶性能测试与评价内容</td></tr>
<tr><td>学生班级</td><td></td><td>组别序号</td><td></td><td>组长姓名</td><td></td></tr>
<tr><td>小组成员</td><td colspan="5"></td></tr>
<tr><td colspan="6">学习引导</td></tr>
<tr><td colspan="6">本单元主要要求了解驾驶自动化分级标准，能用驾驶自动化分级标准对主流车型进行分析，能说出汽车自动驾驶性能测试与评价的主要内容，为汽车的测试与评价建立理论基础。建议采取如下学习方法：
1. 课前选定一款自主品牌（具备自动驾驶功能）的汽车，认知自动驾驶相关性能。
2. 课中注意听取教师的讲解及其他组的汇报情况，并将感受记录在本任务工单的“课堂记录”一栏。进一步掌握驾驶自动化分级内容和汽车自动驾驶性能测试与评价内容，完成“任务描述与实施”的相关题目。
3. 课后完成拓展任务、加强讨论，小组将自己的讨论过程及结果拍摄成微视频（或拍摄成照片）上传到资源库平台，并与其他学习小组进行互动评价</td></tr>
<tr><td colspan="6">任务描述与实施</td></tr>
<tr><td colspan="6">1. 课前预热：智能网联汽车（Intelligent Connected Vehicle，ICV）大致有四个发展阶段：自主式驾驶辅助、网联式驾驶辅助、人机共驾、高度自动/无人驾驶。列举出市面上量产的车型，说明其自动驾驶的级别。

2. 结合教材内容，说明自动驾驶分级的依据及含义

</td></tr>
<tr><td colspan="6">课堂记录</td></tr>
<tr><td colspan="6">请认真听取其他小组的总结汇报，并记录小组发现的优点和问题

</td></tr>
<tr><td colspan="6">学习小结</td></tr>
<tr><td colspan="6">请简要记录小组本单元学习的总结

</td></tr>
</table>

续表

（3）使用车辆过程中对车辆的功能性硬件操作的综合评价测试因素有哪些？为什么？

4. 任选一款配置车型说明该车的外观、内饰、功能性硬件品质评价标准并测试分析。

课堂记录

请认真听教师的讲解，并记录测试分析的结果，记录汽车造型与品质测试分析的主要内容、主观方法和标准的主要运用

学习小结

请简要记录小组本单元学习的总结

拓展训练

各组学生拍摄5组不同车型汽车的图片，通过销售服务人员介绍及亲身体验测试分析汽车的造型、外观、内饰、功能性硬件设计，后期汇总成视频、图片、PPT等详细汇报资料，简要说明该车的品牌、生产厂家，并结合车型查阅汽车造型、外观、内饰、功能性硬件设计的相关资料，突出自主品牌汽车的造型设计和外观、内饰及功能性硬件的品质优势。

1. 要求总结各评价项目的测试方法和注意事项；

2. 小组将整合汇报资料以压缩文件的形式上传至资源库平台（或空间）

评价考核

<table>
<tr><th colspan="3">评价指标</th><th>学生自评（30%）</th><th>小组互评（30%）</th><th>教师评价（40%）</th></tr>
<tr><td rowspan="2">素质评价（20%）</td><td colspan="2">运用数据进行业务评价的专业精神（10分）</td><td></td><td></td><td></td></tr>
<tr><td colspan="2">运用多方资源解决实际问题（10分）</td><td></td><td></td><td></td></tr>
<tr><td rowspan="4">过程评价（60%）</td><td rowspan="2">知识目标（30分）</td><td>能说出汽车造型及内饰品质的基本评价范围（15分）</td><td></td><td></td><td></td></tr>
<tr><td>能说出汽车品质测试分析的主要元素及标准（15分）</td><td></td><td></td><td></td></tr>
<tr><td rowspan="2">技能目标（30分）</td><td>能掌握分析不同车型外观、内饰测试分析品质及标准（15分）</td><td></td><td></td><td></td></tr>
<tr><td>能客观测试分析评价目标车辆外观、内饰及功能性硬件的品质（15分）</td><td></td><td></td><td></td></tr>
<tr><td rowspan="2">增值评价（20%）</td><td>课后拓展（10分）</td><td>通过课后拓展作业的质量进行评价</td><td></td><td></td><td></td></tr>
<tr><td>其他成果评价（10分）</td><td>通过技能大赛、1+X证书考核、挑战杯比赛、创新创业大赛等非学业评价素材进行反馈评价</td><td></td><td></td><td></td></tr>
<tr><td colspan="3">本次得分</td><td></td><td></td><td></td></tr>
<tr><td colspan="3">最终得分</td><td colspan="3"></td></tr>
</table>

续表

表2 消费者购车造型及品质测试评分表

评价项目	造型元素	品质评分									
		1	2	3	4	5	6	7	8	9	10
汽车造型设计	车头前端造型										
	顶盖外形										
	车身侧面外形										
	车身尾部外形										
	车身底部外形										
汽车外观品质	尺寸公差与防透视										
	遮蔽性										
	CTF										
	标志与标识										
	刚度										
	操作品质										
	固定品质										
	触感										
	声品质										
汽车功能性硬件操作品质	操作力										
	行程感										
	挡位感										
	松旷感										
	旋钮阻尼力										
	声音										
	触摸感										
	操作开关表面平整度										
	操作开关表面平滑度、涂层均匀性										
	皮纹效果										
	符号尺寸/清晰度										
	间隙、面差										
	背光一致性、均匀性										
汽车内饰品质	感知品质										
	造型品质										
	性能品质										
	制造品质										
	气味										

（1）买车的时候会考虑车顶外形与品质吗？为什么？

（2）对车辆内饰的造型和材料品质及颜色有哪些要求？为什么？

任务工单10-2

学习情境10　汽车的造型、品质测试与评价					
课程名称	汽车性能与评价	学习情境	汽车的造型、品质测试与评价	学习单元	学习单元10.2　汽车的造型与品质测试分析
学生班级		组别序号		组长姓名	
小组成员					

学习引导

本单元主要要求掌握汽车造型、品质测试分析的主要内容及方法，能通过主观评价测试、客观评价方法的综合运用，对汽车的综合品质进行分析，为汽车的整车测试分析建立基础。建议采取如下学习方法：

1. 课前查找相关问题的术语及描述，并填写在任务工单上。

2. 课中听讲，进一步掌握汽车造型与品质测试分析的主要内容、方法，完成“任务描述与实施”的相关题目。

3. 课后完成拓展任务、加强讨论，小组将自己的讨论过程及结果拍摄成微视频（或拍摄成照片）上传到资源库平台，并与其他学习小组进行互动评价

任务描述与实施

1. 课前预热。

（1）请简述外观、内饰、功能性硬件的评价要素；

（2）说出外观品质、功能性硬件操作品质、内饰品质的评价分析标准。

2. 听教师讲解“汽车造型设计评价要素”，熟悉评价测试内容，完成表1。

表1　评价测试内容

序号	评价项目	评价及测试分析内容标准
1	车头前端造型	
2	顶盖外形	
3	车身侧面外形	
4	车身尾部外形	
5	车身底部外形	

3. 现有一台2021款510 km旗畅版的红旗E-HS9和一台2020款580 km签名六座版的蔚来ES8，假设你现在要购买其中一辆，你会选择哪一辆？根据表2，思考选择这辆汽车时，你更看重的是汽车哪方面的造型设计和品质，并完成对车辆造型和品质的测试打分。

续表

学习小结

请简要记录小组本单元学习的总结

拓展训练

各组学生拍摄5张不同车型汽车的图片，简要说明该车的品牌、生产厂家，并结合车型去网上查阅汽车造型及外观内饰、功能性硬件设计的相关资料，突出自主品牌汽车的造型外观设计和内饰品质优势。

1. 要求拍摄的图片清晰，图片上有品牌及生产厂家说明；

2. 小组应该将车型图片及该车型的优势分析以文件夹的形式上传至资源库平台（或空间）

评价考核

<table>
<tr><th colspan="3">评价指标</th><th>学生
自评
（30%）</th><th>小组
互评
（30%）</th><th>教师
评价
（40%）</th></tr>
<tr><td rowspan="2">素质评价
（20%）</td><td colspan="2">利用多种信息化平台进行自主学习（10分）</td><td></td><td></td><td></td></tr>
<tr><td colspan="2">运用多方资源解决实际问题（10分）</td><td></td><td></td><td></td></tr>
<tr><td rowspan="3">过程评价
（60%）</td><td rowspan="2">知识目标
（30分）</td><td>能说出汽车造型、内饰设计的内涵（10分）</td><td></td><td></td><td></td></tr>
<tr><td>能说出国内外主流品牌车型汽车的主要造型和内饰设计类型（20分）</td><td></td><td></td><td></td></tr>
<tr><td>技能目标
（30分）</td><td>能运用动力性能分析法评价外观造型设计对整车风阻系数的影响</td><td></td><td></td><td></td></tr>
<tr><td rowspan="2">增值评价
（20%）</td><td>课后拓展
（10分）</td><td>通过课后拓展作业的质量进行评价</td><td></td><td></td><td></td></tr>
<tr><td>其他成果评价
（10分）</td><td>通过技能大赛、挑战杯比赛、创新创业大赛等非学业评价素材进行反馈评价</td><td></td><td></td><td></td></tr>
<tr><td colspan="3">本次得分</td><td></td><td></td><td></td></tr>
<tr><td colspan="3">最终得分</td><td colspan="3"></td></tr>
</table>

任务工单10-1

<table>
<tr><td colspan="6">学习情境10　汽车的造型、品质测试与评价</td></tr>
<tr><td>课程名称</td><td>汽车性能与评价</td><td>学习情境</td><td>汽车的造型、品质测试与评价</td><td>学习单元</td><td>学习单元10.1　汽车的造型与品质评价指标</td></tr>
<tr><td>学生班级</td><td></td><td>组别序号</td><td></td><td>组长姓名</td><td></td></tr>
<tr><td>小组成员</td><td colspan="5"></td></tr>
<tr><td colspan="6">学习引导</td></tr>
<tr><td colspan="6">本单元主要要求了解汽车的造型外观设计与内饰对品质的影响，能通过分析汽车设计造型特征来评价其对整车运行阻力和使用品质的影响，为汽车的试验与评价测试建立基础。建议采取如下学习方法：
1. 课前搜集三款国内外主流品牌汽车的素材，认知国内外主流品牌车型的造型、内饰设计和色彩特征，并完成相应问题的PPT汇报文案。
2. 课中汇报本小组的PPT，同时，注意听取其他小组的汇报情况，并将感受记录在本任务工单的“课堂记录”一栏。进一步掌握汽车造型设计和内饰品质的内涵、研究对象以及对车辆动力性和使用性能的主要影响，完成“任务描述与实施”的相关题目。
3. 课后完成拓展任务、加强讨论，小组将自己的讨论过程及结果拍摄成微视频（或拍摄成照片）上传到资源库平台，并与其他学习小组进行互动评价</td></tr>
<tr><td colspan="6">任务描述与实施</td></tr>
<tr><td colspan="6">1. 小组收集整理三个国内外主流品牌车型造型、外观色彩、内饰材料、功能性硬件的资料，并制作PPT进行汇报交流，从以下三方面进行：
（1）这三款车型主要造型和外观色彩、内饰、功能性硬件的特征有哪些？

（2）汽车各种造型外观、内饰材料、功能性硬件分别对动力性能和品质造成哪些影响？

（3）这些影响通过哪些评价体系进行验证？如何验证？

2. 讨论：是否可以把汽车造型设计和外观色彩作为一个系统来研究汽车的动力性能和使用性能？汽车造型外观设计对汽车性能的影响有哪些？具体如何将汽车的动力性和使用性相结合？

3. 说明车型外观设计特征。哪些设计特征能降低风阻系数？如何降低？</td></tr>
<tr><td colspan="6">课堂记录</td></tr>
<tr><td colspan="6">请认真听取其他小组的总结汇报，并记录他们所汇报的汽车企业和品牌</td></tr>
</table>

续表

课堂记录
请认真听取其他小组的总结汇报，并记录小组发现的优点和问题
学习小结
请简要记录小组本单元学习的总结
拓展训练
选择三款主流自主品牌豪华车型，准确收集整理相关的配置参数信息。运用前面学习的方法比较它们的舒适性，给出最终的购买建议。 1. 要求各组选取不同车型，不得重复。 2. 小组课后讨论总结，并将讨论结果以大作业形式上传至资源库平台（或空间）
评价考核

评价指标			学生自评（30%）	小组互评（30%）	教师评价（40%）
素质评价（20%）	利用多种信息化平台进行自主学习（10分）				
	运用多方资源解决实际问题（10分）				
过程评价（60%）	知识目标（30分）	能说出汽车舒适性主观评价的概念（10分）			
		能说出汽车空间舒适度的主观评价的内容（10分）			
		能说出声振动粗糙度的主观评价方法（10分）			
	技能目标（30分）	能运用“舒适性主观评价分值表”进行汽车舒适性评价			
增值评价（20%）	课后拓展（10分）	通过课后拓展作业的质量进行评价			
	其他成果评价（10分）	通过技能大赛、挑战杯比赛、创新创业大赛等非学业评价素材进行反馈评价			
本次得分					
最终得分					

任务工单9-3

<table>
<tr><td colspan="6">学习情境9　汽车的舒适性测试与评价</td></tr>
<tr><td>课程名称</td><td>汽车性能与评价</td><td>学习情境</td><td>汽车的舒适性测试与评价</td><td>学习单元</td><td>学习单元9.3　汽车舒适性的主观评价</td></tr>
<tr><td>学生班级</td><td></td><td>组别序号</td><td></td><td>组长姓名</td><td></td></tr>
<tr><td>小组成员</td><td colspan="5"></td></tr>
<tr><td colspan="6">学习引导</td></tr>
<tr><td colspan="6">本单元先要理解10分制主观评价法的深刻内涵，然后将该方法熟练应用到车型评价实例中去。建议采取如下学习方法：
1. 课前观看舒适性评价素材视频、技能操作视频，认知汽车舒适性评价，并完成相应的进阶训练，在视频学习中如有疑问可在线提问，与教师互动交流。
2. 小组讨论，并在课堂上汇报（每位组员总结一项主观评价内容）。在实训室中，可以在实训车上完成舒适性主观评价分值表。同时，注意听取其他小组的汇报情况，并将感受记录在本任务工单的“课堂记录”一栏。
3. 课后完成拓展任务、加强讨论，小组将自己的讨论过程及结果拍摄成微视频（或拍摄成照片）上传到资源库平台，并与其他学习小组进行互动评价</td></tr>
<tr><td colspan="6">任务描述与实施</td></tr>
<tr><td colspan="6">1. 小组学习汽车舒适性的主观评价的资料，并参与小组讨论和汇报，从以下三方面进行：
（1）汽车舒适性主观评价是什么？

（2）汽车空间舒适度的主观评价的内容有哪些？

（3）声振动粗糙度的主观评价方法是什么？

2. 每一小组利用表1舒适性主观评价分值表对实训室实训车辆车型进行舒适性评价，并参与小组讨论和汇报</td></tr>
</table>

表1　主观评价分值

<table>
<tr><td>分值</td><td>描述</td><td>分值</td><td>描述</td></tr>
<tr><td>1</td><td>不能忍受的</td><td>6</td><td>可接受的</td></tr>
<tr><td>2</td><td>令人难受的</td><td>7</td><td>好的</td></tr>
<tr><td>3</td><td>根本不能接受的</td><td>8</td><td>非常好</td></tr>
<tr><td>4</td><td>不能接受的</td><td>9</td><td>优秀</td></tr>
<tr><td>5</td><td>有待提高的</td><td>10</td><td>非常优秀</td></tr>
<tr><td colspan="2">不可接受的</td><td colspan="2">可接受的</td></tr>
</table>

续表

2. 小组收集资料，制作PPT，讲解以下知识点。
（1）如何进行车内空气质量分析？

（2）如何实施汽车NVH控制策略？

课堂记录

请认真听取其他小组的总结汇报，并记录小组发现的优点和问题

学习小结

请简要记录小组本单元学习的总结

拓展训练

以红旗HS5 2022款 2.0T 智联旗领四驱版为例，尝试从车型测评中归纳总结出对应的舒适性评价分析。
1. 要求尽可能全面地搜集舒适性测试分析。
2. 小组课后讨论总结，并将讨论结果以大作业形式上传至资源库平台（或空间）

评价考核

评价指标			学生自评（30%）	小组互评（30%）	教师评价（40%）
素质评价（20%）	利用多种信息化平台进行自主学习（10分）				
	运用多方资源解决实际问题（10分）				
过程评价（60%）	知识目标（30分）	能说出汽车舒适性的测试分析项目（10分）			
		能说出汽车舒适性的座椅设计和轴距设计考虑因素（10分）			
		能说出车内空气质量分析方法（10分）			
	技能目标（30分）	能运用“汽车车内噪声产生机理”讲解汽车NVH控制策略			
增值评价（20%）	课后拓展（10分）	通过课后拓展作业的质量进行评价			
	其他成果评价（10分）	通过技能大赛、挑战杯比赛、创新创业大赛等非学业评价素材进行反馈评价			
本次得分					
最终得分					

任务工单9-2

<table>
<tr><th colspan="6">学习情境9　汽车的舒适性测试与评价</th></tr>
<tr><td>课程名称</td><td>汽车性能与评价</td><td>学习情境</td><td>汽车的舒适性测试与评价</td><td>学习单元</td><td>学习单元9.2　汽车舒适性的计算与测试分析</td></tr>
<tr><td>学生班级</td><td></td><td>组别序号</td><td></td><td>组长姓名</td><td></td></tr>
<tr><td>小组成员</td><td colspan="5"></td></tr>
<tr><td colspan="6">学习引导</td></tr>
<tr><td colspan="6">本单元首先要解决的问题是汽车设计过程中针对舒适性的测试分析项目，然后确定汽车舒适性的测试分析方法，为后续舒适性评价实例分析夯实理论基础。建议采取如下学习方法：
1. 课前选取三款车辆进入车辆测评模块，了解汽车舒适性评价，完成PPT制作和自学汇报。
2. 课中小组讨论，并在课堂上汇报（每位组员总结一个测试分析项目）。同时，注意听取其他小组的汇报情况，并将感受记录在本任务工单的“课堂记录”一栏。
3. 课后完成拓展任务、加强讨论，小组将自己的讨论过程及结果拍摄成微视频（或拍摄成照片）上传到资源库平台，并与其他学习小组进行互动评价</td></tr>
<tr><td colspan="6">任务描述与实施</td></tr>
<tr><td colspan="6">1. 小组学习汽车舒适性的计算与测试分析资料，并参与小组讨论和汇报，从以下三方面进行：
（1）汽车舒适性的测试分析项目有哪些？

（2）设计座椅时考虑的影响汽车舒适性的因素有哪些？

（3）设计车身尺寸（轴距）时考虑的影响汽车舒适性的因素有哪些？（参考表1）</td></tr>
</table>

表1　汽车舒适性的影响因素

参数	车型				
	奥迪 A6 2.8L	宝马 530i	风雅 350XV	天籁 350JM-VIP	CTS 3.6
车长/mm	5012	4841	4886	4890	4828
车宽/mm	1855	1846	1810	1765	1795
车高/mm	1485	1468	1475	1470	1441
轴距/mm	2945	2888	2850	2775	2880
前轮距/mm	1612	1582	1540	1520	1524
后轮距/mm	1618	1558	1569	1525	1524
腿部空间/mm	965～1190	930～1135	920～1135	910～1125	950～1145
后排空间/mm	720～960	610～840	786～1010	680～910	690～910
前排宽/mm	1535	1495	1520	1475	1480
后排宽/mm	1505	1510	1495	1450	1438
前排内部高/mm	940	950	925～970	855～905	865～920
后排内部高/mm	910	890	900	860	910
行李舱容积/L	501	520	487	506	419

续表

<table>
<tr><td colspan="6">学习小结</td></tr>
<tr><td colspan="6">请简要记录小组本单元学习的总结</td></tr>
<tr><td colspan="6">拓展训练</td></tr>
<tr><td colspan="6">每组选择上述其中一项汽车舒适性的影响因素，具体分析该影响因素对应的各项指标有哪些？以座椅舒适性为例，其评价指标可能包括头枕、靠背、腰托、坐垫、通风散热等。
1. 要求尽可能全面地涵盖所有指标。
2. 小组课后讨论总结，并将讨论结果以大作业形式上传至资源库平台（或空间）</td></tr>
<tr><td colspan="6">评价考核</td></tr>
<tr><td colspan="3">评价指标</td><td>学生自评（30%）</td><td>小组互评（30%）</td><td>教师评价（40%）</td></tr>
<tr><td rowspan="2">素质评价（20%）</td><td colspan="2">利用多种信息化平台进行自主学习（10分）</td><td></td><td></td><td></td></tr>
<tr><td colspan="2">运用多方资源解决实际问题（10分）</td><td></td><td></td><td></td></tr>
<tr><td rowspan="3">过程评价（60%）</td><td rowspan="2">知识目标（30分）</td><td>能说出汽车舒适性的定义（10分）</td><td></td><td></td><td></td></tr>
<tr><td>能说出汽车舒适性的客观评价指标（20分）</td><td></td><td></td><td></td></tr>
<tr><td>技能目标（30分）</td><td>能运用“人–车闭路系统”的理论分析汽车舒适性的影响因素</td><td></td><td></td><td></td></tr>
<tr><td rowspan="2">增值评价（20%）</td><td>课后拓展（10分）</td><td>通过课后拓展作业的质量进行评价</td><td></td><td></td><td></td></tr>
<tr><td>其他成果评价（10分）</td><td>通过技能大赛、挑战杯比赛、创新创业大赛等非学业评价素材进行反馈评价</td><td></td><td></td><td></td></tr>
<tr><td colspan="3">本次得分</td><td></td><td></td><td></td></tr>
<tr><td colspan="3">最终得分</td><td colspan="3"></td></tr>
</table>

任务工单9-1

<table>
<tr><th colspan="6">学习情境9　汽车的舒适性测试与评价</th></tr>
<tr><td>课程名称</td><td>汽车性能与评价</td><td>学习情境</td><td>汽车的舒适性测试与评价</td><td>学习单元</td><td>学习单元9.1　汽车舒适性的客观评价</td></tr>
<tr><td>学生班级</td><td></td><td>组别序号</td><td></td><td>组长姓名</td><td></td></tr>
<tr><td>小组成员</td><td colspan="5"></td></tr>
<tr><td colspan="6">学习引导</td></tr>
<tr><td colspan="6">本单元首先要解决的问题是给出汽车舒适性的概念，然后总结出影响汽车舒适性能的若干因素，为后续确定舒适性评价指标体系和评价方法打下牢固基础。建议采取如下学习方法：
1. 课前观看舒适性评价操作视频，认知汽车舒适性评价，并完成相应的进阶训练，在视频学习中如有疑问可在线提问，与教师互动交流。
2. 课中小组讨论，并在课堂上汇报（每位组员总结一个方面的影响因素）。同时，注意听取其他小组的汇报情况，并将感受记录在本任务工单的“课堂记录”一栏。
3. 课后完成拓展任务、加强讨论，小组将自己的讨论过程及结果拍摄成微视频（或拍摄成照片）上传到资源库平台，并与其他学习小组进行互动评价</td></tr>
<tr><td colspan="6">任务描述与实施</td></tr>
<tr><td colspan="6">1. 小组学习汽车舒适性的客观评价指标的资料，并参与小组讨论和汇报，从以下三方面进行：
（1）汽车舒适性的定义是什么？

（2）汽车舒适性的客观评价指标有哪些？

（3）如何理解人–车闭路系统的含义？

2. 小组针对奥迪A4L车型进行舒适性评价，并参与小组讨论和汇报</td></tr>
<tr><td colspan="6">课堂记录</td></tr>
<tr><td colspan="6">请认真听取其他小组的总结汇报，并记录小组发现的优点和问题</td></tr>
</table>

续表

<table>
<tr><td colspan="6">学习小结</td></tr>
<tr><td colspan="6">请简要记录小组本单元学习的总结</td></tr>
<tr><td colspan="6">拓展训练</td></tr>
<tr><td colspan="6">各组选择一项汽车通过性的影响因素，具体分析该影响因素对应的各项指标有哪些，例如以轮胎对通过性的影响为例，其评价指标可能包括轮胎气压、轮胎规格和轮胎花纹等。
1. 要求独立思考、精益求精，尽可能全面地涵盖所有指标。
2. 小组课后讨论总结，并将讨论结果以大作业形式上传至资源库平台（或空间）</td></tr>
<tr><td colspan="6">评价考核</td></tr>
<tr><td colspan="3">评价指标</td><td>学生自评（30%）</td><td>小组互评（30%）</td><td>教师评价（40%）</td></tr>
<tr><td rowspan="2">素质评价（20%）</td><td colspan="2">利用多种信息化平台进行自主学习（10分）</td><td></td><td></td><td></td></tr>
<tr><td colspan="2">运用多方资源解决实际问题（10分）</td><td></td><td></td><td></td></tr>
<tr><td rowspan="3">过程评价（60%）</td><td rowspan="2">知识目标（30分）</td><td>能说出影响汽车通过性的动力总成因素（15分）</td><td></td><td></td><td></td></tr>
<tr><td>能说出影响汽车通过性的轮胎因素（15分）</td><td></td><td></td><td></td></tr>
<tr><td>技能目标（30分）</td><td>能运用汽车通过性客观评价指标对三款国内自主越野车品牌进行分析</td><td></td><td></td><td></td></tr>
<tr><td rowspan="2">增值评价（20%）</td><td>课后拓展（10分）</td><td>通过课后拓展作业的质量进行评价</td><td></td><td></td><td></td></tr>
<tr><td>其他成果评价（10分）</td><td>通过技能大赛、挑战杯比赛、创新创业大赛等非学业评价素材进行反馈评价</td><td></td><td></td><td></td></tr>
<tr><td colspan="3">本次得分</td><td></td><td></td><td></td></tr>
<tr><td colspan="3">最终得分</td><td colspan="3"></td></tr>
</table>

任务工单8-2

<table>
<tr><th colspan="6">学习情境8　汽车的通过性测试与评价</th></tr>
<tr><td>课程名称</td><td>汽车性能与评价</td><td>学习情境</td><td>汽车的通过性测试与评价</td><td>项目任务</td><td>学习单元8.2　汽车通过性的影响因素与测试分析</td></tr>
<tr><td>学生班级</td><td></td><td>组别序号</td><td></td><td>组长姓名</td><td></td></tr>
<tr><td>小组成员</td><td colspan="5"></td></tr>
<tr><td colspan="6">学习引导</td></tr>
<tr><td colspan="6">本单元主要要求了解汽车通过性的技术与测试分析，能描述汽车的各参数及配置对汽车通过性的影响，为汽车的测试与评价建立理论基础。建议采取如下学习方法：
1. 课前搜集三款国内自主主流越野车品牌车型的素材，认知国内主流越野车品牌车型的性能，并完成相应问题的PPT汇报文案。
2. 课中汇报本小组的PPT，同时，注意听取其他小组的汇报情况，并将感受记录在本任务工单的“课堂记录”一栏。进一步掌握汽车的各参数及配置对汽车通过性的影响，完成“任务描述与实施”的相关题目。
3. 课后完成拓展任务、加强讨论，小组将自己的讨论过程及结果拍摄成微视频（或拍摄成照片）上传到资源库平台，并与其他学习小组进行互动评价</td></tr>
<tr><td colspan="6">任务描述与实施</td></tr>
<tr><td colspan="6">1. 课前预热（阅读以下案例，准备PPT进行小组汇报）。
甲：“我买了辆SUV汽车，但是其通过性还是太低，我是换车呢？还是怎么改装呢？”
乙：“从数据角度来说，怎么才叫通过性强呢？怎么才算高质量的越野车呢？”
丙：“在不改装、不换车的情况下，怎么才能利用好车的通过性呢？”
你觉得描述一款车通过性好的标准是什么？请给出汽车通过性的具体内涵，并列举出可能影响汽车通过性的因素。

2. 试分析图1，汽车行驶在图中环境中会导致哪些失效？其影响因素有哪些？

图1　汽车行驶环境</td></tr>
<tr><td colspan="6">课堂记录</td></tr>
<tr><td colspan="6">请认真听取其他小组的总结汇报，并记录小组发现的优点和问题</td></tr>
</table>

续表

4. 最小转弯直径与汽车的通过性有何关系？请通过图2来分析

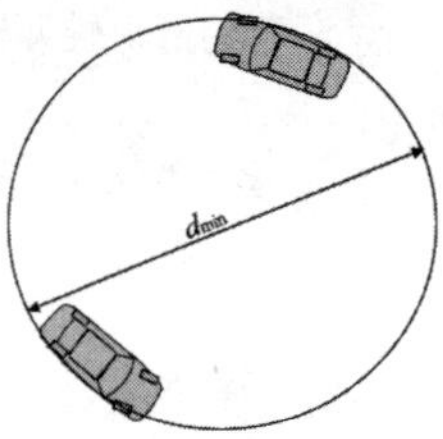

图2　最小转弯直径与汽车的通过性

课堂记录

请认真听取其他小组的总结汇报，并记录小组发现的优点和问题

学习小结

请简要记录小组本单元学习的总结

拓展训练

交叉轴是越野时经常会遇到的情况，也就是常说的过炮弹坑。做此动作时前轮和后轮会分别交叉达到最高和最低位置，这主要显示汽车的哪些性能？

1. 要求自主学习、独立思考，用自己的话进行概括。

2. 小组课后讨论总结，并将讨论结果以大作业形式上传至资源库平台（或空间）

评价考核

评价指标			学生自评（30%）	小组互评（30%）	教师评价（40%）
素质评价（20%）	自主学习与独立思维（10分）				
	自我管理与自我修正（10分）				
过程评价（60%）	知识目标（30分）	能说出汽车通过性的内涵（10分）			
		能说出汽车通过性的客观评价指标（20分）			
	技能目标（30分）	能运用汽车通过性客观评价指标对三款SUV品牌汽车进行分析			
增值评价（20%）	课后拓展（10分）	通过课后拓展作业的质量进行评价			
	其他成果评价（10分）	通过技能大赛、挑战杯比赛、创新创业大赛等非学业评价素材进行反馈评价			
本次得分					
最终得分					

任务工单8-1

学习情境8　汽车的通过性测试与评价					
课程名称	汽车性能与评价	学习情境	汽车的通过性测试与评价	学习单元	学习单元8.1　汽车通过性的客观评价指标
学生班级		组别序号		组长姓名	
小组成员					
学习引导					
本单元主要要求了解汽车通过性的客观评价指标，能用汽车通过性相关理论对汽车的通过性进行评价，为汽车的测试与评价建立理论基础。建议采取如下学习方法： 1. 课前搜集三款国内自主主流SUV品牌车型的素材，认知国内主流SUV品牌车型的性能，并完成相应问题的PPT汇报文案。 2. 课中汇报本小组的PPT，同时，注意听取其他小组的汇报情况，并将感受记录在本任务工单的“课堂记录”一栏。进一步掌握汽车通过性客观评价指标，完成“任务描述与实施”的相关问题。 3. 课后完成拓展任务、加强讨论，小组将自己的讨论过程及结果拍摄成微视频（或拍摄成照片）上传到资源库平台，并与其他学习小组进行互动评价					
任务描述与实施					
1. 对汽车通过性进行评价，首先必须建立相应的指标体系，这样才能使得评价过程有的放矢，而且评价指标的选取，对评价结果至关重要，如果指标体系选择不当，甚至可能得出与实际不符的结论。 你认为应该采用何种方法科学地对汽车通过性进行评价？请给出汽车通过性的具体评价指标。 2. 媒体报道图1中汽车最小离地间隙为260 mm，与实车测试相差较大，为什么？涉水深度与离地间隙有何关系？ 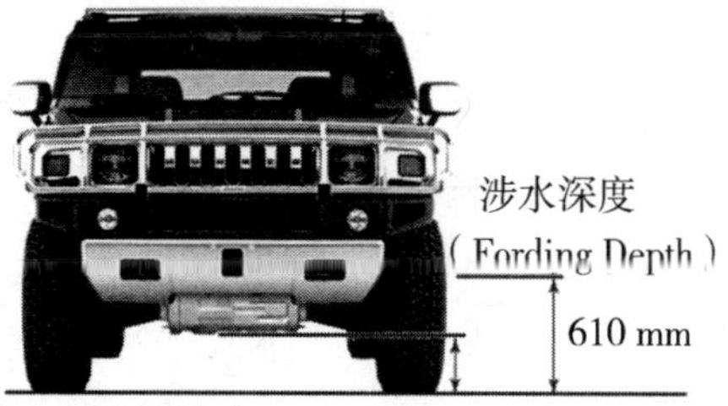 图1　涉水汽车					

续表

学习小结					
请简要记录小组本单元学习的总结					
评价考核					
评价指标			学生自评（30%）	小组互评（30%）	教师评价（40%）
素质评价（20%）	利用多种信息化平台进行自主学习（10分）				
	运用多方资源解决实际问题（10分）				
过程评价（60%）	知识目标（30分）	能说出汽车平顺性主观评价的指标体系（10分）			
		能说出国内外主流品牌车型汽车平顺性的主要评价结果（20分）			
	技能目标（30分）	能运用层次分析法进行汽车平顺性的主观评价			
增值评价（20%）	课后拓展（10分）	通过课后拓展作业的质量进行评价			
	其他成果评价（10分）	通过技能大赛、挑战杯比赛、创新创业大赛等非学业评价素材进行反馈评价			
本次得分					
最终得分					

任务工单7-3

<table>
<tr><th colspan="6">学习情境7　汽车的平顺性测试与评价</th></tr>
<tr><td>课程名称</td><td>汽车性能与评价</td><td>学习情境</td><td>汽车的平顺性测试与评价</td><td>学习单元</td><td>学习单元7.3　汽车平顺性的主观评价</td></tr>
<tr><td>学生班级</td><td></td><td>组别序号</td><td></td><td>组长姓名</td><td></td></tr>
<tr><td>小组成员</td><td colspan="5"></td></tr>
<tr><td colspan="6">学习引导</td></tr>
<tr><td colspan="6">本单元主要要求了解汽车平顺性主观评价的指标及评价方法，建议采取如下学习方法：
1. 课前登录相关网站，搜集四款国内外主流品牌汽车的素材，收集整理国内外主流品牌车型的平顺性测试资料，并完成相应问题的PPT汇报文案。
2. 课中汇报本小组的PPT，同时，注意听取其他小组的汇报情况，并将感受记录在本任务工单的“课堂记录”一栏。进一步掌握汽车平顺性主观评价的指标和评价方法，完成“任务描述与实施”的相关题目。
3. 课后完成拓展任务、加强讨论，小组将自己的讨论过程及结果拍摄成微视频（或拍摄成照片）上传到资源库平台，并与其他学习小组进行互动评价</td></tr>
<tr><td colspan="6">任务描述与实施</td></tr>
<tr><td colspan="6">1. 小组收集整理四个国内外主流品牌车型上市时的专业人员汽车性能测试资料（必须包含车辆平顺性测试），制作PPT从以下三方面进行汇报交流：
（1）专业人员对车辆进行平顺性主观评价的指标有哪些？

（2）关于汽车平顺性主观评价各个指标的得分是怎样试验得出的？

（3）这些汽车平顺性的主观评价指标占比如何？可以反复验证吗？为什么？

2. 讨论：通过试验测试，哪些指标对于车辆平顺性的主观评价特别重要？在车辆运动过程中，如何才能提高汽车的平顺性？

3. 认真查阅学习手册中“汽车平顺性主观评价指标和权重”图表，结合教师给出的车型资料进行汽车平顺性主观评价</td></tr>
<tr><td colspan="6">课堂记录</td></tr>
<tr><td colspan="6">请认真听取其他小组的总结汇报，并记录他们所汇报的汽车企业和品牌</td></tr>
</table>

续表

课堂记录
请认真听教师的讲解，并记录汽车平顺性测试的主要内容、主要计算方法
学习小结
请简要记录小组本单元学习的总结
拓展训练
由于人体具有非线性振动特性，随着振动强度的增大，人体主共振频率降低，故清华大学的研究中根据激励强度的大小不同，提出了四套参数来表达在不同激励强度下的人体振动生物力学特性，即四种人体模型，具体参数如表1所示。请查阅资源库及相关平台资料，并完成以下工作： 1. 解释各项指标的基本含义及测试方法； 2. 小组将解释的文本上传至资源库平台（或空间）

表1　具体参数

激励强度/（$m \cdot s^{-2}$）	m_0/kg	m_1/kg	m_2/kg	C_1/（N·s/m）	C_2/（N·s/m）	K_1/（N·s/m）	K_2/（N·s/m）
0.5	6.9	36.4	9.7	938	476	42291	54586
0.7	6.8	34.3	11.0	808	561	35275	54937
1.0	7.1	33.7	11.1	714	543	32178	50514
2.0	7.1	31.8	12.6	531	575	25889	43918

评价考核

评价指标			学生自评（30%）	小组互评（30%）	教师评价（40%）
素质评价（20%）	利用多种信息化平台进行自主学习（10分）				
	运用多方资源解决实际问题（10分）				
过程评价（60%）	知识目标（30分）	能说出汽车平顺性测试的方法（10分）			
		能说出影响汽车平顺性的因素（10分）			
		能说出和汽车平顺性测试相关的指标（10分）			
	技能目标（30分）	能进行汽车平顺性的相关计算与分析			
增值评价（20%）	课后拓展（10分）	通过课后拓展作业的质量进行评价			
	其他成果评价（10分）	通过技能大赛、挑战杯比赛、创新创业大赛等非学业评价素材进行反馈评价			
本次得分					
最终得分					

任务工单7-2

学习情境7　汽车的平顺性测试与评价					
课程名称	汽车性能与评价	学习情境	汽车的平顺性测试与评价	学习单元	学习单元7.2　汽车平顺性的计算与测试分析
学生班级		组别序号		组长姓名	
小组成员					

学习引导

本单元主要要求了解汽车平顺性的测试与计算，通过计算得出汽车平顺性的相关指标结果，分析汽车平顺性的影响因素。建议采取如下学习方法：

1. 课前查找汽车振动模型搭建的相关资料，并填写在任务工单上。

2. 课中听讲，进一步掌握汽车平顺性的计算公式和测试方法，完成“任务描述与实施”的相关题目。

3. 课后完成拓展任务、加强讨论，小组将自己的讨论过程及结果拍摄成微视频（或拍摄成照片）上传到资源库平台，并与其他学习小组进行互动评价

任务描述与实施

1. 课前预热：画出汽车简化为7自由度的简化模型。

2. 设车速为 20 m/s，路面不平系数为$G_q(n_0)=2.56\times10^{-8}$，参考空间频率$n_0=0.1\ \text{m}^{-1}$，画出路面垂直位移的功率谱$G_q(f)$、速度功率谱$G_q^{m}(f)$、加速度功率谱的谱图$G_q^{m}(f)$。画图时要求用双对数坐标，选好坐标刻度值，并注明单位。

3. 忽略簧下质量和轮胎刚度影响，某汽车车身质量——弹簧振动系统模型（图1）参数如下：车身质量M=500 kg，悬架刚度K=50000 N/m，悬架阻尼系数C=2500 N·s/m。

（1）画出车身的受力图；

（2）列出振动系统运动微分方程；

（3）求系统固有频率f_0和阻尼比ζ；

（4）当汽车行驶在坡长为2.5 m的道路减速带路段时，求车身共振车速；

（5）写出以路面不平位移Z_r的速度为输入，车身质量M的垂直加速度为输出的频率响应函数；

（6）轿车和越野车的固有频率应如何选择

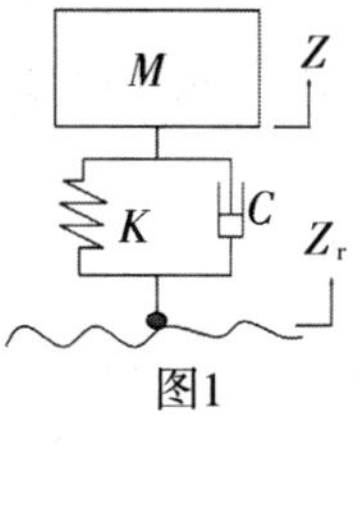

图1

续表

拓展训练
各组学生拍摄5张不同车型汽车的图片，简要说明该车品牌和生产厂家，结合车型去网上查阅汽车平顺性的相关资料，突出自主品牌汽车在车辆平顺性和乘坐舒适性方面的技术特点和性能优势。 1. 要求拍摄的图片清晰，图片上有品牌及生产厂家说明； 2. 小组应该将车型图片及该车型的优势分析上传至资源库平台（或空间）
评价考核

评价指标			学生自评（30%）	小组互评（30%）	教师评价（40%）
素质评价（20%）	利用多种信息化平台进行自主学习（10分）				
	运用多方资源解决实际问题（10分）				
过程评价（60%）	知识目标（30分）	能说出汽车平顺性客观评价的方法（10分）			
		能说出国内外主流品牌车型汽车平顺性客观评价的主要结果（20分）			
	技能目标（30分）	能进行汽车平顺性的客观评价			
增值评价（20%）	课后拓展（10分）	通过课后拓展作业的质量进行评价			
	其他成果评价（10分）	通过技能大赛、挑战杯比赛、创新创业大赛等非学业评价素材进行反馈评价			
本次得分					
最终得分					

任务工单7-1

<table>
<tr><td colspan="6">学习情境7　汽车的平顺性测试与评价</td></tr>
<tr><td>课程名称</td><td>汽车性能与评价</td><td>学习情境</td><td>汽车的平顺性测试与评价</td><td>学习单元</td><td>学习单元7.1　汽车平顺性的客观评价</td></tr>
<tr><td>学生班级</td><td></td><td>组别序号</td><td></td><td>组长姓名</td><td></td></tr>
<tr><td>小组成员</td><td colspan="5"></td></tr>
<tr><td colspan="6">学习引导</td></tr>
<tr><td colspan="6">本单元主要要求了解汽车平顺性客观评价的指标及评价方法，建议采取如下学习方法：
1. 课前搜集四款国内外主流品牌汽车的素材，收集整理国内外主流品牌车型的平顺性测试资料，并完成相应问题的PPT汇报文案。
2. 课中汇报本小组的PPT，同时，注意听取其他小组的汇报情况，并将感受记录在本任务工单的“课堂记录”一栏。进一步掌握汽车平顺性客观评价的指标和评价方法，完成“任务描述与实施”的相关题目。
3. 课后完成拓展任务、加强讨论，小组将自己的讨论过程及结果拍摄成微视频（或拍摄成照片）上传到资源库平台，并与其他学习小组进行互动评价</td></tr>
<tr><td colspan="6">任务描述与实施</td></tr>
<tr><td colspan="6">1. 小组收集整理四个国内外主流品牌车型上市时的专业人员汽车性能测试资料（必须包含车辆平顺性测试），制作PPT从以下两方面进行汇报交流：
（1）专业人员对车辆进行平顺性客观评价的方法有哪些？

（2）客观评价中主要涉及哪些评价指标？可以反复验证吗？为什么？

2. 讨论：通过试验测试，哪些指标对于车辆平顺性的客观评价特别重要？车辆运动过程中，如何才能提高汽车的平顺性？</td></tr>
<tr><td colspan="6">课堂记录</td></tr>
<tr><td colspan="6">请认真听取其他小组的总结汇报，并记录他们所汇报的汽车企业和品牌</td></tr>
<tr><td colspan="6">学习小结</td></tr>
<tr><td colspan="6">请简要记录小组本单元学习的总结</td></tr>
</table>

续表

课堂记录

请认真听教师的讲解，记录新能源汽车安全性测试内容及方法，能够进行评价分析

学习小结

请简要记录小组本单元学习的总结

拓展训练

各组学生收集国内自主品牌新能源车型安全装置内容并进行分析对比，简要说明安全装置的差别及其对安全性能的影响，突出自主品牌在新能源车型上已经实现技术领先。

1. 从REESS绝缘电阻、功能安全性检测、防触电保护等方面进行分析；

2. 小组将分析对比情况上传至资源库平台（或空间）

评价考核

<table>
<tr><th colspan="3">评价指标</th><th>学生
自评
（30%）</th><th>小组
互评
（30%）</th><th>教师
评价
（40%）</th></tr>
<tr><td rowspan="3">素质评价
（20%）</td><td colspan="2">获取新知识、新技术的能力强（5分）</td><td></td><td></td><td></td></tr>
<tr><td colspan="2">逻辑思维能力强，工作思路清晰，方法得当（5分）</td><td></td><td></td><td></td></tr>
<tr><td colspan="2">能运用所学理论知识解决实际问题（10分）</td><td></td><td></td><td></td></tr>
<tr><td rowspan="5">过程评价
（60%）</td><td rowspan="3">知识目标
（30分）</td><td>能说出新能源汽车的主要安全性能测试内容（10分）</td><td></td><td></td><td></td></tr>
<tr><td>能说出绝缘电阻的测试方法（10分）</td><td></td><td></td><td></td></tr>
<tr><td>能说出高压互锁的作用（10分）</td><td></td><td></td><td></td></tr>
<tr><td rowspan="2">技能目标
（30分）</td><td>能够区分新能源汽车相对传统燃油汽车特有的安全性能（15分）</td><td></td><td></td><td></td></tr>
<tr><td>能运用所学知识分析新能源汽车的安全性能（15分）</td><td></td><td></td><td></td></tr>
<tr><td rowspan="2">增值评价
（20%）</td><td>课后拓展
（10分）</td><td>通过课后拓展作业的质量进行评价</td><td></td><td></td><td></td></tr>
<tr><td>其他成果评价
（10分）</td><td>通过技能大赛、挑战杯比赛、创新创业大赛等非学业评价素材进行反馈评价</td><td></td><td></td><td></td></tr>
<tr><td colspan="3">本次得分</td><td></td><td></td><td></td></tr>
<tr><td colspan="3">最终得分</td><td colspan="3"></td></tr>
</table>

任务工单6-3

<table>
<tr><td colspan="6">学习情境6　汽车的安全性测试与评价</td></tr>
<tr><td>课程名称</td><td>汽车性能与评价</td><td>学习情境</td><td>汽车的安全性测试与评价</td><td>学习单元</td><td>学习单元6.3　新能源汽车的安全性测试与评价</td></tr>
<tr><td>学生班级</td><td></td><td>组别序号</td><td></td><td>组长姓名</td><td></td></tr>
<tr><td>小组成员</td><td colspan="5"></td></tr>
<tr><td colspan="6">学习引导</td></tr>
<tr><td colspan="6">本单元主要要求掌握新能源汽车相对传统内燃机汽车安全装置的差异，识别新能源汽车安全装置，通过理论学习能够分析安全装置原理。建议采取如下学习方法：
1. 课前查找相关问题的术语及描述，并填写在任务工单上。
2. 课中听讲，进一步掌握新能源汽车的安全装置及测试方法，并能够进行分析，完成“任务描述与实施”的相关题目。
3. 课后完成拓展任务、加强讨论，小组将自己的讨论过程拍摄成微视频（或拍摄成照片）上传到资源库平台，并与其他学习小组进行互动评价</td></tr>
<tr><td colspan="6">任务描述与实施</td></tr>
</table>

1. 每一小组收集整理三款国内外主流品牌新能源车型安全装置的资料，并制作PPT进行汇报交流，从以下三个方面进行：

（1）每款车型的安全装置有哪些？

（2）这些装置中哪些属于新能源汽车特有的安全装置？

（3）通过安全装置对比，分析三款车型的安全性能。

2. 选择一款国内外主流新能源车型，分析绝缘电阻及高压互锁性能，完成表1：

表1　绝缘电阻和高压互锁

安全装置		内容
绝缘电阻	安装位置	
	绝缘电阻阻值	
	绝缘电阻测量位置	
高压互锁	高压互锁类型	
	高压互锁设置位置	
	高压互锁电路	
	高压互锁端子结构	

通过上述对比，可以得到绝缘电阻与高压互锁的特点：________________________________

____

____

续表

课堂记录

请认真听教师的讲解，记录主动安全装置和被动安全装置的区分方法，能够分析智能化安全装置的工作原理

学习小结

请简要记录小组本单元学习的总结

拓展训练

各组学生对同等级国内自主品牌车型和合资车型的安全装置进行分析对比，简要说明安全装置的差别及其对安全性能的影响，突出自主品牌在安全装置方面的优势。

1. 从主动安全装置、被动安全装置和智能化安全装置方面进行分析；

2. 小组将分析对比情况上传至资源库平台（或空间）

评价考核

<table>
<tr><th colspan="3">评价指标</th><th>学生自评（30%）</th><th>小组互评（30%）</th><th>教师评价（40%）</th></tr>
<tr><td rowspan="3">素质评价（20%）</td><td colspan="2">获取新知识、新技术的能力强（5分）</td><td></td><td></td><td></td></tr>
<tr><td colspan="2">逻辑思维能力强，工作思路清晰，方法得当（5分）</td><td></td><td></td><td></td></tr>
<tr><td colspan="2">能运用所学理论知识解决实际问题（10分）</td><td></td><td></td><td></td></tr>
<tr><td rowspan="5">过程评价（60%）</td><td rowspan="3">知识目标（30分）</td><td>能说出汽车安全装置对汽车安全技术的影响（10分）</td><td></td><td></td><td></td></tr>
<tr><td>能说出三个以上主动安全装置和被动安全装置（10分）</td><td></td><td></td><td></td></tr>
<tr><td>能说出三个以上汽车智能化安全装置及其主要作用（10分）</td><td></td><td></td><td></td></tr>
<tr><td rowspan="2">技能目标（30分）</td><td>能够区分汽车主动安全装置和被动安全装置（15分）</td><td></td><td></td><td></td></tr>
<tr><td>能运用所学知识分析汽车智能化安全装置的工作原理（15分）</td><td></td><td></td><td></td></tr>
<tr><td rowspan="2">增值评价（20%）</td><td>课后拓展（10分）</td><td>通过课后拓展作业的质量进行评价</td><td></td><td></td><td></td></tr>
<tr><td>其他成果评价（10分）</td><td>通过技能大赛、挑战杯比赛、创新创业大赛等非学业评价素材进行反馈评价</td><td></td><td></td><td></td></tr>
<tr><td colspan="3">本次得分</td><td></td><td></td><td></td></tr>
<tr><td colspan="3">最终得分</td><td colspan="3"></td></tr>
</table>

任务工单6-2

<table>
<tr><th colspan="6">学习情境6　汽车的安全性测试与评价</th></tr>
<tr><td>课程名称</td><td>汽车性能与评价</td><td>学习情境</td><td>汽车的安全性测试与评价</td><td>学习单元</td><td>学习单元6.2　汽车的主要安全装置</td></tr>
<tr><td>学生班级</td><td></td><td>组别序号</td><td></td><td>组长姓名</td><td></td></tr>
<tr><td>小组成员</td><td colspan="5"></td></tr>
<tr><td colspan="6">学习引导</td></tr>
<tr><td colspan="6">本单元主要要求掌握汽车的主要安全装置，能够区分主动安全装置、被动安全装置和智能化安全装置，能够通过对汽车安全装置的分析，判断汽车安全性能。建议采取如下学习方法：
1. 课前查找相关问题的术语及描述，并填写在任务工单上。
2. 课中听讲，进一步掌握汽车安全装置的分类及评价的主要内容、方法，完成“任务描述与实施”的相关题目。
3. 课后完成拓展任务、加强讨论，小组将自己的讨论过程及结果拍摄成微视频（或拍摄成照片）上传到资源库平台，并与其他学习小组进行互动评价</td></tr>
<tr><td colspan="6">任务描述与实施</td></tr>
<tr><td colspan="6">1. 各小组收集整理三个国内外主流品牌车型安全装置的资料，并制作PPT进行汇报交流，从以下四个方面进行：
（1）每款车型的安全装置有哪些？

（2）这些装置哪些属于主动安全装置，哪些属于被动安全装置？

（3）每款车型有哪些智能化安全装置？

（4）通过安全装置对比，分析三款车型的安全性能。

2. 选择一个国内外主流车型，对其高配车型和低配车型安全装置进行对比分析，完成表1。</td></tr>
</table>

表1　安全装置

安全装置	是否为主动安全装置	是否为被动安全装置	是否为智能化安全装置

通过上述对比，可以得到高配车型与低配车型在安全性能方面的差别：________________

____

____

续表

3. 根据NCAP碰撞试验评价内容，结合课前搜集的几款同类型车的碰撞试验星级成绩内容，展开对C-NCAP、Euro-NCAP、US-NCAP三种碰撞试验评价方法的研究，现场通过分小组比赛，填写表2，看谁找出的三者碰撞试验标准的区别最多

表2　碰撞试验标准区别

碰撞标准	组别		
	①	②	③
C-NCAP			
Euro-NCAP			
US-NCAP			

课堂记录

请认真听教师的讲解，记录汽车主动安全性与被动安全性的内容，并记录三种碰撞试验评价方法的区别，与实践中汽车的星级评分标准相结合，掌握这些方法的主要运用

学习小结

请简要记录小组本单元学习的总结

拓展训练

通过网络信息平台，查阅汽车主动安全性评价与被动安全性评价对驾驶人非常重要的典型案例，形成相关资料，以小组名义搜集，并以文件形式上传至资源库平台（或空间）

评价考核

评价指标			学生自评（30%）	小组互评（30%）	教师评价（40%）
素质评价（20%）	利用多种信息化平台进行自主学习（10分）				
	运用多方资源解决实际问题（10分）				
过程评价（60%）	知识目标（30分）	能说出汽车主动安全性、被动安全的基本概念（10分）			
		能说出汽车主动安全性评价方法的主要内容（10分）			
		能说出汽车NCAP碰撞试验段的内容及评价指标（10分）			
	技能目标（30分）	能对比识别出哪些内容属于汽车主动安全性，哪些内容属于被动安全性（15分）			
		能说出三种碰撞试验评价方法的内容及区别（15分）			
增值评价（20%）	课后拓展（10分）	通过课后拓展作业的质量进行评价			
	其他成果评价（10分）	通过技能大赛、挑战杯比赛、创新创业大赛等非学业评价素材进行反馈评价			
本次得分					
最终得分					

任务工单6-1

<table>
<tr><th colspan="6">学习情境6　汽车的安全性测试与评价</th></tr>
<tr><td>课程名称</td><td>汽车性能与评价</td><td>学习情境</td><td>汽车的安全性测试与评价</td><td>学习单元</td><td>学习单元6.1　汽车安全性的客观评价</td></tr>
<tr><td>学生班级</td><td></td><td>组别序号</td><td></td><td>组长姓名</td><td></td></tr>
<tr><td>小组成员</td><td colspan="5"></td></tr>
<tr><td colspan="6">学习引导</td></tr>
<tr><td colspan="6">本单元主要要求掌握汽车安全性的客观评价方法，能进行汽车主动安全性与被动安全性评价方法内容区分，能说出C-NCAP、Euro-NCAP、US-NCAP三种碰撞试验评价方法的区别，了解三种方法的优缺点，为汽车安全性的客观评价建立理论基础。建议采取如下学习方法：
1. 课前查找相关问题的术语及描述，并填写在任务工单上。
2. 课中听讲，进一步掌握汽车安全性客观评价的主要内容、方法，完成“任务描述与实施”的相关题目。
3. 课后完成拓展任务、加强讨论，小组将自己的讨论过程及结果拍摄成微视频（或拍摄成照片）上传到资源库平台，并与其他学习小组进行互动评价</td></tr>
<tr><td colspan="6">任务描述与实施</td></tr>
</table>

1. 课前预热。

（1）了解汽车主动安全性、被动安全性两个词的含义。

（2）了解驾驶人驾驶过程中，哪些属于汽车主动安全性，哪些属于汽车被动安全性。

（3）了解NCAP碰撞试验的安全评价内容。

（4）搜集几款同类型车的C-NCAP碰撞试验星级成绩。

2. 根据汽车主动安全性评价与被动安全性评价的内容，完成表1。

表1　安全性评价

安全指标	安全形式	
	主动安全性	被动安全性
超车时间长		
视野差		
制动性差		
车门强度弱		
没配备安全气囊		
通过性差		
照明光线暗		
安全带松动		
天气差		

通过回答上表内容，可以掌握对于汽车主动安全性与被动安全性评价内容的了解程度为：

____

____

续表

课堂记录
请认真听取其他小组的总结汇报，并记录好他们所汇报的汽车操纵稳定性影响因素
学习小结
请简要记录小组本单元学习的总结
拓展训练
各组上网搜索汽车操纵稳定性的测试标准、评价指标和测试方法。 1. 要求观看汽车操纵稳定性计算视频，分析其用到的标准、评价指标和测试方法； 2. 小组将相关的操纵稳定性测试标准上传至资源库平台（或空间）
评价考核

<table>
<tr><th colspan="3">评价指标</th><th>学生
自评
（30%）</th><th>小组
互评
（30%）</th><th>教师
评价
（40%）</th></tr>
<tr><td rowspan="2">素质评价
（20%）</td><td colspan="2">利用多种信息化平台进行自主学习（10分）</td><td></td><td></td><td></td></tr>
<tr><td colspan="2">运用多方资源解决实际问题（10分）</td><td></td><td></td><td></td></tr>
<tr><td rowspan="3">过程评价
（60%）</td><td rowspan="2">知识目标
（30分）</td><td>能说出影响汽车操纵稳定性的因素（10分）</td><td></td><td></td><td></td></tr>
<tr><td>能说出汽车操纵稳定性的评价指标（20分）</td><td></td><td></td><td></td></tr>
<tr><td>技能目标
（30分）</td><td>能对汽车操纵稳定性影响因素进行分析</td><td></td><td></td><td></td></tr>
<tr><td rowspan="2">增值评价
（20%）</td><td>课后拓展
（10分）</td><td>通过课后拓展作业的质量进行评价</td><td></td><td></td><td></td></tr>
<tr><td>其他成果评价
（10分）</td><td>通过技能大赛、挑战杯比赛、创新创业大赛等非学业评价素材进行反馈评价</td><td></td><td></td><td></td></tr>
<tr><td colspan="3">本次得分</td><td></td><td></td><td></td></tr>
<tr><td colspan="3">最终得分</td><td colspan="3"></td></tr>
</table>

任务工单5-3

<table>
<tr><td colspan="6">学习情境5　汽车的操纵稳定性测试与评价</td></tr>
<tr><td>课程名称</td><td>汽车性能与评价</td><td>学习情境</td><td>汽车的操纵稳定性测试与评价</td><td>学习单元</td><td>学习单元5.3　汽车操纵稳定性的计算与测试分析</td></tr>
<tr><td>学生班级</td><td></td><td>组别序号</td><td></td><td>组长姓名</td><td></td></tr>
<tr><td>小组成员</td><td colspan="5"></td></tr>
<tr><td colspan="6">学习引导</td></tr>
<tr><td colspan="6">本单元主要要求掌握汽车操纵稳定性的计算与测试，能运用影响汽车操纵稳定性的物理量对汽车的操纵稳定性进行分析。建议采取如下学习方法：
1. 课前观看操纵性评价素材视频、技能操作视频，认知汽车操纵性评价，并完成相应的进阶训练，在视频学习中如有疑问可在线提问，与教师互动交流。
2. 课中选择两款车型的操纵性测试相关介绍，对其操纵稳定性进行计算，完成对比评价报告。同时，注意听取其他小组的评价报告汇报情况，并将感受记录在本任务工单的“课堂记录”一栏。进一步掌握汽车操纵稳定性的相关物理量并对操纵稳定性进行分析，完成“任务描述与实施”的相关题目。
3. 课后完成拓展任务、加强讨论，小组将两款车型操纵稳定性的对比微视频上传到资源库平台，并与其他学习小组进行互动评价</td></tr>
<tr><td colspan="6">任务描述与实施</td></tr>
<tr><td colspan="6">1. 一轿车（每个）前轮的侧偏刚度为−50176 N/rad，外倾刚度为−7665 N/rad。若轿车向左转弯，将使前轮产生正的外倾角，其大小为4°。设侧偏刚度与外倾刚度均不受左、右轮负载转移的影响，试求由外倾角引起的前轮侧偏角。

2. 某种汽车的质心位置、轴距和前后轮胎的型号已定。按照二自由度操纵稳定性模型，其稳态转向特性为过多转向，试找出五种改善其特性的方法。

3. 制订汽车转向回正测试方案，如表1所示。</td></tr>
</table>

表1　汽车转向回正测试

<table>
<tr><td>试验项目</td><td>试验步骤</td></tr>
<tr><td rowspan="9">低速回正性能</td><td>（1）在试验场地上用明显的颜色画出半径为 15 m的圆周</td></tr>
<tr><td></td></tr>
<tr><td></td></tr>
<tr><td></td></tr>
<tr><td></td></tr>
<tr><td></td></tr>
<tr><td></td></tr>
<tr><td></td></tr>
<tr><td></td></tr>
<tr><td rowspan="7">高速回正性能</td><td></td></tr>
<tr><td></td></tr>
<tr><td></td></tr>
<tr><td></td></tr>
<tr><td></td></tr>
<tr><td></td></tr>
<tr><td></td></tr>
<tr><td colspan="2">转向回正特性评价</td></tr>
<tr><td colspan="2"></td></tr>
</table>

续表

<table>
<tr><th colspan="6">拓展训练</th></tr>
<tr><td colspan="6">各组搜索汽车操纵稳定性的评价报告。
1. 要求分析汽车操纵稳定性评价报告中哪些采用了主观评价指标与方法；
2. 小组制订汽车操纵稳定性主观评价方案并上传至资源库平台（或空间）</td></tr>
<tr><th colspan="6">评价考核</th></tr>
<tr><td colspan="3">评价指标</td><td>学生
自评
（30%）</td><td>小组
互评
（30%）</td><td>教师
评价
（40%）</td></tr>
<tr><td rowspan="2">素质评价
（20%）</td><td colspan="2">利用多种信息化平台进行自主学习（10分）</td><td></td><td></td><td></td></tr>
<tr><td colspan="2">运用多方资源解决实际问题（10分）</td><td></td><td></td><td></td></tr>
<tr><td rowspan="4">过程评价
（60%）</td><td rowspan="2">知识目标
（30分）</td><td>能说出汽车转向性能主观评价指标（15分）</td><td></td><td></td><td></td></tr>
<tr><td>能说出汽车稳定性能主观评价指标（15分）</td><td></td><td></td><td></td></tr>
<tr><td rowspan="2">技能目标
（30分）</td><td>能对汽车操纵稳定性主观评价指标进行分析（10分）</td><td></td><td></td><td></td></tr>
<tr><td>能采用模糊层次分析法对汽车进行操纵稳定性主观评价（20分）</td><td></td><td></td><td></td></tr>
<tr><td rowspan="2">增值评价
（20%）</td><td>课后拓展
（10分）</td><td>通过课后拓展作业的质量进行评价</td><td></td><td></td><td></td></tr>
<tr><td>其他成果评价
（10分）</td><td>通过技能大赛、挑战杯比赛、创新创业大赛等非学业评价素材进行反馈评价</td><td></td><td></td><td></td></tr>
<tr><td colspan="3">本次得分</td><td></td><td></td><td></td></tr>
<tr><td colspan="3">最终得分</td><td colspan="3"></td></tr>
</table>

任务工单5-2

<table>
<tr><th colspan="6">学习情境5　汽车的操纵稳定性测试与评价</th></tr>
<tr><td>课程名称</td><td>汽车性能与评价</td><td>学习情境</td><td>汽车的操纵稳定性测试与评价</td><td>学习单元</td><td>学习单元5.2　汽车操纵稳定性的主观评价</td></tr>
<tr><td>学生班级</td><td></td><td>组别序号</td><td></td><td>组长姓名</td><td></td></tr>
<tr><td>小组成员</td><td colspan="5"></td></tr>
<tr><td colspan="6">学习引导</td></tr>
<tr><td colspan="6">本单元主要要求了解汽车操纵稳定性的主观评价指标，能用模糊层次分析法对汽车的操纵稳定性进行主观评价。建议采取如下学习方法：
1. 课前了解汽车操纵稳定性主观评价指标与模糊层次分析法部分，学习相应的知识点。
2. 课中采用模糊层次分析法对某车型进行操纵稳定性主观评价，完成对比评价报告。同时，注意听取其他小组的评价报告汇报情况，并将感受记录在本任务工单的“课堂记录”一栏。进一步掌握汽车操纵稳定性的主观评价指标与评价方法，完成“任务描述与实施”的相关题目。
3. 课后完成拓展任务、加强讨论，小组将两款车型操纵稳定性的主观评价对比报告上传到资源库平台，并与其他学习小组进行互动评价</td></tr>
<tr><td colspan="6">任务描述与实施</td></tr>
<tr><td colspan="6">1. 列出汽车操纵稳定性能主观评价指标。

2. 采用模糊层次分析法对某车型进行操纵稳定性主观评价</td></tr>
<tr><td colspan="6">课堂记录</td></tr>
<tr><td colspan="6">请认真听取其他小组的总结汇报，并记录他们所汇报的汽车操纵稳定性的主观评价要点</td></tr>
<tr><td colspan="6">学习小结</td></tr>
<tr><td colspan="6">请简要记录小组本单元学习的总结</td></tr>
</table>

续表

拓展训练
各组搜索汽车操纵稳定性的测试标准、评价指标和测试方法。 1. 要求观看汽车操纵稳定性评价视频，分析其用到的标准、评价指标和测试方法； 2. 小组将相关的操纵稳定性测试标准上传至资源库平台（或空间）

评价考核

<table>
<tr><th colspan="3">评价指标</th><th>学生自评（30%）</th><th>小组互评（30%）</th><th>教师评价（40%）</th></tr>
<tr><td rowspan="2">素质评价（20%）</td><td colspan="2">利用多种信息化平台进行自主学习（10分）</td><td></td><td></td><td></td></tr>
<tr><td colspan="2">运用多方资源解决实际问题（10分）</td><td></td><td></td><td></td></tr>
<tr><td rowspan="3">过程评价（60%）</td><td rowspan="2">知识目标（30分）</td><td>能说出什么是汽车操纵稳定性（10分）</td><td></td><td></td><td></td></tr>
<tr><td>能说出汽车操纵稳定性评价指标（20分）</td><td></td><td></td><td></td></tr>
<tr><td>技能目标（30分）</td><td>能运用汽车操纵稳定性的相关物理量分析汽车的操纵稳定性</td><td></td><td></td><td></td></tr>
<tr><td rowspan="2">增值评价（20%）</td><td>课后拓展（10分）</td><td>通过课后拓展作业的质量进行评价</td><td></td><td></td><td></td></tr>
<tr><td>其他成果评价（10分）</td><td>通过技能大赛、挑战杯比赛、创新创业大赛等非学业评价素材进行反馈评价</td><td></td><td></td><td></td></tr>
<tr><td colspan="3">本次得分</td><td></td><td></td><td></td></tr>
<tr><td colspan="3">最终得分</td><td colspan="3"></td></tr>
</table>

任务工单5-1

<table>
<tr><th colspan="6">学习情境5　汽车的操纵稳定性测试与评价</th></tr>
<tr><td>课程名称</td><td>汽车性能与评价</td><td>学习情境</td><td>汽车的操纵稳定性测试与评价</td><td>学习单元</td><td>学习单元5.1　汽车操纵稳定性的客观评价</td></tr>
<tr><td>学生班级</td><td></td><td>组别序号</td><td></td><td>组长姓名</td><td></td></tr>
<tr><td>小组成员</td><td colspan="5"></td></tr>
<tr><td colspan="6">学习引导</td></tr>
<tr><td colspan="6">本单元主要要求了解汽车操纵稳定性的定义、汽车操纵稳定性评价指标和方法，能用汽车操纵稳定性的相关物理量分析汽车的操纵稳定性。建议采取如下学习方法：
1. 课前观看操纵性评价素材视频、技能操作视频，认知汽车操纵性评价，并完成相应的进阶训练，在视频学习中如有疑问可在线提问，与教师互动交流。
2. 小组阅读两款车型的操纵性测试内容，对其操纵稳定性进行对比，完成对比评价报告。同时，注意听取其他小组的评价报告汇报情况，并将感受记录在本任务工单的“课堂记录”一栏。进一步掌握汽车操纵稳定性的相关物理量和评价指标，完成“任务描述与实施”的相关题目。
3. 课后完成拓展任务、加强讨论，小组将两款车型操纵稳定性的对比微视频上传到资源库平台，并与其他学习小组进行互动评价</td></tr>
<tr><td colspan="6">任务描述与实施</td></tr>
<tr><td colspan="6">1. 讨论：什么是稳态响应特性？什么是瞬态响应特性？

2. 讨论汽车操纵稳定性的试验方法。

3. 选择两款车型的操纵性测试视频或文章，对其操纵稳定性进行对比</td></tr>
<tr><td colspan="6">课堂记录</td></tr>
<tr><td colspan="6">请认真听取其他小组的总结汇报，并记录他们所汇报的汽车操纵稳定性评价指标和方法</td></tr>
<tr><td colspan="6">学习小结</td></tr>
<tr><td colspan="6">请简要记录小组本单元学习的总结</td></tr>
</table>

续表

课堂记录

请认真听取其他小组的总结汇报，并记录他们所汇报的新能源汽车制动性测试与评价方案的不足

学习小结

请简要记录小组本单元学习的总结

拓展训练

各组针对主流电动汽车制动系统组成结构、工作原理与控制策略进行分析。

1. 要求分析新能源汽车能量回收装置对汽车制动性的影响；
2. 小组将新能源汽车制动系统学习素材上传至资源库平台（或空间）

评价考核

<table>
<tr><th colspan="3">评价指标</th><th>学生
自评
（30%）</th><th>小组
互评
（30%）</th><th>教师
评价
（40%）</th></tr>
<tr><td rowspan="2">素质评价
（20%）</td><td colspan="2">利用多种信息化平台进行自主学习（10分）</td><td></td><td></td><td></td></tr>
<tr><td colspan="2">运用多方资源解决实际问题（10分）</td><td></td><td></td><td></td></tr>
<tr><td rowspan="3">过程评价
（60%）</td><td rowspan="2">知识目标
（30分）</td><td>能说出新能源汽车制动系统与传统汽车的不同（10分）</td><td></td><td></td><td></td></tr>
<tr><td>能说出新能源汽车制动性测试与评价方法（20分）</td><td></td><td></td><td></td></tr>
<tr><td>技能目标
（30分）</td><td>能对电动汽车能量回收装置制动性能进行检测</td><td></td><td></td><td></td></tr>
<tr><td rowspan="2">增值评价
（20%）</td><td>课后拓展
（10分）</td><td>通过课后拓展作业的质量进行评价</td><td></td><td></td><td></td></tr>
<tr><td>其他成果评价
（10分）</td><td>通过技能大赛、挑战杯比赛、创新创业大赛等非学业评价素材进行反馈评价</td><td></td><td></td><td></td></tr>
<tr><td colspan="3">本次得分</td><td></td><td></td><td></td></tr>
<tr><td colspan="3">最终得分</td><td colspan="3"></td></tr>
</table>

任务工单4-4

学习情境4　汽车的制动性测试与评价					
课程名称	汽车性能与评价	学习情境	汽车的制动性测试与评价	学习单元	学习单元4.4　新能源汽车的制动性测试与评价
学生班级		组别序号		组长姓名	
小组成员					
学习引导					
本单元主要要求了解新能源汽车制动系统与传统汽车的不同，新能源汽车制动性测试与评价方法与传统汽车的不同。建议采取如下学习方法： 1. 课前预习新能源汽车制动性测试与评价方法知识点。完成新能源汽车制动性测试方案，并制作方案PPT。 2. 课中汇报本小组的PPT，同时，注意听取其他小组的汇报情况，并将感受记录在本任务工单的“课堂记录”一栏。进一步掌握电动汽车能量回收装置性能检测方法，完成“任务描述与实施”的相关题目。 3. 课后完成拓展任务、加强讨论，小组制作新能源汽车与传统汽车制动性测试与评价差异的讲解微视频上传到资源库平台，并与其他学习小组进行互动评价					
任务描述与实施					
1. 认识图1的仪器设备，安装、调试仪器设备并进行校准。  图1　测试仪器 2. 查阅《电动汽车再生制动系统要求及试验方法》（QC/T 1089—2017），完成再生制动系统制动效能恒定性测试方案。 3.查阅《电动汽车再生制动系统要求及试验方法》（QC/T 1089—2017），完成再生制动系统能量回收效能和续驶里程贡献率测试方案					

续表

课堂记录

请认真听取其他小组的总结汇报，并记录他们所汇报的汽车制动距离和制动减速度测试方案的不足

学习小结

请简要记录小组本单元学习的总结

拓展训练

各组针对国内外主流汽车制动性评价标准中制动距离和制动减速度的道路测试方法进行测试。

1. 要求制作欧洲相应标准对汽车制动距离与制动减速度道路测试方案；
2. 小组应该将方案上传至资源库平台（或空间）

评价考核

<table>
<tr><th colspan="3">评价指标</th><th>学生
自评
（30%）</th><th>小组
互评
（30%）</th><th>教师
评价
（40%）</th></tr>
<tr><td rowspan="2">素质评价
（20%）</td><td colspan="2">利用多种信息化平台进行自主学习（10分）</td><td></td><td></td><td></td></tr>
<tr><td colspan="2">运用多方资源解决实际问题（10分）</td><td></td><td></td><td></td></tr>
<tr><td rowspan="4">过程评价
（60%）</td><td rowspan="2">知识目标
（30分）</td><td>能说出汽车制动过程的时间段（10分）</td><td></td><td></td><td></td></tr>
<tr><td>能说出汽车制动性能测试的方法（20分）</td><td></td><td></td><td></td></tr>
<tr><td rowspan="2">技能目标
（30分）</td><td>能对汽车制动过程进行分析并计算制动距离（10分）</td><td></td><td></td><td></td></tr>
<tr><td>能根据《机动车运行安全技术条件》（GB 7258—2017）对汽车制动距离、制动减速度进行道路测试（20分）</td><td></td><td></td><td></td></tr>
<tr><td rowspan="2">增值评价
（20%）</td><td>课后拓展
（10分）</td><td>通过课后拓展作业的质量进行评价</td><td></td><td></td><td></td></tr>
<tr><td>其他成果评价
（10分）</td><td>通过技能大赛、挑战杯比赛、创新创业大赛等非学业评价素材进行反馈评价</td><td></td><td></td><td></td></tr>
<tr><td colspan="3">本次得分</td><td></td><td></td><td></td></tr>
<tr><td colspan="3">最终得分</td><td colspan="3"></td></tr>
</table>

任务工单4-3

<table>
<tr><td colspan="6">学习情境4　汽车的制动性测试与评价</td></tr>
<tr><td>课程名称</td><td>汽车性能与评价</td><td>学习情境</td><td>汽车的制动性测试与评价</td><td>学习单元</td><td>学习单元4.3　汽车制动性的计算与测试分析</td></tr>
<tr><td>学生班级</td><td></td><td>组别序号</td><td></td><td>组长姓名</td><td></td></tr>
<tr><td>小组成员</td><td colspan="5"></td></tr>
<tr><td colspan="6">学习引导</td></tr>
<tr><td colspan="6">本单元主要要求了解汽车制动过程的时间段，汽车制动距离及制动减速度的计算和测试方法，能根据《机动车运行安全技术条件》（GB 7258—2017）对汽车制动距离、制动减速度进行道路测试，并进行制动性能分析。建议采取如下学习方法：
1. 课前预习汽车制动性的计算与测试分析方法知识点。根据《机动车运行安全技术条件》（GB 7258—2017）标准，制订汽车制动距离和制动减速度测试方案，并制作方案PPT。
2. 课中汇报本小组的PPT，同时，注意听取其他小组的汇报情况，并将感受记录在本任务工单的“课堂记录”一栏。进一步掌握汽车制动性的计算方法和测试方法，完成“任务描述与实施”的相关题目。
3. 课后完成拓展任务、加强讨论，小组制作汽车制动距离和制动减速度道路测试的讲解微视频上传到资源库平台，并与其他学习小组进行互动评价</td></tr>
<tr><td colspan="6">任务描述与实施</td></tr>
</table>

1. 每一小组按《机动车运行安全技术条件》（GB 7258—2017）标准，完成汽车制动距离模拟测试：

（1）测试前的准备工作有哪些？请完成表1。

表1　准备工作

准备项目	准备内容
安全	
道路	
车辆	
仪器设备	

（2）测试的条件是什么？

（3）如何进行制动距离测试？测试结果与制动距离的经验公式结果差异如何？

2. 讨论：如何进行汽车制动减速度测试？

3. 已知某汽车总质量为8025 kg，轴距为4 m，重心位置a=3.03 m，b=0.97 m，h/g=1.15 m，在纵坡α=15° 的良好路面上等速下坡（低速）时，地面法向反力F_{x1}、F_{x2}是多少？如果该车在附着系数ϕ=0.7的水平柏油路面上紧急制动，获得的最大减速度是多少？

续表

表2 制动噪声主观评价方法

序号	类别	车速/（km/h）	评价方法	备注
1	啸叫音（squarel）	50	从前进、后退共6个方向，以1 m/s^2、2 m/s^2、3 m/s^2定减速度制动进行评价	需要从振噪的大小及发生频率等方面进行评价
2	蠕动音（groan）	—	在平地，10%～20%坡道评价车头向上及向下，分别缓慢释放、快速释放制动踏板进行评价	
3	哞音（moan）	10±2	从前进、后退共6个方向进行制动、非制动的评价	
4	撞击音（clonk）	20±2	连续前进后退交替快速踩踏制动进行评价	
5	刷盘音（wire-brush）	10～30	从前进、后退共6个方向匀速行驶进行评价	
6	抖动（judder）	120±10	以1 m/s^2、2 m/s^2、3 m/s^2定减速度制动进行评价	

课堂记录

请认真听取其他小组的总结汇报，并记录好他们所汇报的汽车制动性主观评价方案的不足

学习小结

请简要记录小组本单元学习的总结

拓展训练

各组针对不同车型开展汽车制动性主观评价。

1. 要求制作相应的汽车制动性主观评价讲解微视频；
2. 小组应该将微视频上传至资源库平台（或空间）

评价考核

<table>
<tr><th colspan="3">评价指标</th><th>学生自评（30%）</th><th>小组互评（30%）</th><th>教师评价（40%）</th></tr>
<tr><td rowspan="2">素质评价（20%）</td><td colspan="2">利用多种信息化平台进行自主学习（10分）</td><td></td><td></td><td></td></tr>
<tr><td colspan="2">运用多方资源解决实际问题（10分）</td><td></td><td></td><td></td></tr>
<tr><td rowspan="4">过程评价（60%）</td><td rowspan="2">知识目标（30分）</td><td>能说出汽车制动性的主观评价指标（10分）</td><td></td><td></td><td></td></tr>
<tr><td>能说出制动性主观评价层次分析法结构模型（20分）</td><td></td><td></td><td></td></tr>
<tr><td rowspan="2">技能目标（30分）</td><td>能制作汽车制动性主观评价权重表（10分）</td><td></td><td></td><td></td></tr>
<tr><td>能对两辆车进行制动性主观评价（20分）</td><td></td><td></td><td></td></tr>
<tr><td rowspan="2">增值评价（20%）</td><td>课后拓展（10分）</td><td>通过课后拓展作业的质量进行评价</td><td></td><td></td><td></td></tr>
<tr><td>其他成果评价（10分）</td><td>通过技能大赛、挑战杯比赛、创新创业大赛等非学业评价素材进行反馈评价</td><td></td><td></td><td></td></tr>
<tr><td colspan="3">本次得分</td><td></td><td></td><td></td></tr>
<tr><td colspan="3">最终得分</td><td colspan="3"></td></tr>
</table>

任务工单4-2

<table>
<tr><th colspan="6">学习情境4　汽车的制动性测试与评价</th></tr>
<tr><td>课程名称</td><td>汽车性能与评价</td><td>学习情境</td><td>汽车的制动性测试与评价</td><td>学习单元</td><td>学习单元4.2　汽车制动性的主观评价</td></tr>
<tr><td>学生班级</td><td></td><td>组别序号</td><td></td><td>组长姓名</td><td></td></tr>
<tr><td>小组成员</td><td colspan="5"></td></tr>
<tr><td colspan="6">学习引导</td></tr>
<tr><td colspan="6">本单元主要要求了解汽车制动性的主观评价指标和制动性主观评价层次分析法，能制作汽车制动性主观评价权重表并完成两辆车的制动性主观评价。建议采取如下学习方法：
1. 课前预习汽车制动性的主观评价知识点。制订汽车制动性主观评价方案，并制作方案PPT。
2. 课中汇报本小组的PPT，同时，注意听取其他小组的汇报情况，并将感受记录在本任务工单的“课堂记录”一栏。进一步掌握汽车制动性主观评价方法，完成“任务描述与实施”的相关题目。
3. 课后完成拓展任务、加强讨论，小组制作两辆车的制动性主观评价对比文档上传到资源库平台，并与其他学习小组进行互动评价</td></tr>
<tr><td colspan="6">任务描述与实施</td></tr>
</table>

1. 列出汽车制动性主观评价指标。

2. 小组选择4个主观评价指标制作汽车制动性主观评价权重表（表1为制动踏板感觉评价方法）。

表1　制动踏板感觉评价方法

<table>
<tr><th>序号</th><th>工况</th><th>车速/（km/h）</th><th>评价方法</th><th>评价要点</th><th>备注</th></tr>
<tr><td>1</td><td>静态主观评价</td><td>0</td><td>慢踩制动</td><td>行程感与踏力感</td><td rowspan="11">制动踏板感觉包括行程感、踏力感、行程线性感、踏力线性感、空行程感等</td></tr>
<tr><td rowspan="2">2</td><td rowspan="2">极低速主观评价</td><td rowspan="2">10±5</td><td rowspan="2">慢踩制动</td><td>行程感与踏力感</td></tr>
<tr><td>空行程感</td></tr>
<tr><td rowspan="2">3</td><td rowspan="2">低速主观评价</td><td rowspan="2">30±5</td><td rowspan="2">慢踩制动</td><td>低速踏板感</td></tr>
<tr><td>jump-in介入感</td></tr>
<tr><td rowspan="3">4</td><td rowspan="3">中速主观评价</td><td rowspan="3">70±10</td><td rowspan="3">慢踩、快踩制动</td><td>中速踏板感</td></tr>
<tr><td>停车平顺感</td></tr>
<tr><td>制动踏板刚性感</td></tr>
<tr><td rowspan="2">5</td><td rowspan="2">高速主观评价</td><td rowspan="2">110±10</td><td rowspan="2">慢踩、快踩制动</td><td>高速踏板感</td></tr>
<tr><td>制动踏板刚性感</td></tr>
</table>

3. 小组对两辆车进行制动性主观评价（实车模拟），并完成主观评价得分表，画出得分蜘蛛图。（表2为制动噪声主观评价方法）

续表

<table>
<tr><td colspan="3">课堂记录</td></tr>
<tr><td colspan="3">请认真听取其他小组的总结汇报，并记录他们所汇报的汽车制动性评价标准</td></tr>
<tr><td colspan="3">学习小结</td></tr>
<tr><td colspan="3">请简要记录小组本单元学习的总结</td></tr>
<tr><td colspan="3">拓展训练</td></tr>
<tr><td colspan="3">各组针对三款主流同类车型，查阅其制动系统的结构、工作原理及相关参数，进行汽车制动性客观评价指标对比。
1. 要求制作三款车型的汽车制动性客观评价对比报告；
2. 小组应该将评价对比报告上传至资源库平台（或空间）</td></tr>
<tr><td colspan="3">评价考核</td></tr>
</table>

<table>
<tr><td colspan="3">评价指标</td><td>学生
自评
（30%）</td><td>小组
互评
（30%）</td><td>教师
评价
（40%）</td></tr>
<tr><td rowspan="2">素质评价
（20%）</td><td colspan="2">利用多种信息化平台进行自主学习（10分）</td><td></td><td></td><td></td></tr>
<tr><td colspan="2">运用多方资源解决实际问题（10分）</td><td></td><td></td><td></td></tr>
<tr><td rowspan="4">过程评价
（60%）</td><td rowspan="2">知识目标
（30分）</td><td>能说出汽车制动性客观评价指标（10分）</td><td></td><td></td><td></td></tr>
<tr><td>能说出国内外主要的汽车制动性测试标准及其技术要求（20分）</td><td></td><td></td><td></td></tr>
<tr><td rowspan="2">技能目标
（30分）</td><td>能对车轮及整车进行制动受力分析（15分）</td><td></td><td></td><td></td></tr>
<tr><td>能根据已知条件对汽车制动平均减速度进行计算（15分）</td><td></td><td></td><td></td></tr>
<tr><td rowspan="2">增值评价
（20%）</td><td>课后拓展
（10分）</td><td>通过课后拓展作业的质量进行评价</td><td></td><td></td><td></td></tr>
<tr><td>其他成果评价
（10分）</td><td>通过技能大赛、挑战杯比赛、创新创业大赛等非学业评价素材进行反馈评价</td><td></td><td></td><td></td></tr>
<tr><td colspan="3">本次得分</td><td></td><td></td><td></td></tr>
<tr><td colspan="3">最终得分</td><td colspan="3"></td></tr>
</table>

任务工单4-1

<table>
<tr><th colspan="6">学习情境4　汽车的制动性测试与评价</th></tr>
<tr><td>课程名称</td><td>汽车性能与评价</td><td>学习情境</td><td>汽车的制动性测试与评价</td><td>学习单元</td><td>学习单元4.1　汽车制动性的客观评价</td></tr>
<tr><td>学生班级</td><td></td><td>组别序号</td><td></td><td>组长姓名</td><td></td></tr>
<tr><td>小组成员</td><td colspan="5"></td></tr>
<tr><td colspan="6">学习引导</td></tr>
<tr><td colspan="6">本单元主要要求了解汽车制动性客观评价指标，能对车轮进行制动受力分析，能利用主流汽车制动性测试标准的评价指标对汽车进行制动性客观评价。建议采取如下学习方法：
1. 课前预习汽车制动性客观评价指标知识点。搜索国内外主要的汽车制动性评价标准，列出汽车制动性客观评价指标，分析不同标准的差异，制作PPT汇报文案。
2. 课中汇报本小组的PPT，同时，注意听取其他小组的汇报情况，并将感受记录在本任务工单的“课堂记录”一栏。进一步掌握汽车制动性客观评价指标与评价方法，完成“任务描述与实施”的相关题目。
3. 课后完成拓展任务、加强讨论，小组制作汽车制动性客观评价指标相关知识点的讲解微视频上传到资源库平台，并与其他学习小组进行互动评价</td></tr>
<tr><td colspan="6">任务描述与实施</td></tr>
<tr><td colspan="6">1. 小组收集整理目前国内外主要的汽车制动性评价标准，分析汽车制动性的客观评价指标及评价方法，并制作PPT进行汇报交流，从以下三方面进行：
（1）国内的汽车制动性评价标准有哪些？

（2）国外的汽车制动性评价标准有哪些？

（3）国内外汽车制动性客观评价指标有哪些？评价方法和技术要求有何差异？

2. 什么是制动器制动力、地面制动力和附着力？三者有什么联系和区别？

3. 何谓汽车制动效能的恒定性？影响汽车制动器热衰退性的主要因素是什么？

4. 什么是汽车制动时的跑偏和侧滑？各有何特点？造成跑偏或侧滑的原因是什么？</td></tr>
</table>

续表

课堂记录

请认真听取其他小组的总结汇报，并记录他们所汇报的纯电动汽车经济性的评价指标并对比分析三款纯电动汽车的经济性

学习小结

请简要记录小组本单元学习的总结

拓展训练

各组拍摄5张不同车型的纯电动汽车的图片，简要说明该车的品牌、生产厂家，并结合车型去网上查阅汽车性能的相关参数，对比自主品牌纯电动汽车与合资纯电动汽车经济性能。

1. 要求拍摄的图片清晰，图片上有品牌及生产厂家说明；

2. 小组应该将车型图片及该车型经济性的优势分析以文件夹的形式上传至资源库平台（或空间）

评价考核

<table>
<tr><th colspan="3">评价指标</th><th>学生
自评
（30%）</th><th>小组
互评
（30%）</th><th>教师
评价
（40%）</th></tr>
<tr><td rowspan="2">素质评价
（20%）</td><td colspan="2">利用多种信息化平台进行自主学习（10分）</td><td></td><td></td><td></td></tr>
<tr><td colspan="2">运用多方资源解决实际问题（10分）</td><td></td><td></td><td></td></tr>
<tr><td rowspan="3">过程评价
（60%）</td><td rowspan="2">知识目标
（30分）</td><td>能说出纯电动汽车的经济性评价指标（20分）</td><td></td><td></td><td></td></tr>
<tr><td>能简要说出NEDC工况下纯电动汽车经济性的测试方法（10分）</td><td></td><td></td><td></td></tr>
<tr><td>技能目标
（30分）</td><td>能运用相关指标对纯电动汽车的经济性进行评价</td><td></td><td></td><td></td></tr>
<tr><td rowspan="2">增值评价
（20%）</td><td>课后拓展
（10分）</td><td>通过课后拓展作业的质量进行评价</td><td></td><td></td><td></td></tr>
<tr><td>其他成果评价
（10分）</td><td>通过技能大赛、挑战杯比赛、创新创业大赛等非学业评价素材进行反馈评价</td><td></td><td></td><td></td></tr>
<tr><td colspan="3">本次得分</td><td></td><td></td><td></td></tr>
<tr><td colspan="3">最终得分</td><td colspan="3"></td></tr>
</table>

任务工单3-3

<table>
<tr><th colspan="6">学习情境3　汽车的经济性测试与评价</th></tr>
<tr><td>课程名称</td><td>汽车性能与评价</td><td>学习情境</td><td>汽车的经济性测试与评价</td><td>学习单元</td><td>学习单元3.3　电动汽车的经济性测试与评价</td></tr>
<tr><td>学生班级</td><td></td><td>组别序号</td><td></td><td>组长姓名</td><td></td></tr>
<tr><td>小组成员</td><td colspan="5"></td></tr>
<tr><td colspan="6">学习引导</td></tr>
<tr><td colspan="6">本单元主要要求了解纯电动汽车的经济性，理解纯电动汽车经济性的评价指标。建议采取如下学习方法：
1. 课前搜集三款国内主流自主品牌纯电动汽车的素材，认知国内主流自主品牌纯电动车型的经济性，并完成相应问题的PPT汇报文案。
2. 课中汇报本小组的PPT，同时，注意听取其他小组的汇报情况，并将感受记录在本任务工单的“课堂记录”一栏。进一步掌握纯电动汽车经济性的评价指标，完成“任务描述与实施”的相关题目。
3. 课后完成拓展任务、加强讨论，小组将自己的讨论过程及结果拍摄成微视频（或拍摄成照片）上传到资源库平台，并与其他学习小组进行互动评价</td></tr>
<tr><td colspan="6">任务描述与实施</td></tr>
<tr><td colspan="6">1. 小组收集整理三个国内主流自主品牌纯电动车型汽车经济性能的资料，并制作PPT进行汇报交流，从以下三方面进行：
（1）这三款车型的经济性能如何？

（2）汽车经济性的评价指标包括哪些？

（3）运用给定的参数计算能量消耗率并分析汽车的经济性。

2. 随着时代的发展以及国家政策的鼓励，新能源汽车成为众多汽车厂商以及民众关注的热点。关于新能源汽车，人们最关注的除了环保问题便是新能源汽车的经济性。如何评价新能源汽车的经济性？

3. 讨论：纯电动汽车在使用过程中电耗增加的原因是什么？

4. 利用式（3-15）计算纯电动汽车单位里程能量消耗量，分析纯电动汽车的经济性</td></tr>
</table>

续表

课堂记录

请认真听取其他小组的总结汇报，并记录他们所汇报的影响汽车经济性的结构因素和使用因素

学习小结

请简要记录小组本单元学习的总结

拓展训练

每组拍摄5张不同车型汽车的图片，简要说明该车的品牌、生产厂家，并结合车型去网上查阅汽车性能的相关参数，对比影响汽车经济性的结构因素和使用因素。

1. 要求拍摄的图片清晰，图片上有品牌及生产厂家说明；

2. 小组应该将车型图片及影响汽车经济性的结构因素和使用因素上传至资源库平台（或空间）

评价考核

<table>
<tr><th colspan="3">评价指标</th><th>学生
自评
（30%）</th><th>小组
互评
（30%）</th><th>教师
评价
（40%）</th></tr>
<tr><td rowspan="2">素质评价
（20%）</td><td colspan="2">利用多种信息化平台进行自主学习（10分）</td><td></td><td></td><td></td></tr>
<tr><td colspan="2">运用多方资源解决实际问题（10分）</td><td></td><td></td><td></td></tr>
<tr><td rowspan="3">过程评价
（60%）</td><td rowspan="2">知识目标
（30分）</td><td>能说出汽车经济性的客观评价指标（10分）</td><td></td><td></td><td></td></tr>
<tr><td>能说出各种典型工况下汽车经济性的评价方法（20分）</td><td></td><td></td><td></td></tr>
<tr><td>技能目标
（30分）</td><td>能运用万有特性图与汽车功率平衡图分析汽车的经济性</td><td></td><td></td><td></td></tr>
<tr><td rowspan="2">增值评价
（20%）</td><td>课后拓展
（10分）</td><td>通过课后拓展作业的质量进行评价</td><td></td><td></td><td></td></tr>
<tr><td>其他成果评价
（10分）</td><td>通过技能大赛、挑战杯比赛、创新创业大赛等非学业评价素材进行反馈评价</td><td></td><td></td><td></td></tr>
<tr><td colspan="3">本次得分</td><td></td><td></td><td></td></tr>
<tr><td colspan="3">最终得分</td><td colspan="3"></td></tr>
</table>

任务工单3-2

<table>
<tr><td colspan="6">学习情境3　汽车的经济性测试与评价</td></tr>
<tr><td>课程名称</td><td>汽车性能与评价</td><td>学习情境</td><td>汽车的经济性测试与评价</td><td>学习单元</td><td>学习单元3.2　汽车经济性的计算与测试分析</td></tr>
<tr><td>学生班级</td><td></td><td>组别序号</td><td></td><td>组长姓名</td><td></td></tr>
<tr><td>小组成员</td><td colspan="5"></td></tr>
<tr><td colspan="6">学习引导</td></tr>
<tr><td colspan="6">本单元主要要求了解影响汽车经济性的结构因素和使用因素。建议采取如下学习方法：
1. 课前搜集三款国内外主流品牌汽车的素材，认知国内外主流品牌车型的经济性，搜集影响经济性的各种因素并完成相应问题的PPT汇报文案。
2. 课中汇报本小组的PPT，同时，注意听取其他小组的汇报情况，并将感受记录在本任务工单的“课堂记录”一栏。进一步掌握影响汽车经济性的结构因素和使用因素的主体内容，完成“任务描述与实施”的相关题目。
3. 课后完成拓展任务、加强讨论，小组将自己的讨论过程及结果拍摄成微视频（或拍摄成照片）上传到资源库平台，并与其他学习小组进行互动评价</td></tr>
<tr><td colspan="6">任务描述与实施</td></tr>
<tr><td colspan="6">1. 小组收集整理三个国内外主流品牌车型汽车经济性能的资料，并制作PPT进行汇报交流，从以下三方面进行：
（1）影响汽车经济性的结构因素有哪些？

（2）影响汽车经济性的使用因素包括哪些？

（3）从影响汽车经济性的因素分析汽车经济性能。

2. 万先生在2017年买了一部纳智捷，使用不久后发现该车的油耗非常高。
（1）试分析为什么万先生的汽车油耗如此高。

（2）汽车的油耗与什么因素有关系？</td></tr>
</table>

续表

评价考核

<table>
<tr><td colspan="3">评价指标</td><td>学生
自评
（30%）</td><td>小组
互评
（30%）</td><td>教师
评价
（40%）</td></tr>
<tr><td rowspan="2">素质评价
（20%）</td><td colspan="2">利用多种信息化平台进行自主学习（10分）</td><td></td><td></td><td></td></tr>
<tr><td colspan="2">运用多方资源解决实际问题（10分）</td><td></td><td></td><td></td></tr>
<tr><td rowspan="3">过程评价
（60%）</td><td rowspan="2">知识目标
（30分）</td><td>能说出汽车经济性的客观评价指标（10分）</td><td></td><td></td><td></td></tr>
<tr><td>能说出各种典型工况下汽车经济性的评价方法（20分）</td><td></td><td></td><td></td></tr>
<tr><td>技能目标
（30分）</td><td>能运用万有特性图与汽车功率平衡图分析汽车的经济性</td><td></td><td></td><td></td></tr>
<tr><td rowspan="2">增值评价
（20%）</td><td>课后拓展
（10分）</td><td>通过课后拓展作业的质量进行评价</td><td></td><td></td><td></td></tr>
<tr><td>其他成果评价
（10分）</td><td>通过技能大赛、挑战杯比赛、创新创业大赛等非学业评价素材进行反馈评价</td><td></td><td></td><td></td></tr>
<tr><td colspan="3">本次得分</td><td></td><td></td><td></td></tr>
<tr><td colspan="3">最终得分</td><td colspan="3"></td></tr>
</table>

续表

（1）检查试验仪器和道路条件是否符合要求：

表1　试验仪器和道路条件

车速测定仪器和汽车燃油消耗仪		计时器	
道路长		道路宽	
道路纵向坡度			

（2）试验比较：

表2　试验比较

实验名称	布置测试道路	试验方法	实验结果
等速行驶工况 燃油消耗量试验			
等加速行驶工况 燃油消耗量试验			
等减速行驶工况 燃油消耗量试验			
怠速停车时 燃油消耗量试验			
整个循环工况 百公里燃油消耗量试验			

（3）各组根据车辆的故障现象找出其影响因素，并予以分析

课堂记录

请认真听取其他小组的总结汇报，并记录他们所汇报的汽车经济性的评价指标以及运用万有特性图与汽车功率平衡图分析汽车经济性的过程

学习小结

请简要记录小组本单元学习的总结

拓展训练

各组拍摄5张不同车型汽车的图片，简要说明该车的品牌、生产厂家，并结合车型去网上查阅汽车性能的相关参数，对比自主品牌汽车与合资汽车的经济性能。

1. 要求拍摄的图片清晰，图片上有品牌及生产厂家说明；

2. 小组应该将车型图片及该车型经济性的优势分析上传至资源库平台（或空间）

任务工单3-1

学习情境3 汽车的经济性测试与评价					
课程名称	汽车性能与评价	学习情境	汽车的经济性测试与评价	学习单元	学习单元3.1 汽车燃油经济性的客观评价
学生班级		组别序号		组长姓名	
小组成员					
学习引导					
本单元主要要求了解汽车的经济性，理解汽车经济性的评价指标，以及运用万有特性图与汽车功率平衡图分析汽车的经济性。建议采取如下学习方法： 1. 课前搜集三款国内外主流品牌汽车的素材，认知国内外主流品牌车型的经济性，并完成相应问题的PPT汇报文案。 2. 课中汇报本小组的PPT，同时，注意听取其他小组的汇报情况，并将感受记录在本任务工单的“课堂记录”一栏。进一步掌握汽车经济性的评价指标以及运用万有特性图与汽车功率平衡图分析汽车的经济性的主体内容，完成“任务描述与实施”的相关题目。 3. 课后完成拓展任务、加强讨论，小组将自己的讨论过程及结果拍摄成微视频（或拍摄成照片）上传到资源库平台，并与其他学习小组进行互动评价					
任务描述与实施					
1. 客户李先生向汽车销售服务有限公司反映他的卡罗拉轿车在公路上行驶油耗增加，要求检修。 （1）假设你是该汽车销售服务有限公司的维修技师，售后经理打算让你承接此项工作，制订汽车燃料经济性检测实践的计划方案，并完成该车经济性能的检修工作，你该如何完成此次任务？ （2）汽车燃油经济性的评价指标有哪些？ 2. 小组收集整理三个国内外主流品牌车型汽车经济性能的资料，并制作PPT进行汇报交流，从以下三方面进行： （1）这三款车型的经济性能如何？ （2）汽车经济性的评价指标包括哪些？ （3）运用万有特性图与汽车功率平衡图分析汽车的经济性。 3. 讨论：车辆在使用过程中油耗增加的原因是什么？ 4. 实训：维修技师为客户完成了车辆燃油经济性试验方案设计。在教师的引导下，以小组为单位学习相关技能，并填写表1和表2。					

续表

<table>
<tr><th>拓展训练</th></tr>
<tr><td>每组结合车型去网上查阅相关资料，搜索汽车动力性主观评价指标及分析方法。小组将运用层次分析法进行汽车动力性主观评价上传至资源库平台（或空间）</td></tr>
<tr><th>评价考核</th></tr>
</table>

<table>
<tr><th colspan="3">评价指标</th><th>学生
自评
（30%）</th><th>小组
互评
（30%）</th><th>教师
评价
（40%）</th></tr>
<tr><td rowspan="2">素质评价
（20%）</td><td colspan="2">利用多种信息化平台进行自主学习（10分）</td><td></td><td></td><td></td></tr>
<tr><td colspan="2">运用多方资源解决实际问题（10分）</td><td></td><td></td><td></td></tr>
<tr><td rowspan="3">过程评价
（60%）</td><td rowspan="2">知识目标
（30分）</td><td>能说出汽车动力性主观评价指标（10分）</td><td></td><td></td><td></td></tr>
<tr><td>能说出汽车动力性主观评价指标的分析方法（20分）</td><td></td><td></td><td></td></tr>
<tr><td>技能目标
（30分）</td><td>能运用汽车动力性主观评价指标对汽车动力性进行评价</td><td></td><td></td><td></td></tr>
<tr><td rowspan="2">增值评价
（20%）</td><td>课后拓展
（10分）</td><td>通过课后拓展作业的质量进行评价</td><td></td><td></td><td></td></tr>
<tr><td>其他成果评价
（10分）</td><td>通过技能大赛、挑战杯比赛、创新创业大赛等非学业评价素材进行反馈评价</td><td></td><td></td><td></td></tr>
<tr><td colspan="3">本次得分</td><td></td><td></td><td></td></tr>
<tr><td colspan="3">最终得分</td><td colspan="3"></td></tr>
</table>

任务工单2-6

<table>
<tr><th colspan="6">学习情境2　汽车的动力性测试与评价</th></tr>
<tr><td>课程名称</td><td>汽车性能与评价</td><td>学习情境</td><td>汽车的动力性测试与评价</td><td>学习单元</td><td>学习单元2.6　汽车动力性的主观评价</td></tr>
<tr><td>学生班级</td><td></td><td>组别序号</td><td></td><td>组长姓名</td><td></td></tr>
<tr><td>小组成员</td><td colspan="5"></td></tr>
<tr><td colspan="6">学习引导</td></tr>
<tr><td colspan="6">本单元主要要求了解汽车动力性主观评价及其分析方法，能运用该方法进行汽车动力性的主观评价。建议采取如下学习方法：
1. 课前搜索如何选取汽车动力性的主观评价指标，并完成相应问题的PPT汇报文案。
2. 课中汇报本小组的PPT，同时，注意听取其他小组的汇报情况，并将感受记录在本任务工单的“课堂记录”一栏。进一步掌握汽车动力性主观评价的指标与计算方法的主体内容，完成“任务描述与实施”的相关题目。
3. 课后完成拓展任务、加强讨论，小组将自己的讨论过程及结果拍摄成微视频（或拍摄成照片）上传到资源库平台，并与其他学习小组进行互动评价</td></tr>
<tr><td colspan="6">任务描述与实施</td></tr>
<tr><td colspan="6">1. 在进行主观评价时，哪些指标可以作为评判汽车动力性好坏的依据?

2. 每一小组收集整理如何选取汽车动力性主观评价指标，说明主观评价指标对汽车动力性的影响，并制作PPT进行汇报交流，从以下三方面进行：
（1）汽车动力性主观评价指标有哪些?

（2）如何利用汽车动力性主观评价指标分析汽车的动力性?

（3）如何利用层次分析法来进行汽车动力性的主观评价?

3. 讨论如何选取汽车动力性的主观评价指标，如以加速性为例。</td></tr>
<tr><td colspan="6">课堂记录</td></tr>
<tr><td colspan="6">请认真听取其他小组的总结汇报，并记录他们所汇报的汽车动力性主观评价及其分析方法</td></tr>
<tr><td colspan="6">学习小结</td></tr>
<tr><td colspan="6">请简要记录小组本单元学习的总结</td></tr>
</table>

续表

<table>
<tr><td>课堂记录</td></tr>
<tr><td>请认真听取其他小组的总结汇报，并记录他们所汇报的汽车动力性客观评价的分析与计算方法</td></tr>
<tr><td>学习小结</td></tr>
<tr><td>请简要记录小组本单元学习的总结</td></tr>
<tr><td>拓展训练</td></tr>
<tr><td>各组根据车型去网上查阅相关资料，对比三种汽车动力性客观评价的分析与计算方法。小组将三种汽车动力性客观评价的分析与计算方法上传至资源库平台（或空间）</td></tr>
<tr><td>评价考核</td></tr>
</table>

<table>
<tr><th colspan="3">评价指标</th><th>学生自评（30%）</th><th>小组互评（30%）</th><th>教师评价（40%）</th></tr>
<tr><td rowspan="2">素质评价（20%）</td><td colspan="2">利用多种信息化平台进行自主学习（10分）</td><td></td><td></td><td></td></tr>
<tr><td colspan="2">运用多方资源解决实际问题（10分）</td><td></td><td></td><td></td></tr>
<tr><td rowspan="3">过程评价（60%）</td><td rowspan="2">知识目标（30分）</td><td>能说出汽车的驱动力–行驶阻力平衡图的含义（10分）</td><td></td><td></td><td></td></tr>
<tr><td>能说出动力特性和功率平衡图的含义（20分）</td><td></td><td></td><td></td></tr>
<tr><td>技能目标（30分）</td><td>能运用汽车动力性客观评价的分析与计算方法进行汽车动力性分析与测试</td><td></td><td></td><td></td></tr>
<tr><td rowspan="2">增值评价（20%）</td><td>课后拓展（10分）</td><td>通过课后拓展作业的质量进行评价</td><td></td><td></td><td></td></tr>
<tr><td>其他成果评价（10分）</td><td>通过技能大赛、挑战杯比赛、创新创业大赛等非学业评价素材进行反馈评价</td><td></td><td></td><td></td></tr>
<tr><td colspan="3">本次得分</td><td></td><td></td><td></td></tr>
<tr><td colspan="3">最终得分</td><td colspan="3"></td></tr>
</table>

任务工单2-5

学习情境2　汽车的动力性测试与评价					
课程名称	汽车性能与评价	学习情境	汽车的动力性测试与评价	学习单元	学习单元2.5　汽车动力性的计算与测试分析
学生班级		组别序号		组长姓名	
小组成员					
学习引导					
本单元主要要求了解汽车动力性客观评价的分析与计算方法，能运用该方法进行汽车动力性的客观评价。建议采取如下学习方法： 1. 课前搜索某款竞争车型进行动力性客观评价的方法，并完成相应问题的PPT汇报文案。 2. 课中汇报本小组的PPT，同时，注意听取其他小组的汇报情况，并将感受记录在本任务工单的“课堂记录”一栏。进一步掌握汽车动力性客观评价的分析与计算方法的主体内容，完成“任务描述与实施”的相关题目。 3. 课后完成拓展任务、加强讨论，小组将自己的讨论过程及结果拍摄成微视频（或拍摄成照片）上传到资源库平台，并与其他学习小组进行互动评价					
任务描述与实施					

1. 已知市面上某竞争车型的基本情况：

配1.6L 发动机，5挡变速箱，车的质量为1390 kg，发动机功率76 kW（5800 r/min），最大转矩155 N·m（4200 r/min），5 挡变速器速比分别是i_1=3.76，i_2=2.1，i_3=1.39，i_4=1.06，i_5=0.81，主减速比4.457，传动效率95%，轮胎滚动半径0.308 m，滚动阻力系数0.024，迎风面积2.15 m^2，风阻系数0.315。

（1）该车的动力性如何？（只需求最高车速）

（2）若要开发一款新的车型，如何在动力性上设定目标？

2. 如何通过功率平衡图确定汽车的动力性？在图1中标出最高车速。

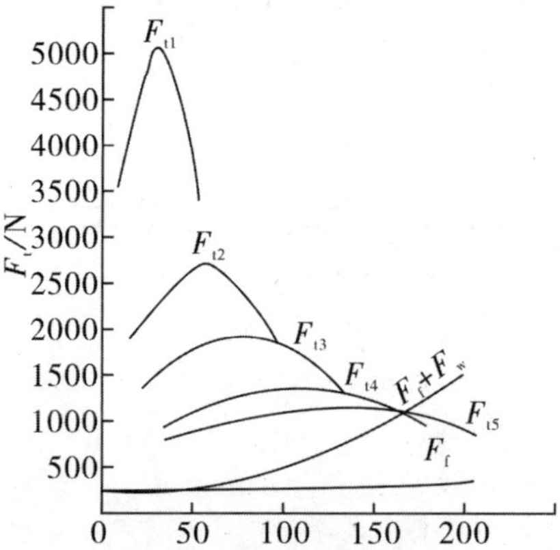

图1　汽车的动力性

3. 讨论：如何对某款竞争车型进行动力性客观评价？（计算）

续表

3. 请把下列表达式补充完整。

$$\left.\begin{aligned}F_{z1}&=G\left(\qquad\qquad\right)-\left(\qquad\qquad\right)\frac{\mathrm{d}u}{\mathrm{d}t}-F_{zw1}-G\frac{rf}{L}\cos\alpha\\F_{z2}&=G\left(\qquad\qquad\right)+\left(\qquad\qquad\right)\frac{\mathrm{d}u}{\mathrm{d}t}-F_{zw1}+G\frac{rf}{L}\cos\alpha\end{aligned}\right\}$$

静态轴荷　　动态分量　　空气升力　　滚阻的作用

请说明，加速的时候，汽车的轴荷是怎么变化的？

4. 请分析：法拉利跑车属于何种驱动形式？加速时，前驱车还是后驱车更容易满足附着条件？

5. 要想使发动机转矩得到充分发挥，又满足附着条件，最理想的驱动方式是什么？

课堂记录

请认真听取其他小组的总结汇报，并记录他们所汇报的附着性能对汽车动力性能的影响因素

学习小结

请简要记录小组本单元学习的总结

拓展训练

各组结合车型去网上查阅汽车性能的相关参数，讨论：什么车型适合用四轮驱动？新能源汽车与传统燃油车有何不同？

1. 要求拍摄的图片清晰，图片上有品牌、生产厂家及其动力性能指标说明；

2. 小组应该将车型图片及其动力性能的优势分析上传至资源库平台（或空间）

评价考核

<table>
<tr><th colspan="3">评价指标</th><th>学生
自评
（30%）</th><th>小组
互评
（30%）</th><th>教师
评价
（40%）</th></tr>
<tr><td rowspan="2">素质评价
（20%）</td><td colspan="2">利用多种信息化平台进行自主学习（10分）</td><td></td><td></td><td></td></tr>
<tr><td colspan="2">运用多方资源解决实际问题（10分）</td><td></td><td></td><td></td></tr>
<tr><td rowspan="3">过程评价
（60%）</td><td rowspan="2">知识目标
（30分）</td><td>能说出汽车行驶的附着条件（10分）</td><td></td><td></td><td></td></tr>
<tr><td>能对汽车加速上坡进行受力分析（20分）</td><td></td><td></td><td></td></tr>
<tr><td>技能目标
（30分）</td><td>能运用附着性能与汽车动力性的关系分析汽车加速行驶工况下附着性能的影响因素</td><td></td><td></td><td></td></tr>
<tr><td rowspan="2">增值评价
（20%）</td><td>课后拓展
（10分）</td><td>通过课后拓展作业的质量进行评价</td><td></td><td></td><td></td></tr>
<tr><td>其他成果评价
（10分）</td><td>通过技能大赛、挑战杯比赛、创新创业大赛等非学业评价素材进行反馈评价</td><td></td><td></td><td></td></tr>
<tr><td colspan="3">本次得分</td><td></td><td></td><td></td></tr>
<tr><td colspan="3">最终得分</td><td colspan="3"></td></tr>
</table>

任务工单2–4

学习情境2　汽车的动力性测试与评价					
课程名称	汽车性能与评价	学习情境	汽车的动力性测试与评价	学习单元	学习单元2.4　附着性能对汽车动力性的制约
学生班级		组别序号		组长姓名	
小组成员					
学习引导					
本单元主要要求了解汽车行驶的附着条件，能分析附着性能对汽车动力性的影响因素。建议采取如下学习方法： 1. 课前搜索道路结冰条件下车辆无法起动行驶的原因，并完成相应问题的PPT汇报文案。 2. 课中汇报本小组的PPT，同时，注意听取其他小组的汇报情况，并将感受记录在本任务工单的“课堂记录”一栏。进一步掌握附着性能对汽车动力性能的影响的主体内容，完成“任务描述与实施”的相关题目。 3. 课后完成拓展任务、加强讨论，小组将自己的讨论过程及结果拍摄成微视频（或拍摄成照片）上传到资源库平台，并与其他学习小组进行互动评价					
任务描述与实施					
1. 冬季的某天早上，路面已经结冰，王先生准备开车去上班，在起动汽车的时候，王先生发现汽车打滑，无法起动行驶。 （1）万先生在起动汽车时，汽车打滑的原因是什么？ （2）通过什么方法可以解决王先生汽车打滑的问题？ 2. 请在图1中画出汽车、车轮、路面的受力。  图1　汽车的受力					

续表

<table>
<tr><td colspan="6">课堂记录</td></tr>
<tr><td colspan="6">请认真听取其他小组的总结汇报，并记录他们所汇报的汽车行驶阻力对汽车动力性能的影响因素</td></tr>
<tr><td colspan="6">学习小结</td></tr>
<tr><td colspan="6">请简要记录小组本单元学习的总结</td></tr>
<tr><td colspan="6">拓展训练</td></tr>
<tr><td colspan="6">各组独立搜集汽车行驶阻力的分类，说明行驶阻力对汽车动力性评价指标的影响因素。
小组应该将所搜集的内容以文件夹的形式上传至资源库平台（或空间）</td></tr>
<tr><td colspan="6">评价考核</td></tr>
<tr><td colspan="3">评价指标</td><td>学生
自评
（30%）</td><td>小组
互评
（30%）</td><td>教师
评价
（40%）</td></tr>
<tr><td rowspan="2">素质评价
（20%）</td><td colspan="2">利用多种信息化平台进行自主学习（10分）</td><td></td><td></td><td></td></tr>
<tr><td colspan="2">运用多方资源解决实际问题（10分）</td><td></td><td></td><td></td></tr>
<tr><td rowspan="3">过程评价
（60%）</td><td rowspan="2">知识目标
（30分）</td><td>能说出汽车行驶阻力的分类及含义（10分）</td><td></td><td></td><td></td></tr>
<tr><td>能说出行驶阻力如何影响汽车动力性（20分）</td><td></td><td></td><td></td></tr>
<tr><td>技能目标
（30分）</td><td>能运用行驶阻力与汽车动力性的关系分析前置前驱汽车和前置后驱汽车的动力性区别</td><td></td><td></td><td></td></tr>
<tr><td rowspan="2">增值评价
（20%）</td><td>课后拓展
（10分）</td><td>通过课后拓展作业的质量进行评价</td><td></td><td></td><td></td></tr>
<tr><td>其他成果评价
（10分）</td><td>通过技能大赛、挑战杯比赛、创新创业大赛等非学业评价素材进行反馈评价</td><td></td><td></td><td></td></tr>
<tr><td colspan="3">本次得分</td><td></td><td></td><td></td></tr>
<tr><td colspan="3">最终得分</td><td colspan="3"></td></tr>
</table>

任务工单2-3

<table>
<tr><th colspan="6">学习情境1　汽车的动力性测试与评价</th></tr>
<tr><td>课程名称</td><td>汽车性能与评价</td><td>学习情境</td><td>汽车的动力性测试与评价</td><td>学习单元</td><td>学习单元2.3　行驶阻力对汽车动力性的影响</td></tr>
<tr><td>学生班级</td><td></td><td>组别序号</td><td></td><td>组长姓名</td><td></td></tr>
<tr><td>小组成员</td><td colspan="5"></td></tr>
<tr><td colspan="6">学习引导</td></tr>
<tr><td colspan="6">本单元主要要求了解汽车行驶阻力的含义，能分析汽车行驶阻力对汽车动力性能的影响。建议采取如下学习方法：
1. 课前搜索前置前驱布置与前置后驱布置的汽车动力性对比，并完成相应问题的PPT汇报文案。
2. 课中汇报本小组的PPT，同时，注意听取其他小组的汇报情况，并将感受记录在本任务工单的“课堂记录”一栏。进一步掌握行驶阻力对汽车动力性能的影响的主体内容，完成“任务描述与实施”的相关题目。
3. 课后完成拓展任务、加强讨论，小组将自己的讨论过程及结果拍摄成微视频（或拍摄成照片）上传到资源库平台，并与其他学习小组进行互动评价</td></tr>
<tr><td colspan="6">任务描述与实施</td></tr>
<tr><td colspan="6">1. 小组收集整理行驶阻力的含义、影响因素等，并制作PPT进行汇报交流，从以下两方面进行：
（1）汽车行驶阻力包括哪些？

（2）汽车行驶阻力对发动机动力性能有哪些影响？

2. 一位汽车工程师说，前置前驱布置的汽车的动力性不如前置后驱布置的汽车，在一些汽车测试过程中，对前置前驱汽车上不了的斜坡，可用倒车挡爬上。
（1）汽车在行驶中一般受到哪些阻力？

（2）汽车上坡时又受到哪些阻力？

3. 讨论：汽车行驶阻力与发动机动力性能有什么关联？

4. 汽车滚动阻力产生的原因有哪些？滚动阻力的影响因素有哪些？</td></tr>
</table>

续表

课堂记录

请认真听取其他小组的总结汇报，并记录他们所汇报的汽车动力总成测试分析内容

学习小结

请简要记录小组本单元学习的总结

拓展训练

各组到校园内及其他场所拍摄5张不同车型汽车的图片，简要说明该车的品牌、生产厂家及其动力性能指标，并结合车型去网上查阅汽车性能的相关参数，对比动力总成对汽车动力性能指标的影响因素。

1. 要求拍摄的图片清晰，图片上有品牌、生产厂家及其动力性能指标说明。

2. 小组应该将车型图片及该动力性能的各自优势分析以文件夹的形式上传至资源库平台（或空间）

评价考核

<table>
<tr><th colspan="3">评价指标</th><th>学生自评（30%）</th><th>小组互评（30%）</th><th>教师评价（40%）</th></tr>
<tr><td rowspan="2">素质评价（20%）</td><td colspan="2">利用多种信息化平台进行自主学习（10分）</td><td></td><td></td><td></td></tr>
<tr><td colspan="2">运用多方资源解决实际问题（10分）</td><td></td><td></td><td></td></tr>
<tr><td rowspan="3">过程评价（60%）</td><td rowspan="2">知识目标（30分）</td><td>能说出汽车动力性指标（10分）</td><td></td><td></td><td></td></tr>
<tr><td>能说出发动机外特性的含义（20分）</td><td></td><td></td><td></td></tr>
<tr><td>技能目标（30分）</td><td>能运用汽车外特性曲线等来分析动力总成对汽车动力性能的影响</td><td></td><td></td><td></td></tr>
<tr><td rowspan="2">增值评价（20%）</td><td>课后拓展（10分）</td><td>通过课后拓展作业的质量进行评价</td><td></td><td></td><td></td></tr>
<tr><td>其他成果评价（10分）</td><td>通过技能大赛、挑战杯比赛、创新创业大赛等非学业评价素材进行反馈评价</td><td></td><td></td><td></td></tr>
<tr><td colspan="3">本次得分</td><td></td><td></td><td></td></tr>
<tr><td colspan="3">最终得分</td><td colspan="3"></td></tr>
</table>

任务工单2-2

学习情境2　汽车的动力性测试与评价					
课程名称	汽车性能与评价	学习情境	汽车的动力性测试与评价	学习单元	学习单元2.2　动力总成的测试分析
学生班级		组别序号		组长姓名	
小组成员					

学习引导

本单元主要要求了解汽车动力性指标，能运用汽车外特性曲线等来分析动力总成对汽车动力性能的影响。建议采取如下学习方法：

1. 课前搜集同一车型汽车发动机带T与不带T的动力性对比，并完成相应问题的PPT汇报文案。

2. 课中汇报本小组的PPT，同时，注意听取其他小组的汇报情况，并将感受记录在本任务工单的“课堂记录”一栏。进一步掌握动力总成对汽车动力性能影响的主体内容，完成“任务描述与实施”的相关题目。

3. 课后完成拓展任务、加强讨论，小组将自己的讨论过程及结果拍摄成微视频（或拍摄成照片）上传到资源库平台，并与其他学习小组进行互动评价

任务描述与实施

1. 每一小组收集整理三个国内外主流品牌车型的动力性能指标，并制作PPT进行汇报交流，从以下两方面进行：

（1）这三款车型的动力性指标有哪些？

（2）汽车动力总成对发动机动力性能有哪些影响？

2. 客户王先生需要购买一辆上班代步使用的汽车，并兼顾周末自驾游的爱好。王先生对奥迪A41.8T比较感兴趣，但对奥迪A41.8T的动力性存有疑问。

（1）为什么同一车型汽车发动机带T比不带T的动力性要好？

（2）为什么同一车型汽车带自动变速器的比手动挡的最高车速要低？

对于客户王先生的问题，销售顾问小李进行了研究，并将分析结果转化成相关的表达进行沟通，完成表1。

表1　分析结果

分析问题	运用的公式	影响因素分析	厂家提供的实测数据	沟通表达
同一型号汽车，排量越大，汽车动力性越好				
同一型号汽车，发动机带T比不带T动力性要好				
同一型号汽车，匹配自动变速器的汽车比匹配手动变速器的汽车最高车速要低				

3. 讨论：汽车动力性指标与动力总成有什么关联？

4. 看图2-5，说明：汽车外特性曲线反映汽车动力性的哪些方面？

续表

<table>
<tr><td colspan="7">拓展训练</td></tr>
<tr><td colspan="7">各组到校园内及其他场所拍摄5张不同车型汽车的图片，简要说明该车的品牌、生产厂家及其动力性能指标，并结合车型去网上查阅汽车性能的相关参数，对比自主品牌汽车与合资品牌汽车各自的性能优势。
1. 要求拍摄的图片清晰，图片上有品牌、生产厂家及其动力性能指标说明。
2. 小组应该将车型图片及其动力性能的优势分析以文件夹的形式上传至资源库平台（或空间）</td></tr>
<tr><td colspan="7">评价考核</td></tr>
<tr><td colspan="4">评价指标</td><td>学生自评（30%）</td><td>小组互评（30%）</td><td>教师评价（40%）</td></tr>
<tr><td rowspan="2">素质评价（20%）</td><td colspan="3">利用多种信息化平台进行自主学习（10分）</td><td></td><td></td><td></td></tr>
<tr><td colspan="3">运用多方资源解决实际问题（10分）</td><td></td><td></td><td></td></tr>
<tr><td rowspan="3">过程评价（60%）</td><td rowspan="2">知识目标（30分）</td><td colspan="2">能说出汽车动力性能客观评价指标的内涵（10分）</td><td></td><td></td><td></td></tr>
<tr><td colspan="2">能对比国内外主流品牌车型汽车的动力性指标（20分）</td><td></td><td></td><td></td></tr>
<tr><td>技能目标（30分）</td><td colspan="2">能运用汽车动力性客观评价指标分析主流品牌车型动力性的差异</td><td></td><td></td><td></td></tr>
<tr><td rowspan="2">增值评价（20%）</td><td>课后拓展（10分）</td><td colspan="2">通过课后拓展作业的质量进行评价</td><td></td><td></td><td></td></tr>
<tr><td>其他成果评价（10分）</td><td colspan="2">通过技能大赛、挑战杯比赛、创新创业大赛等非学业评价素材进行反馈评价</td><td></td><td></td><td></td></tr>
<tr><td colspan="4">本次得分</td><td></td><td></td><td></td></tr>
<tr><td colspan="4">最终得分</td><td colspan="3"></td></tr>
</table>

续表

4. 发动机排量与汽车动力性指标有什么联系？

5. 实训：完成车辆动力性试验方案设计。在教师的指导下，以小组为单位学习相关技能，并填写下列表格。

（1）检查汽车的装备及调整状况是否符合要求（表1）：

表1　汽车的整体状况

发动机冷却液温度		发动机润滑油温度	
变速箱、驱动桥润滑油温度		预热行驶时间	

（2）检查其他项目情况（表2）：

表2　汽车其他检查项目

检查项目	技术要点	检查结果
轮胎压力	轮胎冷充气压力应符合该车技术条件的规定，误差不超过10 kPa	
燃料、润滑油和制动液	同一次试验的各项性能测定使用同一批燃料、润滑油（脂）和制动液	
气象条件	相对湿度小于95%，气温0～40℃，风速不大于3 m/s	
试验道路	沥青或混凝土铺装的清洁、干燥、平坦的直线道路，长2～3 km，宽不小于8 m，纵向坡度在0.1%以内	

（3）试验数据（表3）：

表3　试验数据

项目名称	项目数据	项目名称	项目数据
最高车速/（$km \cdot h^{-1}$）		超车加速时间（s）	
0～100 km/h的加速时间（s）		最大爬坡度	
静止到400 m或静止到1 km的冲刺时间（s）			

（4）各组根据王先生车辆的故障现象选择恰当的影响因素，并予以分析

课堂记录

请认真听取其他小组的总结汇报，并记录他们所汇报的汽车企业和品牌的动力性能指标

学习小结

请简要记录小组本单元学习的总结

任务工单2-1

<table>
<tr><th colspan="6">学习情境2　汽车的动力性测试与评价</th></tr>
<tr><td>课程名称</td><td>汽车性能与评价</td><td>学习情境</td><td>汽车的动力性测试与评价</td><td>学习单元</td><td>学习单元2.1　汽车动力性的客观评价指标</td></tr>
<tr><td>学生班级</td><td></td><td>组别序号</td><td></td><td>组长姓名</td><td></td></tr>
<tr><td>小组成员</td><td colspan="5"></td></tr>
<tr><td colspan="6">学习引导</td></tr>
<tr><td colspan="6">本单元主要要求了解汽车动力性客观评价指标，能用动力性客观评价指标来评价各种主流品牌汽车的动力性能。建议采取如下学习方法：
1. 课前选定三款国内外主流品牌汽车，搜索所选国内外主流品牌车型的动力性能指标，并完成相应问题的PPT汇报文案。
2. 课中汇报本小组的PPT，同时，注意听取其他小组的汇报情况，并将感受记录在本任务工单的“课堂记录”一栏。进一步掌握汽车动力性客观评价指标的主体内容，完成“任务描述与实施”的相关题目。
3. 课后完成拓展任务、加强讨论，小组将自己的讨论过程及结果拍摄成微视频（或拍摄成照片）上传到资源库平台，并与其他学习小组进行互动评价</td></tr>
<tr><td colspan="6">任务描述与实施</td></tr>
<tr><td colspan="6">1. 小组收集整理三个国内外主流品牌车型的动力性能指标，并制作PPT进行汇报交流，从以下三方面进行。
（1）这三款车型的动力性能指标有哪些？

（2）汽车动力性能指标的本质是什么？

（3）这些性能参数可以反复验证吗？为什么？

2. 林楚是某汽车销售服务有限公司的汽车服务顾问，端午节后他接待了客户王先生。王先生反映他驾驶的凯美瑞在公路上行驶时加速、爬坡无力，要求对汽车的动力性能进行检测。
（1）假如你是该公司的维修技师林楚，维修主管分配你承接此项工作，要求在4小时内完成该车的动力性能检测工作，并对该车动力性进行判定和评价，你准备如何完成此项任务？

（2）汽车的动力性可以从哪些方面进行判定？

3. 讨论：动力性客观评价指标反映什么？动力性客观评价指标与汽车哪些结构参数有关？</td></tr>
</table>

续表

评价考核

<table>
<tr><td colspan="3">评价指标</td><td>学生自评（30%）</td><td>小组互评（30%）</td><td>教师评价（40%）</td></tr>
<tr><td rowspan="2">素质评价（20%）</td><td colspan="2">运用数据进行业务评价的专业精神（10分）</td><td></td><td></td><td></td></tr>
<tr><td colspan="2">运用多方资源解决实际问题（10分）</td><td></td><td></td><td></td></tr>
<tr><td rowspan="5">过程评价（60%）</td><td rowspan="3">知识目标（30分）</td><td>能说出主观评价法、客观评价法的基本概念（10分）</td><td></td><td></td><td></td></tr>
<tr><td>能说出汽车性能评价的主要内容（10分）</td><td></td><td></td><td></td></tr>
<tr><td>能说出汽车性能主观评价法的主要内容（10分）</td><td></td><td></td><td></td></tr>
<tr><td rowspan="2">技能目标（30分）</td><td>能对比主观评价法、客观评价法的优缺点（15分）</td><td></td><td></td><td></td></tr>
<tr><td>能运用主观评价法对汽车的某项性能进行评价分析（15分）</td><td></td><td></td><td></td></tr>
<tr><td rowspan="2">增值评价（20%）</td><td>课后拓展（10分）</td><td>通过课后拓展作业的质量进行评价</td><td></td><td></td><td></td></tr>
<tr><td>其他成果评价（10分）</td><td>通过技能大赛、挑战杯比赛、创新创业大赛等非学业评价素材进行反馈评价</td><td></td><td></td><td></td></tr>
<tr><td colspan="3">本次得分</td><td></td><td></td><td></td></tr>
<tr><td colspan="3">最终得分</td><td colspan="3"></td></tr>
</table>

续表

表2　消费者购车性能重要性评分表

性能	重要性评分									
	1	2	3	4	5	6	7	8	9	10
动力性										
经济性										
制动性										
操纵稳定性										
安全性										
舒适性										
通过性										
其他										

（1）主观评价法是如何进行评分的？

（2）该主观评价用了哪种汽车主观评价评分表进行打分？

（3）新车上市时，对于汽车的评价是主观评价还是客观数据起决定作用？为什么？

课堂记录

请认真听教师的讲解，并记录主观评价法、客观评价法的优缺点，记录汽车性能评价的主要内容、主观评价法的主要运用

学习小结

请简要记录小组本单元学习的总结

拓展训练

通过对比测试影响乘坐舒适性能的客观评价指标项，汽车性能开发人员可以清楚地发现车型A的坐垫、靠背位置方面的乘坐舒适性能等客观指标较车型B的差，如表3所示。

表3　乘坐舒适性的客观评价指标

属性			单位	车型A	车型B
乘坐舒适性能评分				7.0	7.35
乘坐舒适性能客观指标	平滑路面90km·h^{-1}驾驶人位置加速度（三向矢量加权均方根值）	坐垫av（RMS）	m·s^{-2}	0.305	0.245
		靠背av（RMS）	m·s^{-2}	0.169	0.147
		地板av（RMS）	m·s^{-2}	0.288	0.304
	平滑路面90km·h^{-1}第二排位置加速度（三向矢量加权均方根值）	坐垫av（RMS）	m·s^{-2}	0.333	0.239
		靠背av（RMS）	m·s^{-2}	0.192	0.157
		地板av（RMS）	m·s^{-2}	0.311	0.306
	50 km·h^{-1}过三角块驾驶人位置加速度（垂向均方根值）	坐垫az（RMS）	m·s^{-2}	11.05	9.98
	50 km·h^{-1}过第二排驾驶人位置加速度（垂向均方根值）	坐垫az（RMS）	m·s^{-2}	11.21	9.98

注：汽车平顺性试验采用总加权加速度和最大（绝对值）加速度响应值来评价，总加权加速度均方根值小于0.315时，一般来说人并不会感到不舒服；若总加权加速度均方根值大于0.315，则人会感到不舒服，不舒服程度随数值的增大而加重

任务工单1-2

学习情境1　汽车性能与评价概述					
课程名称	汽车性能与评价	学习情境	汽车性能与评价概述	学习单元	学习单元1.2　汽车性能评价方法及主要内容
学生班级		组别序号		组长姓名	
小组成员					
学习引导					
本单元主要要求掌握汽车性能评价的主要内容及方法，能进行主观评价法、客观评价法的对比，能运用主观评价法的评分表对汽车的性能进行评价，为汽车的试验与评价建立理论基础。建议采取如下学习方法： 1. 课前登录互联网，查找相关问题的术语及描述，并填写在工单上。 2. 课中听讲，进一步掌握汽车性能评价的主要内容、方法，完成“任务描述与实施”的相关题目。 3. 课后完成拓展任务、加强讨论，小组将自己的讨论过程及结果拍摄成微视频（或拍摄成照片）上传到资源库平台，并与其他学习小组进行互动评价					
任务描述与实施					

1. 课前预热。

（1）解释“主观”“客观”两个词的含义。

（2）如何辨清“A级车”“B级车”和“C、D级车”？

（3）说出“主观评价法”“客观评价法”的含义。

2. 对比主观评价法与客观评价法，完成表1。

表1　主观评价法与客观评价法

比较内容	主观评价法	客观评价法
测试主体		
测试方法		
结果表达		
误差		
校正		
灵敏度		
重复性		
疲劳和适应		
训练效果		
环境影响		
实施性		
综合判断		

通过上述对比，可以得到主观评价法存在的缺陷：________________________________

____

3. 现有一台2020款2.0E精英版的凯美瑞和一台2020款330TSI华颜版的大众CC，假设你是客户，你会选择哪辆？请思考在购车时，你更看重的是汽车的哪些性能，并完成对车辆性能的打分。

续表

学习小结

请简要记录小组本单元学习的总结

拓展训练

各组成员收集5种不同品牌的汽车图片，简要说明该车的品牌、生产厂家，并根据车型去网上查阅汽车性能的相关参数，突出自主品牌汽车的性能优势。

1. 要求收集的图片清晰，图片上有品牌及生产厂家说明；
2. 小组应该将车型图片及该车型的优势分析以文件夹的形式上传至资源库平台（或空间）

评价考核

<table>
<tr><th colspan="3">评价指标</th><th>学生
自评
（30%）</th><th>小组
互评
（30%）</th><th>教师
评价
（40%）</th></tr>
<tr><td rowspan="2">素质评价
（20%）</td><td colspan="2">利用多种信息化平台进行自主学习（10分）</td><td></td><td></td><td></td></tr>
<tr><td colspan="2">运用多方资源解决实际问题（10分）</td><td></td><td></td><td></td></tr>
<tr><td rowspan="3">过程评价
（60%）</td><td rowspan="2">知识目标
（30分）</td><td>能说出汽车性能的内涵（10分）</td><td></td><td></td><td></td></tr>
<tr><td>能说出国内外主流品牌车型汽车的主要性能（20分）</td><td></td><td></td><td></td></tr>
<tr><td>技能目标
（30分）</td><td>能运用“人–车–路控制系统”的理论分析汽车的运动</td><td></td><td></td><td></td></tr>
<tr><td rowspan="2">增值评价
（20%）</td><td>课后拓展
（10分）</td><td>通过课后拓展作业的质量进行评价</td><td></td><td></td><td></td></tr>
<tr><td>其他成果评价（10分）</td><td>通过技能大赛、挑战杯比赛、创新创业大赛等非学业评价素材进行反馈评价</td><td></td><td></td><td></td></tr>
<tr><td colspan="3">本次得分</td><td></td><td></td><td></td></tr>
<tr><td colspan="3">最终得分</td><td colspan="3"></td></tr>
</table>

任务工单1-1

学习情境1　汽车性能与评价概述					
课程名称	汽车性能与评价	学习情境	汽车性能与评价概述	学习单元	学习单元1.1　汽车性能的内涵及研究对象
学生班级		组别序号		组长姓名	
小组成员					

学习引导

本单元主要要求了解汽车性能的内涵及研究对象，能用人–车–路系统模型来分析汽车的运动响应，为汽车的试验与评价建立理论基础。建议采取如下学习方法：

1. 课前登录相关网站，搜集三款国内外主流品牌汽车的素材，了解国内外主流品牌车型的性能，并完成相应问题的PPT汇报文案。

2. 课中汇报本小组的PPT，同时，注意听取其他小组的汇报情况，并将感受记录在本任务工单的“课堂记录”一栏。进一步掌握汽车性能评价的内涵、研究对象、人–车–路控制系统的主体内容，完成“任务描述与实施”的相关题目。

3. 课后完成拓展任务、加强讨论，小组将自己的讨论过程及结果拍摄成微视频（或拍摄成照片）上传到资源库平台，并与其他学习小组进行互动评价

任务描述与实施

1. 小组收集、整理三个国内外主流品牌车型性能的资料，并制作PPT进行汇报交流，从以下三方面进行：

（1）这三款车型主要性能如何？

（2）汽车各种性能的本质是什么？

（3）这些性能参数可以反复验证吗？为什么？

2. 讨论：是否可以把汽车作为一个控制系统来研究汽车的性能？控制系统包括哪些基本要素？具体如何跟汽车的运动相结合？

3. 看“人–车闭路系统”图（图1–1），说明：哪些是输入量？哪些是输出量？输入量与输出量有什么关系？

课堂记录

请认真听取其他小组的总结汇报，并记录他们所汇报的汽车企业和品牌

汽车性能与评价

任务工单

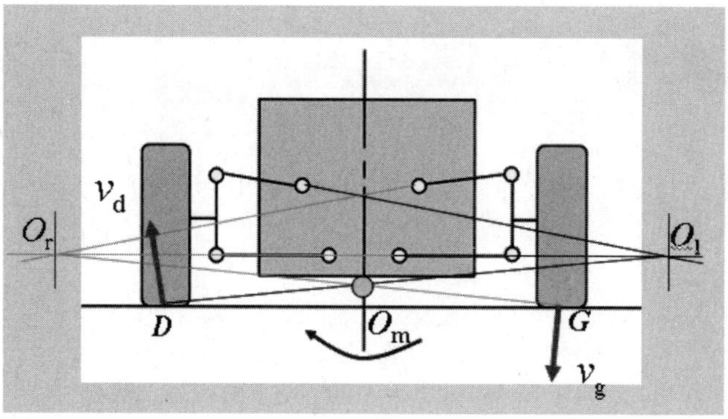